国际汇兑与结算

主　编　张宗英
副主编　冷　静　王晓歌　张秀华

对外经济贸易大学出版社
中国·北京

图书在版编目（CIP）数据

国际汇兑与结算／张宗英主编．—北京：对外经济贸易大学出版社，2011
ISBN 978-7-81134-969-6

Ⅰ．①国…　Ⅱ．①张…　Ⅲ．①汇兑结算：国际结算　Ⅳ．①F830.73

中国版本图书馆 CIP 数据核字（2011）第 032176 号

国际汇兑与结算

张宗英　**主编**

责任编辑：康永慧　王文君

对 外 经 济 贸 易 大 学 出 版 社

北京市朝阳区惠新东街 10 号　　邮政编码：100029

邮购电话：010－64492338　　发行部电话：010－64492342

网址：http://www.uibep.com　　E-mail：uibep@126.com

山东省沂南县汇丰印刷有限公司印装　新华书店北京发行所发行

成品尺寸：185mm×260mm　　21 印张　　525 千字

2011 年 9 月北京第 1 版　　2011 年 9 月第 1 次印刷

ISBN 978-7-81134-969-6

印数：0 001－5 000 册　　定价：37.00 元

前　言

在当今世界，经济全球化程度越来越高，国际间的经济交往越来越密切，这些经济活动不仅包括大量以商品和劳务为交易对象的国际贸易，还包括各种投资、融资等金融交易。但不论是何种国际经济交易，都需要对相应产生的债权债务进行清偿，从而实现外汇资金在国际间的转移。而国际汇兑与结算主要研究的就是国际间的结算工具、结算方式和结算单据，其主要目的就在于以最科学、最有效的方法来清算国与国之间以货币表现的债权债务关系。

国际汇兑与结算是一门注重理论在实际业务中应用,具有很强的专业性和实务可操作性的课程；也是一门与国际惯例紧密联系、不断发展变化，偏重于按照国际惯例使用专业英语办理业务的，具有很强国际性的专业课程。随着经济贸易的发展，国际商会连续颁布和实施了新的国际惯例和规则，直接规范国际汇兑与结算的具体操作。

大部分的国际经济交易都必须通过国际结算环节，才能顺利完成。因此，国际汇兑与结算是从事国际贸易、国际商务等涉外经济交往工作必须掌握的技能，是国际贸易、商务外语等涉外专业的一门专业必修课。该课程的特点和高职高专教育的要求决定了在高职院校开设该门课程应当突出应用性、实践性和可操作性，要求教材的内容既要反映前沿理论，又要实用，具有可操作性。为适应这一需要并结合多年的授课经验，我们编写了国际汇兑与结算教材，其内容主要包括国际汇兑与结算概述、外汇与国际收支、结算票据、结算方式和结算单据。

本教材具有以下特点：

1. 理论联系实际

编写教材的教师多年来一直从事本门课程的教学工作并有在银行国际结算部门实习的经历，力求做到国际汇兑与结算原理与实践相结合。

2. 编排新颖

本书采用基础篇和实务篇的全新编排方式，每章的基础篇主要介绍国际汇兑与结算的基本理论常识，实务篇则注重培养学生的国际汇兑与结算实训操作技能，强调对学生基本技能的训练。

3. 可读性强

通过穿插背景资料、知识拓展、知识补充、相关联接、资料卡等形式使内容活泼，增强可读性，使内容的表达更通俗易懂，提高读者的学习兴趣。课后练习题可以帮助读者进一步加深对相关知识的把握。

4. 时效性与实训性强

本书在理论的阐述，资料的搜集和案例的采纳过程中，查阅了大量的文献，力求采用最新的数据和资料，使其具有充分的时效性。教材附有大量国际结算中所涉及的各种单证、票据、表格等，如境外汇款申请书、托收申请书、开证申请书以及结算的票据和单据，并介绍了如何缮制，从而使内容更加直观，突出了该教材的实训性特征。

本书由张宗英主编，设计全书框架、拟定编写大纲，并负责全书统稿和总纂。冷静、王晓歌和张秀华担任副主编。具体分工如下：张秀华（第一章），张宗英（第四章），冷静（第二、三章），王晓歌（第五章）。

在本教材编写过程中，参阅了国内外一些文献资料并访问了有关网站，借鉴了其中的某些观点和数据，在此表示感谢。

由于编写时间仓促，水平有限，书中难免有一定的缺点或不当之处，欢迎读者批评指正。

编　者

2010 年 8 月

目　录

第一章 国际汇兑与结算概述

- 基础篇
- 实务篇

基础篇

国际汇兑与结算是一门理论与实践相结合、新兴的国际经济应用课程。它的研究对象主要是外汇与国际收支、各种支付手段、结算方式和以银行为中心的划拨清算，其目的在于以最科学、最有效的方法来清算国际间以货币表现的债权债务关系。而其中的国际结算包括贸易结算和非贸易结算，而贸易结算在国际结算中占有重要地位。作为贸易相关专业的学生，有必要掌握国际汇兑与结算的基本常识，因此，本章将着重讲述国际汇兑与结算的基本概念、主要研究内容以及国际汇兑与结算中的银行网络和电子清算系统，为进一步学习其他相关内容奠定一定的理论基础。

第一节 国际汇兑与结算概述

一、国际汇兑与结算的概念

（一）国际汇兑的概念

国际汇兑（foreign exchange），简称为外汇，是指把一个国家的货币兑换成另一个国家的货币，借以清偿国际间债权、债务关系的一种专门性的经营活动。

（二）国际结算的概念

国际结算（International Settlement）是指两个不同国家或地区的当事人，因商品买卖、劳务供应、资金调拨、国际借贷、金融交易所引起的需要通过银行办理的两国间货币收付业务。

正确理解国际结算的含义，应注意以下几点：① 国际结算是通过银行办理的；② 必须是两国[①]间的；③ 国际结算是一种货币收付行为。如果通过地下钱庄汇款等方式实现资金的跨国转移，不属于国际结算研究的内容。或者一个经济体内部的资金流动或收付，即使通过银行办理也不能算是国际结算。或者虽然交易发生在两个经济体之间，但是易货贸易、补偿贸易等单纯物资流动，由于没有通过银行办理相关手续，没有货币收付，因此也不是国际结算的内容。

根据发生国际间债权债务关系的原因不同，国际结算可分为贸易结算和非贸易结算。贸易结算是指由有形贸易（visible trade）活动（即由商品进出口）引起的货币收付活动；非贸易结算[②]是指由有形贸易以外的活动（包括国际资本流动、国际资金借贷、技术转让、劳务输出输入、侨民汇款、捐赠、利润和利息收支、国际旅游、运输、保险、银行业等活动）引起的货币收付活动。国际贸易结算项目单一，是单一的商品贸易结算，但是由于它在国际收支中的重要地位以及其结算方式的多样性，使它成为国际结算最主要的组成部分。非贸易结

① 按照国际货币基金组织在《国际收支手册》（第五版）中的解释，这里的“国”是“经济体/经济领土”，该手册指出这一概念不是基于国籍或法律标准，政治上所承认的国家边界不一定适合经济学的目的。所以，我国大陆与港、澳、台地区之间的资金流动应纳入国际结算范畴处理。

② 非贸易结算具体内容见本章课后阅读材料。

算近年来速度发展很快，项目繁多，充分反映了一国经济对外开放的广度和深度，但是由于结算方式简单，只涉及一部分的结算方式内容，因此国际结算仍然以国际贸易结算为重点。

知识补充：顺汇法和逆汇法

在贸易结算中，多采用逆汇法结算，即票据的流动方向和资金流动方向相反。例如，在信用证和托收业务中，债权人（受益人或者卖方）根据双方签订的合同出具汇票，通过银行将其出具的汇票传递给债务人（开证银行或买方）提示其付款；债务人将票款以相反方向传递给债权人。

在非贸易结算中，一般采用顺汇法结算，即票据的流动方向和资金流动方向相同。例如，在汇付业务中使用的银行即期汇票，债务人的代理人即汇出行，收取债务人的资金，以出具以汇入行为付款人的汇票，连同债务人的资金，以相同的方向传递给汇入行和债权人。

二、国际汇兑与结算的性质和特点

国际汇兑与结算是以国际贸易和货币银行学为基础形成的，是从微观的角度研究国际间货币运动的实务问题。同时，还涉及到进出口贸易、国际保险、运输、海关、商检、票据、法律等很多的相关知识，具有很强的实用性和可操作性。具体体现以下几个性质和特点：

（一）国际汇兑与结算和国际金融密切相关

国际汇兑与结算属于国际金融实务的一个分支，国际汇兑与结算必然要涉及外汇转移及外汇票据的流通、货币兑换和外汇汇率、外汇管制、外汇风险及其防范等问题，这些都是国际金融的实务问题。

（二）国际贸易是国际汇兑与结算产生和发展的重要依据

国际汇兑与结算是以国际贸易的产生和发展为前提，没有国际贸易就没有国际汇兑与结算，国际汇兑与结算是从其产生之日起，就以服务于国际贸易为宗旨。同时国际贸易和国际汇兑与结算是在相互促进中共同发展的，一方面，国际贸易的发展促进了国际汇兑与结算的发展，另一方面，国际汇兑与结算的发展又反作用于国际贸易的发展。

（三）国际汇兑与结算是商业银行的中间业务

国际汇兑与结算是一项利润丰厚的中间业务。在不动用银行资金的条件下，商业银行通过为客户提供服务、承担风险来获得可观的手续费收入，或在客户交纳保证金等情况下，甚至还可能在一段时间内无偿占用客户资金。

（四）国际汇兑与结算业务难度较高，风险较大

国际汇兑与结算业务具有涉外性，活动范围大于国内结算，还涉及不同货币的兑换、不同的文化背景以及法律环境等，使得国际汇兑与结算不仅要比国内结算复杂得多，而且操作的难度更大。同时，受国际上政治、经济及其他不稳定因素的影响和制约，国际汇兑与结算业务中的当事人面临着各种各样的风险，例如信用风险、汇率风险、利率风险等，以及近年来国际贸易与结算的欺诈犯罪，滥用职权现象的日益猖獗，导致国际汇兑与结算中风险较大。

三、国际结算的产生与发展

国际结算是在长期历史过程中，随着世界经济、政治、法律的演进，特别是国际货币、银行信用、国际运输、国际保险和科学技术的发展而逐步形成和发展的，主要经历了以下几个阶段：

（一）从现金结算发展到非现金结算

在货币制度建立起来之前，国际贸易是采取“以物易物”的方式来进行的。当货币出现以后，使国际贸易从“物物交换”进入到了现金结算阶段，即以金银作为清偿债权债务的工具。例如，在我国汉代，对日本、南洋各国、中亚等国陆上贸易，就长期使用金银和部分铜铸币来进行结算。地中海各国在中世纪，也是用金银或其铸币来清偿贸易所产生的债权债务的。但是，在现金结算时代，由于需要长途运输，充当货币的贵重金属或纸币，在运输途中风险大、费用高、占压资金的时间长，给贸易商带来诸多不便。同时，使用贵金属及纸币结算还存在着计量、清点以及辨别真伪的困难。因此，随着国际贸易规模和交易量的扩大，现金结算方式已不能适应国际贸易的发展，现在极少采用这种结算方式。

公元 12 世纪后，地中海沿岸一带的国家在国际贸易中使用了“交换证书”形式的票据，以取代现金来清算债权债务。在欧洲封建社会后期，即16–17 世纪，票据形式的结算已被广泛使用，并出现了以汇票为基础的“商人信用证”。到了 18 世纪，单据化的概念已被普遍接受，用单据代替现金的优势已日益显示出来。由于非现金票据与商人信用证的流行，克服了现金结算方式的不便，推动了世界贸易的发展。在利用商业汇票进行国际结算的情况下，甲乙两国的进口商都不必向对方国的出口商运送现金，而是由甲国的出口商开出一张以乙国进口商为付款人的汇票，经承兑后将汇票寄给本国的进口商，收回他应得到的货款；然后甲国的进口商将汇票寄给乙国的出口商，作为货款支付，乙国的出口商凭票向本国的进口商即汇票的付款人收款（如图 1-1 所示）。但是这种利用商业汇票而进行的国际结算方式具有较大的局限性，它不仅要求进出口商之间要有密切的业务联系并且相互信任，而且要求进出口货物的金额和付款时间应完全相同，它仅仅是非现金结算的雏形，真正的非现金结算是以银行转账为特征的。当今，国际结算中的非现金结算已发展到高度票据化、凭证化、电子信息化的程度。

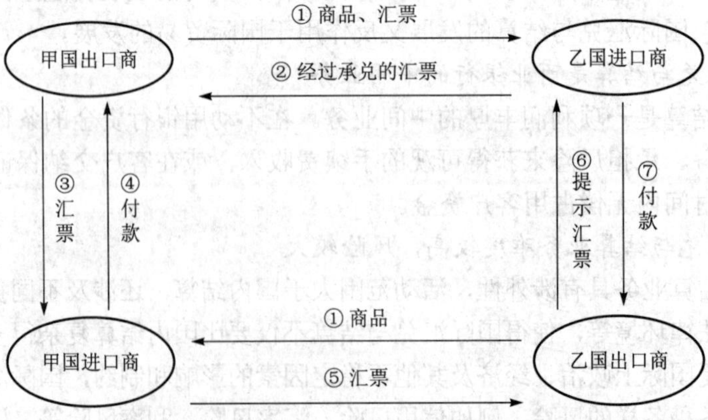

图 1-1　商人间用商业汇票结算债权债务

（二）从凭货付款发展到凭单付款

最早的国际结算是卖方一手交货，买方一手交钱的钱货两清的凭货付款的方式。随着国际贸易和世界经济的发展，与此相关的金融业、航运业、保险业和通讯传递业都有了空前的发展，并出现了明显的分工。航运业的发展，开辟了定期航线，作为承运人与托运人之间契约的提单，其条款逐步定型化，并产生了性质的变化。提单从一般性的收据，演变为一种可以经过背书而进行转让的物权凭证。同样，保险业的发展，也使保险单成为一种可以自由转让的单据。提单、保险单向证券化的演变，为凭单付款的国际结算提供了条件。这样，商品的买卖就可以转变为代表商品所有权的单据的买卖，它使国际结算的方式从凭货付款发展到一手交单、一手付款的凭单付款。这不仅使银行的保证作用和信贷作用得以广泛利用，而且也促进了非现金结算的发展。到了 19 世纪 70 年代，票据和单据在国际结算中已完全结合起来，跟单汇票广泛应用于国际贸易结算，形成通过银行办理跟单托收和跟单信用证的结算方式。

（三）从买卖双方直接结算发展到通过银行结算

在早期的国际贸易活动中，现金的支付及非现金结算初期的票据接受，都是交易双方直接进行的。后来，随着银行业的兴起，银行的普遍设立，国际间银行代理关系广泛开展，国际结算就从以商业汇票为主的买卖双方之间的直接结算，转变为以银行汇票为主的通过银行进行结算，商人间的直接结算关系，被银行间的结算关系所代替。

银行最初介入国际结算，主要是接受进出口商的委托进行代付、代收业务。因而，进出口商并没有得到可靠的信用保证，他们只是利用银行融资和便利收付。商人之间的相互不信任，增加了国际贸易的障碍，利用更为可靠的银行信用取代商人信用，成为必要和可能，使银行信用证随之出现。在银行信用证业务中，银行以“本人”身份介入买卖双方之间的结算，对出口商予以付款保证，而对进口商予以交付合格单据以保证收到货物。国际结算与银行业务密切相关，互相促进，国际结算促进了银行业的发展，反过来，现代银行的高速发展，又使得国际结算的手段越来越现代化。

（四）从人工结算发展到电子结算

在很长的时期内，国际结算主要采用电报、信函等通讯手段，20 世纪 70 年代以后，国际结算的通讯手段和设备开始实现现代化和电脑化，并逐步实现了电子网络化。20 世纪 90 年代以来，国际结算向着迅速、安全、节省费用的电子结算阶段进一步发展。

随着电子通讯技术的发展，银行把现代通讯技术和计算机结合起来，构成了“银行电子国际清算系统”，从而大大提高了国际结算的效率。

知识窗：世界著名的银行间清算系统

1. 环球银行金融电讯协会（The Society for Worldwide Interbank Financial Telecommunication，简称 SWIFT）

这个清算系统建立于 1977 年，总部设在比利时的首都布鲁塞尔，另外分别在比利时、荷兰和美国设立了三个操作中心。该组织创立之后，其成员银行数逐年迅速增加。从 1987 年开始，非银行的金融机构，包括经纪人、投资公司、证券公司和证券交易所等，开始使用 SWIFT。目前该网络已遍布全球 209 个国家和地区的 9 000 多家金融机构，提供金融行业安全报文传输服务与相关接口软件，支援 80 多个国家和地区的实时支付清算系统。1980 年 SWIFT 联接到香港。我国的中国银行于 1983 年加入 SWIFT，是 SWIFT 组织的第 1 034 家成员行，并于 1985 年 5 月正式开通使用，成为我国与国际金融标准接轨的重要里程碑。之后，我国的各商业银行及上海和深圳的证券交易所，也先后加入 SWIFT。这个系统具有下列功能：

（1）业务覆盖面广。可以应用于国际银行之间的资金调拨、国际汇兑、外汇买卖、信用证业务和托收业务，以及账目核对等。

（2）每日全昼夜连续 24 小时高效工作。电讯发出后 2 分钟左右，就会出现收电银行的反应；保密性能好，可以自动编制和核对密押，对所有电讯负责，不会发生丢失事情。每份 SWIFT 电讯的发妥和收妥均得到自动证实，例如 SWIFT 操作中心收到银行终端发出的电讯时，如果确认无误，将一份拷贝发回终端，并引述发电全文，加注 ACK（收妥证实）。如果发回的拷贝加注 NAK，则表示该电讯未发妥，拷贝末尾注明未发妥原因。

（3）格式标准化。规定收发电讯必须符合统一的标准化格式，可以防止会员银行间任何文字上或翻译上的误解或差错。

2. 伦敦银行同业自动清算系统（Clearing House Automated Payment System，简称 CHAPS）

这个清算系统于 1984 年建立于伦敦。其特点是：继续维护英国银行双重清算体制（Two Ties Clearing System）。所有商业银行，都通过其往来的清算银行进行清算，为初级清算；由国家银行和清算银行之间进行的集中清算，为终级清算。因此，所有商业银行都必须在清算银行开立账户，在初级清算时轧算差额；各清算银行在英格兰银行开立账户，在终级清算时轧算差额。

3. 欧洲实时全额自动清算系统（Trans-European Automated Real Time Gross Settlement Express Transfer Systerm，简称 TATGET）

为了保证欧元的正常启动和落实中央银行的统一货币政策，以及有效地解决欧元区内的货币清算，欧洲货币当局（现在成为欧洲中央银行）在 1995 年 5 月宣布建立欧元区成员国之间的欧元清算系统——欧洲实时全额自动清算系统。该系统的总部设在法兰克福，该系统随欧元正式启动而开始运行。任何一家金融机构只要在欧元区成员国的中央银行开立汇划账户，就可以通过该成员国的全额清算系统连接 TATGET，办理欧元的跨国清算，包括贯彻欧洲中央银行有关货币政策方面的业务、银行间大额欧元清算、银行客户间的欧元收付结算等。该系统高效而安全地保障了欧元区成员国之间的资金划拨。

4. 美元清算系统

（1）联邦储备电讯系统（Federal Reserves Wire Transfer System，简称 FEDWire）。FEDWire 系统于 1918 年建立，是美国联邦储备银行提供的美国境内资金大额清算系统，是美国全国性的电子付款清算系统，主要处理各银行间的清算业务，例如头寸调拨、票据清算、证券清算和账户余额划转。

（2）纽约银行同业电子清算系统（Clearing House Interbank Payment System，简称CHIPS）。1970 年建立于纽约，经办国际银行间的资金交易和电子资金划转及清算，处理的是美国境外的大额资金结算，据统计该系统处理的美元交易额占全球美元总交易额的 95%，实现了为全世界的银行进行美元转账。CHIPS 是惟一进行实时冲账处理，并拥有 EDI 功能的系统，促进了银行的收支功能。现有 140 家成员银行，其中三分之二为外国成员银行，分布于 43 个国家。

5. 日元清算系统

（1）Foreign Exchange Yen Clearing System，简称 FXYCS。在 1980 年由东京银行公会建立，现在由日本中央银行管理和营运。与外汇有关和海外银行的往来账户交收都要通过这个系统进行。

（2）BOJ-Net。建立在 1988 年 10 月，现在由日本中央银行管理和营运是即时用实值方式进行清算。主要被用作同业之间的大金额清算。也作为日本政府债券，FXYCS 和许多其他系统的净差额清算。

（3）ZHENG SYSTERM。日本国内的清算系统，在 1973 年 4 月建立，主要用于量多但小金额的清算。

6. 港元清算系统

现时港币是利用 HKD Clearing House Automated Transfer System（CHATS）进行即时清算。香港的持牌银行和有限制牌照银行在香港金融管理局开设港元清算账户。目前港元即时清算系统与美元即时清算系统相连提供美元/港币外汇交易同时交收两种外币的清算。纸张和电子的票据交换也是由 HKICL 提供给所有香港银行公会的会员。在 2000 年 8 月 21 日和 2003 年 4 月 28，香港的美元清算系统和欧元清算系统先后被启动。在亚洲营业时间提供美元和欧元交易的有效清算.香港金融管理局委任香港上海汇丰银行为美元清算的指定银行，委任渣打银行为欧元清算的指定银行。

7. 新加坡元清算系统

（1）MAS Electronic Payment System，简称 MEPS。即时实值清算系统，主要被用作同业之间的大金额清算和作为新加坡政府债券的结算以减少因某一成员银行不能履行清算责任时不会对其他成员银行造成影响和减低系统风险，在新加坡的所有银行都可以直接参与 MEPS 清算。MEPS 与新加坡交易所的中央托管系统连线，为新加坡元债务证券提供即时结算和交收的功能。

（2）新加坡自动化票据交换所（Singapore Automated Clearing House，简称 SACH）。提供新加坡元和美元支票清算系统，和同业之间的直接转账 （直接借记和贷记）系统服务。SACH 由新加坡票据交换所公会（Singapore Clearing House Association-SCHA）负责营运，（SCHA）在 1980 年成立。新加坡金融管理局也是 SCHA 的会员。

（资料来源：根据百度百科等互联网内容整理）

四、实现现汇结算的条件

由于国际间政治、经济、文化关系的广泛发展，形成了各种多边的债权债务关系，不论是个人间的、还是企业间的或者政府之间的债权债务或者货币收付都要通过各金融中心的商业银行存款账户上进行集中转账冲销而得到清算，这种清算制度叫做现汇清算制度。

办理现汇结算必须具备以下几个条件：

（一）结算的货币必须是自由兑换货币

在金本位制度下时，各国货币之间的汇率稳定，资金调拨自由，为现汇结算创造了有利条件。但是在 1973 年以后的纸币流通制度下，各国对本国货币的可兑换性和资金移动施加不同程度的限制，于是在现汇结算方式下结算的货币必须是自由兑换货币。

知识窗：自由兑换货币（Free Convertible Currency）

当一种货币的持有人能把该种货币兑换为任何其他国家货币而不受限制，则这种货币就被称为可自由兑换货币。根据《国际货币基金协定》的规定，所谓自由兑换，是指对国际经常往来的付款和资金转移不得施加限制。也就是说，这种货币在国际经常往来中，随时可以无条件地作为支付手段使用，对方亦应无条件接受并承认其法定价值。不施行歧视性货币政策措施或多种货币汇率。在另一成员国要求下，随时有义务换回对方在经常性往来中所结存的本国货币。即参加该协定的成员国具有无条件承兑本币的义务。目前，自由兑换的货币主要有：美元、欧元、日元、英镑、瑞士法郎、丹麦克朗、瑞典克朗、挪威克朗、港币、加拿大元、澳大利亚元、新西兰元、新加坡元。

（二）货币的结算必须建立可自由调拨的账户

一国的现汇结算要顺利进行，除了必须要使用可自由兑换货币外，还需要有本国的商业银行在世界各金融中心的商业银行开立各种货币的存款账户，使各种货币之间能相互兑换，并且本国商业银行与他国商业银行在同一国家商业银行账户上的头寸彼此可以相互调拨，以抵消或清偿各种债权债务。

（三）国际结算的时间条件

国际结算的付款时间可以分为：预先付款（Payment in Advance），装运时付款（Payment at Time of Shipment）和装运后付款（Payment after Shipment）。银行结算时所依据的装运时间是以海运提单日期为准。因此，银行结算的时间条件有以下三种情况：

（1）交单前预付；

（2）交单时付款，又称即期付款；

（3）交单后付款，又称远期付款。

五、国际结算制度

国际结算制度是指国际结算所遵循的原则和行为规范。主要有双边和多边国际结算制度两种。多边国际结算制度是指在外汇买卖自由的情况下，使用可兑换货币自发地在各国之间进行结算的一种制度。双边国际结算制度是指两国政府签订支付协定，开立清算账户，用集中抵消债权债务的办法，清算两国之间由于贸易和非贸易往来所产生的债权债务的一种结算制度。

第二节　国际汇兑与结算的研究内容

一、国际汇兑与结算研究的基本内容

（一）国际收支与外汇

国际收支是国际经济领域的一个重要课题，反映了一个国家在一定时期内对外经济交往的全貌，是分析一国经济实力的重要依据和参考资料。由于各国货币之间的不等值，就存在着一个如何兑换的问题——外汇汇率，外汇汇率的升降，会对一国进出口贸易、国际借贷和投资等产生相应的影响，所以需要了解和掌握外汇汇率的基本常识，搞清楚汇率变化的原因及其变化后的影响，才能更好地避免或减轻所面临的各种风险。

（二）代表资金收付关系的金融单据——票据

现在的国际结算基本上都是非现金结算，为表明资金的转移收付关系，需要一定的工具，这个工具就是票据。为使票据能有效地发挥其职能，各国都以法律方式规范票据的形式、内容及有关的行为，明确票据的性质和特点。但是由于各国的基本国情的差异，各国的票据法之间又存在一定的差别。因此，为使票据能更有效地服务于国际贸易和国际汇兑与结算，票据就成为国际汇兑与结算研究的重要内容之一。

（三）代表商品的单据

商品单据化、单据商品化是当前国际贸易基本运作要求。为使资金的转移和货物的交接能顺利结合，保障有关当事人的合法权益，利于国际贸易的进行，各种说明商品情况的单据也成为国际汇兑与结算研究的另一个重要内容。

（四）以银行为中心的的结算资金的划拨

现在的国际汇兑与结算是通过有关银行间的资金划拨得以实现的。所以银行之间必须建立密切的业务往来关系。为了安全、迅速、有效的办理好相关的业务手续，建立银行间的联行、代理行和账户行等关系，并能根据实际业务的需要，选择最便捷的途径和手续进行结算，也成为国际汇兑与结算研究的重要内容。

知识窗：代理行和账户行

代理行（Correspondent Bank）是指与其他国家建立往来账户，代理对方的一些业务，为对方提供服务的银行。对一家银行来说，代理行实际上不附属于本银行，代理行关系就是不同国家银行之间建立的结算关系。代理行的建立一般有三个步骤，第一，开展资信调查，主要考察对方银行的自信，通过多方渠道了解对方银行所在国的有关政策，法规，市场信息等。第二，在分析与评价的基础上，确定代理行关系的层

次。代理行的层次分为：一般代理关系，账户代理关系。第三，签订代理行协议。代理行协议由双方银行负责人签署签章后才开始生效。代理行协议包括双方机构的总称，交换和确认控制文件（即密押、有权签字人签字样本和费率表），代理业务的范围，业务往来头寸的调拨，融资便利的安排等内容。

账户行（Depository Bank）是指在建立代理行及代理关系的基础上，为解决代理业务中的资金收付，需要建立账户处理资金的结算。代理行之间单方或者双方互相在对方银行开设账户，成为账户代理行，简称为账户行。因此，账户行一定是代理行，而代理行不一定是账户行。账户行通常都在主要的国际结算所使用货币的结算中心，例如：美元——纽约、欧元——法兰克福、英镑——伦敦、日元——东京等。根据开立账户的性质可以将账户分为来账（Vostro）和往账（Nostro）①。境外银行在本国开立账户称为来账，而本国银行在境外其他银行用境外货币开立的账户称为往账。

（五）银行向进出口商提供的资金融通

发展对外贸易是促进一国经济发展的重要措施之一，但是当前的贸易领域竞争非常激烈。为使本国企业能获得成功，促进本国经济的发展，各国都以各种方式鼓励出口贸易的发展，提供资金融通就是一项比较有效的措施。并且银行之间的竞争也比较激烈，为了获得收益和市场份额，商业银行将结算业务与为进出口商提供资金融通业务结合起来。所以，银行向进出口商提供资金融通也成为国际汇兑与结算研究的重要内容。

二、国际汇兑与结算中的国际惯例

为了使国际汇兑与结算能得以顺利办理，需要一系列的国际惯例和给则对其加以规范。现行的关于国际汇兑与结算的管理和规则主要有：

（1）《托收统一规则》（Uniform Rules for Collection—URC），简称为《URC522》，是国际商会的 522 号出版物，于 1996 年 1 月 1 日开始生效。

（2）《跟单信用证统一惯例》（Uniform Customs and Practice for Commercial Documentary Credit），简称为 UCP600，是国际商会的第 600 号出版物，2007 年 7 月 1 日开始生效。

（3）《关于审核跟单信用证项下单据的国际银行标准实务》（International standard Banking Practise for the Examination of Documents Under Documentary Credits），简称 ISBP，是国际商会于 2007 年 4 月 26 日通过的第 681 号出版物。

（4）《跟单信用证统一惯例电子交单补充规则》（版本 1.1），简称为 eUCP，是对《UCP600》的补充。

（5）《国际备用信用证惯例》（International Standby Practices），简称为 ISP98，是国际商会的第 590 号出版物，于 1999 年 1 月正式实施。

（6）《见索即付保函统一规则》（Uniform Rules on Demand Guarantees），简称为 URDG758，是国际商会的第 758 号出版物，于 2010 年 7 月 1 日正式实施。它是在原有规则（URDG458）的基础上，引入全新的术语体系，借鉴近年来保函及相关业务实践发展经验，

① Vostro 是指你方的，相当于英语的 Yours；Nostro 是指我方的，相当于英文的 Ours。

经过全球范围内四次大规模意见征集，并于 2009 年国际商会银行技术与惯例委员会秋季全球会议上通过的。修订后的 URDG758 将是见索即付保函业务的权威业务指南，它不仅是对原有规则的完善，更是适应新形势下保函业务发展趋势和需求的一套更清晰简洁、更系统科学的业务规则。

相关链接：中行浙江分行叙做首笔适用 URDG758 保函业务

2010 年 7 月 2 日，首笔适用国际商会《见索即付保函统一规则》（URDG758）的保函由中行浙江分行成功开立，标志着 URDG758 开始在中行国内保函业务中得以正式应用。

7 月 2 日，诸暨额菲达进出口有限公司向中行浙江分行提出开立保函的申请，要求向日本 KAJIWARA IRON WORKS CO.，LTD 开立金额为 46 144.25 美元的质量保函，同时要求保函适用 URDG758。在收到申请后，中行浙江分行立即着手对保函条款进行研究，分析业务中存在的担保风险，并依据 URDG758 对保函格式进行严格把关。当天下午，该行开出保函，成功办理了中行国内首笔适用 URDG758 的保函业务，体现出中行在外汇保函专业技术领域在国内同业中的领先地位，也体现出我国银行业与国际接轨程度的进一步加深。

（7）《信用证项下银行间偿付统一规则》（Uniform Rules for Bank-to-bank Reimbursement under Documentary Credit），简称为 URR725，是国际商会第 725 号出版物，于 2008 年 10 月 1 日开始生效。为了使《跟单信用证项下银行间偿付统一规则》与《UCP600》相适应，国际商会对 1995 年的 URR525 作了一些修订，URR725 对 URR525 文字的修改仅仅是对不符合 UCP600 表述的文字文句作了变动或增减. 对涉及开证行与索偿行关系的条款进行部分修改。

实务篇

一、跨境贸易人民币结算案例

金融危机爆发以来，国际贸易中最主要结算货币——美元和欧元汇率都经历了剧烈波动，我国企业和贸易伙伴国企业普遍希望使用人民币进行计价和结算规避风险。2009 年 4 月 8 日，中国决定在上海市和广东省的广州、深圳、珠海、东莞 4 城市开展跨境贸易人民币结算试点。同时开展与多国的货币互换制度安排，跨境贸易人民币结算成为市场关注的焦点。2009 年 7 月 6 日，跨境贸易人民币结算试点正式启动，上海作为长三角地区惟一的试点城市，尝到了“第一口蛋糕”。截止到 2010 年 3 月 25 日，上海的跨境贸易人民币结算总量已达 73 亿元，约占全国的 50%，其中今年以来的结算金额就达 50 亿元；参与试点的首批企业有 92 家，第二批已上报的有 963 家。给企业带来了很多好处与便利：一是增加了贸易结算币种的选择，有利于规避汇率风险；二是进出口收付款无需增加财务成本；三是方便客户办理各种贸易融资，并且不给企业增加额外财务负担，还可以提高企业管理集团资金的效率。

2010 年 6 月 22 日，中国人民银行将我国跨境贸易人民币结算试点扩大到 20 个省区市。跨境贸易人民币结算试点地区由上海市和广东省的 4 个城市扩大到北京、天津、内蒙古、辽宁、上海、江苏、浙江、福建、山东、湖北、广东、广西、海南、重庆、四川、云南、吉林、黑龙江、西藏、新疆等 20 个省（自治区、直辖市）。试点业务范围包括跨境货物贸易、服务贸易和其他经常项目人民币结算。不再限制境外地域，企业可按市场原则选择使用人民币结算。跨境贸易人民币结算试点的扩大，将进一步促进贸易和投资便利化。

人民币结算实例图解如下所示：

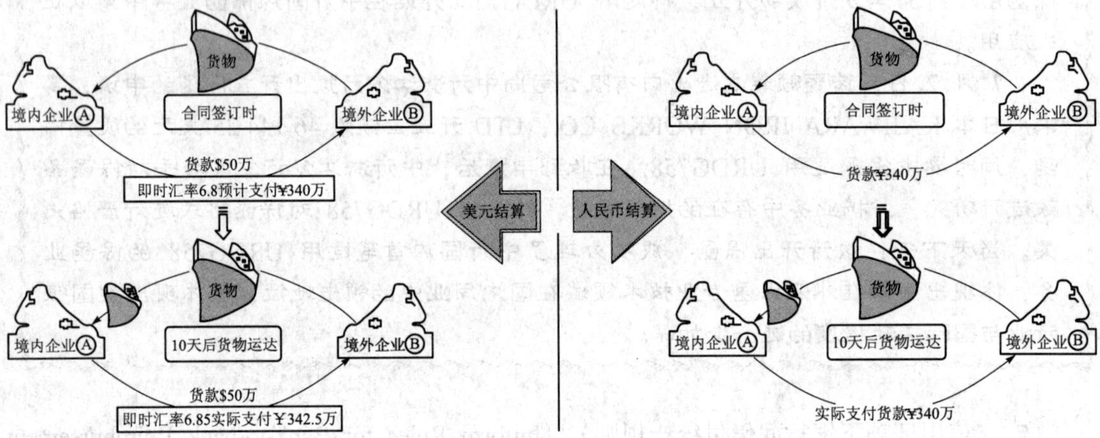

图 1-2 人民币结算

资料来源：根据田丽《人民币跨境结算将稳步开放 三大困扰急需解决》及互联网内容整理

分组完成下列题目要求：

1. 我国人民币国际结算的大事件有哪些？
2. 人民币用于国际结算的意义体现在哪里？
3. 人民币用于国际结算所面临的挑战是什么？

阅读材料

一、银行非贸易结算业务

非贸易外汇收支项目主要有：私人海外汇款、铁路运输收支、海运收支、航空运输收支、邮电收支、银行收支、保险收支、图书和影片及邮票收支、外轮代理和服务收入、外币收兑、兑换国内居民外汇、旅游部门外汇收入、经费外汇收支、企业利润收支和其他外汇收支。

非贸易外汇收支具有以下特点：

（1）相对于贸易外汇收支而言，非贸易外汇收支的特点为范围广泛、内容庞杂，项

目繁多，金额较低

（2）结算方式多样、灵活。非贸易外汇的收支主要是通过非贸易汇款、外币兑换、旅行支票、旅游信用证、信用卡、光票托收等方式进行结算。

下面具体介绍非贸易收支中的侨汇、外币兑换业务、旅行支票、旅行信用证和信用卡业务。

（一）侨汇

侨汇（Overseas Chinese Remittance）是华侨汇款的简称，侨汇是我国非贸易外汇的主要来源之一。

1. 侨汇的解付

侨汇的主要方式有信汇、电汇、票汇和约期汇款等。

（1）信汇。信汇指港澳或国外联行通过信函方式航寄信汇通知书方式汇入的侨汇。大部分港澳和国外联行在办理侨汇业务时采用每日按国内通汇行、分币别在营业终了时缮制“经收侨汇总清单”并附信汇委托书等，直接寄通汇行。通汇行收到汇出行寄来的侨汇总清单后，经仔细审核汇出行签章无误，总清单所列笔数、金额与附件相符后，按所附的信汇委托书逐笔缮制汇款通知书，通知收款人取款。

通汇行解付信汇后，应在收款人签章的正副收条上加盖有行名和日期的付讫戳记，副收条可代“汇入汇款”科目借方传票或作传票附件，正收条及时寄回汇出行。

（2）电汇。电汇指港澳或国外联行以电报方式汇入的侨汇。通汇行接到电汇后，经译电核押无误，即缮制汇款通知书通知收款人前来取款。如汇款报单电抄未到，先以“港澳及国外联行往来未达户”科目列账，转入“汇入汇款”科目并抽出电抄，加盖付讫戳记，以防重复解付。

（3）票汇。票汇指海外华侨、港澳台同胞向港澳或国外联行购买汇票，自带或邮寄给他们国内的亲属，凭以向国内指定的解付行兑付的汇款。解付行经核对汇票上的出票人签字、汇票通知书上的签字与签字样本相符后，办理解付。汇票上若有收款人姓名，应由收款人背书，并认真核对收款人提供的身份证件后，方可解付。解付汇票的侨汇证明书由解付行填写，解付汇票时如汇出行的总清单尚未收到，可通过“港澳及国外联行往来未达户”科目处理。

（4）约期汇款。约期汇款指华侨和港澳台同胞与汇出行约定，在一定时期（如每月一次或每两月一次）汇给国内侨眷一定金额的汇款。由汇出行通知解付行按约定日期通知收款人取款。

2. 侨汇收条的处理

信汇、电汇全套汇款收条一般都有正、副收条、汇款证明书和汇款通知书一式四联。

正收条（Original Receipt）应在解讫侨汇后，及时寄还汇出行，等候汇款人领取，以清手续。副收条（Duplicate Receipt）是解付侨汇后，银行留存的主要凭证。

正、副收条上都应有收款人签章、现金付讫章和解付日期章。

汇款证明书是解付侨汇时，交给收款人持有的一联，凭以查对收款金额。

汇款通知书有收款人的详细地址，以便通知收款人取款，它是解付侨汇的依据。

3. 侨汇的转汇及解付的处理手续

（1）侨汇的转汇。侨汇的转汇是指当汇入行收到侨汇后，收款人在外地需要办理转汇，可委托收款人所在地银行办理解付。侨汇的转汇均应以外币进行，解付后也应以外币划账。

（2）解付时的处理手续。解付行收到转汇行寄来的侨汇转汇委托书及附件，应先核对印鉴、密押，再根据转汇委托书逐笔与附件核对，按照规定手续办理解付。

解讫的正收条和通知书上应加盖解付行付讫日期，随附报单寄转汇行。副收条由解付行留作传票附件或另外保管。

（3）转汇行收到解付行报单处理手续。转汇行收到解付行的联行报单及所附的解讫侨汇正收条及通知书，经核对无误后，逐笔抽销信汇委托书办理转账。

（二）外币兑换业务

银行办理外币现钞的兑入和兑出的业务，称为外币兑换业务（Exchange of Foreign Bank Notes）。

国家确定某种外币能否收兑，主要考虑两个因素：一是货币发行国对本国货币出入境是否有限制；二是这种货币在国际金融市场上能否自由兑换。

1. 外币兑换的程序

（1）兑入外币。凡属国家外汇管理局“外钞收兑牌价表”上所列的各种外币，银行经查验顾客的护照或身份证后办理收兑。银行将按当天外钞买入价折算成人民币，填写一式四联的“外币兑换水单”，收点外钞和支付人民币。

（2）兑出外币。银行对境外单位或个人要求兑出外币，应查验护照或身份证及原外币兑换水单，在有效期内（从兑入外币之日起 6 个月内），按不超过原兑换水单上的金额兑换。收回的原兑换水单，加盖“已退回”戳记，作为外汇买卖传票的附件。最后还应在顾客的海关申报单的外币登记栏中写明，以便海关检查放行。

对于批准出国人员申请兑换外币，银行应根据外汇管理部门在“非贸易外汇申请书”上批准的金额办理。办理兑出手续时，应缮制“外币兑换水单”一式四联，根据当天外钞买出价兑付。

（三）旅行支票

旅行支票（Traveller's Cheque）是银行或旅行社为便于旅游者安全携带和使用而发行的一种定额支票。

旅行支票起源于 18 世纪末期的英国。当时，一位苏格兰银行家 ROBERT HERRIS 提议发行一种新的保证兑现的支票，目的是方便客户在欧洲旅行时兑换现金。他把这种支票起名为“旅行支票”，旅行支票面世后获得成功。19 世纪后期，随着国际旅游事业的迅速发展，旅行支票被确定为一项银行业务，1891 年，美国运通公司（American Express Company）首先发行旅行支票。其后，世界各大银行纷纷效仿，开始发行自己的旅行支票。由于旅行支票具有方便、安全等优点，深受旅游者的欢迎，很快成为旅游者最常用的支付凭证之一。

1. 使用旅行支票的好处是：

（1）币种多，在很多场合可直接用来消费。

（2）面额较高，适合携带数量较大的金额。

（3）除购买契约书有明确规定外，旅行支票没有使用期限限制。

（4）遗失时可申请挂失理赔。

2. 但是也有一定的缺点，主要体现在以下几个方面：

（1）有一定的使用成本，如在购买旅行支票时须支付万分之一左右的手续费，在持旅行支票在境外消费时，可能还要收取一定的手续费；用不完的旅行支票回国兑换时，也要扣除一部分费用。

（2）使用范围可能受到客观条件的限制。如在购买便宜物品时，一般都拒收高额的旅行支票；在乡村小镇的小商店等地，旅行支票也不被视同现金使用。

3. 旅行支票的关系人主要出票人、发售人、持票人、兑付人和受让人。

（1）出票人。是指发行旅行支票的银行或专业机构。由于旅行支票是以出票人为付款人的支付凭证，因此出票人即为付款人，它的签章预先印在票面上。

（2）发售人。是指出售或代售旅行支票的银行或旅行社等代理机构。

（3）持票人。是购买或持有旅行支票的人，并已在旅行支票上进行了初签。

（4）兑付人。是指事先已与出票人签订代付协议的机构。

（5）受让人。接受旅行支票的服务部门即为支票的受让人。

游客购买旅行支票时，填写的购买申请书上要写明：购买哪家银行发行的旅行支票、购买者姓名、地址、购买张数、货币种类、面额及总金额、购买日期等。出售机构经审核无误、收妥款项后，按规定请其在每张旅行支票的"初签栏"签名，以便兑付时与"复签栏"的签名核对。若购买者用本国货币购买外币旅行支票，按当天外汇牌价的卖出价折算。

旅行支票分可转让（Negotiable）和不可转让（Non-negotiable）两种。对不可转让支票，只能由原购票人在兑付时当面复签，确认复签真实后，可予兑付。对可转让支票，原购票人在转让时是对受让人当面复签，并填上受让人姓名，然后受让人到银行在支票背面背书领取票款。

（四）旅行信用证

旅行信用证（Traveller's Letter of Credit）是银行为了便利旅客到境外支付旅行用款而开出的一种信用证。开立旅行信用证时一般要求开证申请人预留印鉴，以便取款时核对。

1. 旅行信用证具有如下特点：

（1）旅行信用证的正本由开证申请人自己携带。

（2）旅行信用证是一种光票信用证，不附带任何单据。

（3）与贸易结算中的信用证的不同之处是，旅行信用证的开证申请人和受益人是同一人，也就是汇款人和收款人是同一人，即均为旅行者本人。

（4）受益人按不超过旅行信用证总金额的限额，可以一次或多次向指定的议付行支款，每次取款后都须在信用证上做记录。

（5）旅行信用证应在其有效期内使用。

2. 兑付旅行信用证的手续是：

（1）当旅行信用证的持证人到指定的银行要求兑付时，须将旅行信用证的正本交议付行审查，经议付行验证在确认可兑付时，把本次支款日期、金额和结存余额等记载于信用证上，加盖付款行印章，收取 7.5‰的贴息后结付，将收据的第二联（即副收条）作为议付行的借方传票附件，然后将收据的第一联（即正收条）随报单寄开证行索偿，收回垫款。

（2）若解付后，信用证还有余额，应将“印鉴核对书”和信用证还给受益人；若没有余额，则应收回，在信用证上加盖“注销”或“用完”戳记，连同“印鉴核对书”及报单一起寄开证行索偿。

（五）信用卡

信用卡（Credit Card）是由银行或专业机构向客户提供短期消费信贷的一种信用凭证。持卡人可在指定的特约商店、宾馆、旅游场所等购买商品或享受服务，或向约定银行支取现金。

信用卡于 1915 年起源于美国。最早发行信用卡的机构并不是银行，而是一些百货商店、饮食业、娱乐业和汽油公司。美国的一些商店、饮食店为招徕顾客，推销商品，扩大营业额，有选择地在一定范围内发给顾客一种类似金属徽章的信用筹码，后来演变成为用塑料制成的卡片，作为客户购货消费的凭证，开展了凭信用筹码在本商号或公司或汽油站购货的赊销服务业务，顾客可以在这些发行筹码的商店及其分号赊购商品，约期付款，这就是信用卡的雏形。据说有一天，美国商人弗兰克·麦克纳马拉在纽约一家饭店招待客人用餐，就餐后发现他的钱包忘记带在身边，因而深感难堪，不得不打电话叫妻子带现金来饭店结账。于是麦克纳马拉产生了创建信用卡公司的想法。1950 年春，麦克纳马拉与他的好友施奈德合作投资一万美元，在纽约创立了“大来俱乐部”（Diners Club），即大来信用卡公司的前身。大来俱乐部为会员们提供一种能够证明身份和支付能力的卡片，会员凭卡片可以记账消费。这种无须银行办理的信用卡的性质仍属于商业信用卡。1952 年，美国加利福尼亚州的富兰克林国民银行作为金融机构首先发行了银行信用卡。1959 年，美国的美洲银行在加利福尼亚州发行了美洲银行卡。此后，许多银行加入了发卡银行的行列。到了二十世纪六十年代，银行信用卡很快受到社会各界的普遍欢迎，并得到迅速发展，信用卡不仅在美国，而且在英国、日本、加拿大以及欧洲各国也盛行起来。从二十世纪七十年代开始，我国香港、我国台湾、新加坡、马来西亚等发展中国家和地区，也开始发行信用卡业务。在国际上主要有威士国际组织（VISA International）和万事达卡国际组织（MasterCard International）两大组织及美国运通国际股份有限公司（America Express）国际信用卡组织、大来信用证有限公司（Diners Club）、JCB 日本国际信用卡公司（JCB）三家专业信用卡公司，在我国的信用卡组织是 2002 年成立的总部位于上海的银联。

信用卡的种类很多，可以按照不同的标准将其分类。

（1）按发卡机构不同，信用卡可分为银行卡和非银行卡。

（2）按清偿方式不同，信用卡分为贷记卡（Credit Card）和借记卡（Debit Card）。

（3）按发卡对象不同，信用卡可分为公司卡和个人卡。

（4）按持卡人的信誉、地位等资信情况的不同，分为普通卡、金卡和白金卡。

（5）按使用范围不同，信用卡分为国际卡和国内卡。

单位或个人向银行申请办理信用卡时，应填写"信用卡申请表"交发卡行审核，发卡行要审查申请人的收入、信誉、担保等情况，符合条件者即可得到发卡行发给的信用卡。

持卡人去特约商店凭卡购物时，需填写一式四联的签购单，连同信用卡一起交商店的经办人员审核，经办人员在审核无误后用压印机将信用卡的卡号、持卡人名字、有效期压在签购单上，并将客户所购商品、签购单的第一联和信用卡交回持卡人。

持卡人凭卡支取现金，可去指定的代付行办理，填写一式三联的取现单，连同信用卡一起交代付行审查。代付行核对无误后，将信用卡的卡号、持卡人姓名、有效期压在取现单上并按取款金额加收一定的手续费即可付款，然后将取现单的"顾客联"和信用卡交还持卡人，另将一联取现单连同一联总计单寄发卡行索偿。若持卡人支取现金超过了最高用款限额时，代付行必须先用电传与发卡行联系，取得授权后，将授权号码填入取现单，办理兑付。

二、SWIFT 银行的识别代码

SWIFT 成员银行都有自己特定的 SWIFT 地址代码，又可以称为银行识别代码（Bank Identified Code，BIC），用在 SWIFT 电文中以明确区分交易中的不同金融机构，该号相当于各个银行的身份证号。例如在电汇时，汇出行按照收款行的 SWIFT CODE 发送付款电文，就可将款项汇至收款行。SWIFT 银行识别代码由八位或十一位英文字母或阿拉伯数字组成，具体为以下四部分：

银行代码（Bank Code）：由四位易于识别的银行行名字头缩写字母构成；

国家代码（Country Code）：根据国际标准化组织的规定由两位字母构成；

地区代码（Location Code）：由 0、1 以外的两位数字或字母构成，标明城市；

分行代码（Branch Code）：由三位数字或字母构成，标明分支机构。

同时，SWIFT 还为没有加入 SWIFT 组织的银行，按照此规则编制一种在电文中代替输入其银行全称的代码。所有此类代码均在最后三位加上"BIC"三个字母，用来区别于正式 SWIFT 会员银行的 SWIFT 地址代码。

各银行的 BIC 查询网站是：http://www.swift.com/bsl/index.faces。例如，如果要查询中国银行青岛分行的 BIC 号码，具体方法如下所示：

注意在输入验证码时要严格区分大小写，否则系统会提示让你重新输入。

搜寻的结果是：中行青岛分行的 BIC 号码为 BKCHCNBJ500。

Search results (7 BICs found). Last update: 11 May 2010

BIC	Institution name	City	Country	Status
ABOCCNBJ380	AGRICULTURAL BANK OF CHINA, THE	QINGDAO	CHINA	Connected
ADBNCNBJSQD	AGRICULTURAL DEVELOPMENT BANK OF CHINA, THE	QINGDAO	CHINA	Connected
BEASCNSHQDO	BANK OF EAST ASIA (CHINA) LIMITED, THE	QINGDAO	CHINA	Connected
BKCHCNBJ500	BANK OF CHINA	QINGDAO	CHINA	Connected
EIBCCNBJQDB	EXPORT-IMPORT BANK OF CHINA, THE	QINGDAO	CHINA	Connected
IBKOCNBTQDX	INDUSTRIAL BANK OF KOREA (CHINA) LIMITED	QINGDAO	CHINA	Connected
ICBKCNBJQDO	INDUSTRIAL AND COMMERCIAL BANK OF CHINA	QINGDAO	CHINA	Connected

Display 10 records per page

（资料来源：根据百度百科和 http://www.swift.com 的内容整理）

本章习题

一、名词解释

1. 国际结算 2. CHIPS 3. CHAPS 4. SWIFT 5. TARGET 6. 代理行 7. 账户行 8. 自由兑换货币

二、判断

1. 由于在建立代理行之前，已经对对方银行作了全面、深入地了解，因此，凡是代理行开来的信用证，我方银行都可以不用审核直接接受就可以。(　　)

2. 我国内地与香港、澳门和台湾之间的货币收付结算不应该属于国际结算的范畴。(　　)

3. 在国际贸易和国际结算的过程中所采用的国际惯例，对当事人具有强制性。(　　)

4. 现在的国际结算大部分采用现金结算的方式。（ ）
5. 侨民汇款、旅游开支、服务偿付等属于有形贸易结算。（ ）
6. 账户行一定是代理行，而代理行不一定是账户行。（ ）
7. CHIPS 一般用于收付在美国境内的大额资金结算。（ ）
8. CHAPS 是惟一进行实时冲账处理，并拥有 EDI 功能的系统。（ ）
9. 在贸易结算中，多采用逆汇法结算，即票据的流动方向和资金流动方向相反。（ ）
10. 国际结算就是办理国家间债权债务的货币收付业务。（ ）

三、单项选择

1. 商品进出口款项的结算属于（ ）。
A. 双边结算　B.多边结算　C.贸易结算　D.非贸易结算
2. 下列各项中，不属于国际结算范围的是（ ）。
A. 有形贸易　B. 金融交易　C. 无形贸易　D. 物品交换
3. 下列各项中，不属于代理行之间的控制文件的是（ ）。
A. 密押　B. 代理范围
C. 印鉴　D. 有权签字人的签字样本
4. 一家银行的总行与分支行以及各分支行之间的关系是（ ）。
A. 联营银行　B. 代理行　C. 账户行　D. 联行
5. 当前，业务覆盖面最广的银行间清算网络是（ ）。
A. CHIPS　B. CHAPS　C. SWIFT　D. TARGET
6. 本国银行在境外其他银行用境外货币开立的账户，称为（ ）。
A. 来账　B. 往账
C. 单方开立账户　D. 双发互开账户
7. 两个国家通过签订支付协定的方式进行债权债务清偿活动的结算业务，称为（ ）。
A. 多边结算　B.双边结算　C. 三边结算　D. 单边结算
8. 下列各项中，不属于非贸易结算的是（ ）。
A. 服务供应　B. 资金调拨　C. 设备出口　D. 国际借贷
9. 实行多边国际结算时需使用（ ）。
A. 记账外汇　B. 外国货币　C. 黄金白银　D. 可兑换货币
10. 欧元结算的银行间清算网络是（ ）。
A. CHIPS　B. CHAPS　C. SWIFT　D. TARGET

四、思考

1. 国际结算是怎样产生和发展的？
2. 国际结算中应该遵循的国际惯例与规则的适用范围是怎样的？
3. 如何正确地选择代理行和账户行？

五、实训操作练习

1. 每四人一组到银行考察信用卡、非贸易结算或者贸易结算的相关资料，要求写一份相关的调查报告。

2. 查询中行北京分行、工商银行北京分行、交通银行青岛分行、建设银行青岛分行等银行的 BIC。

第二章　外汇与国际收支

- 基础篇
- 实务篇

基础篇

货币的发行通常是以国家或地区为单位的，但一国的货币在国际上并不一定通行，因此在进行国际结算、清偿国与国之间债权债务时就需要一种可自由兑换、被普遍接受的金融资产，那就是外汇。因此，外汇是国际结算的支付手段。国际结算通常会伴随着本国货币与某个外汇币种的兑换，这就涉及到汇率问题。汇率受到诸多经济因素的影响，而汇率的涨跌又会对一国的微观主体和宏观经济产生巨大的反作用。

如果把一个国家视为一个整体，其内部成员在一定时期内与外界所发生的全部经济交易的结果就反映在该国的国际收支里。因此，国际收支体现了一国在一定时期内的对外经济交往全貌，是分析该国经济状况、财务状况以及在整个世界经济中地位的重要宏观经济指标。国际收支不仅直接影响一国货币汇率的变化，也会影响该国政府经济政策的变更与调整。在国际收支反映的国际经济交易中，绝大部分需要通过国际结算实现债权债务的清偿和资金的转移。

第一节　外　　汇

一、外汇的概念

在频繁的国际经济贸易活动中，“外汇”这个词几乎已经成为人们的日常用语。我们经常可以在各种媒体中听到、看到“外汇”一词。如，某某企业为国家创汇多少；某某企业花多少外汇引进设备；我国的外汇储备多少等等。外汇的确切概念是什么？它包含的具体内容是哪些？在国际金融领域中它起哪些作用？

在我国广泛使用的“外汇”这个词是“国际汇兑”（Foreign Exchange）或“国外汇兑”的简称。“汇”指资金的移动，“兑”指货币的兑换。

外汇有动态和静态两种含义。

外汇的动态的含义是指把一国货币兑换成另一国货币，以清偿国际间债权债务的金融业务活动。在这种业务活动中，通过国际信用工具的买卖，将由于进出口贸易或其他国际经济交易而产生的债权债务关系集中到银行的账户加以抵销，达到实现国际间支付的目的。在这一意义上，外汇的概念等同于国际结算。

外汇的静态含义有广义和狭义之分。广义的外汇是指各国外汇管理法令所定义的外汇。国际货币基金组织（IMF）的解释为：“外汇是货币行政当局（中央银行、货币管理机构、外汇平准基金组织和财政部）以银行存款、财政部国库券、长短期政府债券等形式保有的、在国际收支逆差时可以使用的债权”。

狭义的外汇是指以外国货币表示的可用于国际之间结算的支付手段。它包括存放在国外的外币存款，以外币表示的汇票、支票、本票等支付凭证。

资料卡：我国2008年8月修正颁布的《中华人民共和国外汇管理条例》的规定

外汇是指以外币表示的可以用作国际清偿的支付手段和资产，包括：① 外国货币，包括纸币、铸币；② 外币支付凭证，包括票据、银行存款凭证、公司债券、股票等；③ 外币有价证券，包括政府债券、公司债券、股票等；④ 特别提款权；⑤ 其他外汇资产。

二、外汇的特征

（一）国际性

用于国际结算的支付手段必须是以外币表示的金融资产。

（二）可偿付性

外汇必须是能在国外得到偿付的货币债权，也即是债权凭证。

（三）可兑换性

即持有者可自由地将其兑换成其他货币或以其表示的支付手段。

三、外汇的分类

按照不同的分类标准，可以将外汇分为以下几类：

（一）按货币能否自由兑换划分，可分为自由兑换外汇、有限自由兑换外汇和记账外汇

（1）自由兑换外汇就是在国际结算中用得最多、在国际金融市场上可以自由买卖、不需经一国货币管理当局批准，在国际金融市场上可以自由兑换成其他国家货币，或向第三国办理支付的外国货币及支付的信用凭证。

（2）有限自由兑换外汇是指未经货币发行国批准，不能自由兑换成其他货币或对第三国进行支付的外汇。国际货币基金组织规定凡对国际性经常往来的付款和资金转移有一定限制的货币均属于有限自由兑换货币。世界上有一大半的国家货币属于有限自由兑换货币，包括人民币。

（3）记账外汇又称清算外汇或双边外汇，是指记账在双方指定银行账户上的清算货币，不能兑换成其他货币，也不能对第三国进行支付。

（二）根据交割期限，可分为即期外汇和远期外汇

交割是指本币和外币所有者相互交换货币所有权的行为，也就是外汇买卖中外汇的实际收支活动。即期外汇指外汇买卖成交后在两个工作日内交割完毕的外汇。远期外汇指买卖双方根据外汇买卖合同，不需立即进行交割，而是在将来某一时间进行交割的外汇。

（三）根据外汇的来源与用途不同，可以分为贸易外汇、非贸易外汇和金融外汇

（1）贸易外汇也称实物贸易外汇，是指来源于或非用于进出口贸易的外汇，即由于国际间的商品流通所形成的一种国际支付手段。

（2）非贸易外汇是指贸易外汇以外的一切外汇，即一切非来源于或非用于进出口贸易的外汇，如劳务外汇、侨汇和捐赠外汇等。

（3）金融外汇是属于一种金融资产外汇，例如银行同业间买卖的外汇，既非来源于有

形贸易或无形贸易，也非用于有形贸易，而是为了各种货币头寸的管理和摆布。

贸易外汇、非贸易外汇和金融外汇在本质上都是外汇，它们之间并不存在不可逾越的鸿沟，而是可以经常互相转化。

（四）根据外汇管理对象，可分为居民外汇和非居民外汇

居民外汇指居住在本国境内的机关、团体、企事业单位、部队和个人，以各种形式所持有的外汇。居民通常指在某国或地区居住期达一年以上者，但是外交使节及国际机构工作人员不能列为居住国居民。各国一般对居民外汇管理较严。

非居民外汇指暂时在某国或某地区居住者所持有的外汇，如外国侨民、旅游者、留学生、国际机构和组织的工作人员、外交使节等以各种形式持有的外汇。在我国，对非居民的外汇管理比较松，允许其自由进出国境。

四、外汇的作用

（1）促进国际间的经济、贸易的发展。用外汇信用工具清偿国际间的债权债务，不仅能节省运送现金的费用，降低风险，缩短支付时间，加速资金周转，更重要的是运用这种信用工具，可以扩大国际间的信用交往，拓宽融资渠道，促进国际经贸的发展。

（2）外汇可以充当国际信用手段，调剂国际间资金余缺。世界经济发展不平衡导致了资金配置不平衡。有的国家资金相对过剩，有的国家资金严重短缺，客观上存在着调剂资金余缺的必要。而外汇充当国际间的信用手段，通过国际信贷和投资途径，可以调剂资金余缺促进各国经济的均衡发展。

（3）外汇是一个国家国际储备的重要组成部分，也是清偿国际债务的主要支付手段。它跟国家黄金储备一样，作为国家储备资产，在国际收支发生逆差时可以用来清偿债务，平衡国际收支，便利国际结算。

知识窗：世界主要货币名称及代码

表 2-1　　世界主要货币名称及代码

国　别	货币名称	ISO 标准符号
中国	人民币元	CNY
中国香港	港元	HKD
中国澳门	澳门元	MOP
日本	日元	JPY
新加坡	新加坡元	SGD
泰国	泰铢	THP
韩国	韩元	KRW
越南	越南盾	VND
菲律宾	菲律宾比索	PHP
马来西亚	马来西亚元/林吉特	MYR

续表 2-1

国　　别	货币名称	ISO 标准符号
印度尼西亚	盾	IDR
印度	卢比	INR
埃及	埃及镑	EGP
南非	兰特	ZAR
土耳其	土耳其镑	TRL
欧洲联盟货币	欧元	EUR
瑞士	瑞士法郎	CHF
英国	英镑	GBP
丹麦	丹麦克朗	DKK
挪威	挪威克朗	NOK
瑞典	瑞典克朗	SEK
俄罗斯	卢布	SUR
冰岛	冰岛克朗	ISK
澳大利亚	澳大利亚元	AUD
新西兰	新西兰元	NZD
美国	美元	USD
加拿大	加拿大元	CAD
墨西哥	墨西哥比索	MXP

（资料来源：http://www.jctrans.com/tool/sjhb.htm）

第二节　国际收支

一、国际收支的概念

国际收支（Balance of Payment，BOP）这一概念出现于 17 世纪，在很长的一段时期，只是被简单地解释为一国的国际贸易收支。随着国际经济交易范围的不断扩大，国际收支被用来指一国的外汇收支。各种国际经济交易，只要涉及到外汇收支，就都属于国际收支的范畴，这就是目前所称的狭义的国际收支。第二次世界大战后，一些不涉及外汇收支的交易，如政府援助、私人捐赠、易货贸易、补偿贸易等在国际经济中的重要性大大加强。为了便于一国当局掌握对外经济交易的全貌，国际收支的概念不再以支付为基础，而是以交易为基础，从而出现了广义的国际收支概念。

因此国际收支的概念可以有广义和狭义之分。狭义的国际收支可以简单定义为：一个国家（或地区）在一定时期内（通常为 1 年）对外外汇收支的总和。广义的国际收支概念不仅包括一国外汇收支，而且还包括不涉及外汇收支的各种经济交易，如清算支付协定项下的记账贸易、易货贸易等。目前，对国际收支的分析大多是依据广义的国际收支概念来进行的。国际货币基金组织对国际收支的定义是“在一定时期内一国居民（Resident）与非居民（Non-resident）之间全部经济交易的系统记录”。

理解国际收支的概念，需要注意下面三个方面：

第一，国际收支是一个流量概念，即国际收支统计的是一定时期内的国际间经济交易的发生金额。一定时期可以是一年、一季度或一个月，通常指一年。

第二，国际收支所反映的内容是国际经济交易。所谓国际经济交易，是指商品、劳务和资产的所有权，从一国居民手中转移到另一国居民手中的行为。根据转移的内容和方向，可以分为五类：金融资产与商品和劳务之间的交换，即商品和劳务的买卖；商品与商品之间的交换，即物物交换；金融资产和金融资产之间的交换；无偿的、单向的商品和劳务转移；无偿的、单向的金融资产转移。

第三，一国国际收支所记载的经济交易是在该国居民和非居民之间发生的。居民与居民之间各种经济交易是国内经济交易不属于国际收支范畴；而非居民与非居民之间的各种经济交易则是别国的事情，与该国国际收支无关；只有居民与非居民之间的各种经济交易才是国际经济交易，属于本国国际收支统计的范畴。

知识窗：居民（Resident）和非居民（Non-resident）

居民与非居民的划分不以交易双方的国籍为标准，而是以其居住地为标准。居民，是指在一国（或地区）居住或营业的自然人或法人。在一国（或地区）以外居住或营业的自然人或法人即为非居民。居民和非居民包括个人、政府、非盈利团体和企业四类。个人居民是指那些长期居住在本国的自然人，即使是外国公民，只要他在本国长期从事生产消费行为，也属本国居民。身在国外而不代表政府的任何个人，划分居民和非居民的标准是依据其经济利益中心或长期居住地确定其身份。法人组织是其注册国（或地区）的居民。一国驻外机构和驻外军事人员属于所在国的非居民。国际性机构如联合国、国际货币基金组织、世界银行等是所在国的非居民。

二、国际收支平衡表

（一）国际收支平衡表的概念

国际收支平衡表（Balance of Payment Statement），是指一个国家在一定时期内发生的国际收支，按项目分类以货币形式统计的系统报表。一个国家在一定时期内发生的国际收支具体反映在国际收支平衡表里。

（二）国际收支平衡表的编制原理和记账方法

国际收支平衡表的编制按照会计学的复式簿记原理进行，即以借、贷作为符号，以“有借必有贷、借贷必相等”来记录每笔国际经济交易。一切收入项目或负债增加、资产减少项目都列为贷方，或称为正号项目。商品及劳务输出、国外单方面馈赠、资本输入是从国外收入款项，都作为贷方；商品及劳务输入、对国外单方面馈赠、资本输出是对国外支付款项，都作为借方。需要注意的是，储备资产项目作为平衡项目，要使整个国际收支平衡表最终达到借贷平衡，其贷方记录的是储备资产的减少，借方记录的是储备资产的增加。因此，当储备资产项目的差额为“+”号时，反而说明储备资产是减少的，差额为“-”号时，表明储备资产是增加的。当某一项目的贷方金额大于借方金额，即收入大于支出时，称为顺差（Favorable Balance）反之，则称为逆差（Unfavorable Balance），应在逆差数字前冠以“－”号。也有人称逆差为赤字，而称顺差为黑字。

一项国际经济交易可能有若干个日期，如签约日期，商品、劳务和金融资产所有权变更的日期，支付日期等。按照国际货币基金组织的规定，登录国际收支平衡表时，就以商品、劳务和金融资产所有权变更的日期为准。一笔国际经济交易如在报告期内已经结清，毫无疑问应登录在报告期的国际收支平衡表中；如在报告期内已经发生所有权的转移，但并未实现外汇收支，也要登录在报告期的国际收支平衡表中。

（三）国际收支平衡表的主要内容

国际经济交易的形式多种多样，国际收支平衡表通过设置不同的账户、项目来记录不同类型的交易。由于各国的具体情况和习惯不同，国际收支平衡表的内容也不尽相同，但其主要项目还是基本一致的。这里以我国国际收支平衡表的账户设置为例，对国际收支平衡表的结构和内容进行分析说明。

1. 经常项目

经常项目（Current Account/Item）是一国国际收支平衡表中最基本、最重要的项目，反映一国同其他国家之间真实资源的转移，它包括以下四个项目：

（1）货物（Goods）。这是国际收支中最重要的项目，由商品输出输入所构成，即进出口。货物除一般商品外，还包括用于加工的货物、货物的修理、各种运输工具在港口采购的货物以及非货币性黄金等。因为商品输出输入体现着看得见、摸得着的实物，故该项又称为有形贸易收支。

在一般国际贸易统计中，大多数国家对出口商品价格以 FOB 计算，对进口商品价格则按 CIF 计算。但国际货币基金组织规定，在国际收支统计中，进出口商品价格均按 FOB 价格计算。这样，统计进出口商品的支出时，要把原价中的运费、保险费扣除，并将这些扣除数分别列入劳务收支项目。

（2）服务（Service）。该项记录记录的是无形的劳务在国际间输出入所引起的外汇收支，所以又称为无形贸易收支。服务的类型主要包括运输、保险、通讯、工程承包、计算机与信息服务、咨询、专利权使用、个人文化娱乐服务以及政府服务等。因此国际间运费、保险费及保险赔偿金、旅游费、各国使领馆以及代表团发生的费用，还有其他一些费用，如邮电费、手续费、专利费等的收付都计入该项目。

（3）收益（Income）。该项下记录的是劳动力和资本在国际间流动而引起的报酬收支，其中包括：

① 职工报酬。职工报酬主要登录在国外工作期限不超过一年的季节工、边境工人以及在外国使领馆及国际组织驻本国机构工作的人员的外汇工薪收支。

② 投资收益。投资收益主要登录由于国际间的直接投资、证券投资等资本流动行为所产生的利息、利润、股利等外汇收支。

（4）经常转移（Current Transfers）。也称无偿转移，一般指单方面的汇款、年金和赠与等。由于单方面、无对等的收支，即意味着资金在国际间移动后，并不产生归还或偿还的问题，因此又称为单方面转移。根据实施转移的主体不同，可分为政府无偿转移和私人无偿转移。

① 政府无偿转移。一般是指政府对外经济援助、军事援助、战争赔款、捐赠等。

② 私人无偿转移。一般是指侨民汇款、赠与、奖学金和各种年金等。

2. 资本与金融项目

资本与金融项目（Capital and Financial Account/Item）主要是反映居民与非居民之间的资产与负债在一定时期内的变化情况。它包括以下两个项目：

（1）资本项目（Capital Account/Item）。主要包括资本转移和非生产、非金融资产的收买/出售。

① 资本转移。包括投资捐赠和债务注销。投资捐赠可以现金形式，也可以实物形式（如交通设施、机器以及机场、码头等建筑物）。债务注销及债权国放弃债权，而不要求债务国给予回报。

② 非生产、非金融资产的收买/出售。主要登录那些非生产就已存在的资产（如土地、地下矿藏）和某些无形资产（如专利权，版权、商标权等）所有权的收买或出售所发生的外汇收支。

（2）金融项目。金融项目（Financial Account/Item）反映居民与非居民之间投资与借贷的增减变化。具体包括：

① 直接投资。当投资者拥有一家企业 10%以上的股权或投票权时，可视为对该企业拥有有效的发言权。如果投资者与所投资的企业分属不同国家的居民，则相应所引起的国家间资产的变化情况就计入直接投资项目。直接投资又包括股本投资、利润再投资和其他资产投资等。跨国公司在各国设立子公司，国际间的兼并收购等都属于典型的直接投资。我国实行“走出去”的战略，也是鼓励我国企业到海外进行直接投资。

② 证券投资。证券投资又分为包括股本证券投资和债务证券投资，记录的是国际间股票、债券、大额存单、商业票据等有价证券的买卖所引起的资产、债务变化情况。

③ 其他投资。上述两项投资未包括的其他金融交易计入其他投资，包括货币资本借贷、短期和长期贸易信贷、预售预付款、现金和存款等。

3. 储备资产

储备资产（Official Reserves），也称为官方储备。是指一国货币当局为平衡国际收支、维持本币汇率稳定以及作为对外偿债保证而持有的为各国所普遍接受的资产。在一定时期内，一国官方储备的变化情况就反映在国际收支平衡表的储备资产账户中。储备资产又包括货币黄金、外汇、特别提款权和在国际货币基金组织的储备头寸（普通提款权）等形式。

知识窗：特别提款权

特别提款权（Special Drawing Right，SDR），是国际货币基金组织创设的一种储备资产和记账单位，它是基金组织无偿分配给会员国的一种使用资金的权利。会员国在发生国际收支逆差时，可用它向基金组织指定的其他会员国换取外汇，以偿付国际收支逆差或偿还基金组织的贷款，还可与黄金、自由兑换货币一样充当国际储备。但由于其只是一种记账单位，不是真正货币，使用时必须先换成其他货币，不能直接用于贸易或非贸易的支付。特别提款权采用一揽子货币的定值方法，货币篮子每五年复审一次，以确保篮子中的货币是国际交易中所使用的那些具有代表性的货币，各货币所占的权重反映了其在国际贸易和金融体系中的重要程度。1991 年 1 月 1 日起，美元比重为 40%，马克为 21%，日元为 17%，法国法郎和英镑各位 11%。随着欧元的启动，德国马克和法国法郎被欧元所取代，从 2001 年 1 月 1 日，国际货币基金组织将特别提款权的构成货币改为美元、欧元、日元和英镑，其比重分别为 44%、34%、11%和 11%。

4. 净差错与遗漏

净差错与遗漏（Net Errors and Omission）是人为设置的一个项目，其目的是为了平衡国际收支平衡表中出现的误差和遗漏。造成错漏的主要原因有：① 资料来源不一。有的项目根据海关统计，有的项目来自外汇银行报表，有的项目又出于一些官方机构的调查数据，时常会发生不一致的情况。② 资料不全。某些数字如商品走私、资本外逃、私自携带现钞出入境，很难掌握精确的数据，不易统计。③ 资料本身错漏。出于各种主观原因，有关单位提供的统计数据也不是百分之百的准确无误，有的仅仅是估算数字，也有错漏。由于上述原因，需要设立这一项目来人为估算一个错漏总额，以便轧平国际收支的差额。

5. 总差额

总差额（Overall Balance）是经常账户差额、资本与金融账户差额和净差错与遗漏三大项目金额的总和，是目前广泛使用的概念。通常表述的国际收支为逆差或者顺差，就是指总差额而言。

相关链接：2009 年我国国际收支平衡表

表 2-2　2009 年我国国际收支平衡表

（单位：亿美元）

项　　目	行次	差　额	贷　方	借　方
一、经常项目	1	2 971	14 846	11 874
A. 货物和服务	2	2 201	13 333	11 132
a. 货物	3	2 495	12 038	9 543
b. 服务	4	–294	1 295	1 589

续表 2-2

项　　目	行次	差　额	贷　方	借　方
1. 运输	5	–230	236	466
2. 旅游	6	–40	397	437
3. 通讯服务	7	0	12	12
4. 建筑服务	8	36	95	59
5. 保险服务	9	–97	16	113
6. 金融服务	10	–3	4	7
7. 计算机和信息服务	11	33	65	32
8. 专有权利使用费和特许费	12	–106	4	111
9. 咨询	13	52	186	134
10. 广告、宣传	14	4	23	20
11. 电影、音像	15	–2	1	3
12. 其他商业服务	16	59	247	188
13. 别处未提及的政府服务	17	1	9	8
B. 收益	18	433	1 086	653
1. 职工报酬	19	72	92	21
2. 投资收益	20	361	994	632
C. 经常转移	21	337	426	89
1. 各级政府	22	–2	0	3
2. 其他部门	23	340	426	86
二、资本和金融项目	24	1 448	7 464	6 016
A. 资本项目	25	40	42	2
B. 金融项目	26	1 409	7 422	6 014
1. 直接投资	27	343	1 142	799
1.1　我国在外直接投资	28	–439	42	481
1.2　外国在华直接投资	29	782	1 100	318
2. 证券投资	30	387	981	594
2.1　资产	31	99	669	570
2.1.1　股本证券	32	–338	122	461
2.1.2　债务证券	33	437	547	110
2.1.2.1　（中）长期债券	34	370	479	110
2.1.2.2　货币市场工具	35	67	68	0
2.2　负债	36	288	312	24
2.2.1　股本证券	37	282	288	7
2.2.2　债务证券	38	6	23	17
2.2.2.1　（中）长期债券	39	6	23	17
2.2.2.2　货币市场工具	40	0	0	0
3. 其他投资	41	679	5 299	4 620
3.1　资产	42	94	1 174	1 080
3.1.1　贸易信贷	43	–544	0	544
长期	44	–38	0	38

续表 2-2

项　　目	行次	差额	贷　方	借方
短期	45	–506	0	506
3.1.2　贷款	46	130	450	320
长期	47	–315	0	315
短期	48	445	450	5
3.1.3　货币和存款	49	52	267	216
3.1.4　其他资产	50	456	457	1
长期	51	0	0	0
短期	52	456	457	1
3.2　负债	53	585	4 125	3 540
3.2.1　贸易信贷	54	321	321	0
长期	55	22	22	0
短期	56	298	298	0
3.2.2　贷款	57	37	3 222	3 185
长期	58	–97	135	232
短期	59	134	3 087	2 953
3.2.3　货币和存款	60	116	456	340
3.2.4　其他负债	61	111	126	15
长期	62	110	110	0
短期	63	1	16	15
三、储备资产	64	–3 984	0	3 984
3.1　货币黄金	65	–49	0	49
3.2　特别提款权	66	–111	0	111
3.3　在基金组织的储备头寸	67	–4	0	4
3.4　外汇	68	–3 821	0	3 821
3.5　其他债权	69	0	0	0
四、净误差与遗漏	70	–435	0	435

注：1. 本表计数采用四舍五入原则。2. 自本次起，国家外汇管理局按照国际惯例对储备资产记录方法进行了调整，即平衡表中只记录由于交易引起的储备资产变动，不包括汇率、价格等非交易因素引起的储备资产价值变动。

（资料来源：国家外汇管理局网站 http://www.safe.gov.cn/）

三、国际收支不平衡

（一）国际收支是否平衡的判断标准

国际收支平衡表是按照会计学的借方与贷方相互平衡的复式记账原理编制的，其差额必为零。但这是人为形成的、账面上的平衡，并非真实的平衡。那么，如何判断一国的国际收支是否平衡呢？

经济学家按照交易的性质，把国际收支平衡表上的各个项目划分为两种类型：一种是自主性交易，或称事前交易，它是经济实体或个人出自某种经济动机和目的，独立自主地进行的交易。自主性交易具有自发性，因而交易的结果必然是不平衡的，不是借方大于贷方，就是贷方大于借方。这会使外汇市场出现供求不平衡和汇率的波动，从而会带来一系列的经济影响。一国货币当局如不愿接受这种结果，就要动用另一种交易来弥补自主性交易不平衡所造成的外汇供求缺口。这另一种交易就是调节性交易，它是指在自主性交易收支不平衡之后进行的弥补性交易，亦称事后交易。从理论上讲，一国国际收支的自主性交易所产生的借方总额与贷方总额相等或基本相等，就表明该国的国际收支平衡或基本平衡；如果自主性交易所产生的借方总额与贷方总额不相等就表明该国的国际收支不平衡或失衡。

究竟哪些项目属于自主性交易和调节性交易呢?人们普遍认为，经常项目和资本项目属于自主性交易，而官方储备项目则属于调节性交易。

（二）国际收支不平衡的影响

如果国际收支总差额出现失衡，尤其是长期的、持续性的失衡，那么无论是逆差还是顺差对一国经济都会带来不利的影响。

1. 持续性国际收支逆差的影响

一国的国际收支出现逆差，一般会引起本国货币汇率下跌，如逆差严重，则会使本币汇率急剧跌落。政府就要对外汇市场进行干预，即抛售外汇买进本国货币。这样一方面会消耗外汇储备，甚至会造成外汇储备的枯竭，从而严重削弱其对外支付能力；另一方面会形成国内的货币紧缩形势，促使利率水平上升，影响本国经济的增长，从而引起失业增加和国民收入增长率下降。从国际收支逆差形成的具体原因来说，如果是贸易收支逆差所致，将会造成国内失业的增加；如果资本流出大于资本流入，则会造成国内资金的紧张，从而影响经济增长。

相关链接：美国长期保持“经常账户逆差，资本和金融账户顺差”的国际收支结构

从 1976 年开始，美国开始持续的贸易逆差，2006 年是美国贸易逆差的第 31 年。从 1982 年开始，美国经常项目开始持续逆差（除了 1991 年受海湾战争的影响，美国经常项目略有盈余外），到 2006 年美国经常项目已经保持 24 年的持续逆差。1994 年开始，经常项目差额稳定增加，从绝对额看，从 1994 年到 2006 年，美国经常项目逆差由 1 216 亿美元上升到 8 115 亿美元，13 年增长 5.67 倍，平均增长速度达到 14%。从相对额看，经常项目逆差占 GDP 的比重也逐步提高，1994 年仅为 1.72%，2006 年达到 6.15%。与经常项目持续逆差相对应的是，美国资本和金融项目持续顺差。从 1994 年到 2006 年，美国资本和金融账户盈余由 1 253 亿美元增长到 8 293 亿美元。

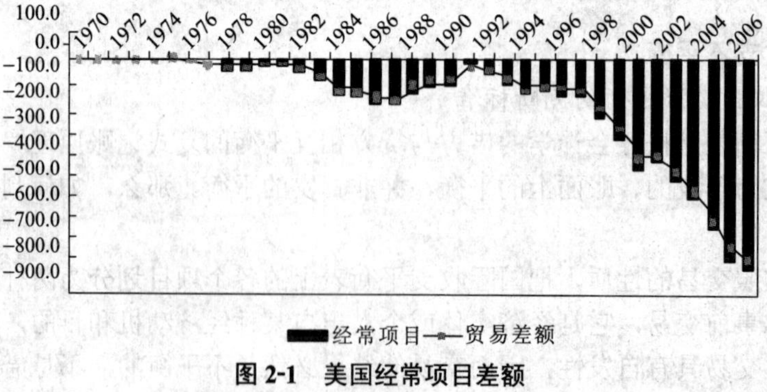

图 2-1　美国经常项目差额

（资料来源：曲凤杰. 美国国际收支结构现状、成因及可持续性. 新经济. 2008 年第三期）

课堂思考

国际收支逆差给美国带来什么样的影响？

2. 国际收支顺差的影响

一个国家的国际收支出现大量顺差，固然可以增大其外汇储备，增强其对外支付能力，但也会产生如下的不利影响：① 一般会使本国货币汇率上升，而不利于其出口贸易的发展，从而加重国内失业问题；② 持续顺差会增加外汇的供给和对本币的需求，货币当局不得不在外汇市场上购入大量外汇进行干预，迫使本币投放规模扩大，从而加重通货膨胀；③ 将加剧国际摩擦，因为一国的国际收支发生顺差，意味着有关国家国际收支发生逆差。大量的顺差说明该国出口极多，进口很少，而他国却进口多、出口少，这样，必然不利于其他国家的经济发展，引起国际摩擦，影响国际经济关系。20 世纪 80 年代以来，美国和日本日益加剧的贸易摩擦就是个突出的例子。

一般说来，一国的国际收支越是不平衡，其不利影响也越大。虽然国际收支逆差和顺差都会产生种种不利影响，但相比之下，逆差所产生的影响更为险恶，因为它会造成国内经济萎缩、失业增加和外汇储备的枯竭，因而对逆差采取调节措施要更为紧迫些。顺差的调节虽不如逆差紧迫，但从长期来看也还是需要调节的。

课堂思考

进入 21 世纪以后持续性的顺差给我国的经济带来了哪些不利的影响？

第三节　外 汇 汇 率

一、汇率的概念

外汇汇率（Foreign Exchange Rate）是用一个国家的货币折算成另一国家的货币的比率、比价或价格。它反映了一国货币的对外价值。汇率又称汇价，在实际外汇买卖中，又称外汇行市（Foreign Exchange Quotation）。

二、汇率的标价方法

根据汇率的概念可知一个汇率必然涉及两种货币，先要确定用哪个国家的货币作为基准。根据表示汇率的基准货币的不同，可分为三种汇率表示方法。

（一）直接标价法

直接标价法（Direct Quotation），又称应付标价法（Giving Quotation），是指以一定单位（如 1 个或 100 个单位等）的外国货币为基准，折算为若干单位的本国货币。

世界上绝大多数国家和地区采用直接标价法，在这里外汇汇率就是“以本国货币表示外国货币的价格”。我国的人民币汇率也采用直接标价法。以日本东京外汇市场为例，2009 年 7 月 22 日美元对日元的汇率是 USD1 = JPY93.46–93.85；欧元对日元的汇率是 EUR1 = JPY131.80–134.00。

在直接标价法下，外国货币作为基准货币，本国货币作为标价货币。基准货币（外国货币）数额不变（1 或者 100），而标价货币（本国货币）数额则随着外国货币或本国货币币值的变化而改变。当单位外币折合的本币数额增加时，说明外币汇率上升，本币汇率下降；反之，当单位外币折合的本币数额减少时，则说明外币汇率下降，本币汇率上升。

（二）间接标价法

间接标价法（Indirect Quotation），又称应收标价法（Receiving Quotation），是指以一定单位（如 1 个或 100 个单位等）的本国货币为基准，折算为若干单位的外国货币。

世界上只有英国和美国等少数国家使用间接标价法。以英国伦敦外汇市场为例，2009 年 7 月 22 日英镑对美元的汇率是 GBP1 = USD1.645 7–1.650 0；英镑对加元的汇率是 GBP1 = CAD1.809 8–1.813 8。

在间接标价法下，本国货币作为基准货币，外国货币作为标价货币。基准货币（本国货币）数额不变（1 或者 100），而标价货币（外国货币）数额则随着外国货币或本国货币币值的变化而改变。当单位本币折合的外币数额增加时，说明外币汇率下降，本币汇率上升；反之，当单位本币折合的外币数额减少时，则说明外币汇率上升，本币汇率下降。

课堂思考

直接标价法与间接标价法之间有何区别？

（三）美元标价法

美元标价法（U.S. Dollar Quotation），是指以一定单位的美元为基准，折算为若干单位的其他货币，例如 USD1=CAD1.084 1。

第二次世界大战以后，特别是欧洲货币市场的兴起，银行同业间外汇买卖越来越多，一笔交易涉及到的两种货币可能没有一种属于本币，这时就很难用前面的直接标价法或间接标价法的概念对报价进行规范，并且对从事交易的双方来讲比较难以进行比价选择自己的交易对象，所以需要将全球化外汇交易背景下的标价方法进行统一。于是国际外汇市场上逐步形成了除英镑、澳大利亚元、新西兰元、欧元、南非兰特、埃及镑等几种货币外，其余货币都以美元作为基准货币。

知识窗：美元指数（US Dollar Index，USDX）

美元指数是通过平均美元与六种国际主要外汇欧元（比重 57.6）、日元（比重 13.6）、英镑（比重 11.9）、加拿大元（比重 9.1）、瑞士法郎（比重 4.2）、瑞典克朗（比重 3.6）的汇率得出的。美元指数显示的是美元的综合值。

美元指数是参照 1973 年 3 月六种货币对美元汇率变化的几何平均加权值来计算的，以 100.00 为基准来衡量其价值。如 2010 年 3 月 26 日美元指数报价 75.24，则是指该日较 1973 年 3 月，其价值贬值了 24.76%。

USDX 是综合反映美元在国际外汇市场的汇率情况的指标，用来衡量美元对一篮子货币的汇率变化程度。它通过计算美元和对选定的一篮子货币的综合变化率，来衡量美元的强弱程度，从而间接反映美国的出口竞争能力和进口成本的变动情况。

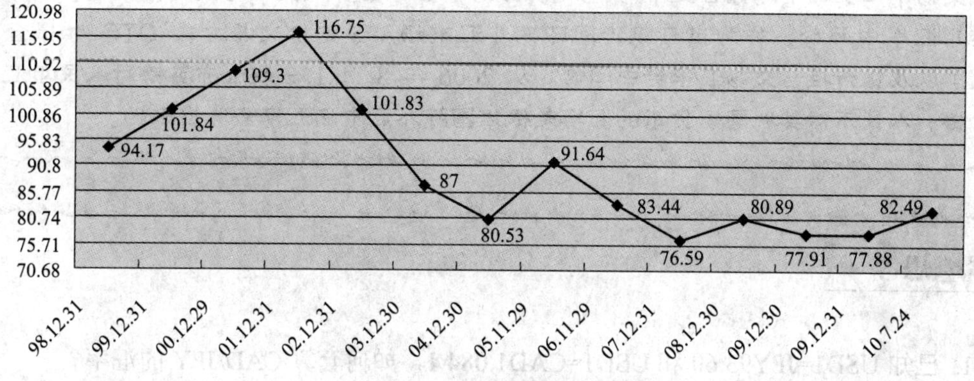

图 2-2 美元指数走势图

（资料来源：http://www.fx678.com/rates/usdChart.html）

课堂思考

假设昨天的汇率为 GBP1=USD1.997 5，而今天的汇率为 GBP1=USD1.999 8，那么说明英镑和美元的汇率如何变化？

三、汇率的种类

在实际业务中，根据不同的标准，可以把汇率分为不同的种类。

（一）按照汇率的计算方法不同划分，可分为基础汇率和套算汇率

1. 基础汇率

基础汇率（Basic Rate）是指根据一国货币与国际上某一关键货币之间实际价值的比确定的汇率。所谓关键货币（Key Currency）通常是在一个国家国际收支中使用最多、外汇储备中比重最大、国际上普遍乐于接受的可自由兑换货币。一般各国都选择美元作为关键货币。

2. 套算汇率

套算汇率（Cross Rate），又称为交叉汇率，是指通过两种不同货币分别与关键货币的汇率间接计算出这两种货币之间的汇率。

知识窗：我国的基础汇率与套算汇率的规定

2005 年 7 月 21 日人民币汇率形成机制改革后，中国人民银行于每个工作日闭市后公布当日银行间外汇市场美元等交易货币对人民币汇率的收盘价，作为下一个工作日该货币对人民币交易的中间价。自 2006 年 1 月 4 日起，中国人民银行授权中国外汇交易中心于每个工作日上午 9 时 15 分对外公布当日人民币对美元、欧元、日元和港币汇率中间价，作为当日银行间即期外汇市场（含询价交易方式 OTC 和撮合方式）以及银行柜台交易汇率的中间价。从 2006 年 8 月 1 日起公布英镑对人民币汇率价格。人民币对其他国家货币的汇率是根据国际外汇市场汇率套算出来的。

课堂思考

1. 已知 USD1=JPY93.60 和 USD1=CAD1.084 1，如何套算 CAD/JPY 的汇率？
2. 已知 GBP1=USD1.646 0 和 USD1=JPY94.10，如何套算 GBP/JPY 的汇率？

（二）按照银行买卖外汇的角度划分，可分为买入汇率、卖出汇率、中间汇率和现钞汇率

1. 买入汇率

买入汇率（Buying Rate）又称为买入价（Bid Price），是指银行在买入外汇现汇时所依据的汇率。

2. 卖出汇率

卖出汇率（Selling Rate）又称为卖出价（Offer Price），是指银行在卖出外汇现汇时所依据的价格。

买入汇率与卖出汇率相差的幅度一般在 1—5‰，各国之间以及储备货币与非储备货币之间的幅度也不一样。但其确定原则都是相同的，都是贱买贵卖的原则，从而银行等金融机构可以赚取买卖外汇的利润。

在直接标价法下，一定外币后的前一个本币数字表示“买入价”，即银行买进外币时支付给客户的本币数；后一个本币数字表示“卖出价”，即银行卖出外币时向客户收取的本币数。在间接标价法时，在一定本币后的前一个外币数字表示“卖出价”，即银行收进一定量的（1 个或 100 个）本币而卖出外币时支付给客户的外币数；在一定本币后的后一个外币数字表示“买入价”，即银行付出一定量的（1 个或 100 个）本币而买进外币时向客户收取的外币数。

3. 中间汇率

中间汇率（Medial Rate）是指买入汇率和卖出汇率的算术平均数。中间汇率不是在外汇买卖业务中使用的实际成交价，它的主要作用在于，在会计核算、媒体报道、理论论述等过程中便于计算和报价。

4. 现钞汇率

现钞汇率（Bank Note Rate）是指银行在买卖外汇现钞时所使用的价格。

现钞（包括纸币和铸币）一方面要积累到一定数额之后存入外国银行能产生利息，对银行来讲有利息的损失；另一方面在运送现钞的过程中，要支付运费和保险费，银行要把这些损失和费用开支转嫁到出卖钞票的客户头上，所以银行在买入外币现钞时的价格低于现汇的买入。而银行在卖出外币现钞时，则与现汇卖出价相同，不再单独列明。

资料卡：

中国人民银行 2006 年 5 月 18 日宣布，自 5 月 21 日起银行间即期外汇市场人民币兑美元交易价浮动幅度由千分之三扩大至千分之五。欧元、日元、港币等非美元货币对人民币交易价在中国外汇交易中心公布的非美元货币交易中间价 ± 3%的幅度内浮动。银行对客户美元现汇挂牌汇价实行最大买卖价差不得超过中国外汇交易中心公布交易中间价的 1%的非对称性管理，只要现汇卖出价与买入价之差不超过当日交易中间价的 1%、且卖出价与买入价形成的区间包含当日交易中间价即可；银行对客户美元现钞卖出价与买入价之差不得超过交易中间价的 4%。银行可在规定价差幅度内自行调整当日美元挂牌价格。

相关链接：中国银行 2010 年 8 月 12 日的外汇牌价

表 2-3　　中国银行 2010 年 8 月 12 日的外汇牌价

货币名称	现汇买入价	现钞买入价	卖出价	基准价
英镑	1 058.62	1 025.94	1 067.12	1 065.32
港币	87.18	86.48	87.51	87.58
美元	677.14	671.72	679.86	680.15
瑞士法郎	639.46	619.72	644.6	
新加坡元	495.17	479.88	499.15	
瑞典克朗	91.63	88.8	92.36	
丹麦克朗	116.84	113.23	117.78	
挪威克朗	109.15	105.78	110.03	
日元	7.945 7	7.700 4	8.009 6	7.987 2
欧元	870.51	843.64	877.51	876.03
加拿大元	645.6	625.67	650.79	
澳大利亚元	604.15	585.5	609.01	
澳门元	84.62	83.91	84.94	
菲律宾比索	14.88	14.42	14.99	
泰国铢	21.15	20.5	21.32	
新西兰元	480.96		484.82	
韩元		0.549	0.595 4	

（资料来源：中国银行网站 http://www.boc.cn）

（三）按照外汇交割时间的不同划分，可分为远期汇率和即期汇率

1. 即期汇率

即期汇率（Spot Rate）是指外汇买卖成交以后，原则上两个营业日内即办理交割时（成交和交割几乎同时进行）所依据的汇率。即期汇率是外汇市场上的报价基础。

2. 远期汇率

远期汇率（Forward Rate）是指外汇买卖成交以后，在未来一段时间内才进行交割（成交和交割不同时进行），在成交时就约定好的汇率。远期外汇的交割期，常见的为一个月至一年。同单一的即期汇率不同，远期交易涉及到各种交割期限，因此在某一特定时点上同时存在着数个远期汇率，如 30 天、90 天、180 天甚至 360 天的远期汇率。

相关链接：

我国是从 2005 年 8 月 15 日开始开展远期外汇业务的，从那时起公布远期外汇汇率。期限有 1 周、1 个月、2 个月、3 个月、6 个月、9 个月和 1 年。到 2007 年 3 月份我国银行间远期外汇市场会员有中行、工行、农行、建行、交行、中信、光大、华夏、民生、国家开发银行等 80 家银行。表 2-4 是中国银行 2010 年 8 月 11 日公布的人民币远期外汇牌价。

表 2-4　人民币远期外汇牌价

		美元	欧元	日元	港元	英镑	瑞郎	澳元	加元
七天	买入	675.85	883.32	7.903 5	86.88	1 064.85	641.05	611.42	652.55
	卖出	679.10	891.84	7.973 4	87.65	1 074.26	646.72	617.56	658.31
一个月	买入	675.88	883.31	7.905 6	86.90	1 064.77	641.27	609.73	652.38
	卖出	679.13	891.83	7.975 5	87.67	1 074.18	646.94	615.86	658.15
三个月	买入	675.53	882.67	7.907 6	86.91	1 063.99	641.47	604.92	651.34
	卖出	678.98	891.19	7.977 5	87.68	1 073.39	647.14	611.00	657.10
六个月	买入	674.49	880.90	7.905 7	86.85	1 061.90	641.26	597.44	649.03
	卖出	678.14	889.40	7.975 6	87.62	1 071.28	646.93	603.45	654.76
九个月	买入	672.60	878.07	7.895 2	86.67	1 058.44	640.23	589.52	645.88
	卖出	676.44	886.54	7.964 9	87.44	1 067.79	645.89	595.44	651.59
十二个月	买入	670.73	876.00	7.894 6	86.48	1 054.76	639.21	581.23	642.55
	卖出	674.57	883.56	7.956 4	87.24	1 064.08	644.86	587.07	648.23

注：1. 每 100 外币兑换人民币。2. 以上人民币牌价系当日市场开盘价，仅作参考。

（资料来源：中国银行网站 http://www.boc.cn）

（四）按照银行汇付方式不同划分，可分为电汇汇率、信汇汇率和票汇汇率

1. 电汇汇率

电汇汇率（Telegraphic Transfer Rate，简称 T/T Rate）是指银行在卖出外汇以后，以电

讯方式通知其国内外分支机构或代理行付款给收款人时依据的汇率。电汇汇率也是计算其他各种汇率的基础。

2. 信汇汇率

信汇汇率（Mail Transfer Rate，简称 M/T Rate）是指银行开具付款委托书，以信函方式通知付款地银行转付收款人时所依据的汇率。信汇汇率比电汇汇率低。

3. 票汇汇率

票汇汇率（Demand Draft Rate，简称 D/D Rate）是指兑换各种外汇汇票、支票和其他票据时所采用的汇率。因为票汇在期限上有即期和远期之分，所以票汇汇率又分即期票汇汇率（Sight Bill Rate）和远期票汇汇率（Time Bill Rate）两种。

（五）按照外汇管制的松紧程度不同，可分为官定汇率和市场汇率

1. 官定汇率

官定汇率（Official Rate）又称为法定汇率，主要是指官方（如财政部、央行或经指定的外汇专业银行）所规定的汇率。在外汇管制比较严格的国家禁止自由市场的存在，官定汇率就是实际汇率，而无市场汇率。

2. 市场汇率

市场汇率（Market Rate）是指在自由外汇市场上买卖外汇的实际汇率。外汇管制较松的国家，官定汇率往往只是形式，实际外汇交易均按市场汇率进行。

（六）按照外汇收付的来源与用途不同划分，可分为单一汇率和多种汇率

1. 单一汇率

单一汇率（Single Rate）是指凡是一国对外仅有一个汇率，各种不同来源与用途的收付均按此计算，或本币对各种外币的即期外汇交易的买卖价不超过 2%。

2. 多种汇率

多种汇率（Multiple Rate）又称为复汇率，是指凡是一国货币对某一外国货币的汇价因用途及交易种类的不同规定有两种或两种以上的汇率，或本币对各种外币的即期外汇交易的买卖价超过 2%。

（七）按照外汇资金性质和用途不同划分，可分为贸易汇率和金融汇率

1. 贸易汇率

贸易汇率（Commercial Rate）是指用于进出口贸易及其从属费用方面的汇率。

2. 金融汇率

金融汇率（Financial Rate）是指资金转移和旅游等方面的汇率。一般说来，金融汇率较高，可以限制资本的流出。

（八）按照买卖对象不同划分，可分为银行间汇率和商业汇率

1. 银行间汇率

银行间汇率（Inter-bank Rate）是指银行与银行外汇交易中使用的外汇汇率。

2. 商业汇率

商业汇率（Commercial Rate）是指银行与他的客户（企业和个人）之间买卖外汇时使用的汇率。

第四节　影响汇率的主要因素和汇率变动对经济的影响

一、影响汇率变动的主要因素

一般商品价格的变动，最直接的原因来自于市场供求的变化，即当该种商品供不应求时，价格就会上涨；供大于求时，价格就会下跌。货币作为一种特殊的商品，其汇率的变动同样也最直接的受到供求关系的影响，但是又是什么原因引起了供求关系的变化呢？以下讨论的就是在影响汇率变动的外汇供求关系背后，更深层的原因。

（一）国际收支

一个国家的国际收支，尤其是经常项目收支状况是影响该国货币汇率变动的最直接因素。因为它直接反映了该国外汇与本币供求的变化情况。如果其他条件不变，一国的国际收支状况比以前有所改善，该国货币的汇率就会上升；反之，该国货币的汇率就会下降。

（二）财政经济状况和经济增长率

财政经济状况和经济增长率是影响一国汇率的最根本因素，因为它决定了一国货币的实际价值和购买力，而货币的对内价值的变化最终会反映到对外价值也就是汇率的变化上。

但总的说，从较长的时期来看，一国财政经济状况的改善，经济的增长，会提高该国货币的对内价值，增强货币的购买力，该国货币的汇率必然会保持稳定和坚挺；反之，会降低该国货币的对内价值，降低货币的购买力，该国货币的汇率就会下降。

知识窗：货币的对内价值与对外价值

货币的对内价值是指在金属货币流通条件下，货币有内在价值，取决于货币内含的金属价值量。而在纸币流通条件下货币不具有内在价值，而是代表一定的价值，其价值要看货币购买力，就是在一定价格水平下购买商品和劳务的能力。货币购买力与物价水平呈负相关，即价格水平上升，货币购买力则相应下降。

货币的对外价值就是将本币兑换成外币或将外币兑换成本币所依据的汇率。

（三）利率水平

利率对汇率的影响主要体现在它对国际资本流动的作用上。利率作为借贷资本的价格，其变动直接影响一国的资本输出入。如果一国利息率水平提高，国外资金持有者就会将资金投向该国，以追求较高的利息收入，使得该国外汇收入增加，外币供大于求，从而促使该国货币的汇率上升；反之，会促使该国货币的汇率下降。国际间利率水平的差异对国际短期资本流动的影响尤为明显，而当今国际金融市场当中充斥着巨额的短期流动资本，这些国际游资为了投机、获利的目的，大规模进出各国外汇、金融市场，对汇率的影响非常大。

知识窗：国际游资

国际游资（Hot Money），通常是指"为追逐较高利润而经常在国际金融中心之间调出调入的短期资本。它是伴随着国际经济金融一体化的潮流发展起来的，其中发端于本世纪 60 年代的离岸金融市场是其产生并不断壮大的市场依托，而所谓"套利基金"则正是国际游资经常性的、最具典型意义的载体形式。

相关连接：利率影响汇率的实例

在 20 世纪 80 年代，国际货币市场上英镑、澳大利亚元、加拿大元的利率相对较高，而利率高在相当程度上弥补了其汇率的下降，每逢美元汇率下降时，市场上就出现抢购英镑、加拿大元和澳大利亚元的现象。1987 年 8 月，美元汇率大幅下降，因当时英镑的利率高达 15.5%，致使英镑在很短的时间里由 1 英镑=1.65 美元升值到 1 英镑=1.90 美元，升幅达 20%。又如 1995 年 4 月以来的美元兑日元的升值，其主要原因是美元与日元间存在显著差异。日元利率长期处于 2%以下，中央银行的贴现率在 0–0.5%，低于美元 4.2 个百分点，达到历史最低点。结果，日本的投资者不断向境外转移资本，扩大对美元的金融资产的投资，使美元升值，而日元贬值。

（四）通货膨胀和通货紧缩

实际上一国货币的通货膨胀率正是衡量该国货币对内价值或者说购买力的一个具体指标。通货膨胀或者通货紧缩主要是通过价格和国际收支的机制实现对汇率的影响的。

当一国通货膨胀率上升时，说明该国的价格水平提高，在汇率既定的前提下，本国商品和劳务的价格在折合成外币时也会相应提高，这就会削弱本国商品和劳务在国际市场的竞争力，抑制出口；与此同时，也会使国内居民转而购买相对便宜的外国商品和劳务，从而促进了进口。这样国际收支就会恶化，本币汇率将面临下降的压力。反之，当一国通货膨胀率下降，或出现通货紧缩时，说明该国的价格水平下降，在汇率既定的前提下，本国商品和劳务的价格在折合成外币时也会相应降低，本国商品和劳务在国际市场的竞争力得到增强，促进了出口；而国内居民也会减少购买价格相对较高的外国商品和劳务，从而抑制了进口。这样国际收支就会得到改善，本币汇率将会上升。

（五）当局的干预措施

由于汇率变动会对一国的对外收支，进出口贸易、资本流动等多方面产生影响，而这些又会影响到国内的生产、投资和价格等经济因素。因此各国为避免汇率的变动对本国经济产生不利的影响，就会对汇率进行一定的干预。主要方式就是通过中央银行直接在外汇市场上买卖外汇，干预外汇的市场供求关系，使汇率的走势向有利于本国经济的方向发展。

（六）市场心理预期

市场心理预期是短期内影响汇率变动的最主要因素，具有十分易变、捉摸不定的特点。

影响人们心理预期的有信息、新闻、传闻等因素，有些并不一定是真实的政治、经济形势和政策动态。合理的市场心理预期可以有助于汇率的稳定，市场的健康发展。而非理性的心理预期则会加剧汇率的不稳定，造成外汇市场的恐慌和动荡，甚至诱发大规模的金融危机。这一因素对货币汇率变化起到推波助澜的作用。如果预期某种货币上升，则人们会大量购买该货币，进一步扩大了对该种货币的需求量，这种货币的汇率就会上升，并且上升的力度和趋势加大；反之，则会加大该种货币的汇率下降的力度和趋势。

（七）重大的国际政治因素

重大的政治事件和重大政策改变，会影响国际经济交易和资本流动，从而引起汇率变化。例如 1991 年 8 月 19 日原苏联的总统戈尔巴乔夫被扣押在克里米亚后，德国马克对美元的汇率急剧下降，在短时间内由 USD1=DEM1.717 0 下降到 USD1=DEM1.860 0，使得德国马克的汇率降低将近 1 500 点。这是由于德国在原苏联有大量投资，如果原苏联发生政变，会对德国的投资发生不利的影响。这是到目前为止影响最大的一次政治事件。

（八）其他因素

除了上述对汇率变动的影响因素以外，股市、外汇期货、黄金和石油价格的变动都会对汇率的走势产生影响。

上述各种因素的关系错综复杂，有时各种因素会合在一起同时发生作用，有时个别因素起作用，有时各因素的作用相互抵消。但是，在一定时期内国际收支是决定汇率基本走势的主导因素，财政经济状况、利率水平等起着助长或削弱国际收支所起的作用。

课堂思考

我国的人民币为什么会升值？

二、汇率变动对经济的影响

汇率的变动对一国经济的各方面也会产生广泛而复杂的反作用。主要体现在以下几点：

（一）汇率变动对有形贸易收支和无形贸易收支的影响

这里有形贸易收支指的是一国商品的进出口，而无形贸易收支是指一国劳务的输出入。汇率变动对两者产生的影响是一致的，主要通过汇率变动引起商品和劳务相对价格的变动实现。

当一国货币汇率下降时，折算成外币表示的本国商品和劳务的价格就会跟着下降，这就会刺激外国对本国商品和劳务的需求，从而使商品的出口和劳务的输出增加。同时，由于本币贬值，折算成本币表示的外国商品和劳务的价格会相对上升，本国居民对外国商品和劳务的需求将因此减少，从而使商品的进口和劳务的输入减少。

反之，当一国货币汇率上升时，折算成外币表示的本国商品和劳务的价格也会上升，从而抑制了外国对本国商品和劳务的需求，使商品的出口和劳务的输出减少。同时，折算成本币表示的外国商品和劳务的价格下降，本国对外国商品和劳务的需求将随之增加，商品的进口和劳务的输入将会上升。同样，我们也要比较商品、劳务输入数量上的变动幅度与价格的变动幅度，才能判断贸易收入和支出绝对值的变化。

（二）汇率变动对国际资本流动的影响

汇率的变动会对资本持有者的收益产生影响，因而会影响到资本在境内外的流动。当一国货币汇率呈下降趋势但尚未开始下降时，会引起本币汇率贬值的预期，本币资本持有者便会将资本转移到国外，造成资本流出增大，这种资本外流会持续到汇率下跌结束。当人们预期本币汇率下降已经到头，即将面临反弹时，转移出去的资本会重新回到国内，还可能引起更多资本流入境内。汇率波动对短期资本流动的影响尤为明显。

（三）汇率变动对官方储备的影响

汇率变动直接影响一国储备项目中的外汇储备，主要表现在：

1. 对外汇储备数量的影响

一国货币汇率变动通过资本转移和进出口贸易额的增减，直接影响到该国外汇储备的增加或减少。一般来讲，一国货币汇率稳定，有利于该国吸收外资，从而促进该国外汇储备增加；反之，则会引起资本外流，使外汇储备减少。一国货币汇率下降后，使得出口额大于进口额，则外汇收入增加，储备状况得到改善；反之，储备状况则恶化。

2. 对外汇储备价值的影响

如果一国所持有的储备货币的汇率下降，会使持有这种储备货币国家的外汇储备的实际价值降低，而储备货币国家则将少了债务负担，从中获利；反之，会使持有这种储备货币国家的外汇储备的实际价值上升，而储备货币国家则将增加债务负担。

（四）汇率变动对国内经济的影响

1. 对国民收入和就业的影响

人们常把投资、需求和出口作为拉动经济增长的三架马车，而由于本币对外贬值有利于促进本国商品的出口，劳务的输出，因而可以激活闲置的生产要素，扩大生产规模，提高就业水平，增加国民收入，并因此刺激社会总需求和生产的进一步发展。反之，由于本币升值将不利于商品出口、劳务输出，因此对经济的增长，国民收入和就业的提高就可能会产生抑制作用。

2. 对国内物价的影响

在其他条件不变的前提下，本币汇率的变动最终会引起国内物价与汇率呈反方向变动。

当一国货币汇率下跌时，一方面，由于贬值促进了本国商品的出口，劳务的输出，抑制了商品的进口和劳务的输入，这将使国内的总需求大于总供给，从而推动价格水平的上涨。同时，出口拉动了国内经济增长，国民收入的增加，就业的提高，也会对价格起推动作用。另一方面，本币贬值引起进口商品的本币价格上涨，由此牵动国产同类产品和以进口商品为生产要素的商品价格上涨。反之，本币汇率上升，将会导致国内物价下跌。

（五）汇率变动对国际经济的影响

汇率变动，尤其是世界主要工业国货币的汇率变动会对国际经济产生深刻的影响。

1. 对世界经济贸易关系的影响

世界市场可以形象地比喻为一块大蛋糕，这块蛋糕在分配时会出现不均。某些国家为了能占有更多的份额，可以利用货币汇率下降，扩大出口，从而影响到其他国家的利益。其他国家为了维护自己的利益，会采取报复性措施，或者实行货币对外贬值，或采取贸易保护主义措施，从而国与国之间发生贸易战和货币战，对世界经济贸易关系产生不利影响。

2. 对国际储备货币体系的影响

如果某些储备货币国家的国际收支恶化，通货不断贬值，汇率不断下降，就会影响到他们国家的储备货币的地位和作用，例如欧元和美元。美元的汇率在 2001 年以后呈现下降的趋势，欧元的汇率则呈现上升的趋势，亚洲很多国家都将美元这种储备货币的比重降低，相应增加欧元的比重。同时也导致了国际储备货币的多样化。而有些国家情况则相反，其货币在国际结算中的地位和作用日益加强，如日元和欧元。特别是在 1973 年春季后，很多国家实行浮动汇率制，汇率更加不稳定，面临的风险加大，促进了国际储备货币多元化的形成。

3. 对国际金融市场和金融业务的影响

主要工业国家货币的汇率不稳定，促进了投机的发展，造成国际金融市场的动荡与混乱，加剧了国际贸易与金融活动的风险，为了防止和减少风险，出现了期权、货币互换等新的金融业务，使国际金融业务形势与市场机制不断创新。

课堂思考

人民币升值对中国经济的有利和不利影响是什么？

第五节 汇率制度

汇率制度（Exchange Rate System），也称作汇率安排（Exchange Rate Arrangement），是指一国货币当局对本国货币汇率变动的基本方式所作的基本安排和规定。汇率制度可以分为固定汇率制和浮动汇率制两大类。

一、固定汇率制

（一）概念

固定汇率制（Fixed Rate System），就是指两国货币比价基本固定，或把两国货币汇率的波动界限规定在一定幅度之内。国际金本位制下的汇率制度和布雷顿森林体系下的汇率制度，都是固定汇率制。在此汇率制度下，一国货币官方有义务维持货币的汇率在规定的波动幅度内变化，不能超出上限，也不能低于下限。

知识窗：国际金本位制（Gold Standard System）和布雷顿森林体系（Bretton Woods Systerm）

在第一次世界大战以前，西方国家实行典型的金本位制，即以黄金作为本位货币的金币本位制。在金币本位制度下，金币是用一定重量和成色的黄金铸造的，金币能够自由铸造、自由兑换和黄金可自由输出入。金币所含有的一定重量和成色的黄金被称为含金量，两个实行金本位制国家货币单位的含金量之比——铸币平价是决定它们的汇率的物质基础。而外汇市场上的实际汇率，由外汇的供求直接决定，围绕着铸币平价上下波动。但是，其汇率的波动，不是漫无边际，而是大致以黄金输送点为界限。

1944 年在美国的布雷顿森林召开了联合国货币金融会议，会上确立了以美元为中心的固定汇率制度。这一汇率制度的最大特征，就是确立了“双挂钩”原则，即美元与黄金挂钩，各国货币与美元直接挂钩。在此原则下各国货币与美元之间的固定比价根据各国货币的含金量与美元的含金量之比确定，称为金平价，各会员国货币的对外汇率发生波动的幅度不超过金平价的上下 1%，超过这个界限，则有关国家的中央银行就有义务进行干预，以保持外汇市场的稳定。1971 年 12 月后，汇率上下波动的幅度由 1%扩大到 2.25%。

（二）维持固定汇率制所采取的措施

在金本位制度下，固定汇率的维持是通过黄金的输出输入自动调节的。在布雷顿森林体系下，各国货币的官定汇率上下限是人为控制的，其主要采取的措施有：

1. 运用贴现政策

当一国外汇汇率上升，有超过汇率波动的上限的趋势时，中央银行可以采用提高贴现率的措施，市场利率也随之提高，国际游资为追求较高的利息收入，将外汇资金调往该国，从而增加外汇的供给，使外汇汇率下降；反之，则采用降低贴现率的措施，诱使资金外流，使外汇汇率上升。

2. 调整黄金外汇储备

当一国外汇汇率上升，有超过汇率波动的上限的趋势时，则该国货币当局动用外汇储备，将其抛出回笼本币，以平抑外汇汇率的上升趋势；反之，则在外汇市场上抛出本币，购买外币，充实本国的外汇储备，诱使外汇汇率上升。

3. 举借外债

当一国外汇汇率上升，有超过汇率波动的上限的趋势时，则该国货币当局可以向国际货币基金组织或者这种外汇的货币发行国借款，以便投放市场平抑汇率。

4. 实行货币的法定贬值或升值

前三种措施都属于主动措施，并且调节力度具有限度。当一国货币汇率发生剧烈波动时，靠前面的办法无法平抑时，最后只得采取货币的法定贬值或法定升值。

知识窗：法定贬值（Devaluation）和法定升值（Revaluation）

法定贬值是指由法律明文规定降低本国货币的金平价，提高以本币所表现的外币价格。例如美国政府在 1971 年 12 月份宣布美元贬值，美元的金平价由 0.886 71 克黄金减少为 0.818 513 克黄金，英镑对美元的汇率由 1 英镑=2.4 美元提高到 1 英镑=2.605 7 美元。

法定升值是指由法律明文规定提高本国货币的金平价，降低以本币所表现的外币价格。例如原联邦德国政府在 1969 年 10 月份，把联邦德国马克的金平价由 0.221 68 克黄金提高到 0.242 806 克黄金，联邦德国马克与美元的汇率也由 1 美元= 4 联邦德国马克变为 1 美元=3.66 联邦德国马克。

（三）固定汇率制的优缺点

1. 优点

由于在固定汇率制下两国货币比价基本固定，或汇率的波动范围被限制在一定幅度之内，因此它最突出的优点就在于汇率波动风险小。汇率的相对稳定，便于经营国际贸易、国际信贷与国际投资的经济主体进行成本、收益和利润的核算，保证了各国国际清偿能力的稳定和国际债权债务的清偿，因此有利于世界经济的发展。

2. 缺点

（1）汇率基本不能发挥调节国际收支的经济杠杆作用。汇率变动有影响国际收支的作用，因而汇率可称作调节国际收支的经济杠杆。固定汇率制下货币比价基本固定，所以其基本不能发挥其调节国际收支的经济杠杆作用。

（2）不利于一国经济实现内外部的同时均衡。因为固定汇率制下，汇率基本不能发挥调节国际收支的经济杠杆作用，当一国出现国际收支逆差时，就需采取紧缩性财政货币政策进行调节，会使国内经济增长受到抑制和失业扩大，从而牺牲内部平衡；反之，则采用扩张性的财政货币政策进行调节，会加重国内的通货膨胀与物价上涨。

二、浮动汇率制

（一）概念

浮动汇率制（Floating Rate System），是指政府对汇率不加以固定，也不规定上下波动的界限，由外汇市场的供求情况决定本国货币对外国货币的汇率。

布雷顿森林体系在建立之初，为战后西方主要工业国家经济的恢复和发展起了很大作用。但是由于这个体系下的“双挂钩”政策存在着根本的缺陷，爆发美元危机，美元贬值，西方各国无法继续维持与美元的汇率，取消了本国货币与美元的固定比价，与美元脱钩，固定汇率制度终于被放弃，各国纷纷开始实行浮动汇率制。

资料卡：美元危机与布雷顿森林体系瓦解

1960 年 10 月，第一次美元危机爆发。伦敦黄金市场价格猛涨到 41.5 美元/盎司，超过官价 20%，美元大幅贬值，美元作为布雷顿森林体系所规定的储备货币，第一次显示出信任危机。

1968 年 3 月，第二次美元危机爆发。1968 年 3 月美国的黄金储备降至 121 亿美元，而短期外债达 331 亿美元。市场上再次掀起抛售美元抢购黄金的风潮。金价迅速上涨，停止按 35 美元官价供应黄金，实行黄金双价制。市场黄金价格按供求自由波动，不再进行干预。只允许外国中央银行按照官价向美国兑换黄金。

1971 年 5 月，第三次美元危机爆发。受美国国内战后第五次经济危机的影响，欧洲市场再次爆发大规模抛售美元，抢购黄金和联邦德国马克及其他西欧货币的风潮。美国黄金储备降为 110 亿美元。美元暴跌，黄金猛涨。8 月 15 日美国政府宣布，停止外国中央银行用美元按黄金官价向美国兑换黄金。8 月 18 日宣布美元对黄金贬值 7.89%。黄金官价提高到 38 美元/盎司。各国货币对美元的汇率波动幅度从不超过金平价的正负 1%扩大为正负 2.25%。至此，布雷顿森林体系的两大支柱之一的美元与黄金挂钩，实际上已倒塌，因为各国已不能用美元向美国兑换黄金。只剩下固定汇率制了。

1973 年，第四次美元危机爆发，使布雷顿森林货币体系走到了尽头。

（二）分类

1. 按照政府是否干预划分，可分为自由浮动和管理浮动

（1）自由浮动（Free Floating）。是指一国货币当局对汇率不进行干预，完全由市场供求决定本国货币的汇率。

（2）管理浮动（Managed Floating）。是指一国货币当局按照本国的经济利益随时对木币汇率进行干预。

在实际经济运行过程中，各国政府总是经常直接或间接的对本币汇率进行不同程度的干预，使其向着有利于本国经济发展的方向变动。有时这种干预活动是以若干国家联合干预的形式出现。因此，完全的、绝对的自由浮动是不存在的，而只能是管理浮动。

相关链接：人民币汇率

2005 年 7 月 21 日，我国对人民币汇率形成机制进行了改革。人民币汇率不再盯住单一美元，而是按照我国对外经济发展的实际情况，选择若干种主要货币，赋予相应的权重，组成一个货币篮子。同时，根据国内外经济金融形势，以市场供求为基础，参考一篮子货币计算人民币多边汇率指数的变化，对人民币汇率进行管理和调节，维护人民币汇率在合理均衡水平上的基本稳定。根据对汇率合理均衡水平的测算，人民币对美元的汇率在 2005 年 7 月 21 日当天升值 2%，即 1 美元=8.11 元人民币。从那天开始，人民币汇率趋向升值。到 2010 年 8 月 12 日，银行间外汇市场人民币对美元汇率的中间价为：1 美元兑 6.785 0 元人民币。

2. 按照浮动的方式不同划分，可分为单独浮动、联合浮动和钉住浮动

（1）单独浮动（Single Floating），是指一国货币不同任何外国货币维持固定比价关系，其汇率随外汇市场的供求状况自行浮动。如美元、欧元、日元等。

（2）联合浮动（Joint Floating），是指几个国家组成货币集团，集团内各国货币之间保持固定比价关系，实行固定汇率制，对集团外的货币则实行统一的共同浮动。如原欧洲经济共同体在 1979 年 3 月 13 日建立了欧洲货币体系后，成员国的货币之间实行的就是联合浮动。

（3）钉住浮动（Pegged Floating），是指一国货币同某一国货币或一篮子货币保持固定比价。

（三）浮动汇率制的优缺点

1. 优点

由于浮动汇率制与固定汇率制相反，汇率的波动是相对不受限制的，因此浮动汇率制的

优点恰好是实行固定汇率制时所不具备的。

（1）汇率的变动可以起到调节国际收支的经济杠杆作用。通过汇率的波动，引起国外物价的相对变动，调节收入和支出，进而起到自动调节国际收支的作用。

（2）无需以牺牲国内经济为代价来实现外部均衡，增强了各国实行经济政策的自主性。在浮动汇率制下，由于一国的国际收支可以通过汇率的波动进行调解，各国可以专注于国内经济目标，更加自主的采取相应的政策。

（3）减少了对黄金外汇储备的需要量。由于不必维持货币汇率在一定幅度内波动，一国所持有的黄金和外汇储备可以相对减少，转而投入国内生产，促进经济发展。

2. 缺点

由于在浮动汇率制下，汇率的波动完全由市场供求决定，没有了幅度的限制，必然导致汇率风险的增加。

（1）增加了国际经济交易中的风险。由于汇率风险大，给国际经济交往带来了极大的不确定性，成本、利润的核算难以掌握，不利于世界经济的发展。

（2）助长了国际金融市场的投机活动。汇率波动的无限制，给国际投机者以可乘之机。出于牟取暴利的目的，他们往往大量买进卖出一国货币，严重扰乱该国的外汇市场，甚至会引发地区性、乃至世界范围内的金融危机。

知识补充：香港的汇率制度

1935 年香港放弃银本位制以来，先后实行过英镑汇兑本位制和纸币管理本位制。汇率制度方面，也采取过与英镑挂钩的固定汇率制、与美元挂钩的管理浮动汇率制和港币完全自由浮动的浮动汇率制。1978 年，香港经济环境开始不断恶化，贸易赤字增加，通货膨胀严重。1982 年，香港房地产业出现大幅度滑坡、香港公众和外国投资者对香港未来前途产生怀疑、在港英当局取消外币存款利息税而保留港币存款利息税等因素的影响下，港元危机爆发。1982 年 7 月 1 日至 1983 年 6 月 30 日，港币兑美元的汇率由 1 美元兑 5.913 港元跌至 1 美元兑 7.2 港元，港币贬值 18%。9 月 1 日的港币汇率为 1 美元兑 7.580 港元，至 9 月 26 日急降到 1 美元兑 9.600 港元，引起居民的挤兑和抢购风潮。为挽救港币危机，恢复港币信用，港英当局决定改变浮动汇率制，实行联系汇率制。

1983 年 12 月 15 日，香港政府取消了港元利息税，对港币发行和汇率制度作出新的安排：发钞银行（当时，发钞银行为汇丰银行和渣打银行，1993 年 1 月起又增加了中国银行）在增发港元纸币时，必须按 1 美元兑 7.8 港元的固定汇率水平向外汇基金缴纳等值美元，以换取港元的债务证明书，作为发钞的法定准备金。这种安排使港币的发行重新获得百分之百的外汇准备金支持，在稳定香港经济方面产生了积极的作用。

实务篇

一、2009 年我国国际收支平衡表分析

2009 年，我国国际收支的国内环境经历了较大变化。上半年，受国际金融危机持续扩散蔓延影响，我国经济下行压力明显加大，有效需求不足矛盾凸显；进出口出现负增长，对外贸易形势发生逆转；外资流入势头放缓，甚至出现部分外资撤资情况。下半年，党中央、国务院不断丰富完善应对国际金融危机的一揽子计划和政策措施，我国经济在全球率先回升向好，全年 GDP 增长 8.7%；内需对经济增长的拉动作用显著增强；出口形势逐步好转，利用外资稳步增长，下半年外汇资金净流入势头明显加快。2009 年我国国际收支继续呈现“双顺差”格局。其中，经常项目顺差 2 971 亿美元，较上年下降 32%，2008 年为增长 17%；资本和金融项目顺差 1 448 亿美元，较上年增长 6.6 倍，2008 年为下降 74%。各主要项目情况如下：

1. 货物贸易进出口多年来首次回落

2009 年，由于外部需求依然较低，国内经济增速相对前些年有所回落，我国货物贸易进出口继续呈现下滑趋势。按国际收支统计口径，2009 年货物贸易出口 12 038 亿美元，进口 9 543 亿美元，分别较上年下降 16%和 11%，是近 20 年来的首次下降；货物贸易顺差 2 495 亿美元，下降 31%。

2. 服务贸易逆差持续增长

2009 年，服务贸易收入 1 295 亿美元，较上年下降 12%；支出 1 589 亿美元，与上年基本持平；逆差 294 亿美元，增长 149%。服务贸易逆差扩大的主要原因是，运输项目逆差较上年扩大 93%，旅游项目由上年的顺差 47 亿美元转为逆差 40 亿美元。

3. 收益项目净流入小幅上升

2009 年收益项目顺差 433 亿美元，较上年增 4%，增幅回落 57 个百分点。随着我国对外资产规模的进一步扩大，2009 年投资收益流入 994 亿美元，增长 7 %，其中大部分是国家外汇储备取得的收益。在全球经济不景气的情况下，我国海外务工人员的劳务收入增幅放缓，2009 年职工报酬净流 72 亿美元，较上年增 12%，增幅回落 35 个百分点。

4. 直接投资顺差减少

2009 年，直接投资顺差 343 亿美元，较上年下降 64%。由于国际资本流动规模收缩，外国来华直接投资净流入 782 亿美元，较上年下降 47%。我国对外直接投资保持一定规模，2009 年净流出 439 亿美元，较上年下降 18%。

5. 证券投资净流入略有下降

2009 年，证券投资项下净流入 387 亿美元，较上年下降 9%。其中，我国对外证券投资净回流 99 亿美元，较上年下降 70%；境外对我国证券投资净流入 288 亿美元，增长 191%。

6. 其他投资由净流出转为净流入

2009 年，贷款、贸易信贷、货币和存款等形式的其他投资项下净流入 679 亿美元，2008 年为净流出 1 211 亿美元。其中，我国境外其他投资资产净回流 94 亿美元，2008 年为净流出 1 061 亿美元。境外对我国其他投资净流入 585 亿美元，2008 年为净流出 150 亿美元。

7. 储备资产增幅放缓

2009 年，剔除汇率、价格等非交易价值变动（即估值效应）影响，我国新增国际储备资产 3 984 亿美元，按可比口径较上年减少 17%。其中，外汇储备交易变动 3 821 亿美元，特别提款权和货币黄金合计增加 160 亿美元。

8. 外债

截至 2009 年末，我国外债余额为 4 286 亿美元，较上年末增长 10%。其中，登记外债余额为 2 669 亿美元，同比增长 2%；贸易信贷余额为 1 617 亿美元，同比上升 25%。

二、标价方法及汇率高低的判断

（一）已知 2010 年 7 月 1 日香港外汇场汇率为 USD1=HKD7.761 0；2010 年 7 月 10 日汇率为 USD1=HKD7.759 0，则 7 月 10 日与 7 月 1 日相比，外汇汇率发生了什么变化？此标价方法是什么？

分析：香港市场的本币是港元，美元是外币，以一个单位的外币作为基准折算为若干单位的本币，应该是直接标价法；而直接标价法下，外汇汇率高低与本国货币数量成正比例关系。如果 1 单位外国货币折算出的本国货币数量越少，则表示外汇汇率下降。

所以，7 月 10 日与 7 月 1 日相比，外汇即美元的汇率下降，港元汇率上升，为直接标价法。

（二）已知 2010 年 7 月 8 日纽约外汇市场汇率为：USD1=JPY87.60；2010 年 7 月 11 日汇率为 USD1=JPY87.20，则 7 月 11 日于 7 月 8 日相比，外汇汇率如何变化？此标价方法是什么？

分析：纽约市场的本币是美元，日元是外币，以一个单位的本币作为基准折算为若干单位的外币，应该是间接标价法，而在间接标价法下，外汇汇率与外国货币数量成反比利关系。如果 1 单位的本国货币折算出的外国货币数量越少，则表示外汇汇率上升。

所以，7 月 11 日于 7 月 8 日相比，外汇即日元的汇率上升，美元汇率下降，为间接标价法。

阅读资料：国际主要外汇币种简介

（一）美元

美元（UNITED STATES DOLLAR），简写为：USD。发行机构是美国联邦储银行（U.S.FEDERAL RESERVE BANK）。主管部门是国库，发行权属于美国财政部。国际标准化组织制定的货币符号：USD。辅币进位为 1 美元等于 100 美分（CENTS）。目前，流通的纸币面额有 1、2、5、10、20、50、100 元。美国的本币、外币出入境自由，但超过 1 万元须向有关部门声明。美国最早的纸币是 1775 年 6 月由 13 个殖民地联合政权“大陆会议”批准发行，称为“大陆币”。1863 年财政部被授权开始发行钞票，背面印成绿色，被称为“绿背”一直沿用至今。

美国在 1914 年通过法案，确定将钞票的尺寸统一为 156 毫米 × 66.3 毫米，延续至今。现在流通的美元纸币，数量最多的是联邦储备券，总面额占流通钞票的 99%。每张钞票正面印有券类名称、美国国名、美国国库印记、财政部官员的签名等，另外联邦储备券正面上方印有“This note is legal tender for all debts，public and private”，意为“本券是对一切公私债务的法定支付手段”。自 1963 年版起的各种美元纸币，背面图景的上方或下方印有“In God We Trust”，意为“我们信仰上帝”。美元纸币正面主景图案为人物头像，主色调为黑色。背面主景图案为建筑，主色调为绿色，但不同版别的颜色少有差异。1 美元正面是美国第 1 任总统乔治 · 华盛顿；背面左侧的金字塔黑暗的一面朝向西方，表示当时蛮荒未被探索过的北美西部。金字塔上方是一个全视之眼图案，这象征了虽然美国的建设还没有完成，但在上帝的帮助下，目标一定会达到。右侧是美国国徽；2 美元正面是美国第 3 任总统托马斯 · 杰弗逊，背面是油画《独立宣言》；5 美元正面是美国第 16 任总统亚伯拉罕 · 林肯，背景是林肯纪念堂。10 美元正面是美国第一任财政部长亚历山大 · 汉密尔顿，背景是美国财务部大楼。20 美元正面是美国第 7 任总统安德鲁 · 杰克逊，背景是白宫。50 美元正面是美国第 18 任总统尤利西斯 · 辛普森 · 格兰特，背景是美国国会山。100 美元正面是美国政治家、外交官、作家、科学家本杰明 · 富兰克林，背景是费城独立纪念堂。

美元是目前国际上最主要的结算币种，具体说来主要表现在以下几点：① 全球外汇市场绝大多数外汇交易涉及美元。② 各国中央银行最主要的储备资产是美元。③ 全球的主要贸易品几乎都以美元计价。④ 大多数的国际贸易是以美元进行交易。⑤ 绝大多数的国际性债务工具是以美元计价。⑥ 几乎每一种货币都是以美元表示价值。

（二）英镑

英镑是英国官方货币和货币单位名称。英国虽然是欧盟的成员国，但尚未加入欧元区，故仍然使用英镑。英镑由英国中央银行发行，最常用的表示英镑的符号是£。国际标准化组织为英镑取的代号为 GBP （Great Britain Pound）。

英镑为英国的本位货币单位，由英格兰银行发行。1971 月 15 日，英格兰银行实行新的货币进位制，辅币单位改为新便士（New Penny），1 英镑等于 100 新便士。现时的英镑又叫“新英镑”（New Pound），一英镑等于 100 便士。现时英国的便士硬币仍然印有“New Pence”（新便士）字样。1971 年未进行币值十进制之前，一英镑等于 20 先令；而一先令又等于 12 便士。换言之，一英镑等于 240 便士。

目前，流通中的纸币有 5、10、20 和 50 面额的英镑，另有 1、2、5、10、50 新便士及 1 英镑的铸币。在英国，女王是最尊贵的象征，所以所有英镑的正面都是英国女王伊丽莎白二世，反面的图案则根据钱币的面值各有不同。5 镑背面是英国 19 世纪慈善家伊丽莎白 · 弗雷的肖像，左侧是她参加慈善活动的图案；10 镑背面是英国 19 世纪生物学家查尔斯 · 达尔文肖像，左侧是 1836 年举行的一场板球赛；20 镑背面是英国 19 世纪物理学家、化学家麦克尔 · 法拉第肖像，左侧则是他在皇家学会演讲时的场景；50 镑背面是英格兰银行第一任总裁约翰 · 霍布伦肖像，左侧是银行的看门人，后面是他的住所。

由于英国是世界最早实行工业化的国家，曾在国际金融业中占统治地位，英镑曾是国际结算业务中的计价结算使用最广泛的货币。第一次世界大战和第二次世界大战以后，英国经济地位不断下降，但由于历史的原因，英国金融业还很发达，英镑在外汇交易结算中还占有相当的地位。

（三）欧元

1999 年 1 月 1 日，在“欧元之父”罗伯特·蒙代尔倡议和直接设计下产生了一个新的经济领域名词——欧元。国际标准化组织制定的货币符号：EUR，惯用符号是€。欧洲委员会宣称这一符号是“代表欧洲文明的希腊字母 epsilon E，代表欧洲的 E 与代表欧元稳定性的横划的平行线的组合”。欧元现钞于 2002 年 1 月 1 日起正式进入流通，欧元区的各成员国原流通货币从 2002 年 3 月 1 日起停止流动。如今欧盟 27 个成员国中已有超过半数的国家加入了欧元区。目前，使用欧元的国家为德国、法国、意大利、荷兰、比利时、卢森堡、爱尔兰、希腊、西班牙、葡萄牙、奥地利、芬兰、斯洛文尼亚、塞浦路斯、马耳他和斯洛伐克 16 国，称为欧元区。欧盟成员国财政部长 2010 年 7 月 13 日同意爱沙尼亚自 2011 年 1 月 1 日起加入欧元区，并确定了爱沙尼亚货币克鲁恩兑欧元的汇率为 15.646 6:1。

欧元的最小单位是分（Cent），100 分等于 1 欧元。欧元有 7 种纸币（5、10、20、50、100、200 和 500 欧元）和 8 种硬币（1、2、5、10、20、50 分和 1、2 欧元），尺寸和颜色各不相同。对于这七种面值的纸币，都无一例外的采用了正面为门窗，背面是桥的设计方式，分别表现出了欧洲不同时期的不同建筑风格，代表了七个不同时期的欧洲文化历史。拱门和窗户图案象征着开放和合作的精神，欧洲联盟的 12 颗星星代表动力和欧洲国家的团结。纸币背面的桥形建筑代表着欧洲国家之间以及欧洲与世界的合作与沟通。纸币上印着货币的数额，后面分别用拉丁语和希腊语字母标注。欧洲中央银行的首字母缩写用欧盟国家的官方语言的五种语言变体标志。5 欧元大小是 120×62mm，灰色，图案是古典时期建筑。10 欧元大小是 127×67mm，红色，图案是罗马式建筑。20 欧元大小是 133×72mm，蓝色，图案是哥特式建筑。50 欧元大小是 140×77mm，橘色，图案是文艺复兴时期建筑。100 欧元大小是 147×82mm，绿色，图案是巴洛克式和洛可可式建筑。200 欧元大小是 153×82mm，黄褐色，图案是钢铁及玻璃式建筑。500 欧元大小是 160×82mm，紫色，图案是 20 世纪现代建筑。

欧元的出现是欧洲乃至全世界货币金融发展史上具有里程碑意义的事件。至 2009 年欧元问世十年来，欧元在稳定消费品价格、提供更多商机、确保经济增长和稳定、整合金融市场、振兴欧盟国际经济地位等方面取得了显著成果。此外，欧元还成为国际债券的主要标价货币（1/3 为欧元，美元占 44%）；国际间银行的主要贷款货币；外汇市场第二大交易货币（占日交易量的 40%）；外汇储备主要货币（2006 年全球外汇储备中欧元占 25%，发展中国家欧元外汇储备占 30%）；部分国家的篮子货币或盯住货币。目前，全球 44 个国家和 5 个地区的约 5 亿人口直接使用欧元或受到欧元影响。

但是，2008 年的国际金融危机和欧元区不断加深的经济衰退让欧元面临着诞生以来的最大挑战。2009 年 10 月 20 日希腊债务危机为欧元危机正式拉开了序幕，此后欧元区成员国爱尔兰、葡萄牙、西班牙等国由于各自负债比例过高相继陷入国债危急中。此次债务危机挑战了欧元区整体的稳定性，使其在全球货币体系当中的角色受到影响，从而导致欧元汇率持续走软。可见，货币区域化需要一个长期的协调与磨合过程，现在就断言欧元成功或失败还为时尚早，欧元的未来还存在很多不确定性。

（四）日元

日元是日本的官方货币，于 1871 年制定。其纸币称为日本银行券，现在使用的日本货币单位“円”是在 1871 年 6 月 27 日（明治 4 年 5 月 10 日）制定的，有 1 000、2 000、5 000、10 000 円四种面额，铸币有 1、5、10、50、100、500 円等。

日本钞票正面文字全部使用汉字（由左至右顺序排列），中间上方均印有“日本银行券”字样。背面则有用拉丁文拼音的行名“NIPPON CINKO”（日本银行）、货币单位名称“YEN”（圆）字样。各种钞票均无发行日期，发行单位负责人是使用印章的形式，即票面印有红色“总裁之印”和“发券局长”图章各一个。1 000 日元正面是日本医学家野口英世，背面是富士山和日本国花——樱花。2 000 日元（《冲绳八国首脑会议暨千禧年》纪念钞）正面是位于冲绳县那霸市首里城的守礼门，门上刻有“守礼之邦”，背面是《源氏物语绘卷》第 38 回“铃虫”中的两幅插图，其中一幅插图是光源氏和冷泉院会面的场面，另一幅是文字部分，两幅插图重叠在一起；右下方选用了 13 世纪镰仓时代前期绘制的《紫式部日记绘卷》中的紫式部形象。5 000 日元正面是日本女小说家樋口一叶，背面是日本艺术家尾形光琳的装饰画《蝴蝶花》。10 000 日元正面是日本作家、教育家福泽谕吉，背面是平等院凤凰堂内房顶上的凤凰雕塑。

日本是二战后经济发展最快的国家之一，目前拥有世界最大的进出口贸易顺差及第二大的外汇储备，日圆也是战后升值最快的货币之一，因此日元在国际上的地位也很重要，经常在美元和欧元之后被当作储备货币。二战后，日本经济一直保持很高的增长速度，1951–1973 年国民生产总值平均增加率高达 10.1%，在众多西方国家中屈居一指，1968 年日本国民生产总值已达到 1 428 亿美元，仅次于美国，居世界第二位，1985 年日本成为世界最大的债权国。日元的国际地位也随之提高，1985 年以后日元开始持续升值，但 1991 年底至 1992 年初的泡沫经济破灭使日本经济开始步入萧条，增长速度下降。目前日本经济尚未全面复苏，日元国际化的步伐也明显放缓。

本章习题

一、名词解释

1. 外汇　2. 国际收支　3. 特别提款权　4. 顺差与逆差　5. 汇率　6. 直接标价法　7. 间接标价法　8. 美元标价法　9. 基础汇率　10.买入汇率　11. 卖出汇率　12. 中间汇率　13. 现钞汇率　14. 即期汇率　15. 远期汇率　16. 固定汇率制度　17. 浮动汇率制度

二、判断

1. IMF 规定，在国际收支的贸易统计中，商品的进口按照 FOB 价计算，而出口按照 CIF 价计算。(　　)

2. 易货与补偿贸易属于非现金交易，其发生不能记入国际收支平衡表。(　　)

3. 本国在外国的资产增加应记入国际收支平衡表的借方。(　　)

4. 官方储备增加应记入借方，以“–”号表示。(　　)

5. 一国出现国际收支逆差时，可以采用扩张性的财政政策或者货币政策进行调节。(　　)

6. 资本在国际间移动而产生的红利、股息和利息等手指都应列入资本金融项目。(　　)

7. 一国出现国际收支逆差，一般会导致本国货币汇率上升。(　　)

8. 中国驻外使领馆的工作人员，因其长期在国外生活，所以在国际收支统计中应算作中国的非居民。(　　)

9. 国际货币基金组织的总部在美国因此该机构属于美国的居民其他国家的非居民。(　　)

10. 目前港元对我国来讲不属于外汇。(　　)

11. 在间接标价法下，一定外币后的前一个外币数字表示“买入价”，即银行付出一定量的（1 个或 100 个）本币而买进外币时向客户收取的外币数。(　　)

12. 汇率采用间接标价法，若外币升值，汇率所示数字会变大。(　　)

13. 其他条件不变的情况下，一国主要储备货币汇率下降，一般会使该国储备资产的实际价值上升。(　　)

14. 在美国外汇市场上，美元对英镑的汇率也是采用间接标价法(　　)

15. 其他条件不变的情况下，一国如果提高利率水平，会引起外汇汇率下降，本币汇率上升。(　　)

16. 如果我国某企业收入 100 万美元的汇票到银行办理结汇时，银行应当按照外汇的卖出价进行折算成一定的人民币。(　　)

17. 自由浮动汇率制度就是清洁浮动汇率制。(　　)

18. 在直接标价法下，一定外币单位折算的本国货币增加，说明外币汇价上涨或本币汇价下跌，即外币币值上升，或本币币值下降。(　　)

19. 外汇买入价是指客户向银行买入外汇时所使用的汇价，外汇卖出价是指客户向银行卖出外汇时所使用的汇价。(　　)

20. 在固定汇率制下，如果外汇汇率上涨，应该使用提高贴现率的办法进行调节。(　　)

三、单项选择

1. 外商到我国投资办厂，这部分资金的流入应记入我国国际收支平衡表的(　　)。

A. 劳务收支　　B. 单方面转移　　C. 资本账户　　D. 直接投资

2. 如果其他条件不变，一国国际收支持续顺差，则该国货币汇率会(　　)。

A. 下降趋势　　B. 上升趋势　　C. 不变

3. 不属于单方面转移的项目是（ ）。

A. 侨汇　　B. 战争赔款　　C. 运费　　D. 捐款

4. 国际收支平衡表中的总差额是（ ）。

A. 经常账户与资本账户的差额之和

B. 经常账户与金融账户的差额之和

C. 经常账户、资本账户与金融账户的差额之和

D. 经常账户、资本与金融账户的差额和净差错与遗漏之和

5. 国际收支平衡表中记入贷方的项目是（ ）。

A. 对外资产的增加　　B. 对外负债的增加

C. 官方储备的增加　　D. 对外无偿转移增加

6. 银行买入外汇现钞的价格（ ）买入外汇现汇的价格。

A. 高于　　B. 低于　　C. 等于　　D. 不能确定

7. 在直接标价法下本国货币数量减少，则说明（ ）。

A. 外币汇率上升　B. 外币汇率下降　C.本币汇率下降　D. 不能确定

8. 在间接标价法下，当外汇汇率上升时（ ）。

A. 本国货币数额变小　　B. 外国货币数额变大

C. 外国货币数额变小　　D. 不能确定

9. 我国人民币对外公布的的汇率采用的是（ ）。

A. 直接标价法　B. 间接标价法　C. 复汇率　D. 美元标价法

10. 一国货币汇率下降，一般会（ ）。

A. 有利于出口，不利于进口　　B. 有利于进口，不利于出口

C. 不利于出口和进口　　D. 有利于出口和进口

11. 持有美元债务时，如果美元汇率下降，则债务负担（ ）。

A. 加重　　B. 减轻　　C. 不变　　D. 无法确定

12. 如果储备货币汇率下降，会使保持储备货币国家的外汇储备的实际价值（ ）。

A. 下降　　B. 上升　　C. 不变　　D. 无法确定

13. 某日东京市场汇率为 1 美元=115.20 日元，如果前一交易日汇率为 1 美元=112.80 日元，则下列描述正确的是（ ）。

A. 与前一交易日相比，说明美元汇率下降，日元汇率上升；标价方法是直接标价法

B. 与前一交易日相比，说明美元汇率上升，日元汇率下降；标价方法是直接标价法

C. 与前一交易日相比，说明美元汇率上升，日元汇率下降；标价方法是间接标价法

D. 与前一交易日相比，说明美元汇率下降，日元汇率上升；标价方法是间接标价法

14. 按照汇率计算方法不同，可以将汇率分为（ ）。

A. 单一汇率和多种汇率　　B. 贸易汇率和金融汇率

C. 银行间汇率和商业汇率　　D. 基础汇率和套算汇率

15. 假定其他条件不变，一国货币汇率上升后，该国出口商品以外币所标示的价格，可能（ ）。

A. 下跌　　B. 上涨　　C. 不变　　D. 不能确定

16. 某日纽约市场汇率为 1 欧元=1.245 0–60 美元，以下说法正确的是（ ）。

A. 直接标价法，1.245 0 是外汇卖出价，1.246 0 是外汇买入价

B. 间接标价法，1.245 0 是外汇卖出价，60 是外汇买入价

C. 直接标价法，1.245 0 是外汇买入价，1.246 0 是外汇卖出价

D. 间接标价法，1.245 0 是外汇买入价，60 是外汇卖出价

17. 下列汇率从低到高排列顺序正确的是（　　）。

A. 外汇现汇买入价、外汇现汇卖出价、现钞买入价、现钞卖出价

B. 外汇现钞买入价、外汇现汇买入价、现钞卖出价、现汇卖出价

C. 外汇现钞买入价、外汇现汇买入价、中间价、外汇现汇现钞卖出价

D. 外汇现钞买入价、外汇现汇买入价、外汇现汇卖出价、中间价

18. 在间接标价法 下，如果一定单位的本币折成的外国货币数额减少，则说明（　　）。

A. 外币币值下降，本币币值上升，外汇汇率下降

B. 外币币值上升，本币币值下降，外汇汇率上升

C. 本币币值下降，外币币值上升，外汇汇率下降

19. 当今世界最主要的储备货币是（　　）。

A. 美元　　B. 日元　　C. 英镑　　D. 欧元

20. 在金本位制度下时，两国货币汇率的决定基础是（　　）。

A. 金平价　　B. 铸币平价　　C. 利率　　D. 美元平价

四、思考

1. 国际收支平衡表的主要内容是什么？
2. 国际收支不平衡的会带来什么样的影响？
3. 影响货币汇率变化的因素是什么？
4. 谈一下你对人民币升值的认识和理解。

五、实训操作练习

1. 根据表 2-5 的相关数据资料回答下列问题：

（1）请分别计算我国 2008 年的经常账户差额、资本金融账户差额、储备资产差额、净差错与遗漏和总差额，并判断我国的国际收支是顺差还是逆差？并填写在平衡表相应的位置。

（2）2008 年的国际收支状况对我国人民币的汇率有何影响？

表 2-5　　2008 年我国的国际收支平衡表

单位：千美元

项　　目	行次	差　额	贷　方	借　方
一、经常项目	1			
A. 货物和服务	2			
a. 货物	3		1 434 601 241	1 073 919 146
b. 服务	4		147 111 948	158 923 586
1. 运输	5	–11 911 179	38 417 556	50 328 735

续表 2-5

项　　目	行次	差　额	贷　方	借　方
2. 旅游	6	4 686 000	40 843 000	36 157 000
3. 通讯服务	7	59 585	1 569 663	1 510 079
4. 建筑服务	8	5 965 493	10 328 506	4 363 013
5. 保险服务	9	−11 360 128	1 382 716	12 742 844
6. 金融服务	10	−250 884	314 731	565 615
7. 计算机和信息服务	11	3 086 931	6 252 062	3 165 131
8. 专有权利使用费和特许费	12	−9 748 930	570 536	10 319 466
9. 咨询	13	4 605 315	18 140 866	13 535 551
10. 广告、宣传	14	261 668	2 202 324	1 940 656
11. 电影、音像	15	163 322	417 943	254 622
12. 其他商业服务	16	2 885 059	26 005 857	23 120 798
13. 别处未提及的政府服务	17	−253 890	666 187	920 076
B. 收益	18	31 437 960	91 614 872	60 176 912
1. 职工报酬	19	6 400 156	9 136 547	2 736 391
2. 投资收益	20	25 037 804	82 478 325	57 440 521
C. 经常转移	21	45 798 979	52 565 201	6 766 222
1. 各级政府	22	−181 611	49 205	230 816
2. 其他部门	23	45 980 590	52 515 996	6 535 406
二. 资本和金融项目	24			
A. 资本项目	25		3 319 886	268 439
B. 金融项目	26			
1. 直接投资	27	94 320 092	163 053 964	68 733 872
1.1 我国在外直接投资	28	−53 470 972	2 175 785	55 646 757
1.2 外国在华直接投资	29	147 791 064	160 878 179	13 087 115
2. 证券投资	30	42 660 063	67 708 045	25 047 982
2.1 资产	31	32 749 936	57 672 404	24 922 468
2.1.1 股本证券	32	−1 117 368	3 844 800	4 962 168
2.1.2 债务证券	33	33 867 304	53 827 604	19 960 300
2.1.2.1 （中）长期债券	34	37 563 103	53 827 604	16 264 501
2.1.2.2 货币市场工具	35	−3 695 799	0	3 695 799
2.2 负债	36	9 910 127	10 035 641	125 514
2.2.1 股本证券	37	8 721 011	8 721 011	0
2.2.2 债务证券	38	1 189 116	1 314 630	125 514
2.2.2.1 （中）长期债券	39	1 189 116	1 314 630	125 514
2.2.2.2 货币市场工具	40	0	0	0
3. 其他投资	41	−121 066 726	535 794 199	656 860 925
3.1 资产	42	−106 074 263	32 563 248	138 637 510
3.1.1 贸易信贷	43	5 866 953	5 866 953	0

续表 2-5

项　　　目	行次	差　额	贷　方	借　方
长期	44	410 687	410 687	0
短期	45	5 456 266	5 456 266	0
3.1.2　贷款	46	–18 501 123	478 305	18 979 428
长期	47	–6 569 000	0	6 569 000
短期	48	–11 932 123	478 305	12 410 428
3.1.3　货币和存款	49	–33 528 165	17 715 954	51 244 120
3.1.4　其他资产	50	–59 911 928	8 502 035	68 413 963
长期	51	0	0	0
短期	52	–59 911 928	8 502 035	68 413 963
3.2　负债	53	–14 992 463	503 230 952	518 223 415
3.2.1　贸易信贷	54	–19 049 071	0	19 049 071
长期	55	–1 333 435	0	1 333 435
短期	56	–17 715 636	0	17 715 636
3.2.2　贷款	57	3 620 979	442 835 925	439 214 946
长期	58	6 724 078	20 129 387	13 405 309
短期	59	–3 103 099	422 706 538	425 809 637
3.2.3　货币和存款	60	2 702 297	59 226 206	56 523 909
3.2.4　其他负债	61	–2 266 668	1 168 821	3 435 489
长期	62	–2 236 180	34 976	2 271 156
短期	63	–30 488	1 133 845	1 164 333
三、储备资产	64		0	
3.1　货币黄金	65	0	0	0
3.2　特别提款权	66		0	7 114
3.3　在基金组织的储备头寸	67		0	1 190 315
3.4　外汇	68		0	417 781 000
3.5　其他债权	69		0	0
四、净误差与遗漏	70		0	

2. 如果你是银行交易员，客户向你询问澳元兑美元汇价，你答复道：“0.768 2/95”。请问：

（1）如果客户想把澳元卖给你，汇率是多少？

（2）如果客户要买进澳元，汇率又是多少？

3. 已知某日纽约外汇市场的外汇汇率为：GBP1=USD1.542 7–1.547 9

（1）请问是什么标价方法，买入价和卖出价各是什么？

（2）如果次日的汇率为 GBP1=USD1.553 0–1.558 8，请问外汇汇率是上升还是下降？

4. 通过网络查询欧元兑美元、美元兑日元、美元兑人民币以及英镑兑美元的汇率近几年来的汇率走势。结合所学的理论知识，对汇率的走势和汇率变化的影响进行分析。

第三章　国际结算中的票据

- 基础篇
- 实务篇

基础篇

在现代市场经济里，现金结算的比例越来越低，尤其是在国际经济交往中，由于债权债务双方分别处于不同的国家，现金结算更加不现实，因此票据作为一种高效率、规范化、统一化的结算工具，在现代结算尤其是国际结算中被广泛应用，并占据了核心地位。票据是市场经济中货币信用发展到相当成熟阶段的产物，它既是反应债权债务关系的重要凭证，又是促进市场经济高效运行的信用工具、支付工具和流通手段。掌握各种票据的概念、特点、内容和票据行为等知识，是进行国际结算业务的基础。本章将对国际结算中的主要票据进行详细介绍。

第一节　票 据 概 述

一、票据的概念

票据有广义和狭义之分。广义的票据，是指记载一定文字、代表一定权利的各种书面凭证。从这个意义上讲股票、车船票、商业发票、汇票、本票、支票等都可以算作票据。而狭义的票据，是指由出票人委托他人或自己承诺在特定的时期向指定人或持票人无条件支付一定款项的书面凭证。它是以支付一定金额为目的的，并可以流通转让。主要包括汇票、本票、支票三种。我们在这里将从狭义票据的层面进行介绍。

二、票据的特性

（一）设权性

票据的设权性，是指票据的权利和义务由票据的设立而产生。票据作成后经过交付，就创设了对于付给一定金额的请求权。票据权利一般包括两方面：付款请求权和追索权。票据本身和票据权利是密不可分的。

（二）要式性

票据的要式性，是指票据作为债务支付凭证，必须具备法定的必要条件，才能发生票据的效力。否则，票据将有缺陷，票据的流通以及当事人的权利也无法受到法律的保障。

（三）文义性

票据的文义性，是指票据上的权利义务是以票据上所记载的文字的涵义决定其效力。

（四）无因性

票据的无因性，是指债权人持票据行使权利时，可以不明示原因，只要票据合格，受让人不需要了解票据产生、取得或转让的原因，就能取得票据文义上载明的权利，而债务人也要自其票据行为完成之日起对正当持票人承担票据责任。

（五）流通性

票据的流通性，是指票据上的权利得以背书、交付而转让流通。

资料卡：《英国票据法》第八条对于票据流通转让的相关规定

除非票据上写出“禁止转让”字样，或是表示它是不可转让的意旨以外，一切票据不论它是采用任何形式支付票款给持票人，持票人都有权把它流通转让给别人。

（资料来源：找法网 http://china.findlaw.cn）

知识拓展：票据转让的形式

1. 过户转让或通知转让

（1）它是在三个当事人之间，即债权转让人、债权受让人以及原债务人之间完成转让行为。

（2）填写转让书，以书面形式表示转让行为，并由转让人签名。

（3）在债务人那里登记过户或书面通知原债务人，它不因债权人更换而解除其债务。

（4）受让人获得的权利要受到转让人权利缺陷的影响。

采用过户转让的票据有股票、人寿保险单等，它们不是完全可流通的证券。

2. 交付转让

（1）它是在两个当事人，即转让人和受让人之间的双边转让。

（2）通过单纯交付或背书交付而转让票据，不必通知原债务人。

（3）受让人获得票据权利并不优于前手，而是继承前手权利，受到前手权利缺陷的影响。

采用交付转让的票据有提单、仓单、栈单、写明“不可流通”字样的划线支票或即期银行汇票等。它们是准流通证券或半流通证券。

3. 流通转让

（1）它是在两个当事人，即转让人和受让人之间的权利转让。

（2）转让人通过单纯交付或背书交付、受让人善意地支付对价取得票据，不必通知原债务人。

（3）受让人取得的票据权利优于其前手权利，即受让人的权利不受其前手权利缺陷的影响。

（六）提示性

票据的提示性，是指票据上的债权人请求债务人履行票据义务，必须向债务人提示票据。

（七）返还性

票据的返还性，是指票据的持票人领到支付的票款时应将票据交还付款人。

三、票据的当事人

票据有三个基本当事人，即出票人、付款人和收款人。除此以外，还有其他关系人，如背书人、承兑人、持票人等。每一个关系人在票据上签名后，都要对正当持票人负票据的支付责任。

（一）出票人

出票人（Drawer）是指开立票据并交付给他人的人。票据开立后，出票人对收款人及正当持票人承担票据在提示时付款人一定付款或承兑的保证责任。如果票据遭到拒付，出票人被追索时，应负偿还票款责任。在票据未获承兑之前，出票人是票据的主债务人；而票据获得承兑之后，承兑人是主债务人，出票人退为次债务人。

（二）付款人

付款人（Payer/Drawee）是接受汇票并根据出票人的命令支付票款的人，又称为受票人。如果受票人不接受出票人的命令，则收款人或持票人不能强迫其承担付款或到期付款的责任，以防止出票人无故向付款人滥发票据。但是如果受票人对远期票据已作出了承兑，即表示同意出票人的支付命令，承担到期付款的责任。

（三）收款人

收款人（Payee）是收取票款的人，是票据的主债权人。收款人有权向付款人要求付款，如遭拒付，有权向出票人追索票款。收款人经票据背书成为背书人时，同样要承担票据的付款人付款或承兑的保证责任。当票据遭到拒付时，持票人向其追索时，收款人应负责偿还票款，然后再向出票人追索补还。

（四）背书人

背书人（Endorser）是指收款人或持票人在接到票据后，经过背书，将票据转让给他人的人。背书人在票据上签字背书后，就要对票据负责。受让票据的人则成为被背书人（Endorsee）。票据可以经过多次连续背书而转让流通，对于某个背书人而言，在他之前的背书人是其前手（Prior Parties），在他之后的背书人或持票人是其后手（Subsrquent Parties）。背书人有责任向其后手证明在他以前（包括他自己）的所有背书真实有效且连续，同时向其后手承担票据的付款人一定付款或承兑的保证责任。

（五）承兑人

承兑人（Acceptor）是承诺票据到期付款的人。所以票据承兑后，其背书人、持票人或出票人均可据以向承兑人要求付款。

（六）参加承兑人

参加承兑人（Acceptor for Honour）是在票据提示后，遭到拒绝承兑或无法获得承兑时，非票据债务人作成参加承兑行为的人。票据到期时，如付款人拒不付款，参加承兑人负责支付票款。

（七）持票人

持票人（Holder）指的是票据占有人，即票据的收款人、被背书人或执票人。只有持票人才能向付款人或其他关系人要求履行票据所规定的义务。

知识补充：英国票据法对于持票人的相关规定

英国票据法中将持票人分为对价持票人（holder for value）和正当持票人（holder in due course）。

第二十七条第二款和第三款对于对价持票人的规定是：如在任何时候已为汇票支

付了价值，则汇票之持票人对承兑人和在支付对价时已成为当事人之所有当事人而言，即被视为付对价持票人。如汇票持票人，不论起因于契约或法律之默示，对汇票有留置权，该持票人即被视为是付对价持票人，但以其有留置权之金额为限。

第二十九条对于正当持票人的规定是：（1）正当持票人按照下述条件取得汇票，其票面完整而成为合格之持票人：（a）在成为持票人时，汇票未过期，如已有退票之事实，亦不知该事实；（b）以善意并支付对价取得汇票，在汇票流通转让于正当持票人时，不知转让人之所有权有任何缺陷。（2）特别是，如某人以欺诈、胁迫、暴力和恐吓，或其他非法手段，或以非法对价取得汇票或汇票之承兑，或违反诚信，或在等同欺诈之情况下流通转让汇票，则按照本法含义，该汇票转让人之所有权存有缺陷。（3）持票人（不论是否付对价）如从正当持票人处取得汇票之所有权，而其本人又不是对汇票有影响之欺诈或非法行为的参与者，则对承兑人和所有该持票人之前手当事人而言，具有该正当持票人所有之全部权利。

（八）保证人

保证人（Guarantor）是由非票据债务人对于出票人、背书人、承兑人或参加承兑人作成保证行为的人。经过保证后，保证人与被保证人负同样责任。

四、票据的行为

一张票据从开立到最终付款注销，会经历一系列的步骤，我们一般称之为票据行为。狭义的票据行为是以负担票据上的债务为目的所做的必要形式的法律行为，主要有出票、背书、承兑、保证等。广义的票据行为则包括一切能够引起票据法律关系的设里、变更或消灭的要式法律行为，除狭义票据行为之外，还包括提示、付款、拒付、追索等。

（一）出票

出票（Issue）包括两个动作：一个是写成汇票，即将法定内容记载于汇票之上，并在汇票上签字（to draw a draft and sign it）；另一个是将汇票交付收款人（to deliver the draft to payee），汇票只有经过交付才算完成发出汇票行为。发出汇票是票据的基本行为。

出票行为结束，汇票的各有关当事人都必须依法履行各自的权利和义务。对出票人来说，出票签字意味着他是该汇票的主债务人，向持票人承担该汇票被付款人承兑或付款的责任。如果未能获得承兑和付款，则出票人承担债务，受持票人的追索。对持票人来说，便取得了票据上的一切权利，包括付款请求权和遇退票时的追索权。对付款人来说，因为还没有在汇票上签字，对债务还没有责任，他可以根据票据提示时与出票人的资金关系来决定是否付款。远期汇票的付款人，在承兑汇票之后，才成为票据关系的主债务人。

（二）背书

背书（Endorsement）包括两个动作：一个是在汇票背面背书，另一个是交付给被背书人。只有经过交付，才算完成背书行为。背书是以票据权利转让给他人为目的的行为，经过背书，票据权利即由背书人（Endorer）转移至被背书人（Endoree）。背书人对票据所负的责任与出票人相同，背书人需向后手担保前手签名的真实性和票据的有效性，也就是即使前手的签字是无效的，或票据不具备实质性条件，背书人一旦签字，就必须对票据债务负责。背书人还有担保票据被付款人承兑及付款的责任。被背书人接受票据后即成为持票人，享有票据上的全部权利，包括付款请求权和追索权。背书又有以下几种类型：

1. 特别背书

特别背书（Special Endorsement）又称记名背书，其特点是背书内容完整、全面，包括背书人或其指定人、背书人签名。如果没有记载背书日期，则视为在票据到期前背书。例如：

Pay to the Order Of B Co.	（被背书人）
A Co.	（背书人）
Signature	（背书人签字）

资料卡：票据的特别背书

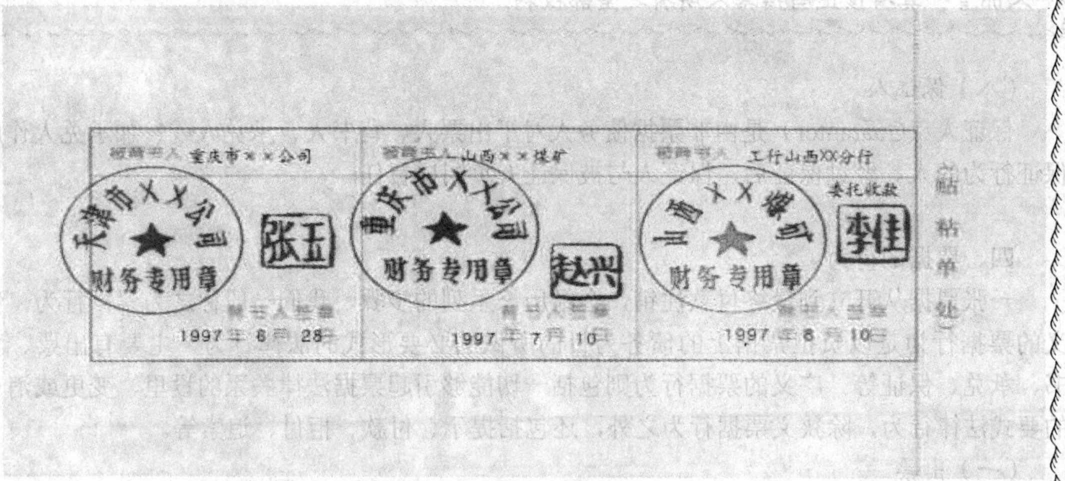

图 3-1　特别背书

（资料来源：百度 www.baidu.com）

2. 空白背书

空白背书（Blank Endorsement）又称为不记名背书，即不记载被背书人名称，只有背书人的签字。空白背书凭交付转让，其受让人与来人抬头汇票的来人相同，再行转让时，可以不须背书，因为没有签字，因此他对汇票不承担责任。空白背书的持票人也可以将空白背书转变为记名背书。但我国《票据法》不承认无记名的背书。例如：

A Co.

Signature

3. 限制性背书

限制性背书（Restrictive Endorsement）是指背书人在做成背书时在票据上写明限定转让给某人或禁止新的背书字样，如“Pay to A Co. only”（仅付给 A 公司），又如“Pay the A Co. not transferable”（支付给 A 公司不可转让）。对于限制性背书的受让人能否将票据再转让，各国票据法规定不同。英国《票据法》规定限制倍数的被背书人无权再转让票据；《日内瓦统一票据法》和我国《票据法》规定限制背书的汇票仍可进一步转让，但原背书人只对直接后手负责，对其他后手不承担保证责任。

4. 有条件背书

有条件背书（Conditional Endorsement）是指支付给被背书人的指示是有条件的，如“Pay to the order of A Co. On delivery of B/L No.123”。开出的汇票必须是无条件的，背书却可以带有条件，但附带条件仅对背书人和被背书人有约束作用，与付款人和出票人无关。有条件背书实际是指背书行为中的交付，即只有在条件完成时方可把汇票交给被背书人。我国法律规定：“有条件背书的背书行为是有效的，但背书条件无效。”因此，对有条件背书的受让人来说，在行使票据权利或转让票据时可以不理会前手的附加条件。

5. 托收背书

托收背书（Endorsement for Collection）是指记载有“委托收款”字样的背书，如“For Collection pay to the order of A Bank”，又如“Pay to the order of A Bank value in collection”。托收背书的背书目的不是转让票据权利，而是委托被背书人代为行使票据权利，即代为收款。被背书人不得再以背书方式转让票据。托收结算方式中的委托收款即是如此。

6. 质押背书

质押背书是指以设定质权、提供债务担保为目的在票据上进行的背书。在质押背书中，背书人为出质人，被背书人为质权人。我国《票据法》第三十五条规定：“汇票可以设定质押；质押时应当以背书记载“质押”字样。被背书人依法实现其质权时，可以行使汇票权利。”

7. 部分背书和分割背书

部分背书是指只转让部分票据金额的背书。分割背书是指将票据金额转让给几个人的背书。我国《票据法》第三十三条规定：“将汇票金额的一部分转让的背书或者将汇票金额分别转让给二人以上的背书无效。将汇票金额的一部分转让的背书或者将汇票金额分别转让给二人以上的背书无效。”

（三）提示

提示（Presentation）是指持票人将票据交给付款人要求付款或承兑的行为。票据是一种权利凭证，要实现权利，必须向付款人提示票据。提示可分为两种：付款提示和承兑提示。付款提示，是指即期票据或已到期的远期票据持票人向付款人提示要求付款；承兑提示是指未到期的远期票据持票人向付款人要求承兑。承兑提示只是针对远期汇票而言的，即期汇票、本票和支票不必做承兑提示。

提示必须在规定的时限办理。《日内瓦统一票据法》规定：即期汇票付款提示和远期汇票承兑提示必须从出票日算起 1 年内进行；已承兑的远期汇票的付款提示期限为到期日或其后的两个营业日。英国《票据法》规定：即期汇票付款提示和远期汇票承兑提示必须在合理时间内进行；已承兑的远期汇票的付款提示期限为付款到期日。英国《票据法》的“合理时间”一般理解为只要不是故意拖延就算是“合理时间”，实务中一般认为不超过半年。

持票人应在汇票载明的付款地点向付款人提示。如果汇票没有载明付款地点则向付款人营业所提示；如果没有营业所，则向其住所提示。汇票上记载有担当付款人[①]时，持票人应

① 代替付款人承担支付汇票金额的人。担当付款人通过两种方式产生：一种为发票人在汇票上除记载付款人外，另行记载一人为担当付款人；另一种为发票人未在汇票上指定担当付款人，但承兑人在承兑时指定一人为担当付款人。担当付款人虽可由出票人或承兑人任意指定，但一般都是付款人或承兑人的往来银行，以便利持票人直接向其收款。

向担当付款人提示要求付款。

持票人向付款行提示汇票的途径有三条：一是到付款行柜台上提示，这种情况极少；二是通过票据交换所的清算银行换出票据，付款行经其清算银行换入票据，如不退票就是付款了；三是代理行、联行通过邮寄票据提示给付款行代收票款。

（四）承兑

承兑（Acceptance）是远期汇票的付款人明确表示同意按出票人的指示付款的行为。付款人在汇票上写明“承兑（ACCEPTED）”字样，并经签字后交还持票人，确认对汇票的付款责任后，即成为承兑人。承兑人是汇票的主债务人，承担支付票面金额的义务。而出票人和其他背书人则居于从债务人的地位。承兑行为是一种附属票据行为。

承兑包括写成和交付两个动作。国际银行业务习惯上是由承兑行发出承兑通知书给持票人，用来代替交付已承兑汇票给持票人。承兑构成承兑人在到期日无条件付款的承诺，这就给持票人在汇票到期日获得付款提供了有力的保证，并有利于汇票的转让。

见票后若干天付款的汇票必须记载承兑日期。承兑应作于汇票正面，承兑人只能承兑成套汇票中的一张，且是首先提示的那一张，后一张不再承兑，到期日仅凭承兑的那张汇票付款。

承兑又分为以下几种类型：

1. 普通承兑

普通承兑（General Acceptance）即通常所说的承兑，是指承兑人对出票人的指示不加限制的同意确认。例如：

ACCEPTED	（承兑字样）
Jan.1，2010	（承兑日期）
For ABC Bank，London	（承兑人）
Signature	（承兑人签字）

2. 限制承兑

限制承兑（Qualified Acceptance）是指付款人对持票人提示的汇票内容加以修改或限制的承兑。限制性承兑用明白的措辞改变了汇票承兑后的效果，如承兑的条件、金额、地点、付款期限等。付款人做限制性承兑是因为不同意汇票载明的内容，因此持票人应视限制性承兑为拒付。例如，我国《票据法》规定：“付款人承兑汇票，不得附有条件。承兑附有条件的，视为拒绝承兑”。但国外一些《票据法》规定，对于限制性承兑，持票人有权拒绝也可以接受，如果接受则在付款人拒付的情况下，持票人不能向出票人或背书人追索。

（五）保证或担保

保证是指（Guarantee or Aval）非票据债务人对于出票、背书、承兑、参加承兑行为所发生的债务予以保证的附属票据行为。汇票的债务如有保证，则履行更为可靠，更便于流通。

出票人、背书人、承兑人均可作为被担保人，保证人和被保证人所负的责任完全相同。汇票的被保证人通常是承兑人，对汇票金额全部付款予以担保又称为汇票的保付，等同于为承兑人担保。保证认可向北保证人收取一定得押金或担保品，保证人在偿付票款后可以行使持票人的权力，即对承兑人、被保证人或其前手行使追索权。保证行为可在汇票上作出，也可开立单独的保函。常见形式如下：

Per Aval
On behalf of ×××　　　（被保证人的名称）
Bank of China　　　　（保证人名称）
Signature　　　　　　（保证人签字）

（六）付款

付款（Payment）是指即期汇票付款人于提示日付款，远期汇票付款人在到期日付款。付款人或承兑人正当付款（payment in due course）以后，汇票即被解除责任。

（七）拒付

1. 拒付的概念

拒付（Dishonour）又叫退票，持票人向付款人提示，付款人拒绝付款或拒绝承兑，均称拒付。另外，付款人逃匿、死亡或宣告破产，以致持票人无法实现提示，也称拒付。汇票、本票、支票都有可能发生拒付。

2. 拒绝证书

一旦发生拒付，持票人要在规定的时效内作出拒绝证书并通知前手。拒绝证书（Protest）是指由退票地的法定公证人出具的证明拒付事实的法律文件。拒绝证书是持票人行使追索权所必需的证明文件。主要包括拒绝承兑证书和拒绝付款证书。持票人请求公证人出具拒绝证书时，应将汇票交出，由公证人向付款人再作提示，仍遭拒付时，即由公证人按规定格式作成拒绝证书，连同汇票交还持票人。如果汇票上加注“Pretest Waived（免作拒绝证书）”字样，则持票人不须作成拒绝证书，即可行使追索权。

3. 拒付通知

拒付通知是指持票人将拒付的事实以书面形式告知被追索人。我国《票据法》规定拒绝证书做成后三天内、英国《票据法》规定拒绝证书做成后两天内、《日内瓦统一票据法》规定拒绝证书做成后四天内通知前手，否则持票人将丧失对前手的追索权。

（八）追索

追索（Recourse）是指汇票遭到拒付，持票人向其前手背书人或出票人要求偿付汇票金额、利息和其他费用的权利。 行使追索权的对象是背书人、出票人、承兑人和其他债务人，因为他们要对持票人负连带的偿付责任。持票人是票据上的惟一债权人，他可向对汇票负责的任何当事人取得偿付。付款的背书人可向其前手背书人或出票人或承兑人取得偿付。追索款项包括票据票面金额、延期付款应付利息、作成拒付通知、拒绝证书及其有关费用。

（九）贴现

贴现（Discount）是指远期汇票承兑后尚未到期，由银行或贴现公司从票面金额中扣除从贴现之日起至汇票到期日这一天为止的利息后，将余额支付给持票人同时贴进票据的行为。贴现行持贴进的汇票直至到期日，提示给承兑人要求付款，承兑人支付票面金额，从而使贴现行收回之前的垫款，并赚取贴现息。可见贴现业务既是票据买卖业务，也是资金融通业务。

贴现息是按照贴现天数即距到期日提早付款天数乘以贴现率计算的来的。按贴现率多是按年率表示，应将其折成日率。英镑按一年 365 天作为基本天数，美元、欧元则按 360 天为基本天数。计算公式为：

贴现息=票面金额×（贴现天数÷360（或365））×贴现率

净款=票面金额–贴现息

五、票据的作用

（一）结算作用

国际结算的基本方法是非现金结算。在非现金结算条件下，必须使用一定的支付工具来结清国际间的债权债务。票据就是一种支付工具，这也是票据最原始、最简单的作用。

（二）信用作用

票据不是商品，不含有社会劳动，也不是硬币，没有本身内在价值，它是建立在信用基础上的书面支付凭证。出票人在票据上立下书面的支付信用保证，付款人或承诺人允诺按照票面的规定履行付款义务。

（三）流通作用

票据经过背书可以转让给他人，再经背书还可再转让。背书人对于票据的付款负有担保的义务。背书次数愈多，票据负责人愈多，票据的担保性也愈强。由于背书转让，票据就在市场上广泛地流通，形成一种流通工具，节约了现金的使用，扩大了流通手段。

（四）抵消债务作用

由于国际间贸易所发生的债权与债务可以使用票据加以抵消，从而便利了国际贸易的进行。

六、票据立法

广义的票据法是指涉及票据关系调整的各种法律规范，既包括专门的票据法律、法规，也包括其他法律、法规中有关票据的规范。如民法中可以适用于票据的规范（人的行为能力制度、代理制度、动产物权制度等）、民事诉讼法中关于票据的规定（公示催告和除权判决、票据纠纷的诉讼等规范）、刑法中有关票据的规定（如伪造有价证券罪）等。一般意义上所说的票据法是指狭义的票据法，即专门的票据法规范，它是规定票据的种类、形式和内容，明确票据当事人之间的权利义务，调整因票据而发生的各种社会关系的法律规范。目前世界各国的票据立法主要包括以英国《票据法》为代表的英美法系和以《日内瓦统一票据法》为代表的大陆法系。

（一）英美法系

英国于1882年颁布实施《票据法》（Bills of Exchange Act）。美国于1897年仿效英国《票据法》制订了《统一流通票据法》，后于1952年编入《统一商法典》的第三章商业票据（Commercial Paper）中，1962年进行了修订。其中对汇票、本票和支票作了详细的规定。英美法系的票据立法以当事人的权利义务为结构主体，重点明确当事人的权责。

（二）大陆法系

为协调各国的票据立法，国际联盟于1930年和1932年两次在日内瓦召开国际票据法统一会议，由法国、德国、意大利、日本等二十多个国家签订并通过了《日内瓦统一汇票本票法公约》和《日内瓦统一支票法公约》以其他相关公约，统称《日内瓦统一票据法》。大陆法系的结构主体是票据行为，重点明确各种票据行为的法定形式或程序。

（三）我国的《票据法》

我国《票据法》是在借鉴国外经验，并结合我国实际情况的基础上制定出来的，于

1995 年 5 月 10 日通过，并于 1996 年 1 月 1 日起实施。为适应新形势下的需要，2004 年 8 月进行了修订。

知识补充：我国票据法的特殊规定

1. 我国票据法中未采用不记名背书的方式；
2. 承兑不得附条件，否则，视为拒绝承兑；
3. 不允许一部分付款；
4. 本票仅指银行本票；
5. 允许持票人在到期日前进行追索；
6. 拒绝证明分拒绝承兑证明和拒绝付款证明；
7. 拒绝承兑人或拒绝付款人分别为拒绝承兑或拒绝付款证明的做成义务人；
8. 做成决绝证明规定为拒绝承兑人和拒绝付款人的法定义务；
9. 在法定情形下，人民法院的司法文书，有关行政主管部门的处罚决定及其他法定证明可以替代拒绝证明；
10. 持票人如果不能出示拒绝证明、退票理由书或未按照规定期限的其他法定证明的，丧失对其前手追索权；
11. 拒绝事由通知必须采用书面通知；
12. 拒绝事由通知为追索权人应履行的义务或手续，未尽通知义务的，并不因此而丧失追索权，仅对因怠于通知而产生的损害负赔偿责任；
13. 支票持票人超过提示付款期限后，付款人可以不付款。

第二节 汇　票

一、汇票的定义

汇票（Bill of Exchange，Draft），是指由出票人签发的，委托付款人在见票时或者在指定日期无条件支付确定的金额给收款人或者持票人的票据。

背景资料：汇票的产生

汇票是随着国际贸易的发展而产生的。国际贸易的买卖双方相距遥远，所用货币各异，不能像国内贸易那样方便地进行结算。从出口方发运货物到进口方收到货物，中间有一个较长的过程。在这段时间一定有一方向另一方提供信用，不是进口商提供货款，就是出口商赊销货物。若没有强有力中介人担保，进口商怕付了款收不到货，出口商怕发了货收不到款，这种国际贸易就难以顺利进行。后来银行参与国际贸易，作为进出口双方的中介人，进口商通过开证行向出口商开出信用证，向出口商担保：货物运出后，只要出口商按时向议付行提交全套信用证单据就可以收到货款；议付行开出以开证行为付款人的汇票发到开证行，开证行保证见到议付行汇票及全套信用证单据后付款，同时又向进口商担保，能及时收到他们所进口的货物单据，到港口提货。

相关链接：：英国票据法第三条对于汇票概念的相关规定

The bill is one of the unconditional payment of the order in writing，addressed by one person to another，signed by the person giving it，requiring the person to whom it is addressed to pay on demand or a fixed or determinable future time a sum certain in money to the order or specified person or to bearer.（汇票是一人向另一人签发的要求其在见票时或在指定时间或可以确定的将来时间向某人或其指定人或持票人无条件支付确定金额的无条件书面支付命令。）

（资料来源：找法网 http://china.findlaw.cn/）

二、汇票的内容

汇票是一种要式证券，法律对汇票所记载的必要项目作出了明确的规定。必要项目包括两种记载事项：一种是绝对必要记载项目，该类事项必须按法律规定在汇票上明确记载；另一种是相对应记载事项，该类事项如果记载在汇票上，就必须按法律规定记载，如果未记载，则可以按照法律来确定该事项的意义。

资料卡：我国票据法第二十二条对汇票必须记载下列事项的相关规定

1. 表明“汇票”的字样；
2. 无条件支付的委托；
3. 确定的金额；
4. 付款人名称；
5. 收款人名称；
6. 出票日期；
7. 出票人签章。

汇票上未记载前款规定事项之一的，汇票无效。

（资料来源：http://www.chinaacc.com）

（一）绝对必要记载项目

1.“汇票”的字样

汇票上应明确标明“Bill of Exchange”（汇票）或“Exchange”、“Draft”字样，从而区

别于本票和支票。

2. 无条件支付命令或委托

汇票代表的是一种付款命令，因此必须用英语的祈使句，以动词开头，作为命令式语句。如：Pay to A Co. or order…（支付给 A 公司或其指定人）。汇票的支付文句须表明出票人委托付款人支付汇票金额是不附带任何条件的。换言之，如果汇票附有条件（如收货后付款），则汇票无效。

3. 确定的金额

汇票以给付一定金额的货币为目的，票据上的权利必须以一定数量的货币表示，货币单位明确，不能用货物的数量表示。票面的金额必须确定，即任何人都可以确定或计算出一致的付款数额。汇票金额要用文字大写和数字小写分别表明，且应一致。如果出现不符，根据英国《票据法》和《日内瓦统一票据法》规定应以大写为准，我国《票据法》规定二者不一致的，票据无效。

知识拓展：确定金额的其他特殊情况

1. 带有利息

（1）明确规定使用利率和计息期限的，如“Pay the order of A Co. the sum of ten thousand US Dollars plus interest at the rate of 6% per annum from the date hereof to the date of payment.”，即支付给 A 公司的指定人金额 10 000 美元，加上利息，按年利率 6%，从出票日起至付款日止，计算利息金额），可以算出利息金额。

（2）附带利息条款但没有注明利率的，如“Pay the order of A Co. order the sum of ten thousand US Dollars plus interest.”，由于算不出“加上利息”是多少金额，英国《票据法》视为无效，而《日内瓦统一票据法》则视为无记载，汇票本身是有效的。

（3）附带利息条款但没有注明起算日和终止日的，如“Pay the order of A Co. the sum of ten thousand US Dollars plus interest at the rate of 6% per annum.”，根据《日内瓦统一票据法》，这种记载是可接受的，根据商业惯例，从出票日开始计息，直至付款日。

2. 分期付款

英国《票据法》允许汇票分期付款，而《日内瓦统一票据法》不允许。我国《票据法》无此规定，这就意味着我国不允许汇票分期付款。如“At 30 days after date pay the order of A Co. the sum of ten thousand US Dollars by ten equal consecutive monthly instalments.”，即出票后 30 天支付给 A 公司的指定人金额 10 000 美元，采用 10 个相等的、连续的、按月的分期付款形式。但是如果记载为“Pay the order of A Co. the sum of ten thousand US Dollars by instalments.”，由于过于笼统，付款人不易履行，因此不能接受。

3. 支付其他等值货币

如“Pay the order of A Co. the sum of ten thousand US Dollars converted into sterling equivalent at current rate of exchange.”，即支付给 A 公司的指定人金额 10 000 美元，按照现实汇率折成等值英镑支付。其中“现时汇率”即付款当天的汇率，各方当事人都能按此算出相同的英镑金额，故可以接受。

4. 付款人名称

如果汇票上未记载付款人的名称，收款人或者持票人将不知道向谁提示承兑或提示付款。因此，汇票上未记载付款人，汇票便为无效。实务中一般还要注明付款人的详细地址。

5. 收款人名称

收款人也称为汇票的抬头，是汇票上记名的债权人。汇票上的收款人主要有以下三种情况：

（1）限制性抬头。限制性抬头，是指仅限于交付款项给收款人，不得流通转让。这种规定方法实际上表明，汇票金额只能付给特定的抬头人，但该特定的抬头人不能将汇票下的收款权利转让给他人。尽管这种汇票在各种汇票中最具有安全性，但因其流通性差而在贸易中使用较少。限制性抬头在实务中常见有以下写法：

① Pay to John Smith Only（仅付给 John Smith）；

② Pay to John Smith Not Transferable（付给 John Smith，不能转让）；

③ Pay to John Smith（付给 John Smith），然后在票据正面加注“Not Transferable”（不能转让）的字样。

我国《票据法》规定，出票人在汇票上记载“不得转让”字样的，汇票不得转让，即相当于上述限制性抬头的写法。

（2）指示性抬头。指示性抬头，是指出票人要求付款人支付款想给收款人或其指定人的汇票。指示性抬头的汇票可以由收款人根据自己的需要，通过背书将收款的权利转让给其他人，由受让人以持票人的身份取款。这种汇票既具有一定的流通性，又由于汇票的转让需经原债权人背书而具有一定的安全性，因此在实际中应用最广泛。指示性抬头在实务中常见有以下写法：

① Pay to the order of Bank of China （付给中国银行的指定人）；

② Pay to Bank of China or order （付给中国银行或其指定人）。

（3）来人抬头。来人抬头，又称持票人抬头，是指票据上不规定汇票的收款人，任何持票人均可作为收款人。这种的汇票无须由持票人背书即可转让。来人抬头有以下写法：

① Pay to bearer（付给来人）；

② Pay to A or bearer（付给 A 或来人）。

但是，由于来人抬头汇票容易因丢失而被人冒领，缺乏安全性，因此有些票据法，如《日内瓦统一票据法》不允许做成来人抬头汇票。我国《票据法》规定，凡签发持票人或来人抬头的汇票无效。

6. 出票日期

这是指出票人在汇票上记载的签发汇票的日期。出票日期在法律上具有重要的作用，即可以确定出票后定期付款汇票的付款日期、确定见票即付汇票的付款提示期限、确定见票后定期付款汇票的承兑提示期限、确定利息起算日、确定某些票据权利的时效期限、确定保证成立之日期、判定出票人于出票时的行为能力状态以及代理人的代理权限状态等，因此，如果汇票上不记载出票日期，这将不利于保护持票人的票据权利。

7. 出票人签章

出票人在票据上亲自书写自己的姓名或盖章。签字原则是票据法的最重要和最基本的原则之一，票据责任的承担以签字为条件。如果汇票出票人不在汇票上签章，汇票即为无效。

资料卡：我国票据法第二十三到二十五条对汇票记载的其他事项的相关规定

第二十三条 汇票上记载付款日期、付款地、出票地等事项的，应当清楚、明确。汇票上未记载付款日期的，为见票即付。汇票上未记载付款地的，付款人的营业场所、住所或者经常居住地为付款地。汇票上未记载出票地的，出票人的营业场所、住所或者经常居住地为出票地。

第二十四条 汇票上可以记载本法规定事项以外的其他出票事项，但是该记载事项不具有汇票上的效力。

第二十五条 付款日期可以按照下列形式之一记载：

1. 见票即付；
2. 定日付款；
3. 出票后定期付款；
4. 见票后定期付款。

前款规定的付款日期为汇票到期日。

（资料来源：http://www.chinaacc.com）

（二）其他记载项目

其他记载项目十分重要，但如果不记载也不会影响汇票的法律效力，主要包括以下三项：

1. 出票地点

出票地点（Place of Issue）是票据上记载的出票人签发汇票的地点。出票地的重要作用在于票据是否成立是以出票地法律来衡量的，故应为汇票记载的事项。但票据不注明出票地并不会影响起生效，中国《票据法》第 23 条规定："汇票上未记载出票地的，出票人的营业场所、住所或者经常居住地为出票地。"票据法要求出票地的记载仅符合形式要件即可。汇票上所记载的出票地与出票人实际签发票据的地点不一致时，也不影响汇票的效力，此时以汇票上所记载的出票地为准。

2. 付款地点

付款地点（Place of Payment）是持票人提示票据请求付款的地点。根据国际私法的"行为地原则"，到期日的计算、再付款地发生的"承兑"、"付款"等行为都要使用付款地法律。付款地点也是拒绝付款时持票人请求作出拒绝证书的地点。因此，付款地的记载十分重要。但汇票上缺乏付款地记载的，汇票仍然成立。我国《票据法》第 23 条规定："汇票上未记载付款地的，付款人的营业场所、住所或者经常居住地为付款地。"

3. 付款期限

付款期限（Tenor）又称到期日，是票据权利人行使票据权利的日期。根据各国票据法的规定，付款日期大致有见票即付、定日付款、见票后定期付款、出票后定期付款四种。到期日在票据关系中占有十分重要的地位，因为它关系到票据权利义务的行使，但是，如果票据上欠缺到期日的记载，各国票据法均规定，视为见票即付。

（1）见票即付（At Sight/On Demand）。见票即付是指在持票人向付款人作出付款提示时，付款人应发上付款，又称为“即期汇票”。

就见票即付汇票提示付款的期限，《日内瓦统一汇票本票公约》规定为出票日后一年内，但出票人可在汇票上缩短或延长此期限，背书人亦可缩短此期限，但不能延长。英美票据法无一定期限的规定，仅规定应在发票日后合理时间内提示付款。所谓合理时间，应取决于汇票的性质、同类汇票的行业习惯以及具体事实。有的国家和地区（如中国台湾），对即期汇票的提示付款规定以 6 个月为法定期限，如当事人间有特约时，得再延长，但至多延长 6 个月，逾此期限，即失去提示效力，背书人或出票人可不再负对汇票清偿之责。

（2）定日付款（At a Fixed Date）。定日付款是指汇票上规定有确切的付款日，付款人按期付款。例如，2009 年 6 月 30 日付款（on 30th June 2009 fixed pay to...）。

（3）出票后定期付款（At ×× Days/Months After Date）。出票后定期付款是指以出票日为基础，一段时间后付款。例如，出票后 90 天付款，出票后 6 个月付款。

（4）见票后定期付款（At ×× Days/Months After Sight）。见票后定期付款是指持票人向付款人提示汇票之后，付款人对汇票进行承兑，以承兑日为起点推算到期日。例如，见票后 90 天付款，见票后 6 个月付款。

（5）提单签发日后定期付款（At ×× days/Months after date of Bill of Lading）。提单签发日后定期付款是指以提单签发日为基础，一段时间后付款。例如，提单签发日后后 30 天付款，提单签发日后 1 个月付款。

后四种统称为远期汇票，一般来说，远期汇票都应承兑，以确定付款人的付款责任。

知识补充：到期日的计算方法

1. 期末日付款

汇票到期日均为票载付款期限的最后一天。

2. 假日顺延

到期日如遇节假日，则顺延至下一个营业日。

3. 算尾不算头

计算远期汇票的付款日期时，出票日或承兑日不包括在内，到期日包括在内。例如，2010 年 6 月 1 日见票（承兑），30 天后付款，到期日应为 7 月 1 日。也就是 6 月 1 日不算，从 6 月 2 日起算的第 30 天。

4. 月为日历月，月之同日为到期日，无同日即为月之末日

如果汇票的付款时间为出票或见票后 × 月付款，则以到期时对应月份的相应日期为到期日，不分大小月均作为一个月。例如，汇票规定出票后 3 个月付款，出票日为 2010 年 1 月 8 日，则汇票的到期日为 2010 年 4 月 8 日。如汇票规定出票后 1 个月付款，出票日为 2010 年 3 月 31 日，则汇票的到期日为 2010 年 4 月 30 日。

三、汇票的种类

（一）按出票人不同划分

1. 银行汇票

银行汇票（Bank’s Draft）是指出票人和付款人都是银行的汇票。银行汇票是银行信用，风险小，可接受性和流通性强。

资料卡：银行汇票

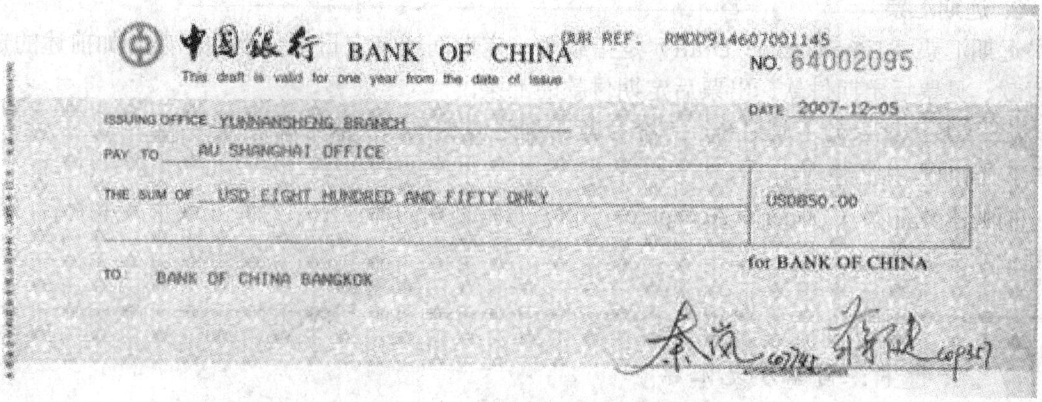
中国银行 BANK OF CHINA　OUR REF. RMDD914607001145
This draft is valid for one year from the date of issue
NO. 64002095
DATE 2007-12-05
ISSUING OFFICE YUNNANSHENG BRANCH
PAY TO AU SHANGHAI OFFICE
THE SUM OF USD EIGHT HUNDRED AND FIFTY ONLY　USD850.00
TO: BANK OF CHINA BANGKOK
for BANK OF CHINA

图 3-2　中国银行银行汇票

（资料来源：百度 www.baidu.com）

2. 商业汇票

商业汇票（Commercial Draft）是指出票人是企业或个人，付款人可以是企业、个人或银行的汇票。由于商业汇票是商业信用，其收款人或持票人承担的风险较大。

资料卡：商业汇票

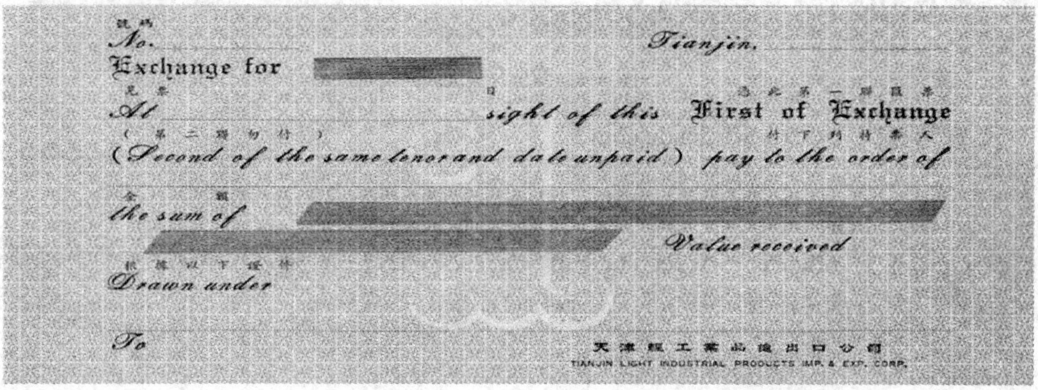
No.　Tianjin.
Exchange for
At　sight of this First of Exchange
(Second of the same tenor and date unpaid) pay to the order of
the sum of
Value received
Drawn under
To
天津轻工业品进出口公司
TIANJIN LIGHT INDUSTRIAL PRODUCTS IMP. & EXP. CORP.

图 3-3　商业汇票

（资料来源：百度 www.baidu.com）

课堂思考

银行汇票和商业汇票有什么不同？

（二）按付款期限不同划分，可分为即期汇票和远期汇票

1. 即期汇票

即期汇票（Sight/Demand Draft）是指付款人见票即付的汇票。

2. 远期汇票

远期汇票（Time/Usance Draft）是指载明一定期间或特定日期付款的汇票，如前述的定日付款、见票后定期付款、出票后定期付款的汇票。

（三）按承兑人的不同划分，可分为商业承兑汇票和银行承兑汇票

1. 商业承兑汇票

商业承兑汇票（Trader's Acceptnce Bill）是指远期的商业汇票经企业或个人承兑后，称为商业承兑汇票。

资料卡：商业承兑汇票

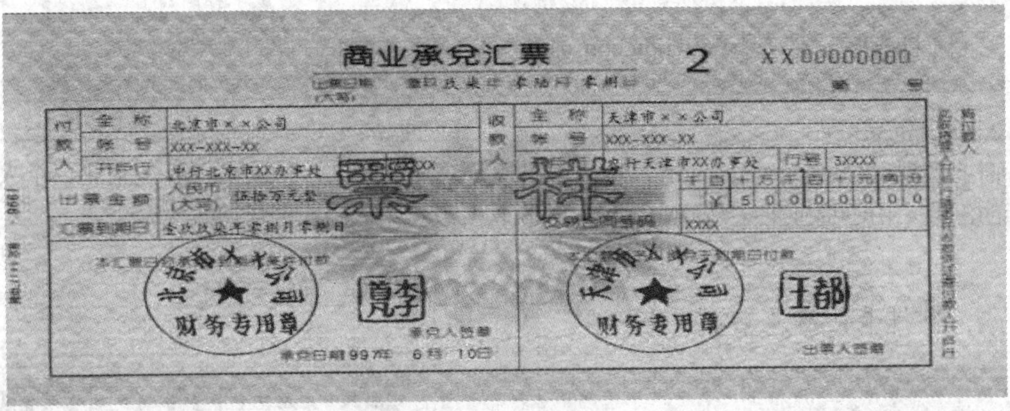
商业承兑汇票 2 XX00000000

付款人	全称	北京市××公司	收款人	全称	天津市××公司	
	账号	XXX-XXX-XX		账号	XXX-XXX-XX	
	开户行	中行北京市XX办事处		开户行	中行天津市XX办事处	行号 3XXXX
出票金额	人民币（大写）	伍拾万元整			￥500000000	
汇票到期日	贰玖玖玖年柒捌月壹捌日				XXXX	

财务专用章

财务专用章

承兑人签章

承兑日期99年 6月 10日

出票人签章

样票

图 3-4 商业承兑汇票

（资料来源：百度 www.baidu.com）

2. 银行承兑汇票

银行承兑汇票（Banker's Acceptnce Bill）是指远期的商业汇票，付款人为银行并经银行承兑后，称为银行承兑汇票。银行承兑后成为该汇票的主债务人。

资料卡：银行承兑汇票

银行承兑汇票票样

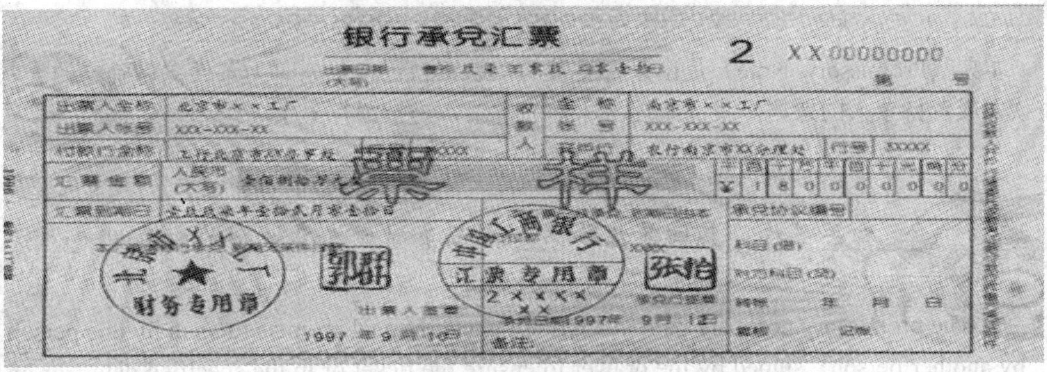

图 3-5　银行承兑汇票

（资料来源：百度 www.baidu.com）

（四）按是否附有商业单据划分，可分为光票和跟单汇票

1. 光票

光票（Clean Draft）是指不附带商业单据的汇票。银行汇票多是光票。

2. 跟单汇票

跟单汇票（Documentary Draft）是指附有包括运输单据在内的商业单据的汇票。跟单汇票多是商业汇票，常用于国际贸易结算中的跟单托收与信用证结算方式。

资料卡：本币（人民币）汇票

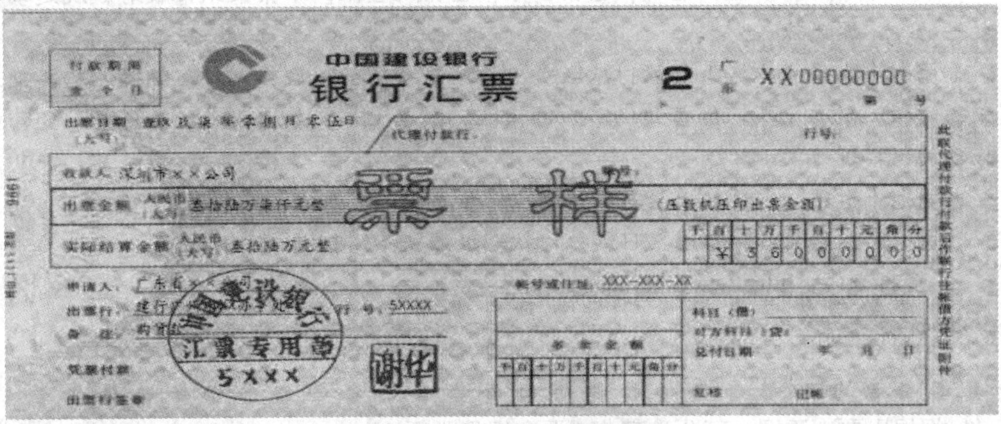

图 3-6　中国建设银行的本币汇票

（资料来源：百度 www.baidu.com）

第三节　本票和支票

一、本票

（一）本票的概念

本票（Promissory Note）是出票人签发的，承诺自己在见票时无条件支付确定的金额给收款人或者持票人的票据。我国票据法所称的本票，是指银行本票。

相关链接：英国票据法第八十三条对于本票概念的相关规定

The promissory notes are paid in a written unconditional promise to open by one person by another person，signed by the drawer to ensure the ticket or in the specified date，or on a scheduled date may be a certain amount of Money to pay and regulations of the person or his nominee or bearer.（本票是一人向另一人开立的，并由出票人签名，保证凭票或在规定日期，或在某一可确定日期，将一定金额支付给某人或其指定人或来人的一项无条件的书面付款承诺。）

（资料来源：找法网 http://china.findlaw.cn/）

（二）本票的内容

资料卡：我国票据法对于本票内容的相关规定

第七十五条　本票必须记载下列事项：表明“本票”的字样；无条件支付的承诺；确定的金额；收款人名称；出票日期；出票人签章。本票上未记载前款规定事项之一的，本票无效。

第七十六条　本票上记载付款地、出票地等事项的，应当清楚、明确。本票上未记载付款地的，出票人的营业场所为付款地。本票上未记载出票地的，出票人的营业场所为出票地。

第七十七条　本票的出票人在持票人提示见票时，必须承担付款的责任。

第七十八条　本票自出票日起，付款期限最长不得超过二个月。

（资料来源：http://www.chinaacc.com）

（三）本票的种类

1. 根据出票人不同，可分为商业本票和银行本票

（1）商业本票

商业本票（Commercial Paper）是由商号签发的本票。在国际贸易中，进口企业为延期

付款，可按合同规定向进口方开立远期本票，但往往需要由本国银行在其上提供保证，所以已经不是一般意义上的本票。目前已为延期付款的银行保函所取代。

资料卡：商业本票

PROMISSORY NOTE FOR USD 800.00　　　　　　　　LONDON，8TH JAN.，2010

AT 60 DAYS AFTER DATE WE PROMISE TO PAY BEIJING ARTS AND CRAFTS CORP. OR ORDER

THE SUM OF U.S. DOLLARS EIGHT HUNDRED ONLY FOR VALUE RECEIVED

FOR SMITH CO. LONDON.

SIGNATURE

（2）银行本票

银行本票（Bank Note）是由商业银行开立，见票即付给收款人的本票。

资料卡：银行本票

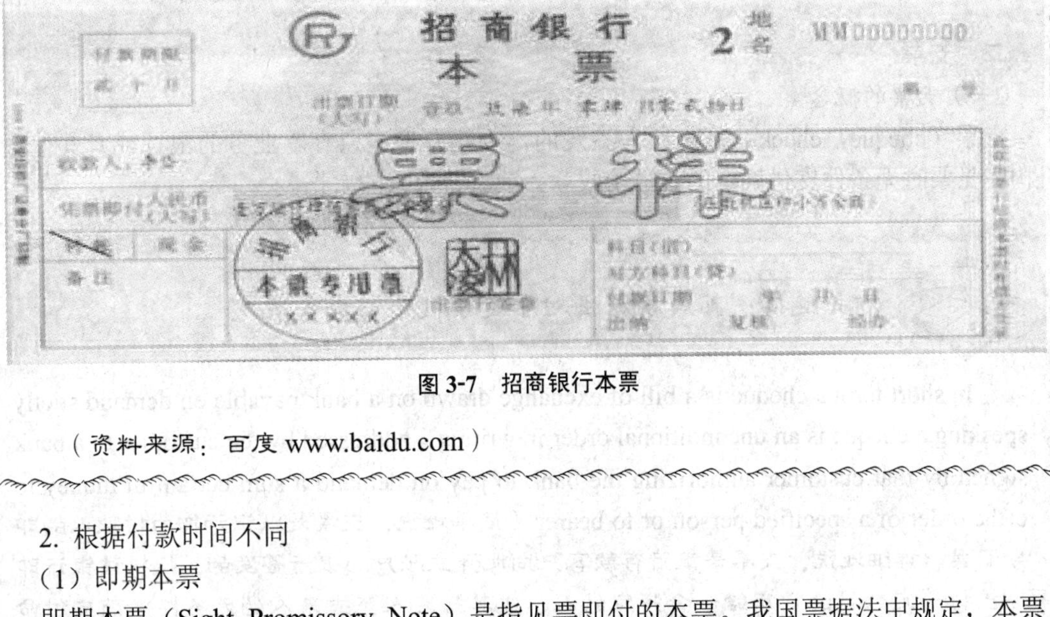

图 3-7　招商银行本票

（资料来源：百度 www.baidu.com）

2. 根据付款时间不同

（1）即期本票

即期本票（Sight Promissory Note）是指见票即付的本票。我国票据法中规定，本票只能由银行签发并且见票即付，所以我国目前只有银行即期本票。

（2）远期本票

远期本票（Usance Promissory Note）是指出票人在见票或提示时在将来若干日付款的本

票。远期的付款时间与远期汇票一样。

课堂小结：本票与汇票的异同

1. 本票与汇票的相同点

（1）许多必要项目相同。如两种票据都包括付款时间、金额、出票地点和日期、收款人等项目，并且这些项目的填写也都相同。

（2）许多票据行为相同。本票和汇票都有出票、付款提示、背书、付款、拒付等票据行为。

2. 本票与汇票的不同点

（1）基本当事人不同。本票有两基本当事人，即出票人和收款人；汇票有三个基本当事人，即出票人、付款人、收款人。一般常说“制成”本票（to make a promissory note），因此制票人（Maker）就是出票人。

（2）性质不同。本票是无条件的付款承诺，汇票是无条件的支付命令。

（3）票据行为不同。本票不需：① 承兑提示；② 承兑；③ 参加承兑；④ 遭拒付后做拒绝证书。而汇票则需要有这些行为。

（4）主债务人区别。本票的主债务人是出票人，汇票的主债务人在承兑前是出票人，承兑后是承兑人。

（5）出具的份数不同。本票通常出具一份，汇票通常一式两份或者多份。

二、支票

（一）支票的概念

支票（cheque，check）是出票人签发的，委托办理支票存款业务的银行或者其他金融机构在见票时无条件支付确定的金额给收款人或者持票人的票据。

相关链接：英国票据法对于支票概念的相关规定

In short term,a cheque is a bill of exchange drawn on a bank payable on demand stictly spesking,a cheque is an unconditional order in writing，addressed by the customer to a bank signed by that customer authorizing the bank to pay on demand a sum certain in money to orthe order of a specified person or to bearer.（简单地说，支票是以银行作为付款人的即期汇票。详细地说，支票是银行存款客户向他开立账户的银行签发的，授权该银行即期支付一定数目的货币给一个特定的人，或其指定人，或来人的无条件书面支付命令。）

（资料来源：http://www.chinaacc.com）

（二）支票的内容

资料卡：我国票据法对于支票内容的相关规定

第八十四条 支票必须记载下列事项：表明“支票”的字样；无条件支付的委托；确定的金额；付款人名称；出票日期；出票人签章。支票上未记载前款规定事项之一的，支票无效。

第八十五条 支票上的金额可以由出票人授权补记，未补记前的支票，不得使用。

第八十六条 支票上未记载收款人名称的，经出票人授权，可以补记。支票上未记载付款地的，付款人的营业场所为付款地。支票上未记载出票地的，出票人的营业场所、住所或者经常居住地为出票地。出票人可以在支票上记载自己为收款人。

资料卡：支票

31st Jan. 2010 Payee Tianjin Economic& Development Co.	Cheque No.652156 London,31 Jan.,2010 At sight pay to Tianjin Economic & Development Co. or order the sum of U.S.DOLLARS FOUR HUNDRED ONLY To:Bank of Europe London For Sino—British Trading Co.London Signature

图 3-8 支票

（三）支票的种类

1. 根据支票抬头人不同，可分为记名支票和不记名支票

（1）记名支票

记名支票是指抬头注明收款人名称的支票。例如限付 A（Pay A Only ）或指定人 A（Pay A Only）。可以背书转让，在取款时，必须由收款人签章并经付款行验明其真实性。

（2）不记名支票

不记名支票又称为空白支票或来人支票，是指没有记明收款人或只写付来人（pay bearer）的支票。取款时持票人无需在支票背面签章即可支取。此支票仅凭交付而转让，银行对持票人获得支票是否合法不负责任。

2. 根据支票的支付方式不同，可分为现金支票和转账支票

（1）现金支票

现金支票（Cash Check）是出票人签发的委托银行支付给收款人确定金额现金的票据。现金支票收款人只能提取现金，不得转账，它可以由存款人签发用于到银行为本单位提取现金，也可以签发给其他单位和个人用来结算或者委托银行代为支付现金给收款人。

资料卡：现金支票

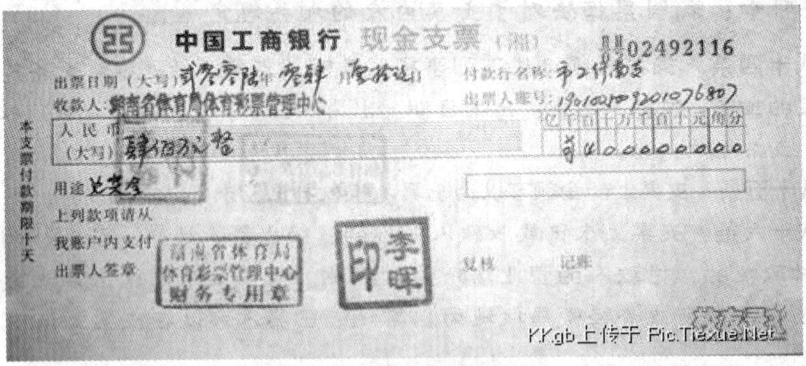
中国工商银行 现金支票（湘） 02492116

出票日期（大写） 年 月 日 付款行名称：

收款人：湖南省体育局体育彩票管理中心 出票人账号：

人民币（大写）

用途

上列款项请从

我账户内支付

出票人签章

复核 记账

本支票付款期限十天

K.K.gb上传于 Pic.Tiexue.Net

图 3-9　工商银行的现金支票

（资料来源：百度 www.baidu.com）

（2）转账支票

转账支票（Transfer Check）是出票人签发给收款人凭以办理转账结算或委托银行支付给收款人确定金额的票据。转账支票只能用于转账，不得支取现金。

资料卡：转账支票

中信实业银行 转帐支票存根（鲁）

00764643

科 目

对方科目

出票日期00年11月7日

收款人：

金 额：¥51598.88

用 途：办公用品

单位主管 会计

中信实业银行 转帐支票（鲁） 00764643

出票日期(大写) 贰零零零 年 壹拾壹月 零柒 日 付款行名称：

收款人：青岛畅通信息技术工程有限公司 出票人账号：

人民币（大写） 伍万壹仟伍佰玖拾捌元捌角捌分

用途 办公用品

上列款项请从

我账户内支付

出票人签章

科目(借)

对方科目(贷)

转帐日期 年 月 日

复核 记帐

本支票付款期限十天

图 3-10　中信实业银行的转账支票

（资料来源：百度 www.baidu.com）

3. 根据支票付款是否有特殊限制或特殊保障，可分为普通支票和划线支票

（1）普通支票

普通支票（Uncrossed Check）或非划线支票，是指无两条平行线的支票或对付款无特殊限制或保障的一般支票。普通支票可以用于支取现金，也可以用于转账，选择转账或提现金只需在支票角上进行选择即可。目前使用普通支票的城市较少，并不普遍。

（2）划线支票

划线支票（Crossed Check）是由出票人或持票人在普通支票正面左上角画有两条平行线

的支票。划线支票只能转账，不能提取现金，就相当于一张转账支票了。目的是为了在支票遗失或被人冒领时，还有可能通过银行代收的线索追回票款。

资料卡：划线支票

图 3-11　中国银行银行的划线支票

（资料来源：百度 www.baidu.com）

知识拓展：普通划线支票与特殊划线支票

1. 普通划线支票

普通划线支票（General Check）是指不注明收款银行的划线支票，收款人可以通过任何一家银行收款。具体有以下几种情况：

（1）在支票上画两条平行线，不进行任何记载；

（2）在两条平行线间加上“and Company”或“and Co.”的字样；

（3）在两条平行线间加上“Not Negotiable”的字样；

（4）在两条平行线间加上“A/C Payee”或“Account Payee”的字样。

2. 特殊划线支票

特殊划线支票（Special Check）是指在平行线间注明了收款银行的支票。例如：

Bank Of China

A/C Payee

对于特殊划线支票，付款行只能向划线中指定的银行付款，当付款行为指定银行时，则只能向自己的客户转账付款。如果付款银行将票款付给了非划线中指定银行，应对支票所有人由此发生的损失负赔偿责任。

课堂小结：支票和汇票的区别

支票和汇票有许多相同点：如本质一样，都是无条件的付款命令；都有三个当事人；都有出票、付款提示、付款或拒付等票据行为等，但是二者又存在不同点，表现在：

1. 签发的前提条件不同

支票是银行客户对其开户银行发出的付款命令，支票的签发需要客户（出票人）事先在开户银行开有存款账户，并在账户中存有足够的资金，开户行才允许它对外开立支票。也就是说，支票签发的前提条件，一般是出票人与付款人须先有资金关系。而汇票则不然，出票人在签发汇票时，可能与付款人有资金关系，也可能没有，只要付款人信得过出票人，愿意把自己良好的信用借给出票人，出票人即可签发汇票，所以汇票的签发不需要出票人与付款人事先有资金关系。

2. 发挥的作用不同

支票是支付工具，只有即期付款。汇票是支付工具和信用工具，它有即期和远期，可以利用其信用工具的作用进行融资。

3. 主要债务人不同

支票的主债务人始终是出票人，汇票的主债务人分承兑前后，承兑前是出票人，承兑后是承兑人。

4. 票据行为不同

支票有保付、划线、止付行为，即为了避免出票人开出空头支票，保证支票提示时得到付款，《美国票据法》规定：受票行可应出票人或持票人的请求对支票加“保付”（由付款行在票面上写上“证明”字样并签字）。这时，支票的主债务人为加“保付”的付款行。而汇票则没有保付、划线和止付行为。汇票一旦签发，一般不能撤销。

5. 签发份数不同

支票只能签发一张，汇票可签发一套。

此外，汇票上还常常有出票条款（drawn clause），表明开立此汇票的起源交易，或根据某项合同，或根据某一银行开出的信用证才开出这张汇票的，而支票上则是没有出票条款。

实务篇

一、案例

（一）汇票案例1

【案情】浙江兴业银行收到AB公司交来的汇票要求办理贴现，金额为200万美元。此前该行曾收到过一份以该汇票付款行（Lasalle National Bank，Chicago）总裁名义发来的电报，称已备妥200万美金，请求代为通知AB公司可随时兑现。初看上去汇票一切正常，要素齐全，且付款行属于国际性大银行。但出票行（Overseas Development Bank S.A.）有问题，因为在银行年鉴上查不到。兴业银行将汇票按托收处理，并立即电询付款行，同时急电委托其在卢森堡的分行代查出票行情况。结果付款行称从未有过“出票行”这个客户，更不知晓这一汇票的存在；经分行核实得知多年前该国曾有一家名字相同的银行，但早已倒闭。

【启示】汇票的出具和流通使用的基础是信用，在国际结算过程中，拿到汇票后要检查出票行或付款行或承兑行等相关银行是否能够在银行年鉴中找到，汇票金额巨大或者付款为远期的，查看汇票金额及日期等关键要素有无涂改迹象，印鉴是否相符。不能贸然接受，必要时委托银行甄别，以避免遭受损失。

（二）汇票案例2

【案情】A与B签订贸易合同，其中我国B公司为进口方，分批装运。第一批货款结清后，双方合作愉快，于是A公司提出下批货款可延期一年付款，条件是我国B公司只需开立一张经银行承兑的远期汇票。B公司原本资金紧张，考虑到能先到货物的优越条件，同意开出经我国某市银行承兑的汇票。B公司将汇票交于A后，迟迟不见发货。一年后，美国某银行持此汇票要求我国某市银行付款。原来，A公司在收到汇票后即在美国银行办理了贴现，使我国银行和企业遭重大损失。

【启示】出具汇票一定要谨慎，票据具有无因性，与背后的商品交易无关，只要汇票要式成立，便具有法律效力，并且作为汇票的承兑人的我方银行在承兑以后就成为汇票的主债务人，应该承担到期付款的责任，所以本案例中我方银行和企业受到巨大损失。

（三）本票案例

【案情】某港商与珠海义华公司签订合同，约定港方以手中金额为600万港元的银行本票作为预付款，中方在收到本票后立即支付50万元人民币给对方作为反担保费。义华公司在收到本票后向珠海中行请求质押贷款。经我方银行审核发现，该票号码和金额有改动痕迹，票面文字模糊不清，且出票人签字为单签（其印鉴本上规定超过50万港币需双签方属有效）。中行随即与出票行联系查询，得知该票为篡改本票，而实际金额仅有600港元。

【启示】在结算过程中，对于金额较大、要素不全、制作粗劣的本票，有涂改痕迹或者以传真形式出现，签名与印鉴册不符、出票行在年鉴中无法找到的本票要十分小心。必要时也要通过银行进行甄别，以免上当受骗。

（四）支票案例

【案情】尼日利亚客商主动与河北省机械进出口公司联系，随后订立合同。尼商以10万美元支票作为预付款要求中方公司发送货物，我公司向河北省中行请求辨别。银行年鉴上查不到出票行；支票上无具体出票地点；签字为打印字体；支票背面注有“凭空运单据副本付款”，违背了支票的要义。河北中行分别致电沙特中行和纽约大通银行请求确认，后证实“沙特黄金银行”纯属捏造，大通银行也从未有过该客户。

【启示】在使用支票结算时，也要注意调查出票人资信以防出具空头支票，付款银行是否属实，支票内容是否完整、有无涂改、签字是否伪造，注意支票是否已经过期或者挂失作废，并且对于金额较大的支票最好不要接受。

（五）旅行支票

【案情】2000年12月25日，A市甲公司财务人员到乙银行A分行营业部要求兑付9张每张价值 1 000 美元的由美国丙公司发行的旅行支票。该银行业务人员审核后发现，这些旅行支票与运通公司的票样相比，支票的印刷粗糙，估计是彩色复印机所制；票面金额、徽标等没有凹凸感；复签底线也非由小字母组成，而是一条直线，估计是复印机无法分辨原票样的细微字母；票面在紫光灯光下泛白色，没有水印。经仔细查询审核，该行确认这些旅行支票为伪造票据，予以没收。

经查，这些伪造的旅行支票是丁公司出具给甲公司抵债用的，甲公司准备兑付后还贷款。

【启示】本案例是利用伪造旅行支票进行诈骗的。从该案的发生可以看出，境外不法分子常常利用内地银行外汇票据业务经验少的弱点，进行诈骗。银行业务人员要加强对外汇票据业务的学习，掌握外汇票据的识别技术，辨真伪、明是非，要有高度的责任感和认真的态度，谨慎细致地处理每一笔业务，不能有半点马虎。要向企业宣传外汇票据知识，使企业能够掌握一般的外汇票据鉴别技术。企业遇有难以识别的外汇票据要通过银行进行查询，以免误收假票据而遭受。

二、汇票的缮制

（一）信用证项下汇票的缮制

1. 汇票金额

汇票金额应写出明确的数目和货币名称（Currency）。如信用证写有下列文句或类似语句者，则汇票金额和发票金额必须完全一致。

例 1. Draft …for 100% invoice Value　汇票按发票金额的 100%开出

例 2. Drafts cover full invoice Value

（1）小写金额（amount in figures）。位于 Exchange for 后，由货币名称缩写及阿拉伯数字组成。例如：USD 400.00。金额数要求保留至小数点后两位。注意货币必须与信用证规定和发票所使用的货币一致。

（2）大写金额（amount in words）。位于 the sum…后，用英文字表示。依次为：

xx thousand xx hundred xx cents only

例如：UNITED STATES DOLLARS ONE THOUSAND FOUR HUNDRED AND FIFTY CENTS EIGHTY ONLY （USD 1450.80）。

知识补充：应该注意的问题

1. 大小写金额应一致。金额不得涂改。

2. 零头的写法，除了用“cents”外，还可以用“point”或 xx%（xx/100）表示。

如：USD90 800.75 其中 0.75 有以下几种写法：

（1）cents seventy-five

（2）point seventy-five

（3）75% or 75/100

再如：表示金额 USD369 285.05 中的“0.05”有以下写法：

（1）cents five　　（2）05%　　（3）5/100　　（4）5%

3. 注意汇票的金额一般不超过信用证规定的金额。如信用证的金额、数量有溢短装（如 5%或 5% more or less）等字样，则可按其允许的幅度予以增/减；如信用证的金额、数量前写有大约“about”字样，则可在 10%的限度内，不得超过 10%内伸缩；若信用证允许分批装运，则无最低限度。具体有以下几种做法：

（1）当实际装运的数量少于规定的数量，在信用证允许分批时，发票金额就是实际应收金额。汇票金额=发票金额。

（2）当发票金额含佣时，信用证表明发票含佣，议付时 5%佣金须在汇票中予以扣除，如来证规定：“Invoice Showing CIF value including 5% commission at the time of negotiation，5% commission must be deducted from drawings under this credit”。发票表明 CIF 价包括 5%佣金，而在填写汇票金额时，应扣除佣金，填写不含佣的 CIF 价。于是，此时汇票金额小于发票金额。

（3）当来证要求两张汇票分别支付一笔交易额。如来证规定：“USD155 800 payable against sight draft accompanying above documents，USD8 200 payable against sight draft and presentation of independent surveyors report confirming quality and quantify of product as received at port of London，UK and beneficiary’s certificate adjusting invoice values.”

按以上条件制作汇票时，应注意：第一，用两张汇票，一张金额是 155 800 美元，另一张是 8 200 美元。第二，在金额为 155 800 美元的汇票的空白处要打上“payable at sight draft and certificate of invoice value against independent surveyors report”字样。

2. 付款期限

付款期限（At… sight）是汇票表示方法十分灵活的一个栏目，表示方法很多。

（1）sight Draft 即期汇票。表明在汇票的出票人按要求向银行提交单据和汇票时，银行应立即付款。即期汇票的付款期限这一栏的填写较简单，只需在“at sight”中间使用“xxx”、---、“***”等符号或“AT SIGHT”字样填在这一栏目中，但不应漏掉。

（2）Time Draft 远期汇票。表明在将来的某个时间付款的汇票。根据不同“远期”起算时间的不同分别为各种远期汇票。

例 1. 来证要求：

We hereby issue our irrevocable documentary letter of credit No. XXX available，at 60 days after B/L date by draft …

这是一个以装船日为远期汇票起算时间的汇票。在填写汇票时，应在付款期限栏目中打上“60 days after B/L date”。

例 2. 来证要求：

This L/C is available with us by payment at 30 days after receipt of full set of documents at our counters.

这是一张以付款银行收到全套单据为起算时间的迟期付款的信用证，在填写汇票时，在付款期限栏目中打上“30 days after receipt of full set of documents at your counters”。注意，在信用证中写“our counters”—我方柜台，在汇票上要作出相应的调整：“your counters”，这是受益人一方对收款银行的称呼。

例 3. 来证要求：

“Draft at 60 days from invoice date.”

这是以发票日期为汇票起算日的远期汇票。在填写汇票时，在付款期限一栏中填写“60 days from invoice date.”对待这种来证，其他单据尤其是发票要尽可能把填写日期提早，（以不早于开证日期为限），使收益人能最大限度地提前收汇。

例 4. 来证要求：

“Draft at 180 days sight.”

这是以见票为远期汇票起算日的汇票，填写时，在付款期限一栏内打上“180 days”。

例 5. 来证要求：

“draft to be drawn as follows: USD 29 854.80-drafts to be drawn at sight on National Australia Bank LTD. Brisbane，Queens-land，Australia. USD 19 903.20-drafts to be drawn at 90 days sight on National Australia Bank LTD，Brisbane，Queensland，Australia.”

这是要求一笔交易分两个期限付款的信用证。需要填写两张汇票；一张在付款期限上用“xxx”或“---”符号表示即期汇票，该汇票金额为 29 854.80 美元，另一张在付款期限栏目中填“90 days”表示见票 90 天付款的远期汇票，该汇票金额是 19 903.20 美元。

对于假远期信用证时，一般在信用证中的特殊条款中有所表示。其 L/C 条款为：“Usance drafts are to be negotiated at sight basis and presented to Drawee bank for discount at buyer’s account.”在制作汇票时可在此栏中填上：“At xxx days sight and negotiable at sight days。”

假远期汇票是买卖双方对远期、即期抗争的一种妥协结果。远期汇票是卖方给予买方利息的优惠，而即期汇票是买方给予卖方利息优惠。假远期汇票的利息由买方支付。在实际业务中很少见到直接表明假远期的汇票，通常用哪一方支付利息来表示。

例如 1：来证要求：

“The interest of 90 days should be paid by applicant.”90 天利息由开证申请人支付。

例如 2：来证要求：

“75% of interest 180 days should be paid by the applicant，the others paid by beneficiary.”

75%的利息由开证申请人支付，其余部分由受益人支付。

这是假远期汇票的一种灵活使用方法。

在具体制作汇票时，这些不固定的内容应填写在汇票的空白处。

3. 收款人

收款人（Payee/Pay to the order of ...）是汇票上记明的债权人。收款人又称汇票的抬头人。在外贸实务中，汇票的收款人一般以银行（议付行）指示为抬头人，即这家银行是信用证履行中第一个接受货款的人，称为收款人。有下列几种：

（1）来证规定“限制议付”，则填限制银行。例、“... negotiations are restricted to Bank of China only”填：Pay to the order of Bank of China.

（2）来证没有规定“限制议付”，则打任何一家议付行即可。

例：来证要求：

“Draft for negotiation with any bank in Beneficiary’s country.”

这是不限制收款人、不限制议付行的一种来证的内容，是最常见的一种规定收款人的方法。收款人可以在自己的国家里选择任何一个合适的银行（包括在国内的外资银行的分行）作为收款人或议付行。

在填写汇票时，应将选择好的银行名称、地址直接填入这个栏目。例如选择中国银行山东分行为收款人，应在收款人的栏目中写：Bank of China Shandong Branch。这是由于中国银行或中国其他可以办理外汇业务的银行，在银行名称中有明显的地址。如 Shandong Branch 在山东青岛，农业银行广州分行中的广州，渣打银行珠海分行中的珠海等都指明了银行的所在地，因此一般在实际业务中都不重复填写收款人的地址。

对收款人一栏的填写有时也有特殊的要求，例如来证要求：

“credit available with any bank，by negotiation，against presentation of beneficiary’s draft（s）at sight，drawn on us in duplicate to order of ourselves.”

从内容上看这是一张由受益人自由选择议付行（收款人）的汇票，但条款中有“to order of ourselves”字样，表明要求受益人在填写汇票收款人之后，也就是在填写了由自己选择的议付行名称、地址之后，用“TO ORDER OF”连接开证行的名称与地址。条款中的“ourselves”是开证行的自称，对于收益人就不能也写 ourselves 或 yourselves，而必须写出全称，才符合单证相符的要求。

以议付行为收款人，议付行一般要在汇票背面进行背书。

4. 出票条款

出票条款（Drawn under Clause）是以说明由某银行某月某日开出的第…号信用证，根据此信用证，付款人只有在“单证相符”时才保证付款。在缮制时，如信用证有规定，则按信用证填制。如不作规定应按下列内容填制：

Drawn under + name of the opening bank + L/C No. + opening date

例：“Drawn under Bank of China，London an irrevocable letter of credit No.123，dated Jan. 15th，2010.

（根据伦敦中国银行 2010 年 1 月 15 日所开第 123 号信用证项下出具）

要写出开证行全称，而不要写缩写，除非信用证中规定。在制单业务中，常见的错误是只填写银行名称而漏填地址，这将会影响安全收汇。世界上许多银行在世界各地都有分行或办事机构，其中绝大部分分行和办事机构都经办信用证业务，如果漏填地址，便难以查询该证究竟是由哪个银行开立，这样至少会造成迟期结汇，严重的将构成单证不符，成为对方拒付的理由。

在特殊的情况下，来证要求不填写开证行名称与地址，而填写另一银行的名称和地址。其原因是开证行有意保护自己，避免国家管制的缘故，也有银行间方便业务的缘故。作为出口公司，一般都接受这一要求。所以要按照信用证规定的银行名称、地址正确地填写这一栏内容。以保证安全收汇。

5. 付款人

付款人（Payer/Drawee）又称受票人，指接受命令付款的人。但他可以拒付或指定担当付款人付款。按 UCP600 规定信用证支付方式项下汇票的付款人为开证行，或其指定的另一家银行。注意应详细填写付款行名称、地址。

信用证未作规定，付款人仍为开证行。其常见的语句：draft drawn on xx bank、Value on us、issued on ourselves. 在填制汇票付款人时，把相应的银行名称、地址填上，切不可只填us/ourselves.

6. 出票人

虽然信用证没规定汇票上没有出票人（Drawer）一栏，但习惯上都把出票人的名称填在右下角，与付款人对应。出票人即出具汇票的人，在贸易结汇使用汇票的情况下，一般都由出口企业填写。在填写过程中，除非信用证上有特别说明要求手签汇票（即用手写体签写），通常都是盖一个章，包括出口公司的全称和法人代表或经办人的名字。

7. 出票日期和地点

出票日期（Date）一般由议付银行议付时代填。汇票的签发日期一般为议付日期。汇票签发日期不得早于随附的各种单据的出单日期，同时也不能迟于信用证的有效日期。出票地点（Place）通常已印好，为议付地点。

8. 号码

号码（No.）这一栏正确的填写内容是本交易中心单据发票的号码，目的是核对发票与汇票中相同和相关的内容，例如金额，信用证号码等。一旦这一栏内容与同一套单据出现错误或需要修改时，只要查出与发票号码相同的汇票，就能确定它们是同一笔交易的单据，给核对和纠正错误带来了方便。但近年来，随着各出口公司制单人员水平的提高和通信传递方式的改善，所担心的差错很少发生，渐渐地，不少出口公司的制单人员就省去了这一项目的填写，银行也接受这一栏是空白的汇票。

9. 年息

年息（Annual Interest）这一栏由结汇银行填写，用以清算企业与银行间利息费用。

（二）托收项下的汇票缮制

无证托收业务的汇票，应根据合约规定缮制。在以托收方式收回货款时，使用与信用证支付条件完全相同的汇票。在填写方式上有以下区别：

1. 出票条款

在这个栏目内，可写上商品的总称、件数、发票号码，便于查找。如 shipment of 100 cartons shoes as per invoice no.005.此栏一般可填写在金额大写栏的下方。

2. 付款期限

填写 D/P AT SIGHT（即期付款交单）或 D/P ×× days（××天远期付款交单）；D/A ×× days（××天承兑交单）。

3. 收款人

这一栏通常填写代收行名称。

4. 付款人

通常填写国外的进口商。

阅读材料：国内支票的缮制

（一）出票日期（大写）

数字必须大写，大写数字写法：零、壹、贰、叁、肆、伍、陆、柒、捌、玖、拾。

1. 壹月和贰月前“零”字必写，叁月至玖月前“零”字可写也可不写。拾月至拾贰月必须写成壹拾月、壹拾壹月、壹拾贰月（前面多写零字也认可，例如零壹拾月）。

2. 壹日至玖日前“零”字必写，拾日至拾玖日必须写成壹拾日及壹拾×日（前面多写了“零”字也认可，如零壹拾伍日。），贰拾日至贰拾玖日必须写成贰拾日及贰拾×日，叁拾日至叁拾玖日必须写成叁拾日及叁拾×日。

（二）收款人

1. 现金支票收款人可写本单位名称，此时现金支票背面“被背书人”栏加盖本单位的财务专用章和法人章，之后收款人可凭现金支票直接到开户银行提取现金。由于有的银行各营业点联网，所以也可到连网营业点取款，具体要看联网覆盖范围而定。

2. 现金支票收款人科协为收款人个人姓名，此时现金支票背面不盖任何章，收款人在现金支票背面填上身份证号码和发证机关名称，凭身份证和现金支票签字领款。

3. 转账支票收款人应填写为对方单位名称。转账支票背面本单位不盖章。收款单位取得转账支票后，在支票背面“被背书人”栏内加盖收款单位财务专用章和法人章，填好银行进账单后连同该支票交给收款单位的开户银行委托银行收款。

（三）付款行名称、出票人账号

付款行名称、出票人账号填写本单位开户银行名称及银行账号①。

（四）人民币小写与大写

人民币小写最高金额的前一位空白格填写“¥”，数字填写要求完整清楚；人民币大写写法：零、壹、贰、叁、肆、伍、陆、柒、捌、玖、拾、佰、仟、万、亿。货币单位为元、角和分，小数点后保留两位，精确到“分”。“分”位为零时要写“整”。

（五）用途

1. 现金支票有一定限制，“用途”栏一般填写“备用金”、“差旅费”、“工资”、“劳务费”等等。

2. 转账支票没有具体规定，“用途”栏可以填写如“货款”、“代理费”等。

（六）盖章

支票正面盖财务专用章和法人章，缺一不可，印章必须清晰，否则本张支票作废，换一张重新盖章。反面盖章与否参考上面收款人有关论述。

① 账号要用小写。

资料卡：支票填写样本

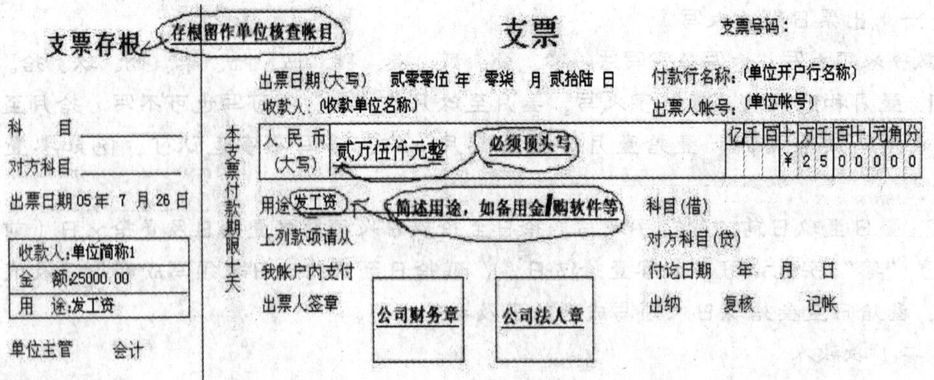

本章习题

一、名词解释

1. 票据　2. 汇票　3. 跟单汇票　4. 正当持票人　5. 承兑人　6. 背书人　7. 承兑　8. 背书　9. 记名背书　10. 空白背书　11. 限制背书　12. 贴现　13. 提示　14. 追索　15. 本票　16. 支票

二、判断

1. 票据是一种流通证券，所有票据的转让都必须经过背书手续。（　　）

2. 本票可以是远期的，远期本票像远期汇票一样也存在承兑行为。（　　）

3. 划线支票可以委托银行收款入账，也可以由持票人提取现金。（　　）

4. 本票仅限于见票即期付款，而汇票和支票则有即期和远期付款之分。（　　）

5. 对于未说明开立依据的票据，受票人可以表示拒付。（　　）

6. 提示付款即持票人在合理时间内，向受票人提示并要求即时付款，因此，所提示的汇票应是即期汇票。（　　）

7. 票据所谓的空白背书，即不签名盖章，只有记名背书才是在票据上签名盖章。（　　）

8. 票据的正当持票人在汇票被拒付后，要行使追索权必须严格按照汇票传递的顺序逆向进行。（　　）

9. 银行承兑汇票只能是银行汇票。（　　）

10. 按我国的票据法，票据上的大、小写金额不一致时，以大写金额为准。（　　）

11. 远期汇票在受票人作出承兑之前，出票人是其主债务人；在受票人承兑之后，出票人才成为该汇票的从债务人。（　　）

12. 汇票用于国际贸易结算时，通常都开出正、副本。两者具有同等效力，但在付款人

对其中一份付款之后，另一份即自动失效。（　　）

13. 虽然都是票据，但汇票可以有承兑行为，本票和支票则没有承兑行为。（　　）

14. 虽然都是票据，但在签发时有所不同，汇票可以有复本，本票和支票则不能有副本。（　　）

15. 不论即期汇票或远期汇票，都要先承兑后付款。（　　）

16. 汇票上写明“仅付给某人”，则该汇票不能转让。（　　）

17. 本票是出票人的支付命令。（　　）

18. 我国的票据法中的本票只是指银行本票。（　　）

19. 票据的无因性是指票据的基本当事人之间不存在资金、对价或者其他债权债务关系。（　　）

20. 未注明付款时间的汇票，应作为即期汇票处理。（　　）

21. 通常说的”汇票的抬头人”是指汇票的出票人。（　　）

22. 空白背书的汇票凭交付而转让，交付者可以不承担背书人的责任。（　　）

23. 划线支票是只可提取现金的支票。（　　）

24. 支票的付款人一定是银行。（　　）

25. 支票的主债务人始终是出票人。（　　）

三、单项选择

1. 支票的基本关系人中没有（　　）。

A. 出票人　　B. 付款人　　C. 承兑人　　D. 收款人

2. 目前国际结算中最重要的支付工具是（　　）。

A. 汇票　　B. 支票　　C. 现金　　D. 本票

3. 如果信用证规定汇票的期限为 AT 15DAYS AFTER THE BILL OF LADING DATE，提单日期为 JANUARY3，2010，则根据《国际银行标准实务》，汇票的到期日应为（　　）。

A. 2010 年 1 月 18 日　　B. 2010 年 1 月 17 日

C. 2010 年 1 月 21 日　　D. 2010 年 1 月 24 日

4. 一张汇票规定见票后 60 天付款，而持票人于 9 月 28 日提示承兑，则付款到期日为（　　）。

A. 11 月 28 日　　B. 11 月 27 日　　C. 11 月 26 日　　D. 11 月 29 日

5. 以下英文与中文翻译正确的是（　　）。

A. BILL OF EXCHANGE 本票　　B. PROMISSORY NOTE 承兑汇票

C. ACCEPTANCE 承兑　　D. CHEQUE/CHECK 背书

6. 某银行签发一张汇票，以另一家银行为付款人，这张汇票是（　　）。

A. 商业汇票　　B. 跟单汇票　　C. 银行承兑汇票　　D. 银行汇票

7. 背书人在汇票背面只有签名，不记载被背书人，这是（　　）。

A. 限制性背书　　B. 特别背书　　C. 记名背书　　D. 空白背书

8. 持票人将汇票提交付款人要求其付款或承兑的行为是（　　）。

A. 提示　　B. 承兑　　C. 背书　　D. 退票

9. 以下汇票上合格的支付语句是（　　）。

A. WOULD YOU PIEASE PAY TO ABC COMPANY USD 1.000.00？

B. PLEASE PAY ABC COMPANY USD 1.000.00 PROVIDED ABC CONPANY SHIPPPED COODS AS SCHEDULED

C. PLEASE PAY ABC COMPANY USD 1.000.00 WHEN WE RECEINE COMMISSION

D. PAY ABC COMPANY USD 1.000.00

10. 某公司签发一张汇票，上面注明“AT 90 DAYS AFTER SIGHT”，这张汇票是（　　）。

A. 即期汇票　B. 光票　C. 远期汇票　D. 跟单汇票

11. ABC COMPANY 向议付行中国银行江苏省分行提交信用证项下全套单据。其中，汇票上显示出票人为 ABC COMPANY，付款人为 CITI BANK N.Y.，收款人作成 TO ORDER OF BANK OF CHINA JIANGSU BRANCH，下列说法正确的是（　　）。

A. 由 ABC COMPANY 背书　B. 由 CITI BANK N.Y. 背书

C. 由中国银行江苏省分行背书　D. 无须任何人背书

12. 以下须经背书方可转让的汇票抬头是（　　）。

A. 限制性抬头　B. 指示性抬头　C. 来人抬头　D. 持票人抬头

13. 出票包括（　　）。

A. 填写票据内容及背书

B. 开立票据并承担提示票据时付款人付款的责任

C. 填写票据、签字并在被追索时承担责任

D. 开立票据并交付给他人

14. 汇票的付款期限的下述记载方式中，（　　）必须有付款人承兑后才能确定具体的付款日期。

A. at sight　B. at xx days after sight

C. at　xx days after date　D. at xx　days after shipment

15. 退票行为是由（　）作出的。

A. 持票人　B. 受票人　B. 公证机构　D. 背书人

16. 下列四种汇票中，（　）是不可转让的。

A. pay to Johnson Co. Ltd. only　B. pay to the holder

C. pay to bearer　D. Pay to the order of Johnson Co. Ltd.

17. 只能即期付款的票据是（　　）。

A. 汇票　B. 本票　C. 支票

18. 支票（　）是对支票的正确表述。

A. 是一种无条件的书面支付承诺　B. 付款人可以是银行、工商企业或个人

C. 可以是即期付款或远期付款　D. 是以银行为付款人的即期汇票

19. 银行承兑汇票的出票人应是（　）。

A. 工商企业　B. 商业银行　C. 商业银行或工商企业

20. 由出口商签发的、要求银行在一定时间内付款、并经受票人承兑的汇票（　　）。

A. 既是银行汇票，又是商业汇票

B. 是银行远期汇票

C. 既是商业汇票，又是银行承兑汇票

D. 是商业即期汇票

21. 根据下列的汇票记载，可判定记载为（　　）的汇票为有效汇票。

A. Pay to order of Tomson the sum of two thousand US dollars.

B. Pay to Tomson Co. providing the goods they supply are complied with contract the sum of five hundred Hongkong dollars.

C. Pay to Tomson Co.out of the proceeds in our No.3 account the sum of three thousand US dollars.

D. Pay to Tomson Co.the sum of four thousand US dollars upon receipt of Bill of Lading No.1235.

22.（　　）是指票据上必须将法律规定的项目符合规定地记载完整。

A. 文义性　　B. 要式性　　C. 设权性　　D. 法律性

23. 注明“at three months after sight pay to...”的汇票（　　）确定具体付款时间。

A. 应提示承兑，才能　　B. 无须提示承兑，也可

C. 既可以提示承兑，也可以不加承兑，均可

24. 某平年1月31日出具的汇票上写明“at one month after date pay to...”，该汇票的到期日为当年（　　）。

A. 2月28日　　B. 3月1日　　C. 3月2日　　D. 3月3日

25. 以（　　）为抬头人的汇票为仅凭交付就可转让的汇票。

A. 限制性记名　　B. 指示性记名　　C. 来人　　D. 持票人

26. 票据金额必须同时有文字大写和数码小写两种形式。当票据用英文填写，票据金额为整数时，其大写金额末尾应加上（　　），以防涂改。

A. only　　B. ok　　C. end　　D. enough

27. 承兑是（　　）对远期汇票表示承担到期付款责任的行为。

A. 受票人　　B. 收款人　　C. 持票人　　D. 受益人

28. 在实务中，（　　）抬头的汇票被使用最多。

A. 空白　　B. 限制性　　C. 来人　　D. 指示性

29.（　　）使票据的流通过程结束。

A. 提示　　B. 背书　　C. 承兑　　D. 付款

30.（　　）是指其记载的金额低于其出票人在银行的存款余额。

A. 现金支票　　B. 转账支票　　C. 旅行支票　　D. 空头支票

四、思考

1. 简述票据的主要特性。
2. 汇票的抬头人有哪几种？能否转让？怎样转让？
3. 汇票有哪几种类型？
4. 汇票、本票和支票这三种票据之间有什么区别？

五、案例分析

A 公司为支付 B 公司的货款，于某年 6 月 5 日给 B 公司开出了一张 20 万元的银行承兑汇票。B 公司获此汇票后，因向 C 公司购买一批钢材而将该汇票背书转让给了 C 公司，但事后 B 公司发现 C 公司提供的钢材属于劣质产品，于是便马上通知付款人停止向 C 公司支付票款。C 公司获此票据后并未向付款人请求支付票款，而是将该汇票又背书转让给了 D 公司，已支付其所签之工程款。D 公司获得此汇票时并不知道 C 公司以欺诈方式获得该汇票，于 7 月 1 日向付款人请求付款。付款人对该汇票审查后拒绝付款，理由是：

（1）C 公司以欺诈行为获取票据为无效票据行为，B 公司已通知付款人停止付款；

（2）该汇票未记载付款日期，为无效票据。

随即付款人便做成退票理由书，交付 D 公司。

根据本案例提供的材料，请回答一下问题：

（1）付款人可否以 C 公司的欺诈行为唯有拒绝向 D 公司支付票款？为什么？

（2）A 公司开出的汇票未记载付款日期，是否为无效票据？为什么？

（3）D 公司的付款请求权得不到实现，可以向本案的那些当事人形式追索权?

六、实训操作练习

1. 青岛金桥进出口公司出口 DJ234 型号机器设备给美国环球进口公司（Globe Importing Co.USA）。以托收方式付款，价值为 100 000 美元。青岛金桥进出口公司在 2010 年 4 月 20 日开出汇票，要求美国环球进口公司在见票后 30 天付款给中国银行青岛分行。已知合同号码为 BY2010032114A，合同签订日期为 2010 年 1 月 10 日，数量是 1 台。

请按上述条件填写下列汇票。

No.____________________ Qingdao,____________________

EXCHANGE FOR__________________

At sight of this **FIRST OF EXCHANGE** （Second of the same tenor and date unpaid） Pay to the order of ______________________________

the sum of ____

____Value received

Drawn under____

____

To:____________________

____

2. 青岛金桥进出口公司出口某商品给美国环球进口公司（Globe Importing Co.USA）。以即期信用证方式付款，价值为 100 000 美元。青岛金桥进出口公司在 2010 年 4 月 20 日开出汇票，已知信用证号码为 NY2010042312，开证行为花旗银行（Citibank，N.A.），开证日期为 2010 年 4 月 15 日。

请按上述条件填写下列汇票。

No.____________________ Qingdao,____________________

EXCHANGE FOR__________________

At ________ sight of this **FIRST OF EXCHANGE** （Second of the same tenor and date unpaid） Pay to the order of ______________________________

the sum of ____

____ Value received

Drawn under ____

____

To: ____________________

________________　　　　________________________

3. 请根据填好的汇票用英文回答下列问题：

No. **SU1266** Nanjing , China **JAN.20TH, 2005**
Drawn Under **ABN AMRO BANK N.V. BRUSSELS**
L/C No. **8888** dated **DEC.30TH, 2004**
Exchange for **USD80,000.00** payable with interest @ ______ % per annum
at **30 DAYS AFTER JAN.16,2005** of this FIRST of exchange (Second of exchange being unpaid)
pay to the order of **BANK OF CHINA, JIANGSU BRANCH**
The sum of **SAY U.S.DOLLARS EIGHTY THOUSAND ONLY**
To: **ABN AMRO BANK N.V., NEW YORK BRANCH**

ABC COMPANY, NANJING
贾　笛
Authorized Signature

（1）开证行名称
（2）信用证号码
（3）开证日期
（4）汇票金额（小写）和币制
（5）汇票金额（大写）
（6）付款期限
（7）收款人
（8）付款人
（9）出票人

4. 中国青岛金桥进出口公司从英国伦敦的 B 公司购买材料一批，货款为 1 万美元，A 公司以签发本票的方式与 B 公司结算，所签发的本票内容为：收款人为 B 公司或其指定人，付款时间为出票后 60 天付款，试按要求签发该本票（未明确项目，可合理自定）。

PROMISSORY NOTE FOR ________________　　　　________________

AT ________ DATE WE PROMISE TO PAY ______________________________

THE SUM OF ______________________________ FOR VALUE RECEIVED

5. 中国青岛金桥进出口公司从香港的 B 公司购买材料一批，货款为 1 万美元，青岛金桥进出口公司以签发支票的方式与 B 公司结算，青岛金桥进出口公司在青岛的开户行是“中国银行青岛分行”。支票上收款人为 B 公司或其指定人，请按要求签发一张支票（未明确项目，可合理自定）。

CHEAQUE NO.________________________ ________________

AT SIGHT PAY TO ____

THE SUM OF ____

TO________________________

________________________ ________________________

第四章　国际结算方式

- 基础篇
- 实务篇

基础篇

国与国之间，由于贸易与非贸易的经济往来而产生的债权债务，无论交易的双方采用何种结算方式，最终都必须由债务方将资金从本国转移到债权方所在国用以支付和清偿。这种异地间的资金转移一般均需要通过银行来完成，因此必须掌握国际结算的方式。国际结算方式又称为支付方式，通常是指在一定的条件下，通过银行实行一定金额货币预期转移的方式，主要包括汇款、托收和信用证三种结算方式。本章主要对这三种结算方式的概念、当事人责任、种类及相关工作流程以及应该提交的有关单据等相关内容进行介绍。

第一节　汇款结算方式

一、汇款的概念

汇款（Remittance），也叫汇付，是指银行应其客户的委托或自身业务的需要，利用一定的结算工具（如汇票、支付委托书、加押电传等），将资金从本国拨付到国外债权人或收款人所在地的分行或代理行转付给债权人或收款方。

在汇款业务中，银行只是受汇款人的委托办理资金转移的有关手续，而受托银行并不担保款项的转移与商品交接之间的必然联系。换句话说，汇款是一种商业信用的结算方式。

根据银行所处的地位不同，汇款业务一般分为汇出汇款（Outward Remittance）和汇入汇款（Inward Remittance）。所谓汇出汇款，即银行应汇款人的要求，使用各种结算工具，将款项汇寄给国外收款人的业务活动。所谓汇入汇款，则是银行应国外代理行或海外分行的要求或指示，解付一定金额给指定的收款人的业务活动。债务人所在地的汇出汇款业务，对债权人而言则是汇入汇款业务。

相关链接：深圳发展银行国际汇款的手续费

表 4-1　　深圳发展银行国际汇款的手续费

费用类型		手续费
汇出汇款	汇出汇款	企业：0.1%（最低 RMB100/笔，最高 RMB1 000/笔），如所有费用由付款人承担，加收 RMB100。跨境通费率按 0.07%优惠。
		个人：0.1%（最低 RMB20/笔，最高 RMB500/笔），如所有费用由付款人承担，加收 RMB100。跨境通费率按 0.07%优惠。
	汇款修改、退汇解付	RMB100/笔
	汇款查询、挂失止付	RMB100/笔
汇入汇款	汇入修改、退汇手续费	RMB100/笔
	汇款查询、挂失止付	RMB100/笔

（资料来源：深圳发展银行网站 http://www.sdb.com.cn）

二、汇款的优缺点

（一）风险大

预付货款或货到付款依据的都是商业信用。对于预付货款的买方及货到付款的卖方来说，一旦付了款或发了货就失去了制约对方的手段，他们能否收货或收款，完全依赖对方的信用，如果对方信用不好，很可能钱货两空。

（二）资金负担不平衡

对于预付货款的买方及货到付款的卖方来说，资金负担较重，整个交易过程中需要的资金，几乎全部由他们单方来提供。资金长时间被他人占用，容易造成利息损失。

（三）手续简便，费用少

汇款支付方式的手续是最简单的，银行的手续费也最少。因此在交易双方相互信任的情况下，或者在跨国公司的不同子公司之间，用汇款支付方式是最理想的。因此，汇款方式在国际贸易结算中的比例这几年呈现上升的趋势[①]。

三、汇款的当事人

一笔汇款业务，通常涉及四个最基本的当事人，即汇款人、收款人、汇出行和汇入行或解付行。

（一）汇款人

汇款人（Remitter）就是向银行交付款项并委托银行将款项汇交给国外收款人的当事人。在进出口贸易中，通常是指进口方。

知识拓展：汇款人的责任

1. 填写汇款申请书；

汇款申请书（Remittance Application）[②]是汇款人与汇出行之间的一种契约。汇款人有义务保证申请书的内容正确无误，汇出行有义务按照申请书的指示用电汇、信汇或票汇方式通知国外汇入行。

2. 向汇出行交纳汇出的款项并承担相应费用；

3. 交纳外汇管理规定的指定文件或资料，主要是国际收支申报表、贸易进口付汇核销单、进口付汇备案表、正本合同、发票、报关单、运输单据和保险单据等。

（二）汇出行

汇出行（Remitting Bank）是接受汇款人的委托汇出款项的银行。在进出口贸易中，通常是汇款人所在地银行。汇款人与汇出行之间、以及汇出行与汇入行之间都是委托与被委托关系。

---

① 根据有关统计数据显示，近几年我国东部沿海地区电汇结算的呈现上升的趋势，2004 年到 2007 年上海对外贸易中电汇结算的比例约是 55.5%，而信用证结算比例约为 34%。（资料来源：石磊，沈根荣. 进出口贸易电汇结算方式探讨. 国际商务研究. 2008 年第 6 期）

② 汇款申请书的具体内容和填制要求见本章实务篇

知识拓展：汇出行的责任

1. 审核汇款申请书，审核无误后签字盖章，将其中一联退还给汇款人；
2. 审核外汇管理规定中指定的文件；
3. 收取汇款款项并收取相关费用；
4. 根据汇款申请书缮制汇款指示或支付委托书并传递给汇入行。

（三）汇入行

汇入行（Paying Bank）又称为解付行，是指接受汇出行的委托，按汇出行的指示或支付命令，解付一定金额给收款人的银行。在进出口贸易中，通常是出口商所在地的银行。

知识拓展：汇入行的责任

1. 审核汇出行的汇款指示或支付委托书；
2. 缮制汇款通知书，通知收款人收款；
3. 在规定的范围内，解付一定金额的款项给收款人；
4. 将付讫通知书传递给汇出行，通知其汇款解付完毕。

（四）收款人

收款人（Payee/Beneficiary）是指汇款业务中所指定的接受汇款的当事人，其权力是凭证取款。在进出口贸易中，通常是出口商。

课堂思考

我国一家进口公司打算向德国的某出口公司支付贸易项下的预付款 30 万美元，向中行青岛分行提出以电汇方式办理汇出汇款的申请。作为汇出行应该如何处理该项业务？

四、汇款的种类及业务流程

汇款结算方式的一般分为电汇、信汇和票汇三种。

（一）电汇

1. 电汇的概念

电汇（Telegraphic Transfer，简称 T/T）是汇出行应汇款人的申请，用拍发加押（Test Key）电报、电传（Telex）或者 SWIFT 方式通知其国外的分行或代理行（即汇入行），指示其解付一定金额给收款人的一种汇款结算方式。该方式的结算工具是电报付款委托书或者 SWIFT，其优点是资金调拨的速度快，安全。

知识补充：汇款结算方式的SWIFT电文类型

MT100　客户转账　　MT101　转账要求　　MT102　多重客户信用转账
MT103　单个客户信用转账　　MT104　直接借方及要求借方转账信息
MT107　普通直接借方信息　　MT190　建议的费用，利息和其他合法费用
MT191　建议的费用，利息和其他开支
MT192　取消的要求　　MT195　询问　　MT196　答复

相关链接：汇款指示的格式：电报或电传方式以及SWIFT的MT100电文

1. 电报或电传方式汇款指示的格式

FM：（汇出行名称）
TO：（汇入行名称）
DATE：（发电日期）
TEST（密押）OUR REF NO.（汇款编号）
NO CHARGES FOR US （我行不承担费用）
PAY（AMT）（付款金额）VALUE（DATE）（起息日）TO（BENEFICIARY）
MESSAGE（附言）
ORDER（汇款人名称）
COVER（头寸划拨指示）

2. SWIFT 中 MT100 的汇款指示格式

表 4-2　　SWIFT 中 MT100 的汇款指示格式

M/O[1]	Tag（项目选号）	Field Name（项目名称）
O	15	Test Key
M	20	Transaction reference number（TRN）
M	32A	Value date，currency code，amount
M	50	Ordering customer
O	52X	Ordering bank
O	52s	Sender's correspondent bank
O	54s	Receiver's correspondent bank
O	57s	"Account with" bank
M	59	Beneficiary customer

① M（Mandatory Field）是指必选项目，O（Optional Field）是指可选项目。

续表 4-2

M/O①	Tag（项目选号）	Field Name（项目名称）
O	70	Details of payment
O	71A	Details of charges
O	72	Bank to bank information

（资料来源：廖蕙蕙，马莉. 国际结算实务. 华南理工大学出版社. 2009 年 11 月第一版 100–101 页）

2. 电汇业务流程

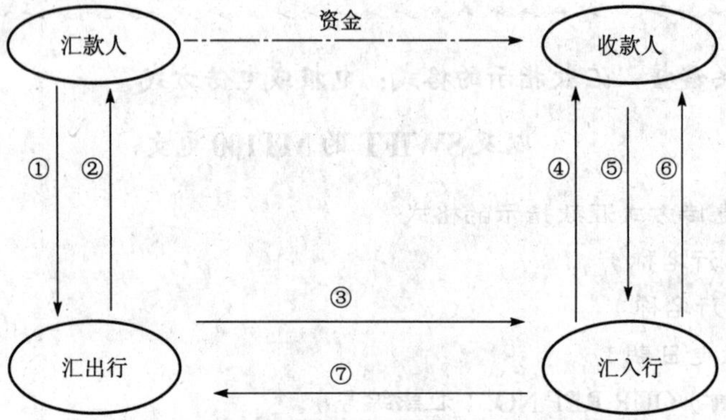

图 4-1 电汇业务流程

说明：① 汇款人填写电汇汇款申请书，交款付费给汇出行，并且按照有关规定提交指定的文件或资料②；

② 汇出行审核电汇汇款申请书及有关文件或资料无误后，将电汇回执交给汇款人；

③ 汇出行发出加押电报或者 SWIFT 汇款指示给汇入行，委托汇入行解付款项给收款人；

④ 汇入行受到电报或者 SWIFT 汇款指示核对密押无误后，缮制电汇通知书，通知收款人收款；

⑤ 收款人收到通知书后，在收款联上盖章，交汇入行，办理收款手续；

⑥ 汇入行借记汇出行账户，取出头寸，解付款项给收款人③；

⑦ 汇入行将付讫借记通知书寄给汇入行，通知它汇款解付完毕。

相关链接：汇入行收到汇入款项后，应做好的工作

汇入行要做好汇入汇款登记和汇款内容的审核两项工作：

1. 汇入汇款登记

应在《汇入汇款登记簿》上登记，并在汇款来电/函的右上角注明汇入汇款业务编号。《汇入汇款登记簿》应包括：我行业务编号、汇入日期、汇款币别和金额、汇

① M（Mandatory Field）是指必选项目，O（Optional Field）是指可选项目。

② 对于首次办理汇出汇款的企业，应提交经营进出口业务证明文件、企业营业执照、企业法人代码证复印件等进出口银行要求的资料，并在进出口银行预留印鉴；对于货到付款项下的汇出汇款，客户应提交有效商业单据、正本进口货物报关单、贸易进口付汇核销单、进口付汇备案表（如需）等。

③ 在我们国家，客户收到汇入行的入账通知后，填写《涉外收入申报单》，加盖单位财务公章交给汇入行，办理国际收支申报和出口收汇核销手续。

出行、汇出行业务参考号、收款人、解付日期及备注等栏目。

2. 汇入汇款内容的审核

根据不同的汇款方式，汇入行应审核如下要点：

（1）电汇凭证的审核。来电是否已经密押管理部门核实并加盖“押符”戳记；来电/函是否有“避免重复（PLS AVOID DUPLICATION 或 REPEAT MESSAGE）”字样。若有，应查看《汇入汇款登记簿》是否收到或办理过同笔汇款，以防止重复解付；汇款币别和金额；汇款日期及起息日；收款人详细名称及地址；汇款人详细名称及地址；汇款附言（汇款用途）；汇款费用情况；核对头寸登记簿，注意不要将汇入款与头寸调拨款混淆。

（2）信汇凭证的审核。收到国外银行寄来的《信汇委托书》，并经核实属汇入汇款业务后，应签收并审核以下内容：委托书上是否有印鉴部门加盖的“印鉴相符”戳记；委托书上是否有明显的“付款委托书”字样；委托书上的付款指示是否明确；币别是否正确，金额的大小写是否一致；汇款头寸调拨方式是否正常；委托书上有无“电报证实书”或“副本”字样，对有类似字样的委托书，在查明确未凭电报或正本委托书解付款项的情况下，方可视作有效委托书。如凭副本委托书解付款项，汇入行应向收款人说明“系凭副本解付，保留追索权”；委托书的发出与收到日期是否正常。如超过较长的邮寄时间，应注意仔细核对登记簿，防止重复。

（3）银行汇票的审核。客户提交以代收行为付款人的汇票要求解付时，经办人员需对汇票仔细审核如下：汇票上的印鉴是否相符，若相符，是否有印鉴管理部门加盖的“印鉴相符”戳记；汇票金额是否在签字人签字权限之内；汇票是否在有效期内；汇票的付款行是否为我代收行；汇票上是否注明收款人详细名称、地址或收款人、开户银行及账号；汇票上是否注明头寸偿付条款；汇票上的货币名称是否正确，金额大小写是否一致；背书手续是否齐全；有无特殊条款。

资料卡：客户购汇申请书

如果在结算时，客户需要购买外汇用于对外支付的话，应该向银行提出购汇的申请，填写客户购汇申请书，通常是一式三联。具体格式如表 4-3 所示：

表 4-3　　客户购汇申请书

：					
我公司现按国家外汇管理局有关规定向贵行提出购汇申请，并随附有关单证，请审核并按实际转账日牌价办理售汇。					
单位名称				人民币账号	
购汇金额（大小写）		当日汇率		折合人民币（大小写）	
购汇支付方式	□ 支票　□ 银行汇票　□ 银行本票　□ 扣账　□ 其他				
购汇用途	□ 进口商品　□ 从属费用　□ 索赔退款　□ 还贷　□ 其他				
对外结算方式	□ 信用证　□ 代收　□ 汇款（□ 货到付款　□ 预付货款）				

续表 4-3

业务参考	商品名称		数量	
	合同号		发票号	
	合同金额		发票金额	
	核销单号		信用证号	
进口商品类型	☐ 一般进口商品 ☐ 控制进口商品，批文随附如下： ☐ 进口证明 ☐ 许可证 ☐ 登记证明 ☐ 其他批文 批文号码： 批文有效期：			
附件	☐ 售汇通知书 ☐ 合同/协议 ☐ 保险费收据 ☐ 付款委托书		☐ 进口付汇核销单 ☐ 发票 ☐ 运费单/收据 ☐ 开证申请书	☐ 正本报关单 ☐ 正本运单 ☐ 佣金单 ☐ 其他
申请单位： （盖章） 联系人： 电话： 年 月 日				
银行审核意见： 经办人： 复核人： 审批： 年 月 日				

（二）信汇

1. 信汇的概念

信汇（Mail Transfer，简称 M/T）是指汇出行应汇款人的申请，用航空邮寄的方式通知其国外的分行或者代理行，解付一定金额给收款人的一种汇款方式。该方式的结算工具是信汇委托书（Mail Transfer Advice）和支付委托书（Payment Order）（具体格式见表 4-4 和 4-5）。

资料卡：信汇的结算工具：信汇委托书和支付委托书

表 4-4　　信汇委托书

中国银行广州分行

BANK OF CHINA GUANGZHOU BRANCH

MAIL TRANSFER ADVICE

下列汇款，请即解付，如有费用请内扣。　　日期 Date:____________

我已贷记你行账户。　　Guangzhou

Please advise and effect the following payment Less your charge if any. In cover,we have CREDIT your A/C with us.	此致 To:

信汇号码 No. of mail transfer	收款人 To be paid to	金额 Amount

大写金额

Amount in Words:

附言

Message

汇款人

By order of

中国银行广州分行

BANK OF CHINA ,GUANGZHOU BRANCH

表 4-5　　支付委托书

中国银行广州分行

BANK OF CHINA GUANGZHOU BRANCH

PAYMENT ORDER

日期 Date:______________________

Guangzhou

此致

To:

支付委托书号码 No. of payment order	收款人 To be paid or credited to	金额 Amount

大写金额

Amount in Words:

附言

Message

汇款人

By order of

☐ You are authorized to debit our account with you.

☐ We have credited your A/C with us.

中国银行广州分行

BANK OF CHINA ,GUANGZHOU BRANCH

（资料来源：朱箴元. 国际结算. 中国金融出版社. 2008 年 11 月第二版 74 页）

2. 信汇业务流程

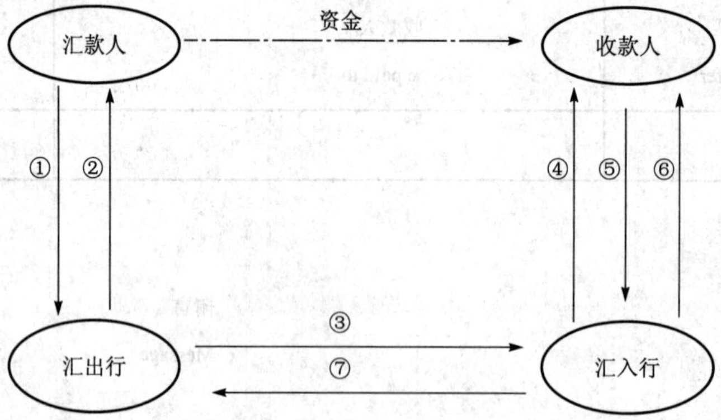

图 4-2　信汇业务流程

说明：① 汇款人填写信汇汇款申请书，交款付费给汇出行，并且按照有关规定提交指定的文件或资料；

② 汇出行审核信汇汇款申请书及有关文件或资料无误后，将信汇回执交给汇款人；

③ 汇出行制作信汇委托书或者支付委托书邮寄给汇入行，委托汇入行解付款项给收款人；

④ 汇入行受到信汇委托书或者支付委托书核对签字无误后，将信汇委托书的收据联交给收款人，通知收款人收款；

⑤ 收款人收到通知书后，在收款联上盖章，交汇入行，办理收款手续；

⑥ 汇入行借记汇出行账户，取出头寸，解付款项给收款人；

⑦ 汇入行将付讫借记通知书寄给汇入行，通知它汇款解付完毕。

相关链接：中国农业银行的信汇业务的汇出凭证

1. 缮打信汇委托书

汇出行应严格根据《汇款申请书》的内容缮打信汇委托书，其审核要点同《汇款申请书》。

2. 信汇委托书的处理

第一联：信汇委托书。经有权签字人签字或盖章后，寄付款行凭以付款。

第二联：汇出汇款转账贷方传票。

第三联：汇出汇款转账借方传票。

第四联：汇出汇款卡片账。汇出汇款部门留存。与《汇款申请书》第三联一起凭以销账。

（资料来源：《中国农业银行外汇汇款业务操作规程》找法网）

（三）票汇

1. 票汇的概念

票汇（remittance by banker’s demand draft，简称 D/D）是指汇出行应汇款人的申请，代汇款人开立以其分行或代理行为解付行的银行即期汇票（Banker’s Demand Draft），支付一定金额给收款人的另一种汇款方式。该方式的结算工具是银行即期汇票。

2. 票汇业务流程

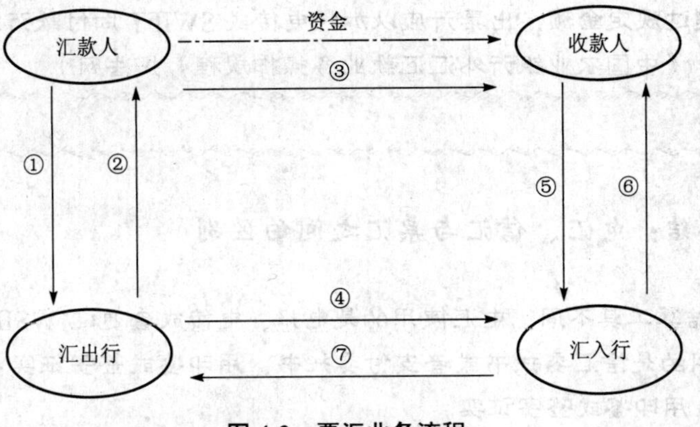

图 4-3　票汇业务流程

说明：① 汇款人填写票汇汇款申请书，交款付费给汇出行；

② 汇出行开立一张以汇入行为付款的银行即期汇票交给汇款人；

③ 汇款人将汇票寄给国外的收款人；

④ 汇出行将汇票通知书寄给汇入行；

⑤ 收款人向汇入行提示银行即期汇票[①]，要求其付款；

⑥ 汇入行借记汇出行账户，取出头寸，解付款项给收款人；

⑦ 汇入行将付讫借记通知书寄给汇入行，通知它汇款解付完毕。

相关链接：中国农业银行的票汇业务的汇出凭证

1. 缮打银行汇票

汇出行应严格根据《汇款申请书》的内容缮打银行汇票。开出的汇票要干净、整洁，不能涂改。汇出行须将缮打好的银行汇票同《汇款申请书》核对，同时还应审核以下内容：

出票行名称；签字；出票日期，应与汇款申请人申请汇款日期一致；汇票有效期，农行出具的银行汇票自出票之日起有效期为一年；付款行，应尽量选择农行账户行；汇票币别及金额大小写；收款人。

2. 汇票

第一联：汇票正本。经有权签字人员签字后交汇款人凭以向付款行取款，同时请汇款人在第五联上签收确认。

第二联：汇票通知书（ADVICE OF DRAWING）。经有权签字人员签字后寄送解付行，通知付款行汇票已签发。

第三、四联：同信汇二、三联。

第五联：汇票留底。凭此以加押电传或 SWIFT199 通知有关账户行汇票号码、出票日期、汇票金额、付款行及收款人名称等。

① 在我国，收款人将汇票交给汇入行并背书，背书应该与在汇入行预留印鉴相符；汇入行审核汇票的有效性和头寸是否到账，无误后，汇入行按照外汇管理的规定为收款人办理入账或结汇手续。

3. 电报证实

汇票金额超过规定金额，出票行应以加押电传或 SWIFT 向付款行加以证实。

（资料来源：《中国农业银行外汇汇款业务操作规程》找法网）

课堂小结：电汇、信汇与票汇之间的区别

1. 使用的结算工具不同。电汇使用的是电报、电传或者通过 WSIF 方式，用密押证实；信汇使用的是信汇委托书或者支付委托书，用印鉴或签字证实；票汇使用的是银行即期汇票，用印鉴或签字证实。

2. 安全性和成本费用不同。电汇因使用现代化通信设施且银行不占用客户资金，所以安全性和成本费用较高；而信汇和票汇的安全性和成本费用较低。

3. 汇款的速度和使用情况不同。电汇速度快，在业务中使用多；信汇手续多，时间长，速度慢，在实务中已基本不用；票汇因其灵活简便，使用量仅次于电汇。

知识补充：中心汇票

在票汇项下，大多采用中心汇票（Draft on Center）汇款。所谓的中心汇票是指汇票付款人是汇票所用货币清算中心的银行的汇票。比如，使用美元，以纽约的银行作为汇票的付款，就是美元中心汇票；使用英镑，以伦敦的银行作为汇票的付款人，就是英镑中心汇票。中心汇票的付款行一定是出票银行在货币清算中心的账户行。因此，作为汇出行的出票银行无需划拨资金。因此，中心汇票的特点是：（1）付款地点与币别配套对口；（2）汇入行是汇出行的开设中心账户的银行；（3）票面没有拨头寸的指示。

五、汇款的偿付

汇出行委托汇入行解付汇款后，应及时将汇款金额拨交给汇入行，叫作汇款的偿付（Reimbursement of Remittance Cover），俗称拨头寸。

汇款的偿付按拨款与解付的先后，可以分为先拨后付和先付后拨两种情况。所谓先拨后付，即汇出行先将汇款金额拨交给汇入行，汇入行才解付给收款人；所谓先付后拨，是指汇出行指示汇入行待汇入行解付后可向其索偿或按委托指示的规定索偿。究竟是先付后拨亦或是先拨后付，汇出行如何偿付，汇入行如何索偿，一般均在汇款委托书中说明，这类安排说明，亦称为“偿付指示”。

根据银行的账户关系，汇款的偿付有以下几种类型：

1. 汇出行与汇入行有账户关系

（1）汇出行是汇入行的账户行。汇出行在委托汇入行解付时，应立即将汇款金额贷记汇入行账，委托书中注明：In cover，we have credited your account with us.

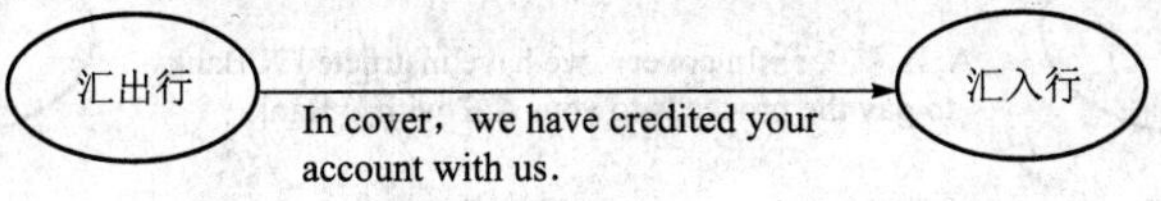

图 4-4　汇款方式中头寸的划拨（一）

（2）汇入行是汇出行的账户行。若汇出行在汇入行设立账户，则汇出行可授权汇入行解付后，借记其账户，委托书中注明："In cover，please debit our account with you"，或"In cover，you are authorized to debit our account with you."。汇入行收到委托书后，借记汇出行账户，同时可以拨付头寸给收款人，并以借记报单通知汇出行，此笔汇款业务即告完成。

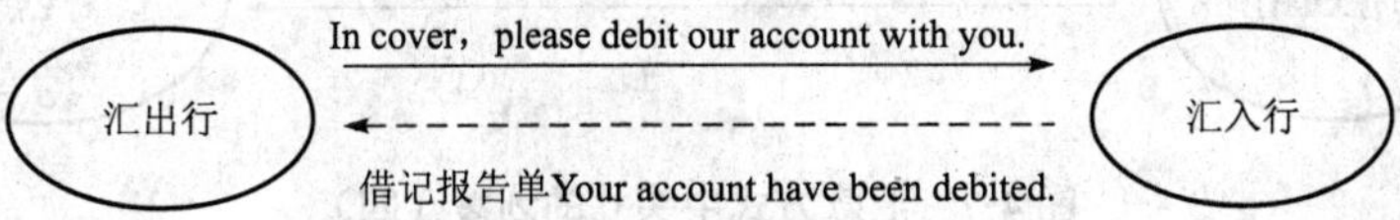

图 4-5　汇款方式中头寸的划拨（二）

2. 汇出行与汇入行没有直接的账户关系

（1）汇出行与汇入行彼此没有直接账户关系，但双方在同一家代理行（即共同账户行）有账户，则可通过共同的账户行完成偿付，即由汇出行在汇款时，主动通过共同账户行将款项从自己账户内拨入汇入行的账户。委托书中注明："In cover，we have authorized （共同账户行） to debit our account and credit your account with them."；另一方面向共同账户行发出银行转账通知书（Bank Transfer），要求其先借记汇出行的账户，然后再贷记汇入行的账户，将头寸拨付汇入行在该账户行的账户。汇入行在收到汇出行的拨头寸指示及共同账户行的贷记报单后，即可解付给收款人。

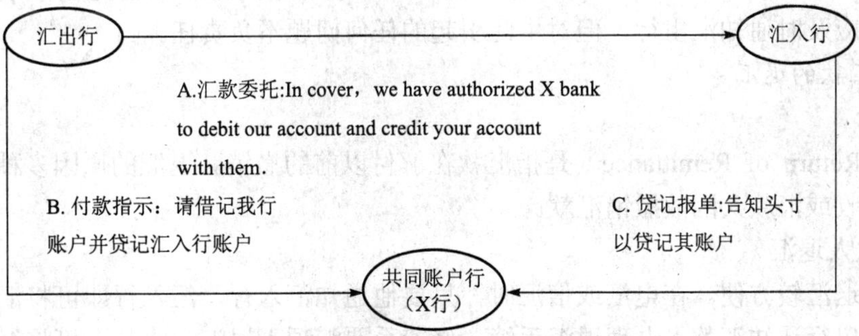

图 4-6　汇款方式中头寸的划拨（三）

（2）汇出行和汇入行共同的账户行，即双方在不同银行开有账户，必须通过两家或者两家以上的银行进行转账。汇出行在汇出汇款时，主动通知其账户行将款项拨给汇入行在其他代理行开立的账户。同时汇出行向汇入行委托解付汇款的通知，其中拨头寸指示为："In cover，we have instructed X Bank to pay/remit the proceeds to your A/C with Y Bank. ”。汇入行在收到 Y 银行贷记报单后，即可解付。

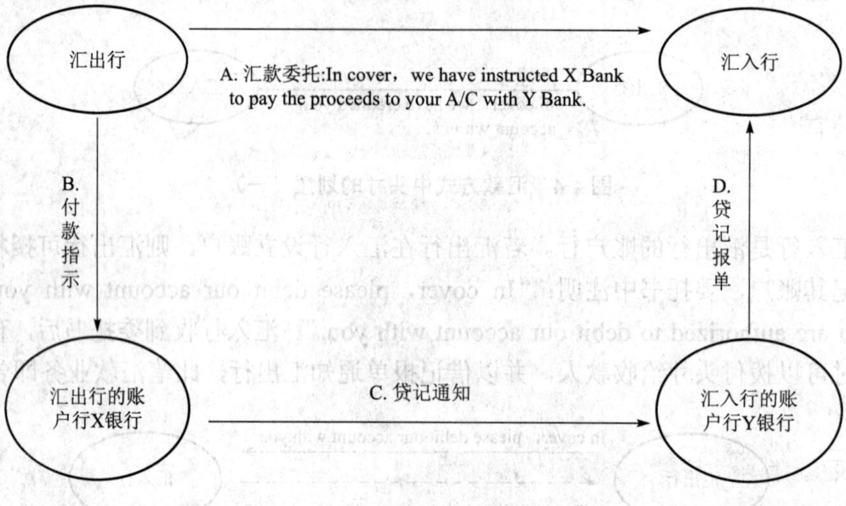

图 4-7　汇款方式中头寸的划拨（四）

六、汇款的止付与退汇

（一）汇款的止付

1. 概念

止付（Countermand of Remittance）是指在汇款在解付前，汇出行要求汇入行中止付款的行为。

2. 业务操作

汇入行收到通知后，应该

（1）核对来电/函的印押是否相符；

（2）对尚未解付的汇入汇款，若收到汇入行的修改通知，应停止按原汇款指示解付，并按汇出行新的汇款指示办理；对已经解付的汇入汇款或因其他原因已无法修改原汇款指示的，汇入行应及时通知汇出行，但对由此引起的任何问题不负责任。

（二）汇款的退汇

1. 概念

退汇（Return of Remittance）是指汇款在解付以前的撤销。退汇的原因多种多样，一般为收款人拒收或汇款人因故撤销汇款。

2. 收款人退汇

收款人退汇较方便。在电汇或信汇时，只要他通知汇入行，汇入行即可将汇款退回原汇出行，由汇出行通知汇款人办理退汇手续。倘若系票汇项下退汇，收款人可将汇票寄还给汇款人，汇款人凭汇票到银行办理退汇手续，注销汇票即可。

3. 汇款人退汇

汇款人办理退汇的前提是汇款尚未解付。一旦汇款解付，银行则不能接受汇款人的要求，此时应由汇款人自己向收款人交涉。汇款人退汇的程序如图 4-8 所示。

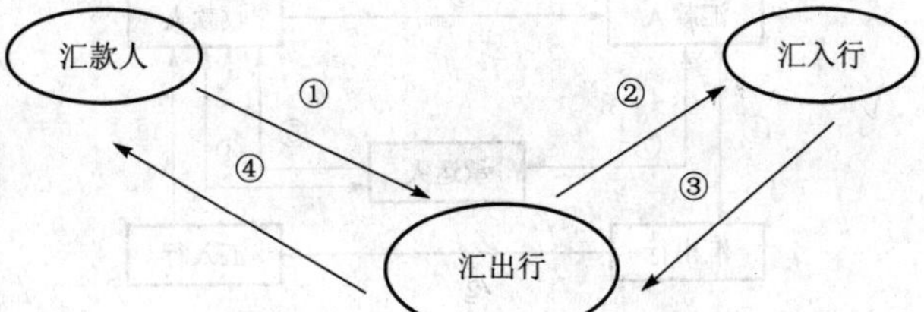

图 4-8　退汇程序

说明：① 汇款人填写退汇申请书后交给汇出行，详细说明退汇理由，必要时提交担保书（在票汇方式下出具，担保若发生重付，由汇款人负责）。如果票汇退汇，需将汇票背书后交给汇出行；

② 汇出行审核申请书，确认退汇理由合理后，向汇入行发出退汇通知，并要求退回汇款时已经划拨的头寸；

③ 汇入行核对退汇通知书的印押，查清汇款却未付款后，退回汇款头寸，并寄回汇款委托书、票根及汇票等，且一并寄上同意退汇通知书；

④ 汇出行收到退回的头寸后，将其退给汇款人。票汇时在有关汇票上加盖退汇图章注销。

七、汇款在国际贸易中的应用

在国际贸易中主要应用于预付货款、货到付款、交单付现等情况。

（一）预付货款

1. 概念及注意的问题

预付货款（Payment in Advance），又称为前 T/T，是进口商将货款的一部或全部汇交出口商，出口商收到货款以后根据双方的销售合约中规定的时间内发运货物。预付货款对出口商有利，对进口商不利。在使用预付货款方式时，进口商应注意以下几点：

（1）出口商的资信

进口商必须考虑出口商的资信，要确信出口商肯定会按时出运合约所规定的货物时，才可采用该方式。

（2）出口国家的政治经济情况

出口国家的政治必须稳定，经济情况良好，出口国家的政府不会在付款后禁止该货物的出口。应了解进口国家的外汇管理当局可以允许预付货款。

（3）考虑自身的资金状况

进口商必须有足够的流动资金或者能从进口融资中获得流动资金。

进口商为了保护自己，避免由于出口商不及时出运货物而导致货物损失，可要求出口商通过其银行开立一份还款保函，作为防范风险的措施。

总之，预付货款时，进口商应特别谨慎。

2. 业务流程

前 T/T 又分为装运前 T/T 和装运后见提单传真件 T/T 两种类型。

（1）装运前 T/T 的业务流程

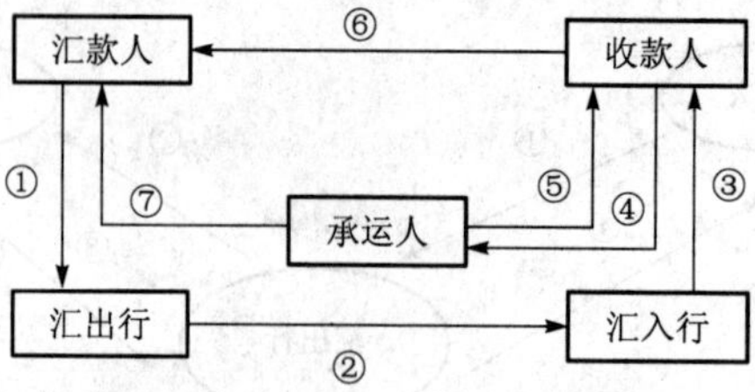

图 4-9　装运前 T/T 的业务流程

说明：① 汇款人填写境外汇款申请书，向银行申请汇款；
② 汇出行将资金汇给汇入行；
③ 汇入行向收款人通知收汇；
④ 收款人办理装运；
⑤ 承运人签发提单；
⑥ 收款人邮寄或电放提单给付款人；
⑦ 汇款人（进口方）提货。

（2）装运后见提单传真件 T/T 的业务流程

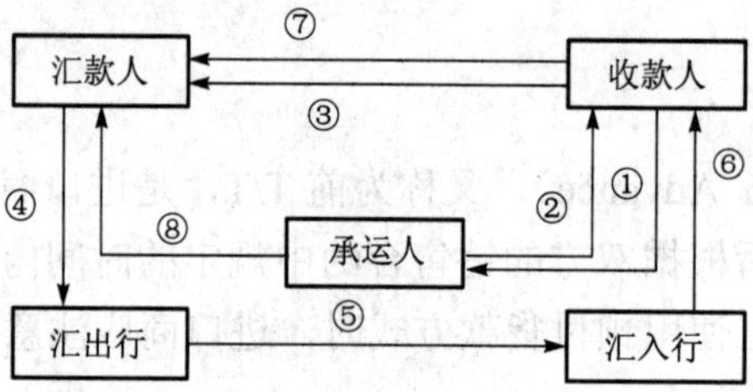

图 4-10　装运后见提单传真件 T/T 的业务流程

说明：① 收款人办理装运；
② 承运人签发提单；
③ 收款人传真或电邮提单；
④ 汇款人填写境外汇款申请书，向银行申请汇款；
⑤ 汇出行资金汇划给汇入行；
⑥ 汇入行向收款人通知收汇；
⑦ 收款人邮寄或电放提单给付款人；
⑧ 汇款人提货。

（二）货到付款

1. 概念

货到付款（Payment after Arrival of Goods），又称为后 T/T 或延期付款或赊销（Open Account，O/A），是出口商先发货，待进口商收到货物后，立即或在一定的期限内将货款汇交出口商。货到付款在国际贸易中通常应用于寄售和售定两种贸易形式。

（1）寄售

所谓寄售（Consignment）是出口商先将货物运至国外，委托国外商人在当地市场代为销售，待货物售出后，被委托人将货款扣除代销佣金后汇交出口商。一般只适用于推销新产品、处理滞销品或一些不看实物难以成交的商品。

（2）售定

所谓售定（Be Sold Out）是指买卖双方已经成交，待进口商收到货物后，用汇款方式将货款汇交出口商。售定即是以“先出后结”的汇款方式进行结算，在我国对港澳地区出口鲜活商品时使用的一种特定的结算方式。

货到付款不但积压了出口商的资金，而且使出口商承担着进口商可能不付货款的风险，对出口商相当不利。所以出口商一般不愿接受这种汇款结算方式。只是有时仅用于新产品或滞销货的出口，以便在国际市场上打开销路。

2. 业务流程

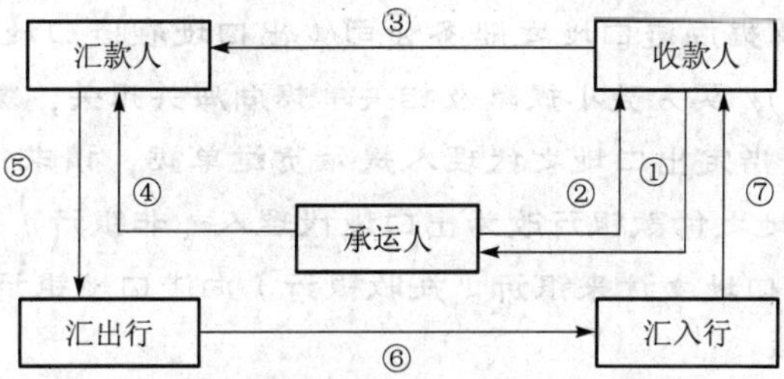

图 4-11　货到付款 T/T 的业务流程

说明：① 收款人办理装运；
② 承运人签发提单；
③ 收款人邮寄或电放提单；
④ 汇款人提货；
⑤ 汇款人填写境外汇款申请书，向银行申请汇款；
⑥ 汇出行资金汇划给汇入行；
⑦ 汇入行向收款人通知收汇。

（三）交单付现

交单付现（Cash against Document，CAD），又称为凭单付款，是指出口商在完成出口装运后，备妥运输单据（Shipping Documents），在出口地、进口地或第三国向买方指定之银行或代理人提示单据并收取货款。买方付款后，卖方交单，买方付款是卖方交单的前提条件。

这是近年来才逐渐出现的一种做法，是否是 T/T 付款的另一种说法不是很清楚，从其操作流程看有些相似，只是出口商常常将单据交予银行由银行通过其中介行转进口商，许多银行也接受。使用这种结算方式风险较大，首先是进口商收单后方付款，是否履约付款取决于进口商的信誉；其次，虽然银行有时接受（建议银行不要接受）这种方式，但做法不尽相同，有的银行以 D/P 方式处理单据，有的直接以 CAD 方式办理，但这种结算方式毕竟不是托收，如何处理 CAD 业务，目前尚无国际惯例可资依循，一旦出现纠纷、诉诸法庭，对各方都有不可测的风险，所以在实际业务中应尽量避免采取这种方式，银行在办理此类业务时亦应谨慎。

相关链接：付现交单（CAD）业务流程

1. 卖方（出口商）在出口地向买方指定之银行提示单据，收取货款

① 买卖双方订立买卖契约；

② 卖方（出口商）将货物交付船公司装运取得提单，卖方将装运事实通知买方（进口商），买方依约将货款向银行申请汇付，汇款银行将款项汇给出口地之指定付款银行。

③ 出口地付款银行收到汇入汇款后，依汇款指示通知卖方（出口商）。

④ 卖方向出口地之指定付款银行提示货运单据，请求付款。

⑤付款银行取得货运单据后付款。

⑥ 付款银行将货运单据寄交进口地之汇款银行。

⑦ 汇款银行收到寄达之货运单据后，通知买方领取单据。

⑧ 买方凭货运单据向进口地之船务公司（出口地在进口地之船务代理）换取小提单（Delivery Order），买方凭小提单及相关单据向海关报关，缴税后领取货物。

2. 卖方自买方所指定出口地之代理人提示货运单据，请求付款，其流程与 1 相同，其关系人仅出口地之付款银行改为出口地代理人（非银行）而已。

3. 卖方委托其出口地之往来银行（托收银行）向进口地银行（代收银行）提示单据请求代为收款

① 买卖双方订定买卖契约；

② 卖方（出口商）依约将货物托交船公司（运送人）运送，并取得提单；

③ 卖方将货运单据委托出口地之银行（托收银行）收取货款；

④ 出口地之托收银行将委托之货运单据寄交进口地之代收银行；

⑤ 进口地之代收银行通知买方，付款赎单；

⑥ 买方将货款交予代收银行；

⑦ 代收银行收妥货款后将货运单据交予买方；

⑧ 买方凭提单向进口地之船公司换取小提单，以便报关提货；

⑨ 代收银行将收妥之货款汇交出口地之委托银行或贷记委托银行在代收银行之同业存款账内，或将货款汇寄托收银行指定之账户内，并寄出进账通知（Credit Note）；

⑩ 托收银行收妥货款后通知卖方领取。

（资料来源：http://baike.soso.com/v8491372.htm）

八、汇款项下的融资

（一）对出口商的融资

1. 单据质押贷款

（1）概念

单据质押贷款是指出口商以汇款方式结算，凭商业单据和运输单据（须含全套物权单据）向银行质押申请短期流动资金贷款的融资方式。

（2）业务流程

① 向银行申请办理出口单据质押贷款业务，提交《出口单据质押贷款申请书》、全套出口正本单据、出口合同、出口报关单，及银行要求的其他材料。

② 银行审批后与出口商签订《出口单据质押贷款合同》和质押合同，发放质押贷款。

③ 货款收汇归还融资款，银行再对外寄单。

2. 出口商业发票融资

（1）概念

出口商业发票融资是指出口商采用赊销（O/A）等信用方式向进口商销售货物后，出口商将现在或将来的基于其与客户（进口商）订立的货物销售合同所产生的应收账款转让给银行，由银行提供有追索权短期融资的一种金融服务。

（2）业务流程

① 出口商与银行签订《出口商业发票融资业务协议书》；

② 出口商将出口单据提交到银行办理寄单索汇，并提交《出口商业发票融资业务申请书》；

③ 银行缮制寄单面函，随同商业单据寄给进口商索汇，并将融资款支付给出口商；

④ 收到进口商支付的款项后，银行直接扣收用于归还融资款，余额（如有）部分入出口商账，并出具出口收汇核销专用联和办理涉外收入申报。

3. 订单融资

（1）概念

订单融资又称为汇款项下打包放款，是指在以汇款方式结算的国际贸易中，出口企业凭出口合同/订单，向银行申请用于出口货物备料、生产和装运等履约活动的短期融资。

（2）办理流程

① 出口商填写《订单融资业务申请书》，提供出口销售合同、出口批文或许可证及银行要求的其他材料；

② 银行审批出口商的业务申请，与出口商签订《订单融资合同》；

③ 放款后，银行有权监督出口商的用款，以确保专款专用，即用于为执行出口销售合同而进行的出口备货等用途；

④ 出口商收汇后归还订单融资本息。

4. 出口押汇

出口押汇是指银行应出口商申请，对其以汇入汇款方式结算的出口贸易，在提交相关贸易合同及出口证明文件的情况下，给予短期资金融通。

（二）对进口商的融资

1. 进口押汇

（1）概念

进口押汇是指银行收到进口商在汇款项下提供的相关单据后，向进口商提供的用于支付该汇款项下金额的短期资金融通。

（2）业务流程

① 进口商填写《进口押汇申请书》，提供进口合同及银行要求的其他材料；

② 银行审批进口商申请后，与进口商签订《进口押汇合同》；

③ 银行放单给进口商，并支付押汇款项；

④ 进口商到期偿还银行押汇本息；

2. 进口项下保付加签

（1）概念

进口项下保付加签是指在以 T/T（不含预付款）方式结算的国际贸易中，因出口商对进口商的信誉难以确定，要求银行对进口商的资信和清偿能力进行担保，银行作为担保银行，在已承兑的汇票上加注“Per Aval”字样，并签注银行名称，从而构成不可撤销的担保责任。

保付加签的期限一般不超过 90 天（含），最长不得超过 180 天（含）。

（2）具体流程

① 出口商与进口商签订合同；

② 出口商对进口商信誉难以确定，要求银行信用加入，即要求进口方银行加保；

③ 进口方在对汇票承兑的基础上，向银行申请加保；

④ 银行接受申请，与进口商签订《进口项下保付加签业务合同》，落实相应担保；

⑤ 在汇票上加注“per aval”字样，并签注担保银行名字，完成加签的动作；

⑥ 进口商凭此汇票提示出口商出货；

⑦ 保付加签到期日，履行对外付款的责任。

（3）所需资料

①《进口项下保付加签业务申请书》；

② 进口贸易合同；

③ 进口贸易项下的相关单据，包括经进口商承兑的商业汇票和全套进口单据；

④ 营业执照、对外贸易经营者备案登记表；

⑤ 正本进口报关单和企业电子口岸卡；

⑥ T/T 项下的保付加签，进口商需提供保付加签汇票的贴现银行；

⑦ 国家控制的特殊商品还需进口批文、许可证等。

第二节 托收结算方式

一、托收的概念

国际商会《托收统一规则》（《URC522》）对托收作了如下定义：托收是指银行根据收到的指示，对金融单据或商业单据进行处理，其目的是：取得付款和/或承兑，或者凭付款和/或承兑交单，或者凭其他条件交单。

知识窗：《托收统一规则》

国际商会为统一托收业务的做法，减少托收业务各有关当事人可能产生的矛盾和纠纷，曾于 1958 年草拟《商业单据托收统一规则》。为了适应国际贸易发展的需要，国际商会在总结实践经验的基础上，1978 年对该规则进行了修订，改名为《托收统一规则》（The Uniform Rules for Collection，ICC Publication No.322）；1995 年再次修订，称为《托收统一规则》国际商会第 522 号出版物（简称《URC522》），1996 年 1 月 1 日实施。《托收统一规则》共 7 部分，共 26 条，包括总则及定义、托收的形式和结构，提示方式，义务与责任，付款，利息、手续费及其他费用。《托收统一规则》自公布实施以来，被各国银行所采用，已成为托收业务的国际惯例。

相关链接：《URC522》第二条对托收概念的相关规定

a. "Collection" means the handling by banks of documents as defined in SUB-ATTICLE 2 b，in accordance with instructions received，in order to:

1. obtain payment and /or acceptance，or

2. deliver documents against payment and/or against acceptance，or

3. deliver documents on other terms and conditions.

b. "documents" means financial documents and/or commercial documcnts:

1. "Financial documents" means bill of exchange，promissory note，cheques，or other similar instruments used for obtaining the payment of money.

2. "Commercial documents" means invoice，transport documents，documents of title or other similar documents，or any other documents whatsoever，not being financial douments.

（资料来源：百度文库 http://wenku.baidu.com）

通俗地说托收就是委托人向银行提交凭以收款的金融票据或商业单据或两者兼有，委托托收行向付款人收取货款或款项的一种结算方式。

二、托收的当事人

在托收结算方式中，通常有四个基本当事人：即委托人、托收行、代收行和付款人。

（一）委托人

委托人（principal）就是委托银行办理收款业务的当事人。在进出口贸易中，通常是指出口方。

知识拓展：委托人的责任

1. 填写托收申请书，指示明确，跟单托收时还要递交全套商业单据①；
2. 对意外情况及时指示；
3. 承担收不到货款的损失。

（二）托收行

托收行（remitting bank）是委托人的代理人，是接受委托人的委托，办理托收的银行，通常为出口地的委托人的开户行。

①如果是首次委托业务，还应提交工商营业执照（副本）原件、进出口业务的营业许可、法定代表人授权书。

知识拓展：托收行的责任

1. 审查托收申请书，核对单据；

2. 缮制托收委托书或托收指示，并与委托人提供的单据一起寄给代收行；

3. 按常规处理业务，并承担过失责任。

相关链接：中国银行的《托收统一规则的掌握原则》通知中作为托收行的掌握原则

1. 必须依《托收统一规则》行事。

2. 所有托收单据必须附有委托人的“托收委托书”。

3. 应核对委托人所交单据与“托收委托书”中列明的单据表面是否相符。

4. 委托人对“托收委托书”的任何修改，必须以书面形式通知我行。

5. 我行无义务审核托收单据，仅凭载有依据《托收统一规则》行事的托收委托书发出托收指示。

6. 须在托收指示中明确注明遵循《托收统一规则》及规则所要求的相关内容，且明确和完整。

7. 原则上应委托我海外联行或代理行办理托收业务。委托人提供的代收行为非代理行时，我行视其为提示行，并要在托收指示中列明。

8. 应在托收指示中明确列明交单、付款方式及路径。

9. 应在托收指示中详细准确地列明所寄单据的种类及份数。

10. 应在托收指示中明确付款人采取任何行动的确切期限。

11. 应劝阻委托人对凭付款交单的托收指示包含远期付款的汇票。

12. 应建议委托人在未经代收行事先同意情况下不要将货物直接运交该银行，也不应以银行或银行的指定人为收货人。

13. 原则上不要求代收行对货物采取任何行动，包括对货物的仓储和保险。

14. 在我行的托收指示中原则上不要求代收行在发生不付款或不承兑时作出拒绝证书。

（资料来源：人民网法律法规库 http://www.people.com.cn）

（三）代收行

代收行（collecting bank）是托收行的代理人，接受托收行的指示，向付款人提示票据、单据，要求付款人付款或承兑，之后向付款人交单的银行，通常为托收行在进口地的分行或代理行。

知识拓展：代收行的责任

1. 审查托收委托书，核对单据；

2. 代收行有保管好单据的责任；

3. 及时反馈托收情况；

4. 谨慎处理货物。

相关链接：中国银行的《托收统一规则的掌握原则》

通知中作为代收行的掌握原则

1. 必须依《托收统一规则》行事。

2. 对寄单行注明遵循《托收统一规则》的托收业务，如选择不办理，须在 3 个工作日内以电传或 SWIFT 形式通知寄单行，并向其收取由此而引起的我行费用开支。

3. 对寄单行未注明遵循《托收统一规则》的托收业务有选择办理或不办理的自由。如选择不办理，须在 3 个工作日内以电传或 SWIFT 形式通知寄单行，并向其收取由此而引起的我行费用开支。

4. 原则上不接受出票人直接寄来的单据。

5. 除非托收指示中有政治上我国不接受的条款，我行一般不拒绝办理托收业务。

6. 只按托收指示中的条款和统一规则行事，不得自行更改；对于不明确的托收指示，应联系寄单行予以澄清。

7. 对于付款人地址不全或有误的托收指示，应立即联系寄单行，请其提供详细正确的地址，同时也应尽力查找。

8. 对寄单行指定提示行的或付款人要求将单据转给某提示行的，我行应予照办；同时我行亦可自行选择提示行。以上情况，我行在向提示行寄单时，应在托收指示中说明只有收妥我行费用后方可放单及/或缮制收费通知。

9. 收到寄单行的托收单据后，应缮制进口代收通知书，联同副本单据（如有可能）在 3 个工作日内提示给付款人，请其在寄单行注明的确切期限内付款或承兑。如在此期限内未付款或承兑，我行应电告寄单行，并等候进一步指示。

10. 对未列明是凭付款或承兑交单的单据，只凭付款交单。

11. 原则上不对货物采取任何行动，包括对货物的仓储和保险。

12. 收到寄单行的托收单据后，应仔细审查单据的种类及份数是否与托收指示中所列表面相符，如发现不符，应即电告寄单行，同时提醒付款人注意。

13. 除非另有约定，不得将款项付给第三方，而只能付给发出托收指示的一方。

14. 原则上不接收办理拒绝证书。

15. 在付款人不付款或不承兑时，应立即电告指示方，并持单听候其进一步指示，若 60 天内未收到新指示，如可能应告知付款人，而后将单据退回指示方。

（资料来源：人民网法律法规库 http://www.people.com.cn）

（四）付款人[①]

付款人（payer）是代收行的交单对象，并要求其付款的人，通常是进口方或债务人。

在跟单托收业务中，根据需要，还可能会出现下列两个当事人，即提示行和需要时的代理。

知识补充：提示行和需要时的代理

提示行是指代收行和付款人无往来关系或不在同一城市，代收行就需要转托一家与付款人有业务往来或在同一城市的银行向付款人提示单据，收取货款，被转托的该家银行即为提示行（Presenting Bank）。

需要时的代理（Representative in Case of Need）是委托人指定的代表，万一托收遭到拒付时，可由其代为处理货物，如存仓、转售、运回或改变交单条件等，委托人在托收指示中应明确而充分地指明需要时代理的权限；否则，银行将不接受需要时代理的任何指示。

资料卡：《托收统一规则》对于银行不承担义务和责任的相关规定

1. 未经银行同意，将货物直接发送银行地址，银行无提货的义务；
2. 银行为保护货物而采取措施时，对货物状况及措施的效果不负责任；
3. 无论代收行是否是托收行指定的，相关的风险（代收行的能力）由委托人承担；
4. 银行一般不审核单据，只清点单据的种类及份数；
5. 银行对收到的单据的有效性免责（内容真伪、法律效力等）；
6. 银行对单据传递中的延误、丢失、翻译错误等免责；
7. 银行对不可抗力造成的损失免责。

三、托收的种类

（一）按照银行办理业务的角度

可分为出口托收和进口代收两种类型。

1. 出口托收

（1）概念

① 在付款交单项下付款人需向银行提交付款凭证和贸易进口付汇核销单。

出口托收是指出口商在货物装运后委托出口地银行通过进口地银行代其向进口商收取货款的一种国际贸易结算方式。

（2）我国银行的出口跟单托收业务处理

① 客户向托收行提交加盖预留印鉴的出口托收委托书，以及用于办理跟单托收业务的全套单据；

② 托收行根据《URC522》规则，按照单单一致的原则核对托收单据的种类、份数及与申请书所列明的是否一致，一般在一个工作日内完成审核；

③ 选择代收行和索汇路线；

④ 托收行缮制托收委托书，向代收行寄送单据，并及时对外查询催收；

⑤ 托收行收到出口托收款项后，为客户办理入账手续；

2. 进口代收

（1）概念

进口代收是指银行收到国外托收行寄交的托收单据后，向国内客户提示，并要求国内客户付款或承兑赎单。

（2）我国银行的进口代收业务处理

① 我国的代收行收到托收行寄交的进口代收单据后，审核来单委托书并依据来单委托书审核单据是否齐全；

② 审核无误后，代收行缮制进口代收来单通知书，连同主要单据向付款人提示。一般在收到代收单据后 3 个工作日内办妥提示手续；

③ 付款人接到进口代收来单通知后，到代收银行办理有关付款或承兑手续。同意付款或承兑时应提交同意付款/承兑书、购买外汇申请书、进口合同、进口付汇核销单及进出口银行要求的其他材料；

④ 在付款交单条件下，客户付款后，即可拿到全套正本单据；在承兑交单条件下，付款人需办理承兑手续，即按《中华人民共和国票据法》规定承兑远期汇票后，领取正本单据，在承兑到期日付款；

⑤ 若付款人拒绝付款或承兑，应到银行柜台办理拒付手续，说明拒付理由。付款人拒付时，代收行将及时通知托收行并代为保管单据听候处理，如自发出通知 60 天内未收到托收行处理单据的指示，代收行将主动退单；如托收行指示退单或授权无偿交单，代收行将按指示办理。

相关链接：深圳发展银行托收的手续费

表 4-6　　**深圳发展银行托收的手续费**

	费用类型	手续费
进口代收	进口代收手续费	0.1%（最低 RMB150/笔，最高 RMB2 000/笔）
	付款手续费、退单、无偿交单	RMB200/笔
	承兑手续费	RMB150 /笔

续表 4-6

	费用类型	手续费
出口跟单托收	跟单托收手续费	0.1%（最低 RMB150/笔，最高 RMB2 000/笔）
	托收修改	RMB100/笔
	托收退单、无偿交单	RMB200/笔
光票托收	托收手续费	0.1%（最低 RMB20/笔，最高 RMB1 000/笔）
	托收修改费、退汇手续费	RMB100/笔
	退票	RMB50/笔

（资料来源：深圳发展银行网站 http://www.sdb.com.cn）

（二）按照是否随附商业单据

可以将托收结算方式分为光票托收和跟单托收两种类型，在国际贸易中跟单托收应用的比较多。

1. 光票托收

（1）概念

光票托收（Clean Collection）是委托人仅开立汇票[①]而不附带任何商业单据，委托银行收取货款的一种托收结算方式，但是光票托收并非不附带任何单据，有时也附有一些非货运单据，如发票、垫款清单等。国际贸易中光票托收方式下的货运单据由出口商直接邮寄给进口商。光票托收一般用于贸易、非贸易项下的小额支付，例如货款尾数、代垫费用、佣金、样品费或其他贸易从属费用。还可以用于不能或不便提供商业单据的交易，如寄送样品、软件等高科技产品交易、时令性商品交易，以及服务、技术转让等无形贸易。

（2）业务流程

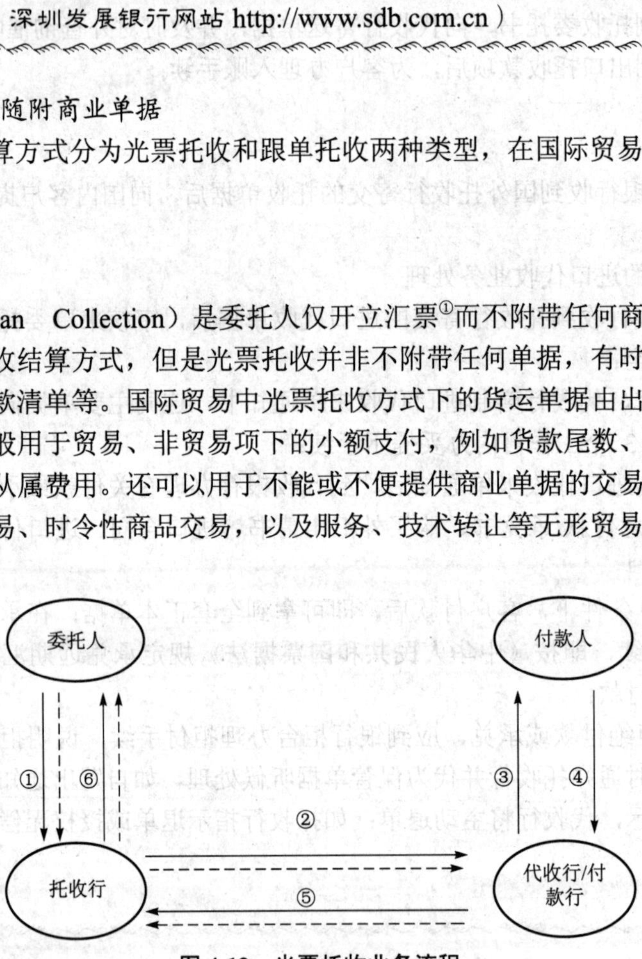

图 4-12　光票托收业务流程

说明：① 委托人填写票据托收申请书[②]，将托收行的提供托收的票据，并在背面以预留财务印鉴背书；
② 托收行审核申请书无误后，将托收的票据寄给国外的代收行[③]；
③ 代收行按照托收行的指示向付款人提示票据；
④ 付款人付款；
⑤ 代收行将款项划拨给托收行；
⑥ 托收行将款项交给委托人。

① 除了汇票以外，也可以是外汇支票、本票，国外债券、存单等有价凭证。

② 票据托收申请书见下表 4-7。

③ 代收行如果是票据的付款行的话，托收行直接向付款行托收款项即可，托收流程用虚线表示。

（3）光票托收的退票

① 采用“收妥贷记”方式的，在收到代收行的退票通知及退回的票据后，银行将通知委托人办理退票手续。

② 采用“立即贷记”方式托收的，如退票在协议规定的退票期通知的，已收到的头寸银行不予解付，通知委托人办理退票手续；如超过退票期限，银行已将票款解付的，银行将视情况不予接受退票，或退回票款，或协助代收行向客户追索。

知识窗：收妥贷记和立即贷记

收妥贷记是代收行收到付款人付款后方贷记托收行账户，托收行据以贷记委托人的账户。此方式的特点是收款时间长、费用较高，但款项为最终收妥，不存在被追索的风险。

立即贷记是托收行与代收行签订托收协议，约定代收行在收到托收票据的一两个工作日内，先行垫款，贷记托收行账户，然后向代收行在向付款人收取款项。一旦付款人拒付，代收行对托收行行使追索权。托收行收到代收行的款项后，也可以立即贷记委托人的账户，同时也对委托人保留追索权。此托收方式的特点是收款快、费用低，但存在被追索的风险，较适用于要素齐全、付款人信誉优良的合格票据。

资料卡：票据托收申请书

表 4-7　票据托收申请书

APPLICATION FOR COLLECTION

日期
Date:________

银行编号
Bank Ref:________

致：

To:

兹附上下述票据委托代收。收妥票款请按以下打“×”条款解付：

I/we enclose herewith the under mentioned bill（s） for collection. Please effect the proceeds when collected in accordance with following instructions marked “×”：

票据类别 Kind of bill（s）		出票日期 Issuing date		票据号码 No（s）of Bill（s）	
出票人 Drawer					备注 Remarks:
付款人 Drawn on					
收款人 Payee					
票面金额 Amount					

☐ 请划收本单位在贵行第________________号账户，
Please credit our A/C No.________________ with your bank,

☐ 托收费用请划付本单位在贵行第________________号账户。
For your charges debit our A/C No.________________ with your bank.

☐ 如有费用请扣除后，划收本人/本单位在贵行第________________号账户。
After deducting your charges if any, please credit my/our A/C No.__________ with your bank.

☐ 于________天后，由本人/代办人凭收据在贵行第__________号柜台商洽取款。
After ________ days, at your bank's counter No（s）__________ contact for drawing funds against the receipt.

本人（等）/本公司特此声明，日后如上述票据遭受退票或有其他情况发生致贵行受损，贵行可无需征求本人（等）/本公司同意，立即有权由本人（等）/本公司账户内扣回上述票据及有关费用（包括外汇买卖差价和利息）。若账户存款不足扣付，本人（等）/本公司自当立即如数清还。

I/We understand and agree that you are authorized to debit my/our account without obtaining my/our confirmation with the above amount together with any expenses or loss（including exchange and interest）that you may suffer in the event of the above being returned or in any way dealt with at any time. I/We undertake to repay you on demand any unpaid portion in case the balance
remaining on my/our account is insufficient to meet the refund of payment.

申请人签章（印章）
Signature of the applicant

____

地址
Address:________________________________

联系电话
Tel. No.:________________________________

身份证件及号码
ID Card No.:________________________________

核对 Verified

（资料来源：杭州银行网站）

2. 跟单托收

（1）概念

跟单托收（Documentary Collection）是指委托人开立汇票连同商业单据，委托银行收取货款的一种结算方式。有时为了避免印花税，也有不开汇票，只将商业单据提交给委托银行。

相关链接：印花税

经济活动中签立的各种合同、产权转移书据、营业账簿、权利许可证照等应税凭证文件为对象所征的税。印花税由纳税人按规定应税的比例和定额自行购买并粘贴印花税票，即完成纳税义务。

公元 1624 年，荷兰政府发生经济危机，财政困难。当时执掌政权的统治者摩里斯（Maurs）为了解决财政上的需要，拟提出要用增加税收的办法来解决支出的困难，但又怕人民反对，便要求政府的大臣们出谋献策。众大臣议来议去，就是想不出两全其美的妙法来。于是，荷兰的统治阶级就采用公开招标办法，以重赏来寻求新税设计方案，谋求敛财之妙策。印花税，就是从千万个应征者设计的方案中精选出来的"杰作"。由于印花税"取微用宏"，简便易行，欧美各国竞相效法。丹麦在 1660 年、法国在 1665 年、美国在 1671 年、奥地利在 1686 年、英国在 1694 年先后开征了印花税。它在不长的时间内，就成为世界上普遍采用的一个税种，在国际上盛行。欧洲国家对于即期汇票征收比较高的印花税。

（资料来源：百度百科）

（2）种类

跟单托收根据交单条件不同，可以分为付款交单和承兑交单两种，而付款交单根据付款时间不同又可以分为即期付款交单和远期付款交单。

资料卡：《URC522》第 7 条对于关于商业单据交单的规定

A 款. 附有商业单据必须在付款时交出的托收，不应包含远期付款的汇票；

B 款. 如果托收包含有远期付款的汇票，托收指示中应列明商业单据是凭承兑还是凭付款交给

付款人。如未指明，商业单据只能是付款交单，而代收行对于由于交单的任何延迟所产生的任何后果将不承担责任；

C 款. 如果托收包含有远期付款的汇票而且托收指示注明商业单据凭着付款交出商业单据时，

则商业单据只能凭着付款而交出，而代收行对由于延迟交单的任何延迟所产生的任何后果将不承担责任。

（资料来源：百度文库 http://wenku.baidu.com/）

① 即期付款交单

A. 概念

即期付款交单（Documents Against Payment at Sight，简称 D/P at sight）是指委托人开立即期汇票，在代收行向付款人提示跟单汇票后，付款人见票即付，代收行再将单据交给付款人。

B. 业务流程

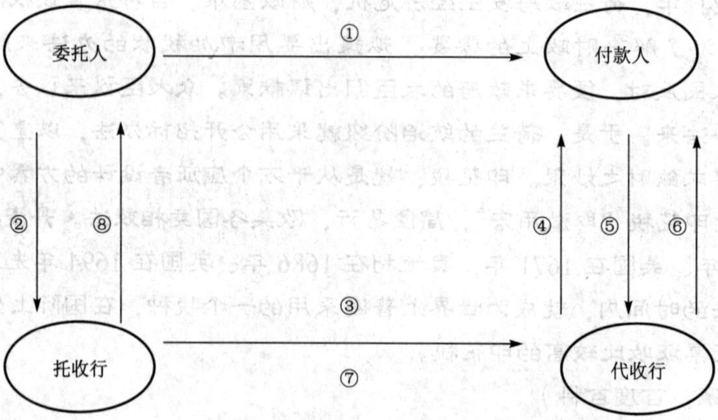

图 4-13　即期付款交单业务流程

说明：① 进出口商在合同中规定采用即期付款交单方式结算；

② 委托人填写托收申请书，开具即期汇票（如果有的话），连同商业单据，交托收行；

③ 托收行接受委托后，应根据托收申请书缮制托收委托书或托收指示，连同汇票、单据一起邮寄给代收行；

④ 代收行收到托收委托书审核后，若接受委托，则应按照委托书的交单条件，向付款人提示即期汇票，要求其付款；

⑤ 付款人[①]对代收行提示的票据、单据进行审单，无误后应当立即付款。如果付款人拒付，代收行应把拒付事实告知委托人，并按委托书的要求，作好拒付后的有关工作，如做成拒绝证书；

⑥ 代收行在收到付款人的即期付款后，将全套单据交给付款人；

⑦ 代收行收妥款项后，应按托收委托书中规定的汇交方法及时地将款项交付托收行。

⑧ 托收行向出口商交付款项。

② 远期付款交单

A. 概念

远期付款交单（D/P at XX days after sight）是指委托人开立远期汇票，代收行向付款人提示跟单汇票要求其承兑，付款人承兑后由代收行保管全套商业单据，于汇票到期日提示付款，付款人付款后代收行再向其交单。

① 在我们国家，进口商应该填妥有效付款凭证、贸易进口付汇核销单及提交有关的报关单正本供银行审查。

B. 业务流程

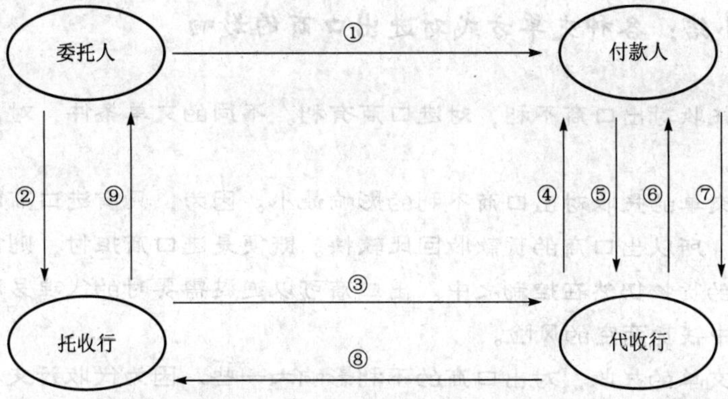

图 4-14　远期付款交单业务流程

说明：① 进出口商在合同中规定采用远期付款交单方式结算；
② 委托人填写托收申请书，开具远期汇票，连同商业单据，交托收行；
③ 托收行接受委托后，应根据托收申请缮制托收委托书或托收指示，连同汇票、单据一起邮寄给代收行；
④ 代收行收到托收委托书审核后，若接受委托，则应按照委托书的交单条件，向付款人提示即期汇票，要求其承兑；
⑤ 付款人审核单据无误后，在汇票上承兑，代收行收回汇票和单据，妥善保管；
⑥ 汇票到期，代收行向付款人做提示付款，要求其付款；
⑦ 付款人付款后，代收行向付款人交单；
⑧ 代收行应按托收委托书中规定的汇交方式将所收款项及时交付托收行；
⑨ 托收行向出口商交付货款。

③ 承兑交单

A. 概念

承兑交单（documents against acceptance，简称 D/A）是指代收行在付款人承兑远期汇票后，就把货运单据交给付款人，于汇票到期日由付款人付款。

B. 业务流程

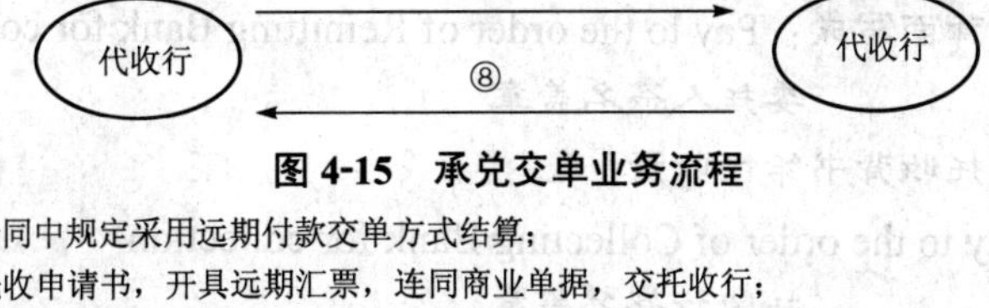

图 4-15　承兑交单业务流程

说明：① 进出口商在合同中规定采用远期付款交单方式结算；
② 委托人填写托收申请书，开具远期汇票，连同商业单据，交托收行；
③ 托收行接受委托后，应根据托收申请缮制托收委托书或托收指示，连同汇票、单据一起邮寄给代收行；
④ 代收行收到托收委托书审核后，若接受委托，则应按照委托书的交单条件，向付款人提示即期汇票，要求其承兑；
⑤ 付款人审核单据无误后，在汇票上承兑；
⑥ 代收行向付款人交单；
⑦ 代收行收回汇票，妥善保管汇票到期，代收行向付款人做提示付款，要求其付款，付款人将款项支付给代收行；
⑧ 代收行应按托收委托书中规定的方式将所收款项及时交付托收行；
⑨ 托收行向出口商交付货款。

课堂小结：各种交单方式对进出口商的影响

总体上，托收对出口商不利，对进口商有利。不同的交单条件，对出口商不利的程度是不同的。

即期付款交单的托收对出口商不利的影响最小。因为，只有进口商即期付款后，代收行才交单。所以出口商的货款收回比较快。既便是进口商拒付，则代收行可以不交单，出口商的货物仍然在控制之中。出口商可以通过需要时的代理另选买主，不会出现汇款业务中钱货两空的风险。

远期付款交单的托收，对出口商的不利影响大一些。因为代收行交单的条件是进口商做远期付款，出口商货款收回比较慢。但是如果进口商不融资，出口商也能避免钱货两空的风险。

承兑交单托收，对出口商最不利。因为只要进口商承兑汇票，代收行就交单。万一汇票到期，进口商拒付，则出口商就面临钱货两空的风险。

知识拓展：托收结算方式的汇票

1. 出票人：为出口商或委托人。

2. 付款人：应当填写进口商。

3. 收款人：其填写有两种情况：一种是以出口商为收款人，这是最常见的情况；另一种是以托收行为收款人，这时托收行常常要向出口商提供融资，即叙作出口押汇。

4. 付款时间：可以是即期，也可以是远期，取决于交单条件。把交单的方式填在 at sight 的前面，具体的付款期限填在 at 与 sight 的中间。例如：D/P at sight，D/P at X X days sight 或者 D/A at X X days sight。

5. 托收背书：出口商在委托银行收款和交单时，要进行正确背书，否则，可能会影响顺利收款。（1）如果汇票上的收款人为出口商本人，则出口商应首先托收背书给托收行，即在汇票背面写成：Pay to the order of Remitting Bank for collection

委托人签名盖章

然后再由托收行做托收背书给代收行：

Pay to the order of Collecting Bank for collection

托收行签名盖章

（2）如果汇票上的收款人为托收行，则在托收行向代收行寄单和发出委托书时，只须托收行托收背书给代收行即可。

四、托收项下的融资

（一）对出口商的融资

1. 托收出口押汇

托收出口押汇（Export Bill Purchase），是出口商发货后，开出汇票连同全套商业单据，交给托收行委托收款时，由托收行买入汇票及所附单据，将票款金额扣除从付款日至预期收款日的利息和手续费，先行垫付给出口商。这样，出口商提前获得货款，达到融资的目的。

托收出口押汇的特点是：出口商应将叙作出口押汇的托收行作为汇票的收款人，或对以自己为收款人的汇票背书转让给托收行。托收行作为持票人通过代收行向进口商提示收款。托收行向出口商付款后，即是汇票的持票人，又取得了代表物权凭证的商业单据作为质押，如果托收款项遭到进口商的拒付，托收行可向出口商追索，如果追要不成，有权处置质押的货物。

尽管如此，由于托收依赖的是买方的信用。出口地的银行往往很难掌握交易的详情和买方的资信，一旦被拒付，有可能面临追索不成而货物变现困难的局面，故而，银行一般不愿意承做托收下的押汇业务。在进出口商资信均好的情况下，我国银行采取限额叙作出口押汇业务。

相关链接：中国银行托收项下的出口押汇

对于 D/P 托收押汇，出口商应在中行有授信额度。如中行不可控制货权，客户信用等级还需在 CC 级（含）以上；如中行可控制货权的出口押汇，则不受客户信用等级的限制。对于 D/A 托收押汇，出口商应在中行有授信额度，且客户信用等级需在 CCC 级以上（含）。其业务流程是：

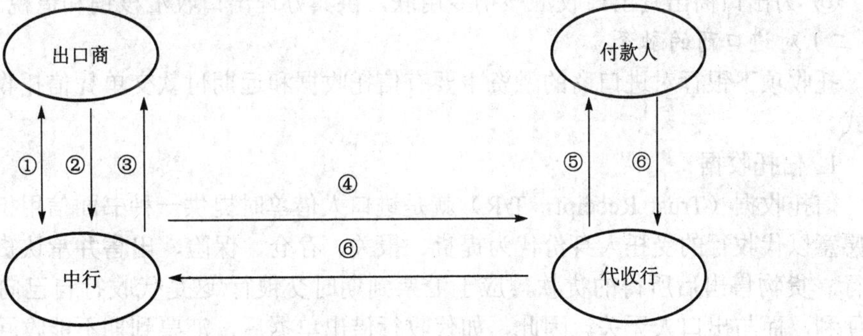

图 4-16 中行出口押汇业务流程

说明：① 出口商与中行签订融资协议；

② 出口商向中行提交出口单据及押汇申请书；

③ 中行经审核单据后，将押汇款项入出口商账户；

④ 中行将单据寄往代收行进行索汇；

⑤ 代收行收到单据后提示给托收项下付款人；

⑥ 代收行收到款项后向中行付款，中行用以归还押汇款项。

（资料来源：根据中行网站 http://www.boc.cn 相关内容整理）

2. 出口贷款

在出口商流动资金不足的情况下可以要求托收行发放少于托收金额的贷款，俟其到期时还贷。它相当于一部分货款做押汇。

3. 托收贴现

在远期出口跟单托收项下办理交单且进口商已经承兑远期汇票的前提下，如需要资金融通，托收行可以在收到进口商付款之前，为出口商办理贴现融资。

4. 订单融资

订单融资是指在以跟单托收方式结算的国际贸易中，出口企业凭出口合同/ 订单，向银行申请用于出口货物备料、生产和装运等履约活动的短期融资。

5. 福费廷

（1）概念

福费廷（Forfaiting）是指出口地银行无追索权地买入因商品、服务或资产交易产生的未到期债权。通常该债权已由金融机构承兑/承付/保付。中国银行福费廷业务可接受的债权形式包括：信用证、汇票、本票、有付款保函/备用信用证担保的债权、投保出口信用险的债权、IFC（国际金融公司）等国际组织担保的债权及其他可接受的债权工具。

（2）业务流程

① 出口商与银行签订《福费廷业务合同》。

② 出口商提交《福费廷业务申请书》。

③ 取得对债务人的授信额度或确定转卖后，与出口商签署《福费廷业务确认书》。

④ 债权转让。在出口商持有票据情况下，将票据背书给银行。在无法取得票据的情况下，签署《债权转让书》。

⑤ 贴现付款。银行取得信用证项下开证行/指定银行的承兑/承付通知，或其他符合银行要求的债权凭证后，扣除贴现息和有关费用后将款项净额支付给出口商。

⑥ 为出口商出具出口收汇核销专用联，供其办理出口收汇核销和退税。

（二）对进口商的融资

托收项下银行对进口商的融资主要有信托收据和远期付款交单凭信托收据借单两种融资方式。

1. 信托收据

信托收据（Trust Receipt，T/R）就是进口人借单时提供一种书面信用担保文件，用来表示愿意以代收行的受托人身份代为提货、报关、存仓、保险、出售并承认货物所有权仍属于银行。货物售出后所得的货款，应于汇票到期时交银行.这是代收行自己向进口人提供的信用便利，而与出口人无关。因此，如代收行借出单据后，汇票到期不能收回货款，则代收行应对委托人负全部责任。因此采用这种做法时，必要时还要进口人提供一定的担保或抵押品后，代收银行才肯承做。

这种融资的方式是代收行同意进口商凭信托收据借单提货，如果在到期时进口商拒付，则产生的一切后果应由代收行自己负责。

2. 远期付款交单凭信托收据借单

无论是在进口商的要求下出口商同意，还是出口商主动地提出可以凭“信托收据借货”，只要在托收委托书上写明“远期付款交单凭信托收据借单”（D/P・T/R）字样，代收行都可以按照托收委托书的这一指示办理，但为此产生的风险应由出口商承担。

3. 保付加签

保付加签是指在以 D/A 方式结算的国际贸易中，因出口商对进口商的信誉难以确定，要求银行对进口商的资信和清偿能力进行担保，银行作为担保银行，在已承兑的汇票上加注“Per Aval”字样，并签注银行名称，从而构成不可撤销的担保责任。

4. 进口押汇

托收进口押汇（Import Bill Advance），是指进出口双方签订买卖合同之后，进口方请求进口地某个银行（一般为自己的往来银行）代进口商对外垫付进口款项的一种短期资金融通。

这种资金融通的特点是：减少资金占压，进口商利用银行资金进行商品进口和国内销售，不占压任何资金即可完成贸易、赚取利润；帮助进口商在无法立即支付货款的情况下及时取得物权单据、提货、转卖，从而抢占市场先机；节约财务费用，可根据不同货币的利率水平选择融资币种，从而节约财务费用。

相关链接：中行托收项下的进口押汇业务流程

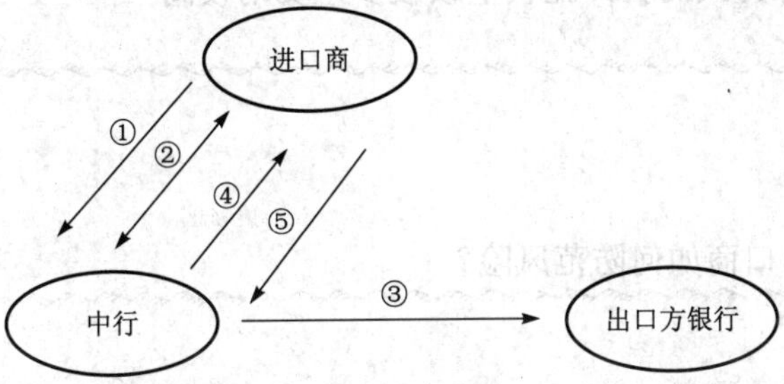

图 4-17　中行进口押汇业务流程

说明：① 中行应进口商申请为其核定授信额度；

② 进口商向中行提交进口押汇申请书；

③ 中行代进口商对外垫付押汇款项；

④ 中行将单据交付进口商；

⑤ 进口商到期向中行付款，归还押汇款项。

（资料来源：根据中行网站 http://www.boc.cn 整理）

五、托收的优缺点

（一）托收的优点

无论对进口商，还是对出口商，托收都比汇款要安全。从出口商的角度看，出口商委托的代收行在获得进口商的付款和承兑后，才把单据交出，这样就使得出口商的货款收回有了保障；既使未获得付款和承兑，在付款交单条件下，因这时单据未交出，货物仍在出口商的控制之中，所以出口商不会冒钱货两空的风险。可见，在托收中出口商的风险可以大大减小或避免。

对进口商而言，托收是更有利的一种结算方法。因为出口商先发货，之后进口商才付款赎单或承兑赎单。尤其是承兑赎单，实质是出口商对进口商的赊销。所以托收的主动权始终掌握在进口商手中，从一定程度上看是出口商给予进口商的一种融资。

（二）托收的缺点

1. 托收是一种凭商业信用结算的方式

在跟单托收时，银行只提供代收货款和代为交单的服务，而进口商是否付款，则完全取决于其商业信用，银行不负任何责任。

2. 托收对卖方有一定的风险

在托收方式中，卖方先行发货，然后委托银行收取货款。在付款交单方式中买方不付款，即不能取得货物，因而对卖方有一定的保障。但这种保障是不充分的，如果由于某种原因（比如买方缺乏资金、货物市价下跌等），买方拒绝付款，尽管卖方还能控制货物所有权，但由于货物已发运至国外，卖方将承担货物存仓、保险、转售或运回的费用损失。

3. 出口商有一定的资金负担

在托收业务中总是由出口商先行发货，而后才能收回货款，故出口商有一定的资金负担，其大小视汇票付款期限而定，对于即期付款，出口商从发货到收回货款一般在 10 — 15 天，对于远期汇票，则还需加上从承兑到付款的日期。

4. 相对于汇款结算方式而言，托收手续较多，费用较高

课堂思考

跟单托收时作为出口商如何防范风险？

第三节　信用证结算方式

一、信用证的概念

根据国际商会《跟单信用证统一惯例》（《UCP600》）的解释，信用证（Letter of Credit，L/C）是指一项不可撤销的安排，无论其名称或描述如何，该项安排构成开证行在相符交单予以承付的确定承诺。（Credit means any arrangement，however named or descrebed，that is irrevocable and thereby constitutes a definite undertaking of the issuing bank to honour a complying presentation.）

知识窗：《跟单信用证统一惯例》

国际商会 1927 年 2 月拟订审议“出口商业信用证统一惯例”草案。1929 年通过“商业跟单信用证统一惯例和实务”《UCP74》，1930 年 5 月 15 日实施，建议银行采

用。1933 年 5 月，第一次修订。1951 年 1 月，第二次修订，协调美国和其他国家意见，并对信用证作了统一的阐述和解释。1961 年 4 月，第三次修订，更名为“跟单信用证统一惯例和实务”。1974 年 10 月第四次修订。运输方式、通讯技术和网络技术发展，1983 年修订本，第 400 号出版物，“跟单信用证统一惯例”。1986 年公布“跟单信用证标准格式”，第 416 号出版物。随着电子化、网络化的应用，信用证结算方式多样化，1989 年对 UCP400 进行修订，1993 年 3 月 10 日 ICC 银行技术实务委员会批准 UCP500。国际商会在 2006 年 10 月巴黎年会通过，于 2007 年 7 月 1 日起实施关于信用证结算方式的惯例。该惯例包括了 39 个条款，它将一个环节涉及的问题归集在一个条款中，将 L/C 业务涉及的关系方及其重要行为进行了定义。比 UCP500 减少 10 条，但却比 500 更准确、清晰，更易读、易掌握、易操作，纠正了 UCP500 造成的许多误解。

知识补充：《UCP600》第二条关于相符交单与承付的相关规定

相符交单（complying presentation）是指与信用证条款、本惯例的惯相关适用条款以及国际银行标准实务一致的交单。

承付（honour），是指

a. 如果信用证为即期付款信用证，则即期付款。

b. 如果信用证为延期付款信用证，则承诺延期付款，并在承诺到期日付款。

c. 如果信用证为承兑信用证，则承兑受益人开出的汇票并在汇票到期日付款。

二、信用证结算的特点与作用

（一）信用证结算的特点

1. 信用证是一种银行信用

信用证是一种银行信用，由开证行以自己的信用作出承付的保证。在信用证条件下，开证行对信用证负首要的即第一性的付款责任，并且其付款的责任是独立的，即使进口商在开证后失去偿付能力，只要出口商提交的单据符合相符交单，开证行也要负责承付。

资料卡：《UCP600》第 7 条关于开证行责任的规定

a. 只要规定的单据提交给指定银行或开证银行，并且构成相符交单，则开证行必须承付。

b. 开证行自开立信用证之时起即不可撤销地承担承付责任。

c. 指定银行承付或议付相符交单并将单据转给开证行之后，开证行即承担偿付该指定银行的责任。对承兑或延期付款信用证下相符交单金额的偿付应在到期日办理，无论指定银行是否在到期日之前预付或购买了单据。开证行偿付指定银行的责任独立于开证行对受益人的责任。

（资料来源：《UCP600》，中国民主法制出版社）

2. 信用证是一种自足文件

信用证的开立是以买卖合同为依据，但是一旦信用证开出，就成为独立于买卖合同以外的另一种契约，不受合同的约束。

资料卡：《UCP600》第四条关于信用证与合同的相关规定

a. 就其性质而言，信用证与可能作为其开立基础的销售合同或其他合同是相互独立的交易，即使信用证中含有对此类合同的任何援引，银行也与该合同无关，且不受其约束。因此，银行关于承付、议付或履行信用证项下其他义务的承诺，不受申请人基于其与开证行或与受益人之间的关系而产生的任何请求或抗辩的影响。受益人在任何情况下不得利用银行之间或申请人与开证行之间的合同关系。

b. 开证行应劝阻申请人试图将基础合同、形式发票等文件作为信用证组成部分的做法。

（资料来源：《UCP600》.中国民主法制出版社）

3. 信用证是一种纯单据买卖

《UCP600》第五条规定：银行处理的是单据，而不是单据可能涉及的货物、服务及或履约行为。可见，信用证结算是凭单付款的业务。该惯例在第十四条、十五条和第三十四条对此做了进一步规定和说明：只要单据与单据相符、单据与信用证相符，只要能确定单据在表面上构成相符交单，银行就凭单据付款；而银行对于任何单据的形式、充分性、准确性、内容真实性、虚假性、法律效力或对单据中规定或添加的一般或特殊条件，概不负责；银行对任何单据所代表的货物、服务或其他履约行为的描述、数量、品质、包装、交付、价值或其存在与否，或对发货人、承运人、货运代理人、收货人、货物的保险人或其他任何人的诚信与否、作为或不作为、清偿能力、履约或资信状况也概不负责。所以，在信用证结算方式下，受益人要想安全及时收到货款，必须要做到“单证一致，单单一致”。

（二）信用证结算的作用

1. 对出口商的作用

（1）保证出口商凭单取得货款。信用证支付的原则是相符交单，只要出口商提交的单据做到相符交单，银行就保证支付货款。因为是银行承担第一性的付款责任，比商业信用的汇付和托收方式要更可靠，更安全。

（2）可以取得资金融通[①]。出口商在交货前，可以凭信用证作为抵押，向银行申请打包贷款；或在发货后，提交汇票和规定的单据，叙作出口押汇。这些资金融通的形式，有利于出口商的资金周转，扩大商品的出口。

2. 对进口商的作用

（1）保证按时、按质、按量收到货物。进口商申请开证时，可以通过控制信用证条款来约束出口商交货的时间、交货的品质和数量等，以保证进口商按时、按质、按量收到货物。

---

① 具体的融资见本节信用证项下的融资。

（2）提供资金融通。对进口商来讲，申请开证时只需交纳少量的押金，有些信誉好的开证人还可以免交押金。大部分或全部货款，俟单据到达后再行支付，减少了资金占用。如为远期信用证，还可以开立信托收据以向开证行借单先行提货出售或使用，到期再向开证行付款，这样就为进口商提供了资金融通。

3. 对银行的作用

开证行接受进口商的开证申请，即承担开立信用证和付款的责任，它贷出的只是信用而不是资金。所以进口商在申请开证时要向银行提交一定的押金或担保品，为银行利用资金提供了便利。此外，在信用证业务中，银行每一项服务均可取得收益，如开证费、通知费、议付费、保兑费、修改费等各项费用。此外通过信用证业务，还可以带动其他开户往来，保险仓储等业务，为银行增加收益。

三、信用证的当事人

信用证的当事人主要有开证申请人、开证行、受益人、通知行、议付行、付款行、偿付行、保兑行等。

（一）开证申请人

开证申请人（Applicant），又称为开证人，是指要求开立信用证的一方。在国际贸易结算中，一般是指进口商或实际的买方。

知识拓展：开证申请人的责任

1. 填写开证申请书①，提交减免保证金开证呈批表、有关进口批件复印件、进口合同复印件、代理协议、外贸进口批文（如进口配额许可类证明、机电产品进口登记证明等）、外管部门规定的有关文件（如购汇申请书、进口付汇核销单、进口付汇备案表等）以及开证所需的其他材料供银行审核。

2. 按照开证行的要求交纳开证手续费和保证金。

3. 及时付款赎单。

4. 申请修改信用证：将信用证修改呈批表、信用证修改申请书、修改后的进口合同副本、有关保证金入账单复印件、申请修改期限超过 90 天（不含）的，应提供进口付汇备案表以及修改所需的其他材料提交给开证行。

（二）开证行

开证行（Issuing Bank）是指应申请人要求或者自己开出信用证的银行。在国际贸易结算中，一般是指开证行所在地的银行。

① 具体格式内容见本章实务篇，首次办理开证业务还须提供经营进出口业务的批文、工商营业执照等，办理保证金账户的开立手续。

知识拓展：开证行的责任

1. 审核开证申请书；
2. 根据开证申请书开立信用证①；
3. 承担首要的第一性的付款责任；
4. 修改信用证。

资料卡：《UCP600》第七条对于开证行责任的相关规定

a. 只要规定的单据被提交至被指定银行或开证行并构成相符交单，开证行必须按下述信用证所适用的情形予以兑付：

i. 由开证行即期付款、延期付款或者承兑；

ii. 由被指定银行即期付款而该被指定银行未予付款；

iii. 由被指定银行延期付款而该被指定银行未承担其延期付款承诺，或者虽已承担延期付款承诺但到期未予付款；

iv. 由被指定银行承兑而该被指定银行未予承兑以其为付款人的汇票，或者虽已承兑以其为付款人的汇票但到期未予付款；

v. 由被指定银行议付而该被指定银行未予议付。

b. 自信用证开立之时起，开证行即不可撤销地承担兑付责任。

c. 指定银行承付或议付相符交单并将单据转给开证行后，开证行即承担偿付该指定银行的责任。对承兑或延期付款信用证项下相符交单金额的偿付应在到期日办理，无论指定银行是否在到期日之前预付或购买了单据。开证行偿付指定银行的责任独立于开证行对于受益人的责任。

（资料来源：《UCP600》.中国民主法制出版社）

（三）受益人

受益人（Beneficiary）是指接受信用证并享受其利益的一方。在国际贸易结算中，一般是指出口方或者实际的卖方。

知识拓展：受益人的责任

1. 提交《客户交单联系单》、信用证规定的单据和正本信用证给银行；
2. 履行合同义务。

---

① 开证时要经过以下几步：1. 通知行的选择；2. 编制信用证业务参考号并登记；3. 缮制信用证；4. 复核和签发。

资料卡：客户交单联系单

表 4-8　　　　客户交单联系单

致：

兹随附下列信用证项下出口单据一套，请按国际商会第 600 号出版物《跟单信用证统一惯例》办理寄单索汇。		
开证行：	信用证号：	
通知行：	通知行编号：	
最迟装期	效期：	交单期限：　　天
汇票付款期限：	汇票金额：	
发票编号：	发票金额：	

单据	名称	汇票	发票	海关发票	海运提单	航空运单	保险单	装箱/重量单	数量/质量证	产地证	FORM A	检验证	受益人证明	船公司证明	电抄			
	份数																	

委办事项：打（“×”者）

□　附信用证及修改书共________页。

□　单据中有下列不符点：

□ 请向开证行寄单，我公司承担一切责任。

□ 请电提不符点，待开证行同意后再寄单。

□　寄单方式：□ 特快专递　□ 航空挂号

□　索汇方式：□ 电索　□信索（□特快专递　□航空挂号）

核销单编号：____________

公司联系人：　　　　联系电话：　　　　公司签章：

银行审单记录：	银行接单日期：		寄单日期：
	汇票/发票金额：		BP No.:
	银行费用	通知/保兑：	银行经办：
		议/承/付：	
		修改费：	
		邮　费：	
		电　传：	银行复核：
退单记录：		小　计：	
	费用由	承担	

（四）通知行

通知行（Advising Bank）是指应开证行的要求通知信用证的银行。在国际贸易结算中，一般是出口商所在地的银行。《UCP600》新增了“第二通知行”（Second Advising Bank），即通知行可以通过另一家银行（第二通知行）向受益人通知信用证及其修改。并且经由通知行或第二通知行通知信用证的银行必须经由同一家银行通知其后的任何修改。

知识拓展：通知行的责任

1. 审核信用证并及时澄清疑点；
2. 制作出口信用证通知书，向受益人通知信用证。

资料卡：出口信用证通知书

表 4-9　　出口信用证通知书

中国银行

BANK OF CHINA

出口信用证通知书

Notification of Documentary Credit

ADDRESS:

CABLE:

TELEX:

SWIFT:

TO:致：		WHEN CORRESPONDING AD95ED3AD3637 PLEASE QUOTE OUR REF.NO.	
ISSUING BANK 开证行		TRANSMITTED TO US THROUGH 转递行	
L/C NO.信用证号	DATED 开证日期	AMOUNT 金额	EXPIRY DATE 到期日
EXPIRY PLACE 到期地点	TENOR 期限	CHARGE 未付费用	CHARGE BY 费用承担人
RECEIVED VIA 来证方式	AVAILABLE 是否生效	TEST/SIGN 印押是否相符	CONFIRM 我行是否保兑

DEAR SIRS，敬启者：

WE HAVE PLEASE IN ADVISING YOU THAT WE HAVE RECEIVED FROM THE ABOVE BANK A（N） LETTER OF CREDIT，CONTENTS OF WHICH ARE AS PER-ATTACHED SHEET（S）.

THIS ADVICE AND THE ATTACHED SHEET（S） MUST ACCOMPANY THE RELATIVE DOCUMENTS WHEN PRESENTED FOR NEGOTIATION.

兹通知贵公司，我行收自上述银行信用证一份，现随附通知。贵公司交单时，请将通知书及信用证一并提示。

REMARKS:备注

THIS L/C CONSISTS OF　　　SHEET（S），INCLUDING THE COVERING LETTER AND ATTACHMENT（S）.

本信用证连同面函及附件共　　　件。

IF YOU FIND ANY TERMS AND CONDITIONS IN THE L/C，WHICH YOU ARE UNABLE TO COMPLY WITH，AND OR ANY ERROR（S），IT IS SUGGESTED THAT YOU CONTACT APPLICANT DIRECTLY FOR NECESSARY AMENDMENT（S） AS TO AVOID ANY DIFFCULTIES WHICH MAY ARISE WHEN DOCUMENTS ARE PRESENTED.

如本信用证有无法办到的条款或错误，请与开证申请人联系进行必要的修改，以排除交单时可能发生的问题。

THIS L/C ADVISED SUBJECT TO ICC UCP PUBLICATION NO.600

本信用证之通知系遵照国际商会《跟单信用证统一惯例》第 600 号出版物办理。

此证如有任何问题及疑虑，请与结算业务部审证科联络，电话：0532–87691000

Yours faithfully，

For BANK OF CHINA

x x BRANCH

（五）议付行

议付行（Negotiating Bank）是指由开证行指定或自愿的买入受益人的汇票及/或单据，向其垫款的银行。

资料卡：《UCP600》第二条对于议付的解释

议付是指指定银行在相符交单下，在其应获偿付的银行工作日当天或之前向受益人预付或同意预付款项，从而购买汇票（其付款人为指定银行以外的其他银行）及/或单据的行为。

（资料来源：《UCP600》.中国民主法制出版社）

（六）付款行

付款行（Paying Bank）是开证行授权进行信用证项下付款或承兑并支付受益人出具的汇票的银行。可以是开证行自己，也可以是开证行指定的另一家银行，通常为出口地的通知行。如果开证行资信不佳，付款行有权拒绝代为付款。但是，付款行一旦付款，即不得向受益人追索，而只能向开证行索偿。

（七）保兑行

保兑行（Confirming Bank）是指根据开证行的授权或要求对信用证加具保兑的银行。保兑行和开证行一样，对受益人承担第一性的、终局性的审单付款责任。受益人或议付行可以在开证行和保兑行之间任择一家交单，保兑行收到符合信用证条款的单据，必须按信用证的规定予以付款或延期付款或承兑后到期付款。保兑行的付款同样是不可追索的。保兑行付款后，向开证行索偿，由开证行偿还其垫付的货款。

资料卡：《UCP600》第八条对于保兑行责任的相关规定

a. 只要规定的单据提交给保兑行，或提交给其他任何指定银行，并且构成相符交单，保兑行必须：i. 承付 ii. 无追索权地议付，如果信用证规定由保兑行议付。

b. 保兑行自对信用证加具保兑之时起即不可撤销地承担承付或议付的责任。

c. 其他指定银行承付或议付相符交单并将单据转往保兑行之后，保兑行即承担偿付该指定银行的责任。对承兑或延期付款信用证下相符交单金额的偿付应在到期日办理，无论指定银行是否在到期日之前预付或购买了单据。保兑行偿付指定银行的责任独立于保兑行对受益人的责任。

d. 如果开证行授权或要求一银行对信用证加具保兑，而其并不准备照办，则其必须毫不延迟地知开证行，并可通知此信用证而不加保兑。

（资料来源：《UCP600》.中国民主法制出版社）

（八）偿付行

偿付行（Reimbursing Bank）是指开证行在信用证中指定的，代开证行向议付行或付款行清偿垫款的银行。开证行之所以指定偿付行是为了便于调拨资金，所以偿付行总是开证行在国外的账户银行，并且双方订有代理业务的协议。

开证行在信用证中指定偿付行的同时，应向偿付行给以适当指示。出口地银行在议付或付款后，一面把单据寄给开证行，一面向偿付行发出索偿通知书，偿付行在开证行授权范围内予以清偿。

比较付款行和偿付行可以发现，虽然同样是开证行的付款代理，付款行经审单后才能付款，然后向开证行索偿；而偿付行并不审单，无权要求受益人或议付行证明单证相符；它仅是开证行的出纳机构，清偿时听候开证行的指示。

资料卡：《UCP600》第十三条对于银行之间的偿付安排的相关规定

a. 如果信用证规定被指定银行（“索偿行”）向另一方银行（“偿付行”）索偿获得偿付，则信用证中必须规定该偿付是否按照信用证开立时有效的 ICC《银行间偿付规则》办理。

b. 如果信用证中没有规定是否按照 ICC《银行间偿付规则》办理，则按照以下规定：

i. 开证行必须向偿付行提供偿付授权书，授权应符合信用证关于对用方式的规定，且不应设定截止日。

ii. 开证行不应要求索偿行向偿付行提供与信用证条款相符的证明。

iii. 如果偿付行未能按照信用证的条款见索即偿，则开证行应承担利息损失以及产生的任何其他费用。

iv. 偿付行的费用应由开证行承担。然而，如果费用由由受益人承担，则开证行有责任在信用证和偿付授权书中予以注明。如偿付行的费用系由受益人承担，则该费用应在偿付时从支付索偿行的金额中扣除。如果未发生偿付，开证行仍有义务承担偿付行的费用。

c. 如果偿付行未能见索即偿，则开证行不能解除其自身的偿付责任。

（资料来源：《UCP600》.中国民主法制出版社）

（九）承兑行

承兑行（Accepting Bank）是指由开证行指定的作为远期汇票的受票行，由它对远期汇票作出承兑。如果承兑行不是开证行，承兑后又最后不能付款，开证行应负最后付款的责任。若单证相符，而承兑行不承兑汇票，开证行可以指示受益人另开具以开证行为受票人的远期汇票，由开证行承兑并到期付款。

四、信用证结算的一般收付程序

开证的方式主要有信开和电开两种：

1. 信开

信开（Open by Airmail）是指开证行通过航空邮寄信用证正本给通知行。

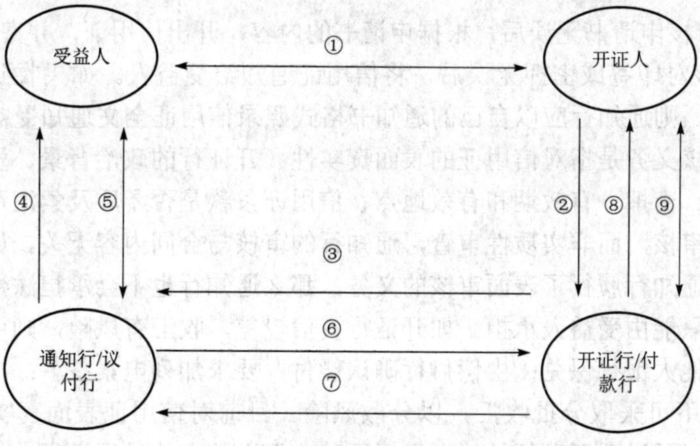

图 4-18　信用证的业务流程

2. 电开

电开（Open by Telecommunication）是指开证行通过电报、电传或 SWIFT 等电讯方法将加注密押的信用证通知给通知行。电开信用证又分为以下三种：

（1）简电本（Brife Cable）。是指仅记载信用证金额、有效期等主要内容，详细条款将另航寄通知行。简电本在法律上是无效的，不足以作为交单承付或议付的依据，必须注明“随寄证实书”（Mailconfirmation to Follow）或类似词语。证实书是信用证的有效文本，可作为交单承付或议付的依据。

（2）全电本（Full Cable）。全电开是开证行以电文形式开出的内容完整的信用证。如果电文中注明了“THIS IS AN OPERATIVE INSTRUMENT，NO AIRMAIL CONFIRMATION TO FOLLOW”，这样的电开本就是有效文本，是交单承付或议付的依据。

（3）SWIFT 信用证。SWIFT 信用证是指通过 SWFIT 系统开立或通知的信用证，具有标准化、固定化和统一格式，并且传递速度快捷，能自动加注密押，自动审核密押，成本费用低的特点。

知识补充：信用证结算方式的 SWIFT 电文类型

MT700	跟单信用证的发行	MT701	跟单信用证的发行
MT705	跟单信用证的预开通知	MT707	跟单信用证的修改
MT710	第三方银行跟单信用证的建议	MT711	第三方银行跟单信用证的建议
MT720	跟单信用证的转移	MT721	跟单信用证的转移
MT790	费用，利息和其他合理费用的建议	MT791	要求的费用，利息和其他开支

信用证的一般业务流程如下：

① 买卖双方在合同中约定以信用证方式结算；

② 进口人向开证行提出申请，依照合同填写各项规定和要求，填写开证申请书，并交押金或提供其他担保，申请开证；

③ 开证行审核申请书无误后，根据申请书的内容，开出信用证，并寄交给通知行；

④ 通知行核对印签或密押无误后，将信用证通知给受益人。如果收到的信用证是以通知行为收件人的，则通知行应以自己的通知书格式照录信用证全文通知受益人；

通知行的审核义务是指对信用证的表面真实性（开证行的政治背景、资信能力、付款责任、信用证印鉴、密押、有效期和有效地点、信用证条款是否矛盾及索汇路线）进行审查，即合理、谨慎地审核，而非实质性审查，通知行的审核与合同内容无关。如果最终确定信用证是假的，只要通知行履行了表面审核的义务，那么通知行也不会承担法律责任，而虚假信用证带来的后果只能由受益人承担。如开证行资信较差，收汇有风险，则可告知出口商采取下列措施：由其他大银行保兑；由偿付行确认偿付；要求加列电索条款；在信用证规定允许分批装运的条件下可采取分批收汇，以分散风险。目前对信用证表面真实性审核的方法是“审核密押”，可以通过公开发行的“世界银行辞典”上的电传号码进行电传联系，审核开证行的真伪、资信等，在信用证业务中有重要作用。

知识补充：电索条款

电索条款是即期信用证中规定，出口地议付行收到受益人提交的单据与信用证条款核对无误后，可用电报或电传要求开证行或付款行立即电汇付款，电报或电传申明单据已按照信用证规定寄送。电索有四种：1.向开证行 T/T 索汇；2.向偿付行 T/T 索汇；3.偿付条款不明确 T/T 索汇，为规定航邮索汇，如金额较大，也可电索；4.偿付条款规定向偿付行索汇，如金额较大邮程利息和费用大于电报、电传费，即可考虑 T/T 电索。但为了避免争议，在信用证中最好写明电索条款，如：PAYMENT BY T/T REIMBURSMENT IMMEDIATELY UPON RECEIPT OF THE TELEX OR CABLE FROM NEGOTIATION BANK STATING THAT DOCUMENTS HAVE BEEN DESPATCHED TO OPENING BANK BY EXPRESS REGISTERED AIRMAIL IN ONE LOT.

⑤ 受益人收到经通知行转来的信用证后，对照合同条款、有关惯例、信用证的条款要求能否做到以及有无会影响到受益人安全收汇的软条款来审核信用证，审核无误后，按信用证规定装运货物，并备齐各项货运单据，开立汇票连同信用证在信用证有效期内，向议付行交单议付；

知识补充：软条款信用证

主要有以下几种软条款

1. 暂不生效条款，如“本信用证暂不生效，待进口许可证签发后通知生效，或待货样经开证人确认后再通知生效，或收到买方的装运通知后生效等”

2. 1/3 正本提单直接寄送客人的条款。如果接受此条款，若信用证项下付款不成功，出口商将随时面临货、款两空的危险。

3. 将客检证书作为议付文件的条款。如果接受此条款，受益人正常处理信用证业务的主动权很大程度上掌握在对方手里，若客户不出具或延迟出具该证书，受益人无法安全收汇。

4. 由受益人出具的商业发票、品质证书须由开证申请人或其指定人签字或会签，其签字需与留存相符。

⑥ 议付行办理完议付后，按信用证要求将单据连同汇票和索偿证明（证明单据符合信用证规定）分次以航邮寄给开证行或其指定的付款行；

⑦ 开证行审单无误后向议付行偿付款项；

⑧ 开证行将赎单通知单（Aceepted Bill，简称为 AB 单）交给开证申请人，通知申请人赎单；

⑨ 开证人审核单据无误后，付款赎单。

开证行根据“单证相符，单单相符，符合法律，符合常规”的标准，在不迟于交单之翌日起第五个银行工作日内审单。如果是相符交单，则向受益人付款、延期付款或承兑。如果发现单据存在不符点的处理：根据《《UCP600》》的规定，开证行必须在收到单据之翌日起第五个银行工作日一次性、清晰明确地向受益人提出全部不符点，并在拒付通知中说明对不符单据的处理办法。如果这项通知无法采用电信方式发出，则应该采用其他快捷方式发出。具体的处理办法有四种：（1）银行留存单据，听候审单人的进一步指示；（2）开证行留存单据，直至其从申请人处接到放弃不符点的通知并同意接受该放弃，或者其同意接受对不符点的放弃之前从交单人处收到进一步指示；（3）银行将退回单据；（4）银行按之前从交单人处获得的指示处理。

知识补充：议付行议付的程序

1. 受益人向议付行提交信用证要求的全套单据、正本信用证及出口议付申请书（格式内容见表 4-10）；

2. 银行接单后清点单据的正副本份数，并在出口议付申请书上签字，办理业务编号和登记；

3. 银行审单：先将受益人递交的信用证正本及信用证修改书（若有，并被受益人接受）与银行留存的副本相核对，确保正副本一致，修改书、面函、附件齐全。然后按事先列好的审单次序，以信用证为依据和以商业发票为中心，审核各项单据；

4. 计算应向开证行收取的费用；

5. 缮制议付通知书（Bill Purchase，BP）（格式内容见表 4-11）；

6. 信用证背批：单证相符后，在信用证正副本背面批注议付日期、汇票金额、费用、BP 号/发票号、余额，另加经办人员小签。分批装运时，还应在正副本信用证背面批注每批出口货物的装运日期、装运数量和装运金额。

7. 结合账户设立情况，确定寄单索汇方式。

资料卡：出口议付申请书

表 4-10 出口议付申请书

致：________________银行

请贵行依照国际商会《跟单信用证统一惯例》第 600 号出版物的有关规定和我公司的下列要求处理所附单据：

国外开证行（Issuing Bank）	开证申请人（Applicant）
付款人（Drawee）	议付金额
	汇票日期 / 期限
信用证号	开证日期

单据	汇票	发票	海运提单	空运单	保险单	装箱单、重量单	质量证、数量证	检验证	产地证	G.S.P. FORMA	受益人证明	电抄	
正本													
副本													

请依照下列标有“x”的内容：

☐ 请贵行议付所附单据。

☐ 请贵行议付单据后，办理结汇，并贷记我公司人民币账户 No.______________。

开户行__________________________。

☐ 请贵行议付单据后，将款项贷记我公司账户 No.______________。开户行______________。

☐ 如果国外拒绝付款/拒绝承兑，请立即通知我公司说明原因。

☐ 请通过☐航邮☐快邮☐DHL 寄单

____

公司印鉴

（公司联系人：　　　　电话：　　　　）　　　　年　　月　　日

银行专用栏 银行编号：	签收人：
寄单路线	索汇路线
索汇金额 汇票金额 加：通知费 议付费 邮/电费 金额总计 审单记录	公司收账金额 汇票金额 减：通知费 议付费 邮/电费 利息（@） 金额总计 折合人民币（@）

资料卡：议付通知书

表 4-11 **议付通知书**

BILL PURCHASE
Address:
TLX:
FAX:
DATE________

Dear sirs: We enclose documents as detailed hereunder For your payment.	Our ref. No. For all commuincations Please always quote
To	beneficiary
Applicant	amount
Drawn under L/C No. dated	

Docs	draft	invoice	B/L	AWB / RWB	INS. POLI	PACK/ WT LIST	QUAL/ QUAN CERT.	ORI. CERT.	GSP FORM A	BEN E CER T		

IN REIMBURSEMENT:
Remit proceeds by teletransmission QUOTING OUR NO. above to us for credit account of bank with:

Please refer to instructiona marked with " x ":

☐ we certify that all terms and conditions of the credit have been complied with.

☐ we have endorsed the draft amount on the reverse of the original L/C.

☐ advise us the maturity date of the draft（s） by teletransmission.

☐ if documents not acceptable，please advise us by teletransmission and state the reason.

☐ we have today by teletransmission/airmail claimed on________________ .

FOR BANK

AUTHORIZED SIGNATURE（S）

（资料来源：朱箴元.国际结算. 中国金融出版社. 173–175 页）

五、信用证的内容

（一）关于信用证本身的说明

主要包括信用证的种类、性质、编号、到期日和到期地点、开证日期、交单期、信用证兑付方式等等。

（二）信用证的当事人

主要包括开证申请人、开证行、受益人、通知行、保兑行、议付行、付款行等当事人。

（三）对货物的要求

主要包括货物名称、数量、规格、包装、单价、金额等内容。

（四）信用证的金额和汇票条款

主要包括币种、总金额以及汇票的付款时间、金额、出票人、受票人等内容。

（五）对运输的要求

主要包括最迟装运日期、装运港、目的港、可否分批装运、可否转运等内容。

（六）对单据的要求

单据主要包括三类单据：（1）货物单据：以发票为中心，主要包括装箱单、重量单、产地证、商检证书等；（2）运输单据：如提单、空运单、铁路运单、海运单等；（3）保险单据：如保险单、保险凭证等。除了上述三类以外，还包括可能提出的其他单证，如寄样证明、装船通知电报副本、船公司证明等单据。

（七）特殊要求

视交易的具体情况有所不同要求，常见的有限制某银行议付、限制某船或者不准装某船、对交单期的说明、索偿方法的指示、信用证生效条件等。

（八）开证行的责任条款

开证行对受益人及汇票持有人保证付款的责任条款，根据国际商会《跟单信用证统一惯例》开立的文句，开证行签字和密押等。

资料卡：M/T700 的信用证样本

BASIC HEADER F O1 BKCHCNBJAA5PP9109069905

APPL HEADER 700 123329902 SMITJPSAXXX 4956 850438 0102231234 N

+SUMITOMO BANK LTD OSAKS JAPAN

（BANK NO:2632001） +OSAKA，JAPAN

USER HEADER BANK PRIORITY 113:

MAG USER REF.108:G/FO–7752807

MT700 ————ISSUE OF A DOCUMENTARY CREDIT————-

SEQUENCE OF TOTAL :27: 1/1

FORM OF DOC CREDIT :40A:IRREVOCABLE

DOC CREDIT NUMBER :20:XZ–1031

DATE OF ISSUE :31C:20100830

DATE AND PLACE OF EXPIRY :31D:20101031 QINGDAO CHINA

APPLICANT :50:TOSHU CORPORATION OSALM12–26,
KYYTARO-MACHI4-CHOME
CHUO-KU，OSAKA 561–8317 JAPAN

BENEFICIARY :59:QINGDAO TEXTILES IMPORT AND
EXPORT COR.
62 JIANGXI ROAD QINGDAO,CHINA

CURRENCY CODE AND AMOUNT :32B:USD11 088.00

AVAILABLE WITH/BY :41A:ANY BANK BY NEGOTIATION

DRAFTS AT :42C: AT SIGHT

DRAWEE :42:THE SUMITOMO BANK,LTD.OSAKA

PARTIAL SHIPMENT :43P:NOT ALLOWED
TRANSHIPMENT :43T:NOT ALLOWED
LOADING IN CHARGE :44A:QINGDAO CHINA
FOR TRANSPORT TO :44B:YOKOHAMA
LATEST DATE OF SHIPMENT :44C:20101015
DESCRIPTION OF GOODS/SERVICE :45A:MEN'S SHIRT 5600PCS USD1.98/PC CIFYOKOHAMA
DOCUMENTS REQUIRED :46A:

1. COMMERCIAL INVOICE IN 3 COPIES CERTIFYING THAT THE GOODS EXPORTED ARE OF CHINESE ORIGIN.
2. DETAILED PACKING LIST IN THREE COPIES SHOWING THE COODS BE PACKED IN BALES.
3. CERTIFICATE OF ORIGIN IN ONE ORIGINAL SIGNED BY AUTHORITY AGENCY.
4. FULL SET OF CLEAN ON BOARD BILLS OF LADING MADE OUT TO ORDER BLANK ENDORSED AND NOTIFY APPLICANT （SHOWING FULL NAME AND ADDRESS） AND INDICATING FREIGHT PREPAID .
5. BENEFICIARY'S CERTIFICIATE MUST CERTIFY THAT ONE SET OF NON-NEGOTIABLE DOCUMENTS TO BE SENT BY AIRMAIL TO APPLICANT WITHIN 2 DAYS AFTER SHIPMENT AND A CONFIRMATION TO THIS EFFECT SHALL ACCOMPANY THE DOCUMENTS.
6. INSPECTION CERTIFICATE IS ISSUED BY AUTHORITY AGENCY.
7. INSURANCE POLICY/CERTIFICATE IN 3 COPIES ENDORSED IN BLANK WITH CLAIM PAYABLE IN JAPAN IN THE CURRENCY OF THE DRAFT COVERING 110 PERCENT OF INVOICE VALUE AGAINST ALL RISKS AND WAR RISKS.

ADDITIONAL COND. :47A:
ALL DOCUMENTS MUST SHOW L/C NO AND ISSUING BANK
PRESENTATION PERIOD :48:
NOT LATER THAN 10 DAYS AFTER THE DATE OF ISSUANCE OF THE SHIPPING DOCUMENTS BUT WITHIN THE VALIDITY OF THE CREDIT.
CONFIRMATION :49: WITHOUT
CHARGES :71B:

1. ALL BANKING CHARGES OUTSIDE JAPAN INCLUDING ADVISING COMMISSION ARE FOR ACCOUNT OF BENEFICIARY AND MUST BE CLAIMED AT THE TIME OF ADVISING. THIS L/C IS ADVISED THROUGH BANK OF CHINA，QINGDAO BRANCH
2. USD50.0O FEE FOR EACH DISCREPANCY WILL BE DEDUCTED FROM THE PROCEEDS PAID UNDER ANY DRAWING WHERE DOCUMENTS PRESENTED ARE FOUND NOT TO BE IN STRICT CONFORMITY WITH THE TERMS OF THIS CREDIT.

INSTRUCTIONS TO BANK :78:
1. ALL SHIPPING DOCUMENTS TO BE SENT DIRECT TO THE OPENING BANK BY REGISTERED AIRMAIL IN ONE LOT.
2. UPON OUR RECEIPT OF DOCUMENTS IN ORDER WE WILL REMIT IN ACCORDANCE WITH NEGOTIATING BANKS INSTRUCTIONS AT MATURITY.THE CREDIT IS SUBJECT TO ICC PUBL 600/2007

TRAILER

MAC:51EF556F CHK:D3A3A848EOOC

六、信用证的种类

（一）出口信用证和进口信用证

1. 出口信用证

出口信用证是出口商银行根据进口商银行开来的信用证所规定的条款，审查出口商交来的单据，为出口商办理审单、寄单和收汇的一种结算方式。

出口信用证业务范围主要包括：审核出口来证和信用证修改的真实性，并通知国内出口商；转让及异地转证；审核出口商交来的货运单据和寄单；在客户提出需求时办理议付、押汇、贴现等贸易融资；人民币远期售汇；查询、催收、追短付款、追收利息、补寄单据等；考核进口商信用。以中行为例，出口信用证具体的流程下图 4-15 所示：

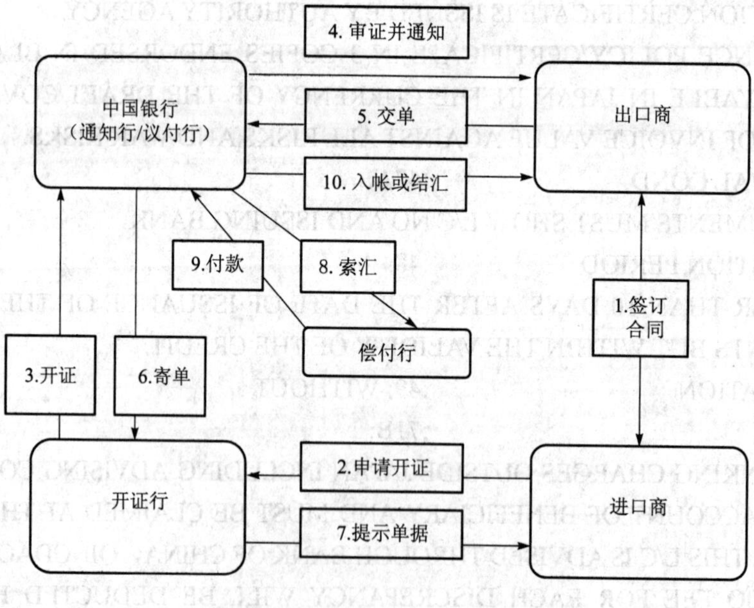

图 4-19 出口信用证业务流程

2. 进口信用证

进口信用证是指开证行根据进口商的申请向受益人（国外出口商）开具的，保证在一定期限内，凭议付行/寄单行寄来的符合信用证规定的全套单据，按照信用证条款对外付款的书面承诺。

进口信用证业务范围：开立各种信用证，如：即期信用证、延期信用证、承兑信用证、议付信用证、可转让信用证、保兑信用证、循环信用证、对开信用证等；业务处理包括：开证、修改、审单、付款/承兑或拒付等（其中开证有授信开证和凭保证金开证两种）；叙做进口押汇、提货担保等融资业务；协助进口商对外进行出口商资信调查，备货和船情查询等。

相关链接：深圳发展银行信用证的手续费

表 4-12　　深圳发展银行信用证的手续费

	费用类型	手续费	备注
进口信用证	进口开证手续费	0.15%（最低 RMB300）	有效期六个月以上每三个月增收 0.05%，全额保证金不加收
	开证修改手续费	RMB100/次（如有增额，增额部分按 0.15%收取，最低 RMB100）	若修改费由受益人承担，则 USD30 元/次，增额部分按 0.15%收取，最低 USD30 元
	承兑费	0.1%/月（最低 RMB150）	保证金部分免收，不足 1 个月按 1 个月收取
	申请人撤证手续费	RMB100	
	银行抬头提单背书	RMB100/笔	
	C/R 核印和加签	RMB100/笔	
	无偿交单、退单	RMB200/笔	
	担保提货手续费	0.1%/3 个月（最低 RMB300）	仅限于本行信用证项下，如已收取全额保证金按 0.5%收取，非本行信用证项下 0.2%/3 个月。
出口信用证	信用证通知费	RMB200/笔	
	预通知	RMB100/笔	
	信用证转让费	0.1%（最低 RMB300/笔，最高 RMB1 000 元/笔）	

（资料来源：深圳发展银行网站 http://www.sdb.com.cn）

（二）跟单信用证和光票信用证

1. 跟单信用证

跟单信用证（Documentary L/C）是指凭跟单汇票或仅凭规定的单据付款的信用证。

2. 光票信用证

光票信用证（Clean Credit）是指开证行仅凭受益人开具的汇票或简单的收据而无需附带货运单据付款的信用证。

在国际贸易结算中使用的信用证大部分是跟单信用证。

（三）不可撤销信用证

不可撤销信用证（Irrevocable L/C）是指信用证一经开出，在有效期内，未经受益人及有关当事人的同意，开证行不得片面修改和撤销的信用证。《UCP600》第三条规定：信用证是不可撤销的，即使未如此表明。

（四）保兑信用证和不保兑信用证

1. 保兑信用证

保兑信用证（Confirmed L/C）是指开证行开出的信用证，由另一家银行保证对符合信用证条款规定的单据履行付款义务。

保兑行对信用证加具保兑的具体做法

（1）开证行在给通知行的信用证通知书中授权另一家银行（通知行）在信用证上加保。

without adding your confirmation ☒ adding your confirmation ☐ adding your confirmation，if requested by the Beneficiary

（2）通知行用加批注等的方法，表明保证兑付或保证对符合信用证条款规定的单据履行付款并签字。

This credit is confirmed by us. We hereby added out confirmation to this credit. （此系由我行加保的信用证。我行因此给该信用证加具保兑。）

2. 不保兑信用证

不保兑信用证（Unconfirmed L/C）是指开证行开出的信用证没有经另一家银行保兑。当开证行资信好和成交金额不大时，进口国也未出现战争、民变、经济危机等不利形势，信用证无须保兑，况且，保兑要加收额外费用，所以，一般情况下，都是不保兑信用证。凡无要求通知行加保条款的或无保兑行保兑声明的信用证都被视为不保兑信用证。有的为明确不保兑性质，专门加列不保兑条款，如“without adding your confitmation”。

（五）即期付款信用证、延期付款信用证、承兑及议付信用证

根据《UCP600》第六条 b 款中规定：信用证必须规定其是以即期付款、延期付款、承兑还是议付的方式兑用。

1. 即期付款信用证

即期付款信用证（Sight Payment L/C）是指开证行或付款行收到符合信用证条款的汇票和单据后，立即履行付款义务的信用证。即期付款信用证一般不要求受益人开立汇票。常见下列类似条款：“This credit is available with XXX bank by payment at sight against the documents detailed herein.”

2. 延期付款信用证

延期付款信用证（Deferred Payment L/C）是远期信用证的一种，是指开证行在信用证上规定货物装船后若干天付款或受益人交单后若干天付款的信用证。为了减少印花税支出，这类信用证一般不要求受益人开立汇票，常见下列类似条款：“This credit is available with

XXX bank by deferred payment at 30 days after date of bill of lading against the documents detailed herein"。

在延期付款信用证中由于没有汇票，所以受益人就不能利用远期票据获得资金融通。而如果受益人有这方面的需求，就只能向银行借款。而银行贷款利率高于贴现利率，所以这类信用证的货物成交价必然比承兑信用证的货价高。

3. 承兑信用证

承兑信用证（Acceptance L/C）是指付款行在收到符合信用证规定的远期汇票和单据时，先在汇票上履行承兑手续，俟汇票到期日再行付款的信用证。按《UCP600》第六条 c 款中规定：信用证不得开成凭以申请人为付款人的汇票兑用。这类信用证一般有下列条款："This credit is available with XXX bank by acceptance against beneficiary's draft at 30 days sight drawn on XXX bank and the documents detailed herein."

4. 议付信用证

议付信用证（Negotiation L/C）是指开证行允许受益人向某一指定的银行或任何银行交单议付的信用证。

议付信用证按是否限定议付银行分为公开议付信用证和限制议付信用证。

（1）公开议付信用证

公开议付信用证（Open Negotiation L/C）又称自由议付信用证（Freely Negotiation L./C），是开证行对愿意办理议付的任何银行作公开议付邀请和普遍的付款承诺的信用证。即任何银行均可按信用证条款自由议付的信用证。该类信用证常见下列条款："This credit is available any bank by negotiation"。自由议付信用证的有效地点在出口地，这对受益人比较有利。

（2）限制议付信用证

限制议付信用证（Restricted Negotiation L/C）是指开证行指定某一银行或开证行本身自己进行议付的信用证。这类信用证一般注明下列一些条款："This credit is available with XXX bank by negotiation against beneficiary's draft at 30 days sight drawn on YYY bank and the documents detailed herein."

限制议付信用证的有效地点在议付行所在地。该类信用证项下的汇票可以是即期，也可以是远期，汇票上的付款人为开证行或开证行指定的除议付行以外的银行。

在国际结算业务中，银行一般只对在本行开户的客户议付信用证，这有利于划拨和对拒付的追索。当指定的议付行并不是受益人的开户行时，实务中单据通常先交开户行议付，由开户行再交指定的议付行，之后由指定议付行寄单给开证行。这种做法不仅增加受益人的费用，还有可能推迟款项收回，对受益人不利。

（六）即期信用证、远期信用证和假远期信用证

1. 即期信用证

即期信用证（Sight L/C）是指开证行或付款行在收到符合信用证条款的跟单汇票或装运单据后，立即履行付款义务的信用证。

2. 远期信用证

远期信用证（Usance L/C）是指开证行或付款收到符合信用证条款的单据时，在规定期限内履行付款义务的信用证。远期信用证主要包括承兑信用证、延期付款信用证和远期议付

信用证。其主要作用是便利进口人资金融通。

3. 假远期信用证

（1）概念

假远期信用证（Usance L/C Payable at Sight）的特点是，信用证规定受益人开立远期汇票，由付款行负责贴现，并规定一切利息和费用由进口人负担（例如 Draft at ××× days sight on Issuing Bank，discount at current rate and charges are for applicant's account；usance draft can be negotiated at sight，discount and acceptance fee will for account of the applicant）。由于这种信用证的贴现费用由进口人负担，因此，又称为“买方远期信用证”。

（2）使用的原因

① 一些国家的银行利息一般比商人之间的借贷利息低，进口商使用假远期信用证就是为了充分利用银行信用和较低的贴现息来融通资金，减轻费用负担，降低进口成本。

② 一些国家由于外汇比较紧张，外汇管理条例规定进口交易一律需远期付款。因此，银行只能对外开立远期信用证。在即期付款的交易中，进口商就采用远期信用证，而愿意承担贴现息、利息和费用的假远期做法。

课堂小结：假远期信用证与普通远期信用证的区别

1. 买卖合同规定的支付条件不同：假远期信用证的买卖合同规定的支付条件一般为即期信用证付款；远期信用证的规定为以远期信用真付款。

2. 收汇时间不同：假远期信用证虽然使用远期汇票，但是即期收款；远期信用证则不能即期收款；

3. 汇票贴现利息及承兑手续费等费用负担不同：假远期信用证这些费用由开证申请人承担；远期信用证产生的这些费用一般由受益人承担。

（七）可转让信用证和不可转让信用证

1. 可转让信用证

（1）概念

可转让信用证（Transferable Credit）是指受益人（第一受益人）有权将信用证的全部或部分金额转让给第三者，即第二受益人（Seond Beneficiary）使用的信用证。

资料卡：《UCP600》第三十八条对于可转让信用证的相关规定

a. 银行无办理转让信用证的义务，除非该银行明确同意其转让范围和转让方式。

b. 就本条款而言：转让信用证意指明确表明其“可以转让（Transferable）”的信用证。根据受益人（“第一受益人”）的请求，转让信用证可以被全部或部分地转让给其他受益人（“第二受益人”）。转让银行意指办理信用证转让的被指定银行，或者，在适用于任何银行的信用证中，转让银行是由开证行特别授权并办理转让信用证的银行。

开证行也可担任转让银行。

转让信用证意指经转让银行办理转让后可供第二受益人使用的信用证。

c. 除非转让时另有约定，所有因办理转让而产生的费用（诸如佣金、手续费、成本或开支）必须由第一受益人支付。

d. 倘若信用证允许分批支款或分批装运，信用证可以被部分地转让给一个以上的第二受益人。第二受益人不得要求将信用证转让给任何次序位居其后的其他受益人。第一受益人不属于此类其他受益人之列。

e. 任何有关转让的申请必须指明是否以及在何种条件下可以将修改通知第二受益人。转让信用证必须明确指明这些条件。

f. 如果信用证被转让给一个以上的第二受益人，其中一个或多个第二受益人拒绝接受某个信用证修改并不影响其他第二受益人接受修改。对于接受修改的第二受益人而言，信用证已做相应的修改；对于拒绝接受修改的第二受益人而言，该转让信用证仍未被修改。

g. 转让信用证必须准确转载原证的条款及条件，包括保兑（如有），但下列项目除外：

—信用证金额，

—信用证规定的任何单价，

—到期日，

—单据提示期限

—最迟装运日期或规定的装运期间。

以上任何一项或全部均可减少或缩短。必须投保的保险金额的投保比例可以增加，以满足原信用证或本惯例规定的投保金额。可以用第一受益人的名称替换原信用证中申请人的名称。如果原信用证特别要求开证申请人名称应在除发票以外的任何单据中出现时，则转让信用证必须反映出该项要求。

h. 第一受益人有权以自己的发票和汇票（如有），替换第二受益人的发票和汇票（如有），其金额不得超过原信用证的金额。在如此办理单据替换时，第一受益人可在原信用证项下支取自己发票与第二受益人发票之间产生的差额（如有）。

i. 如果第一受益人应当提交其自己的发票和汇票（如有），但却未能在收到第一次要求时照办；或第一受益人提交的发票导致了第二受益人提示的单据中本不存在的不符点，而其未能在收到第一次要求时予以修正，则转让银行有权将其从第二受益人处收到的单据向开证行提示，并不再对第一受益人负责。

j. 第一受益人可以在其提出转让申请时，表明可在信用证被转让的地点，在原信用证的到期日之前（包括到期日）向第二受益人予以兑付或议付。本条款并不损害第一受益人在第三十八条（h）款下的权利。

k. 由第二受益人或代表第二受益人提交的单据必须向转让银行提示。

（资料来源：《UCP600》.中国民主法制出版社）

（2）可转让信用证适用的贸易方式

① 若进出口商签约成交的订单，系商品规格化，包装标准化，检验程序化，面且批量多，金额大，货源来自分散的异地，亦就是一份订单的货源须从不同地方的港口予以出口。这种贸易方式为了使合同货物（Contract Products）与计价货币（Price Currency）相对换，作到简便、易办、顺利装货和安全结汇，可采用可转让信用证（Transferable Credit）。

可转让信用证的受益人作为转让人，通过转让银行（Transferable Bank）将信用证金额的全部或部分，一次转让给出口商所在地或异地口岸的分支机构，或给异地各货源的供应商，即第二受益人，但第二受益人按规定的产品，在规定的时间内分批装船，制单结汇。第二受益人不得作再次转让，分割转让的金额不得超过信用证的总金额。

② 若进口商派员到国外采购所需商品，或委托国外代理商采购商品，进口商可开具以货源地的代理商为受益人的可转让信用证。国外代理商可向一地或异地的各供应商为第二受益人予以分割转让其信用证的全部或部分金额。可转让的信用证系由国外的通知银行承担转让银行的职责。

③ 从一个国家生产的商品，运输到另一个国家或地区去销售，经过国间的多层次的交换，其特点是商品的生者与销售者之间的地理位置遥远，交易批量大，签约复杂，故须中间人介入，或请经纪人（Brokers）介入，他们以赚取中间费用即佣金（Commission）为目的。中间商从国外接到订单并收到由国外进口商开具的可转让信用证，以中间商为受益人。第一受益人将订单交给生产厂，并将信用证金额的全部或部分转让给第二受益人。第一受益人不愿将提供货源的生产厂的地址及交易条件告知给进口商，为保住商业秘密和商业竞争的机会。

这种作法对中间商有两点好处，一是可保商业秘密，二是可赚取中间利润。第一受益人所签发的商业发票比第二受益人所出具的发票金额要大，两者的差额即为中间人所得的利润。

（3）可转让信用证的功能与转让方式

① 依信用证金额可分为全金额与部分金额转让

全金额转让（Total Transfer）是指第一受益人根据货源的分布情况，若货源来自一家厂商，而且装运货物不准分批装运，只能一次装运时，必然将开具信用证的全金额转让给第二受益人。

部分金额转让（Partial Transfer）是指只将可转让信用证所列金额的一部分转让给第二受益人，称部分金额让。若原信用证允许分批装运，则第一受益人可将信用证金额的一部分转让给第二受益人，并由受让人分别装运，分别依信用证规定办理议付、承兑或付款。

② 依是否替换商业发票，可分为不替换发票与替换发票转让

不替换发票转让（Transfer without Substitution of Invoice）是指信用证的第一受益人将信用证金额的全部或一部分转让给受让人，即由第二受益人装运货物并备妥所须单据，通过第一受益人或以第一受益人的名义直接向议付银行办理议付或付款。此种方式较为简便，在国际贸易的实务中通常予以采用。

替换发票转让（Transfer with Substitution of Invoice）是指作为中间人的第一受益人，不愿让第二受益人知悉买主的商号名称，第一受益人就可采用替换发票的方式保密。其具体作

法是，由第二受益人装运货物后，第二受益人以自己的名义向银行提示单证办理议付或付款。银行将第一受益人提供的商业发票来替换第二受益人提示的发票。第一受益人所提示的发票金额要大，两张发票的差额为中间人赚取的利润。议付银行议付后，将第一受益人所提示的发票及其他单据一并寄往开证银行索偿。

2. 不可转让信用证

不可转让信用证（Non-transferable Credit ）是指受益人不能将信用证的权利转让给他人使用的信用证。凡信用证中未注明“可转让”者，就是不可转让信用证。

（八）对背信用证

对背信用证（Back To Back Credit）又称为转开信用证、从属信用证或桥式信用证，是指原证的受益人要求原证的通知行或其他银行以原证为基础和担保，另开立的一张内容相似的新信用证。对背信用证的受益人可以是国外的，也可以是国内的，对背信用证的开证行只能根据不可撤销信用证来开立。

课堂小结：对背信用证与可转让信用证的不同之处

1. 对背信用证的开立，并非原始信用证申请人和开证行的意旨，而是受益人的意旨，申请人和开证行与对背信用证无关。可转让信用证的开立是申请人的意旨，开证行同意，并在信用证加列“是否可以转让”字样，始可开出可转让信用证。

2. 对背信用证是凭原始信用证开立的，两证同时存在。而可转让信用证的全部或部分权利转让出去，原始信用证失去那部分金额之存在。

3. 对背信用证的第二受益人得不到原始信用证开证行的付款保证。可转让信用证的第二受益人可以得到开证行的付款保证。

4. 开立对背信用证的银行就是该证的开证行。可转让信用证是转让行按照第一受益人的指示开立的，条款变更后通知第二受益人，该行地位不变，仍是转让行。

（九）对开信用证

对开信用证（Reciprocal Credit）是指信用证的开证申请人可以对方为受益人而开立的信用证。对开信用证的特点是第一张信用证的受益人（出口人）和开证申请人（进口人）就是第二张信用证的开证申请人和受益人，第一张信用证的通知行通常就是第二张回头信用证的开证行。两张信用证的金额相等或大体相等，两证可同时互开，也可以先后开立。此外，通常在第一张信用证中还加列一特别条款，该条款规定：第一张信用证须待第二张回头信用证开出后方始有效。比如：Payment will be effected by us on our receipt of the applicant's advice stating that a reciprocal credit in favour of applicant has been received by and found acceptable to them .

（十）循环信用证

循环信用证（Revolving Credit）是指信用证被全部或部分使用后，其金额又恢复到原金额，可再次使用，直至达到规定的次数或规定的总金额为止。

（1）按时间循环的信用证是受益人在一定时间内可以多次支取信用证规定的金额。

（2）按金额循环的信用证是信用证金额议付后，仍恢复到原金额可再次使用，直至用完规定的总金额为止。

① 自动循环（Automatic Revolving ）。即每期用完一定的金额，不需要等待开证行的通知，即可自动恢复到原金额。其循环条款如下："This credit shall be renewable automatically five times for a period of one month each for an amount of USD 20 000.00 for each period making a total of USD 100 000.00"

② 非自动循环（Non-Automatic Revolving ）。即每次用完一定的金额后，必须等待开证行的通知到达，信用证才恢复到原金额继续使用。其循环条款如下："The amount shall be renewed after each negotiation only upon receipt of issuing Bank's notice stating that the credit might be renewal."

③ 半自动循环（Semi-Automatic Revolving ）即每次支款后若干天内，开证行未提出停止循环使用的通知，自第 X 天起即可自动恢复到原金额。半自动循环条款如下："Should the Negotiating Bank not be adviced of stopping renewal within 7 days, the unused balance of this credit shall be increased to the original amount on the 8th day after each negotiation."

（十一）预支信用证

预支信用证（Anticipatory L/C），又称为红条款信用证（Red Clause L/C），是指开证行授权代付行（通常是通知行）向受益人预付信用证金额的全部或一部分，由开证行保证偿还并支付利息。预支信用证一般包括以下四点内容：

（1）允许受益人预支的最高限额，一般为信用证金额的 30%–40%。

（2）预支时受益人必须出具担保，保证按时发货交单。有些信用证还规定受益人必须以货物仓单作抵押。

（3）受益人必须向预支的银行按时交单，该行在付款时扣除预支款及利息。所以预支信用证一般应为限制议付信用证，即受益人必须到提供资金的银行议付。

（4）如在信用证有效期内受益人未交单，预支行可向开证行索偿，开证行将加上利息以及预支行的各项费用予以偿付。

七、信用证项下的融资

（一）对出口商的融资

信用证项下对出口商的融资主要有福费廷、议付、出口押汇、出口贴现和打包贷款等业务。

1. 议付

带有远期汇票的议付信用证本身就是对出口商的一种融资。因为，在议付行议付时，无论汇票付款时间是即期还是远期，议付行都应在买单的同时，向受益人付款，即受益人得到的总是即期付款，从而得到融资。

2. 出口押汇[①]

出口押汇是指当没有议付行参加议付时，受益人可以把单据、票据质押给银行以求得融资。

---

① 具体业务流程参考本章第二节托收项下的融资。

议付和押汇的区别在于：议付行在做议付时不仅是汇票的合法持票人，而且得到了开证行的付款保证，即只要议付行认真审单，买到的单据与信用证相符，就可以向开证行寄单索偿，开证行应当承担付款责任。押汇则不然，押汇行在向受益人押汇时，只是持票人，并没有得到开证行的付款保证。虽然押汇行也要向开证行寄单索汇，但是押汇行仅仅是寄单银行，而不是议付行。

资料卡：出口押汇申请书

表 4-13 出口押汇申请书

致：

兹凭下列所附信用证项下出口单据，向你行申请叙作出口押汇

信用证基本资料					
开证银行					
付款银行					
开证日期		信用证效期		付款期限	
信用证号		信用证金额		押汇金额	

单据资料			
汇票金额		汇票期限	

汇票	提单	发票	保险单	装箱单	重量单	产地证	商检证	质量证	

我公司申请向贵行办理押汇金额________________，押汇期限按实际天数计算。若因单据存在不符点等原因贵社不予押汇，我司同意由贵社寄单索汇。

申请人（盖章）

年　月　日

银行操作记录：

业务编号	押汇利率	押汇金额	备　注

经办　　复核　　经理　　审批

3. 出口贴现

出口贴现（Export Bill Discount）是指出口国银行在出口信用证项下从出口商购入已经银行承兑的未到期远期汇票或已经银行承付的未到期远期债权或在跟单托收项下购入已经银行保付的未到期远期债权。

相关链接：中国银行信用证项下的出口贴现业务流程

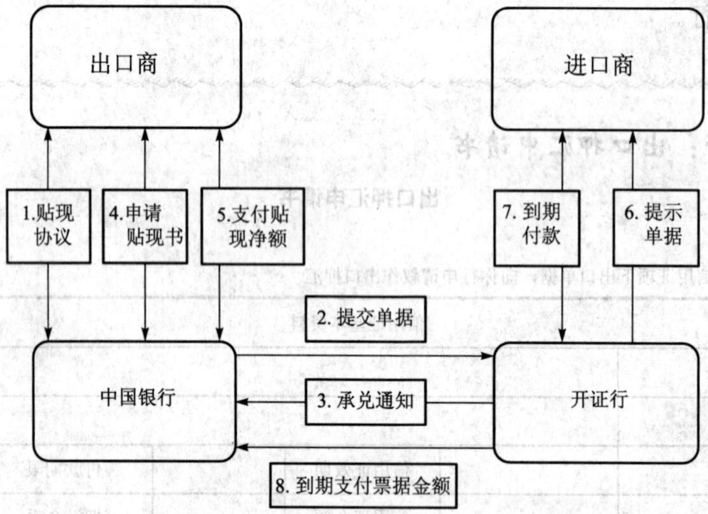

图 4-20　出口贴现业务流程

说明：1. 出口商与中行签订融资协议，向中行提交出口单据；
2. 中行经审核单据后，将单据寄往国外银行（开证行或指定行）进行索汇；
3. 国外银行收到单据后向中行承兑/承付；
4. 中行在收到承兑/承付后，客户应向中行提交业务申请书，申请办理贴现；
5. 中行向出口商贴现款项，入出口商账户；
6. 开证行向开证申请人提示单据；
7. 开证申请人到期付款；
8. 国外银行到期向中行付款，中行用以归还贴现款项。

（资料来源：中行网站 www.boc.cn）

4. 打包贷款

打包贷款（Packing Credit），又称为装船前信贷，是指受益人以信用证作为抵押，从银行处得到相应额度（我国银行规定最高为信用证金额的 80%）的短期贷款，用以备货。货物出运后，受益人将单据交贷款银行办理议付或付款或承兑，贷款行在向受益人议付或付款时扣除贷款本息，或在承兑贴现后的款项中扣除贷款本息，将余额付给受益人。

银行作打包贷款时，应规定一个贷款期限，以信用证有效期后若干天为限。此外，还必须审核受益人的资信。因为若受益人到期不能履约而无法向银行交单的话，银行就必须无条件收回贷款本息；若受益人无力偿付，则银行将遭受坏账损失。

相关链接：中国银行信用证项下的打包贷款业务办理流程

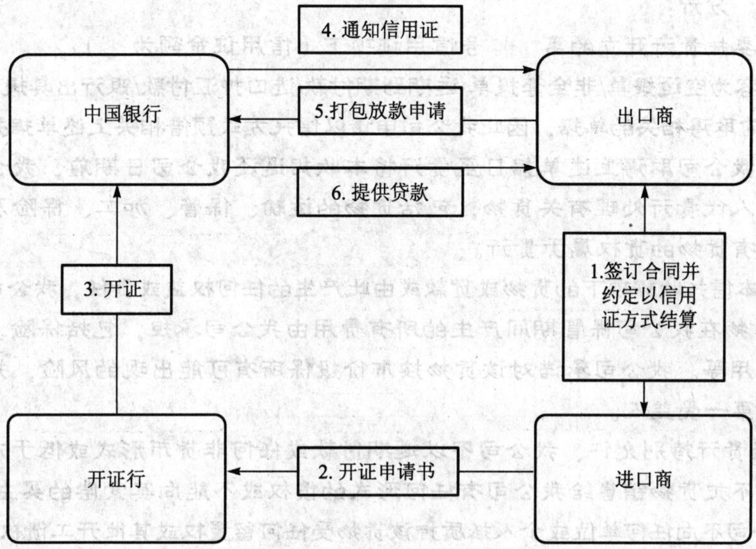

图 4-21　打包贷款的业务流程

（资料来源：中行网站 www.boc.cn）

（二）对进口商的融资

1. 进口押汇

（1）概念

进口押汇（Import Bill Advance）是指（开证申请人）如使用银行授信额度开立信用证，由于单证相符必须承担对外付款责任时，因资金临时周转困难等原因，确实无法在规定付款日前筹措到付款资金的，可在收到银行到期付款通知书后向银行申请叙作进口押汇。

（2）业务流程

① 出口单据到达后，开证申请人提出办理进口押汇的要求，并填写《进口押汇申请书》；

② 开证申请人向银行提供近期财务报表、进口合同、开证申请书等材料；

③ 开证申请人向银行出具信托收据，并在必要时提供保证金等担保措施；

④ 上述手续办妥后，银行向开证申请人发放进口押汇款。

相关链接：交通银行的信托收据

信托收据

交通银行　　分行：

鉴于我公司委托贵行开立的第　　号信用证项下（信用证金额为　）具体条款内容为空运提单/非全套提单/远期到期付款/进口押汇付款/银行出具提货担保等情况，需要提前取得相关的单据，因此我公司申请以信托方式预借相关上述单据并声明：

一、在我公司取得上述单据日至贵行将本收据退还我公司日期前，我公司仅作为贵行的委托人代贵行处理有关货物，包括货物的运输、保管、加工、保险及出售，在这期间，所有货物的货权属于贵行。

二、对本信托收据项下的货物或货款或由此产生的任何权益或责任，我公司承诺：

1. 该货物在我公司保管期间产生的所有费用由我公司承担，包括保险、仓储、运输、码头费用等。我公司承诺对该货物按市价投保所有可能出现的风险，并在保单上列明贵行为第一受益人。

2. 未经贵行特别允许，我公司不以延期付款或任何非货币形式或低于市场价值处理该货物，不把货物销售给我公司有任何形式的债权或不能向其索偿的买主。

3. 我公司不向任何单位或个人抵质押该货物受任何留置权或其他开工债权的约束。

4. 一经贵行要求，我公司应将该货物账目和/或任何销售收入和该货物有关的销售合同的详细情况提交给贵行。

5. 贵行有权在必要时进入储存该货物仓库检查和/重新占有该货物。

6. 若本公司发生破产或清盘时，以信托收据提取货物不在本公司债权人可分摊资产范围之内。

三、我公司保证履行在第　　　　号信用证项下　　年　　月　　日的"远期付款承兑声明书"中所承担的义务，若届时我公司账户存款不足而影响贵行扣款，贵行有权向法院提出诉讼。

四、我公司同意：贵行对本信托收据项下货物的存在、性质、品质、价值、数量、质量、包装以及代表货物的物权凭证的正确性、有效性等一概不承担任何责任，我公司无条件地向贵行履行付款。

五、上述信用证项下款项付清后，本信托收据由贵行归还我公司。

六、贵行有权在必要时自主决定终止本信托收据融资。本信托收据一经贵行宣布终止，我公司承诺立即退还所有该货物和/或代表该货物的物权凭证和/或销售货款。

七、对由于拖欠信用证应付款而使贵行的权益受到损失，我公司保证予以全部赔偿，若贵行通过法律手段向我公司追索信用证款项，我公司保证服从要求我公司偿还信用证款项的判决，并放弃一切抗辩的权利。

单位名称

法定代表人签字

年　　月　　日

（资料来源：交通银行青岛分行）

资料卡：进口押汇申请书和进口押汇合同

1. 进口押汇申请书

进口押汇申请书

：

因我公司目前资金紧张，对在贵社开出的＿＿＿＿＿＿号不可撤销信用证不能按时付款，特此对如下以我公司为付款人的＿＿单据办理进口押汇。

押汇开始日：＿＿＿＿＿＿＿＿　押汇金额：＿＿＿＿＿＿＿＿

押汇天数：＿＿＿＿＿＿＿＿　发票号码：＿＿＿＿＿＿＿＿

提单号码：＿＿＿＿＿＿＿＿　业务编号：＿＿＿＿＿＿＿＿

一、我公司保证在规定的期限内偿还押汇本息，如不能按期全部偿还，贵行有权从我公司在贵行开立的任何账户中或我公司的任何应收账款中主动扣收押汇本息及罚息，或使用上述证下单据提取货物予以变现，收取所得的款项抵销相应的债务，由此产生的其他责任和费用亦由我公司承担。

二、如因我公司的违约使贵行遭受的其他任何损失，本公司负责赔偿。

申请单位（盖章）

年　月　日

2. 进口押汇合同

进口押汇合同

编号：（　　）　进口押汇字第＿号

甲方（申请人）：＿＿＿＿＿＿＿＿

住所：＿＿＿＿＿＿＿＿

法定代表人：＿＿＿＿＿　职务：＿＿＿＿＿

授权代表：＿＿＿＿；联系电话：＿＿＿＿＿；传真：＿＿＿＿＿

乙方（押汇行）：

住所：＿＿＿＿＿＿＿＿

法定代表人：＿＿＿＿＿　职务：＿＿＿＿＿

授权代表：＿＿＿＿；联系电话：＿＿＿＿＿；传真：＿＿＿＿＿

依据有关法律法规的规定，双方经协商一致，签订本合同，以资共同遵守。

第一条　本合同所称进口押汇是指银行根据开证申请人的要求，在单证一致的情况下，以进口货物做抵押，在付款到期日为其垫付资金的短期融资。

第二条　进口押汇前提条件

乙方为甲方做进口押汇，甲方须满足以下条件：

1. 向乙方预留与签署本合同有关的公司文件、单据、印鉴、相关人员名单和签字样本，并填妥有关凭证；

2. 开立乙方要求的为完成本合同下业务所必需的账户；

3. 办妥做业务所必备的法律和行政审批手续，按乙方要求提交相应审批文件的副本或与原件相符的复印件；

4. 甲方同意作出本合同第九条约定的声明与承诺；

5. 甲方已取得乙方的授信额度或单笔授信（如需要）；

6. 乙方认为甲方应予满足的其他条件。

第三条　押汇币种和金额

押汇币种为：________

押汇金额为：（小写）________________

（大写）______________________________

第四条　押汇期限

押汇期限为______月/天，自乙方将押汇款项（即信用证金额与信用证保证金之间的差额）以贷款方式支付给甲方之日起连续计算。

押汇到期日为前述期限的截止日或本合同第十条约定的立即到期日。

押汇的最终期限以乙方确认的为准。

甲方应在押汇款项到期日按期足额归还押汇款项本金及利息。

第五条　利率和付息

1. 双方同意以年利率______%核算乙方为甲方提供的进口押汇款项的利息。

2. 逾期进口押汇的利率和付息

如截止于押汇到期日，乙方支付给甲方的押汇款项未获清偿，则该笔押汇款项的本金、利息构成甲方对乙方的逾期债务，乙方可按本条第一款确定的利率加 20%的水平核算利息，并有权向甲方追偿包括但不限于公告费、送达费、鉴定费、律师费、诉讼费、差旅费、评估费、拍卖费、财产保全费、强制执行费等实现债权的费用。

第六条　甲方声明与承诺

甲方声明如下：

1. 甲方是依法设立和存续的企业法人，已经并将按期办理工商登记手续，具备所有必要的权利并能以自己名义履行本合同义务；

2. 甲方已经充分知悉、理解本合同的全部条款内容，签署和履行本合同系基于甲方的真实意思表示，且已经按照公司章程或者企业的其他内部管理文件的要求取得股东会/股东大会或董事会的合法、有效的授权（如需授权），且不违反对甲方有约束力的任何协议、合同和其他法律文件；

3. 甲方在本合同项下向甲方提供的全部文件、凭证等资料是真实、完整、准确和有效的；

4. 甲方申请向乙方叙做的进口押汇交易背景真实、合法，未用于洗钱等非法的目的，甲方按乙方要求向乙方提供任何文件不得解释为乙方对于甲方从事交易的真实、合法性负有审查义务和责任；

5. 甲方未向乙方隐瞒可能影响其和担保人财务状况和履约能力的事件；

6. 甲方在变更住所、通信地址、联系电话、营业范围、法定代表人等事项时，保证在变更后 10 个工作日内书面通知乙方。

第七条　违约事件

下列事项之一即构成甲方在本合同项下违约：

1. 未按本合同的约定履行对乙方的支付和清偿义务；

2. 甲方在本合同中所做的声明不真实或违反其在本合同中所做的承诺；

3. 违反本合同中关于当事人权利义务的其他约定；

4. 甲方在与乙方之间的其他合同项下发生违约事件；

5. 因单据存在不符点或任何其他原因导致甲方要求拒付或迟付；

6. 收款人所在地发生动荡、爆发战争、发生金融危机、收款人倒闭、发生不可抗力事件等可能导致甲方要求拒付或迟付；

7. 因单据在邮寄中遗失或者延误、电讯失误等导致甲方拒付或迟付。

出现本条第一款约定的违约事件时，乙方有权分别或同时采取下列措施：

1. 宣布本合同下的融资款项立即全部到期；

2. 无须向甲方提前发出任何通知，直接从甲方开立在乙方和南海农村信用合作联社的辖属机构的账户中扣收甲方应予偿还的债务本金、利息、罚息及汇差损失及实现债权的费用；账户中的未到期款项视为提前到期。账户币种与乙方业务计价货币不同的，按扣款当天乙方确定的汇率折算；账户中的未到期款项视为提前到期。账户币种与乙方业务计价货币不同的，按扣款当天乙方确定的汇率折算；

3. 处分担保财产，以所得价款优先受偿或者向保证人追索；

4. 乙方认为必要和可能的任何其他措施。

第八条　权利保留

乙方如未行使本合同项下部分权利，或未要求甲方履行部分义务，并不构成乙方对该项权利的放弃或对甲方该项义务的豁免，亦不构成乙方对本合同中其他权利的放弃或对甲方在本合同中其他义务的豁免。

乙方对甲方的任何宽容、展期或者延缓行使本合同项下的权利，均不影响乙方根据本合同及法律法规所享有的任何权利，亦不得视为乙方对上述权利的放弃。

第九条　本合同是____________的子合同。

第十条　合同的变更、解除和解释

本合同经双方书面同意可以修改、补充或解除。本合同的任何修改和补充均构成本合同不可分割的一部分。

本合同任何条款的无效均不影响其他条款的效力。

第十一条　法律适用、争议解决及司法管辖

本合同适用中华人民共和国法律。

在合同履行期间，因履行本合同所发生的或与本合同有关的争议纠纷，双方可协商解决。协商不成的，任何一方可以采取如下第__种方式加以解决：

1. 依法向乙方住所地的人民法院起诉；

2. 向佛山仲裁委员会申请仲裁。

第十二条　甲、乙双方约定的其他事项______________________________。

第十三条　生效条件

本合同一式__份，甲、乙双方各执__份，自甲方法定代表人、乙方授权签字人签字并加盖甲、乙双方公章之日生效。

甲方：　　　　　　　　　　　　乙方：

法定代表人：　　　　　　　　　授权签字人：

年　　月　　日　　　　　　　　年　　月　　日

2. 提货担保

（1）概念

提货担保（Shipping Guarantee）在近洋贸易中因航程较短，货物常常早于单据到达目的地，开证申请人为避免交纳不必要的滞港费，往往要求开证银行向船运公司出具提货保函担保提货。这样既减少了进口商的费用，又可以尽快提货以免因市场或货物品质发生变化遭受损失。

（2）出具提货担保的条件

对于开证行来说，出具了提货担保便失去了对外拒付的权利。提货担保上没有明确的金额和担保期限，银行对外承担的担保金额及担保期限均不确定。因此，办理提货担保应严格审核，并符合以下条件：

① 开证行开立的信用证，贸易背景一般为近洋贸易；

② 进口商资信状况良好，与开证行有经常性的业务往来，在开证行有贸易融资授信额度

③ 信用证所要求的运输单据必须为全套正本海运提单，目的港为开证行所在国港口；

④ 进口商能够提供信用证所要求的发票和已装船正本提单复印件，货名、数量等内容与信用证相符；

⑤ 进口商签署开证行要求的法律文件，如提货保函申请书等和开证行要求提供的其他材料。

相关链接：中行信用证项下提货担保的业务流程

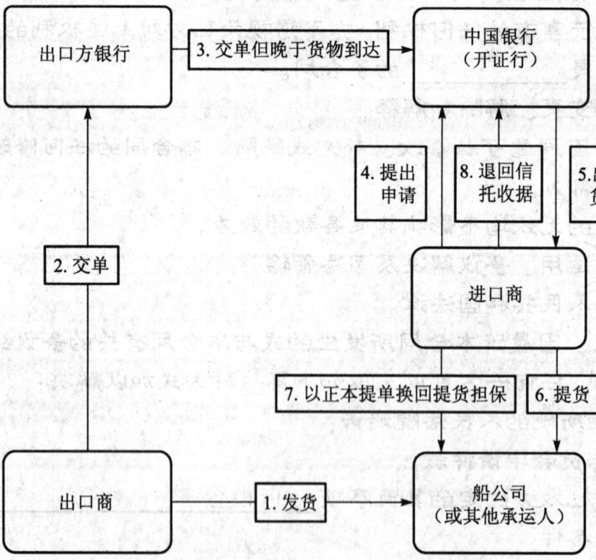

图 4-22　提货担保的业务流程

（资料来源：中行网站 www.boc.cn）

第四节　银行保函与备用信用证

一、银行保函

（一）概念

银行保函（Letter of Guarantee）是指银行应委托人的申请向受益人开立的一种书面信用担保文件，保证在委托人未按双方协议履行其责任或义务时，由银行向受益人赔偿其经济损失。

它有以下三个特点：

1. 保函是独立的承诺

保函依据商务合同开出，但又不依附于商务合同，具有独立法律效力。当受益人在保函项下合理索赔时，担保行就必须承担付款责任，而不论委托人是否同意付款，也不管合同履行的实际事实。

2. 担保的单据化

受益人提出索款要求时，应提交一定的单据，即索款要求和（或）有关证明必须表现为单据的形式。只要有关单据符合保函的要求，担保人即应履行其付款义务。

3. 清偿债务的第一性

在见索即付保函项下，担保人清偿债务的义务是第一性的，只要受益人在满足了保函规定的条件后，担保人必须承担第一性的清偿债务的义务。

4. 担保人审查单据义务的表面性

根据国际惯例和大多数国家法律的规定，保函担保人对受益人所提示的有关单据只负有表面审查义务，只要表面上符合保函的要求，担保人就应承担其付款义务，担保人没有权利也没有义务对单据的有效性或真实性进行进一步的调查。

（二）当事人

银行保函业务中涉及的主要当事人有三个：委托人、受益人和担保人，此外，往往还有通知行、转开行及保兑行等。

1. 委托人

委托人（Principal）即申请人，是要求银行开立保证书的一方。在投标保证业务中的投标人；在履约保证书项下，如为出口保证书，是货物或劳务的提供者，如为进口保证书，则是价款的支付人；在还款保证书项下，一般为预付款或借贷款的受款人。

2. 受益人

受益人（Beneficiary）是指收到保证书并凭以向银行索赔的一方。

3. 担保人

担保人（Guarantor）又称保证人，即保函的开立人。担保人根据委托人的申请并按委托人提供的一定担保条件下向受益人开具保证书。担保人在保函项下的责任是自收到索赔书和保函中规定的其他文件后，认为这些文件表面上与保函条款一致时，支付保函中规定数额的款项。

4. 通知行

通知行（Advising Bank）也称为转递行，即受担保行的委托将保函通知转递给受益人的银行，通常是受益人所在地的银行。

5. 转开行

转开行（Reissuing Bank）是指根据原担保行的要求向受益人开立的以原担保行为申请人、以自身为担保行的保函的银行。转开行转开保函后，成为新的担保行，原担保行便成为保函的指示行。转开行一般为受益人所在地的银行，而指示行一般为申请人所在地的银行。

6. 保兑行

保兑行（Confirming Bank）是根据担保人的要求，在保函上加具保兑，承诺当担保行无力赔偿时，代其履行付款责任的银行，也称为第二担保行。

（三）类型

银行保函在实际业务中的使用范围很广，它不仅适用于货物的买卖，而且广泛适用于其他国际经济合作的领域。

1. 履约保函

在一般货物进出口交易中，履约保函又可分为进口履约保函和出口履约保函。

（1）进口履约保函

进口履约保函（Import Performance Guarantee）是指担保人应申请人（进口人）的申请开给受益人（出口人）的保证承诺。保函规定，如出口人按期交货后，进口人未按合同规定付款，则由担保人负责偿还。这种履约保函对出口人来说，是一种简便、及时和确定的保障。

（2）出口履约保函

出口履约保函（Export Performance Guarantee）是指担保人应申请人（出口人）的申请开给受益人（进口人）的保证承诺。保函规定，如出口人未能按合同规定交货，担保人负责赔偿进口人的损失。这种履约保函对进口人有一定的保障。

资料卡：履约保函

PERFORMANCE GUARANTEE

GUARANTEE NO.________

DATE OF ISSUE：________

PRINCIPAL：________________（NAME AND ADDRESS）

BENEFICIARY：________________（NAME AND ADDRESS）

GUARANTOR:CHINA CONSTRUCTION BANK CORPORATION ____BRANCH____

GUARANTOR ADDRESS:________________

WE（THE GUARANTOR）HAVE BEEN INFORMED THAT________，（HEREINAFTER CALLED "THE PRINCIPAL"），HAS ENTERED INTO CONTRACT NO.______DATED______WITH YOU FOR THE SUPPLY OF ________（请填写货物或服务描述）.

FURTHERMORE，WE UNDERSTAND THAT，ACCORDING TO THE CONDITIONS OF THE CONTRACT，A PERFORMANCE GUARANTEE IS REQUIRED.

AT THE REQUEST OF THE PRINCIPAL, WE HEREBY IRREVOCABLY UNDERTAKE TO PAY YOU AN AMOUNT NOT EXCEEDING IN TOTAL OF ______________ (SAY:__________________________) AFTER RECEIPT BY US OF YOUR FIRST DEMAND IN WRITING STATING :

(1) THE NUMBER AND DATE OF OUR GUARANTEE UNDER WHICH YOUR CLAIM IS MADE AND

(2) THE AMOUNT YOU CLAIM AND

(3) THAT THE PRINCIPAL IS IN BREACH OF HIS OBLIGATION (S) UNDER THE CONTRACT CONDITIOINS; AND

(4) THE RESPECT IN WHICH THE PRINCIPAL IS IN BREACH;AND

(5) THAT YOU HAVE FULFILLED YOUR OBLIGATION (S) IN ACCORDANCE WITH THE CONTRACT AND THUS THE PRINCIPAL CAN NEITHER ASCRIBE THE BREACH OF HIS OWN OBLIGATIONS TO THE BENEFICIARY NOR EXEMPT HIMSELF FROM THE OBLIGATIONS THEREOF.

FOR THE PURPOSE OF INDENTIFICATION YOUR WRITTEN STATEMENT MUST BE DULY SIGNED AND PRESENTED THROUGH YOUR LOCAL BANK AND YOUR SIGNATURE (S) ON THE DEMAND IN WRITING MUST BE VERIFIED AND AUTHENTICATED BY THE PRESENTING BANK WHICH MUST CONFIRM TO THIS EFFECT THROUGH AUTHENTICATED SWIFT (OR TESTED TELEX) MESSAGE TO US.

THIS GUARANTEE SHALL EXPIRE ON ______________ OR UPON SHIPMENT OF THE GOODS WHICHEVER IS EARLIER. THE SHIPMENT OF THE GOODS IS EVIDENCED BY PRESENTATION BY THE PRINCIPAL TO US OF COPY (IES) OF THE CORRESPONDING INVOICE AND THE BILL OF LADING WHICH SHALL BE ACCEPTED AS CONCLUSIVE EVIDENCE THAT OUR GUARANTEE HAS EXPIRED.

ANY DEMAND FOR PAYMENT AND DOCUMENTS REQUIRED UNDER THIS GUARNATEE MUST BE RECEIVED BY US BEFORE ITS EXPIRY AT OUR ADDRESS STATED ABOVE. UPON EXPIRY PLEASE RETURN THE ORIGINAL GUARANTEE TO US. BUT THIS GUARANTEE WILL BECOME NULL AND VOID UPON EXPIRY WHETHER THE ORIGINAL GUARANTEE IS RETURNED TO US OR NOT.

THIS GUARANTEE WILL COME INTO EFFECT FROM THE ISSUING DATE OF LETTER OF CREDIT IN FAVOR OF AND ACCEPTABLE TO THE PRINCIPAL AND SUBJECT TO A NOTICE THROUGH AUTHENTICATED SWIFT OR TESTED TELEX

SENT BY US CONFIRMING SUCH DATE.（履约保函通常与信用证搭配使用且应与信用证同时生效。如果不通过信用证结算，则应该删除本款）

THIS GUARANTEE IS NOT NEGOTIABLE OR TRANSFERABLE OR ASSIGNABLE NOR CAN IT BE USED AS COLLATERAL WITHOUT THE WRITTEN PERMISSION OF THE GUARANTOR.

MULTIPLE DRAWINGS ARE NOT ALLOWED.

THIS GUARANTEE IS SUBJECT TO ______________.（请填写适用的法律，应适用中国法或国际惯例）

THE PLACE OF JURISDICTION IS ______________.（本条款为司法管辖条款，可以删除。如果填写的话，应填写中国城市）

（资料来源：中国建设银行网站）

2. 质量保函

质量保函（Quality Guarantee）是指应供货方的要求，银行向买方出具的、保证供货方履行其在保修期内合同义务的书面承诺。如日后发生货物质量不符合合同约定而卖方又不能更换或维修时，银行将受理买方的索赔，按照保函约定进行赔付；保函金额一般为合同总价的 5～10%。

资料卡：质量保函

WARRANTY GUARANTEE

GUARANTEE NO.____________

DATE OF ISSUE: ____________

PRINCIPAL: ______________________（NAME AND ADDRESS）

BENEFICIARY: ______________________（NAME AND ADDRESS）

GUARANTOR:CHINA CONSTRUCTION BANK CORPORATION ____BRANCH ______________ GUARANTOR ADDRESS:________________________

WE（THE GUARANTOR） HAVE BEEN INFORMED THAT________________,（HEREINAFTER CALLED "THE PRINCIPAL"）, HAS ENTERED INTO CONTRACT NO.____________DATED____________WITH YOU FOR THE SUPPLY OF ________（请填写货物或服务描述）.

FURTHERMORE, WE UNDERSTAND THAT, ACCORDING TO THE CONDITIONS OF THE CONTRACT, A WARRANTY GUARANTEE IS REQUIRED.

AT THE REQUEST OF THE PRINCIPAL, WE HEREBY IRREVOCABLY UNDERTAKE TO PAY YOU AN AMOUNT NOT EXCEEDING IN TOTAL OF ________________ (SAY:__________________________________) AFTER RECEIPT BY US OF YOUR FIRST DEMAND IN WRITING STATING:

(1) THE NUMBER AND DATE OF OUR GUARANTEE UNDER WHICH YOUR CLAIM IS MADE AND
(2) THE AMOUNT YOU CLAIM AND
(3) THAT THE PRINCIPAL IS IN BREACH OF HIS OBLIGATION (S) UNDER THE CONTRACT CONDITIOINS; AND
(4) THE RESPECT IN WHICH THE PRINCIPAL IS IN BREACH;AND
(5) THAT YOU HAVE FULFILLED YOUR OBLIGATION (S) IN ACCORDANCE WITH THE CONTRACT AND THUS THE PRINCIPAL CAN NEITHER ASCRIBE THE BREACH OF HIS OWN OBLIGATIONS TO THE BENEFICIARY NOR EXEMPT HIMSELF FROM THE OBLIGATIONS THEREOF.

FOR THE PURPOSE OF INDENTIFICATION YOUR WRITTEN STATEMENT MUST BE DULY SIGNED AND PRESENTED THROUGH YOUR LOCAL BANK AND YOUR SIGNATURE (S) ON THE DEMAND IN WRITING MUST BE VERIFIED AND AUTHENTICATED BY THE PRESENTING BANK WHICH MUST CONFIRM TO THIS EFFECT THROUGH AUTHENTICATED SWIFT (OR TESTED TELEX) MESSAGE TO US.

YOUR DEMAND FOR PAYMENT MUST ALSO BE ACCOMPANIED BY THE CERTIFICATE ISSUED BY ________________ (请明确填写检验机构名称、国家) CERTIFIYING THAT THE GOODS PROVIDED BY ____________ THE PRINCIPAL ARE NOT IN COMPLIANCE WITH THE TERMS AND CONDITIONS OF THE CONTRACT NO.__________ DATED____________.(请根据业务实际选择性使用本款。如不使用本款，请删除。)

THIS GUARANTEE SHALL EXPIRE ON ______________ AT THE LATEST.ANY DEMAND FOR PAYMENT AND DOCUMENTS REQUIRED UNDER THIS GUARNATEE MUST BE RECEIVED BY US ON OR BEFORE THAT DATE AT OUR ADDRESS STATED ABOVE.UPON EXPIRY, PLEASE RETURN THE ORIGINAL GUARANTEE TO US. BUT THIS GUARANTEE WILL BECOME NULL AND VOID UPON EXPIRY WHETHER THE ORIGINAL GUARANTEE IS RETURNED TO US OR NOT.

THIS GUARANTEE IS NOT NEGOTIABLE OR TRANSFERABLE OR ASSIGNABLE NOR CAN IT BE USED AS COLLATERAL WITHOUT THE WRITTEN PERMISSION OF THE GUARANTOR.

MULTIPLE DRAWINGS ARE NOT ALLOWED.

THIS GUARANTEE IS SUBJECT TO ____________.（请填写适用的法律，应适用中国法或国际惯例）

THE PLACE OF JURISDICTION IS ____________.（本条款为司法管辖条款，可以删除。如果写的话，应填写中国城市）

（资料来源：中国建设银行网站）

3. 投标保函

投标保函（Tender Guarantee）是指在以招标方式成交的工程建造和物资采购等项目中，银行应招标方的要求出具的、保证投标人在招标有效期内不撤标、不改标、中标后在规定时间内签定合同或提交履约保函的书面文件。

资料卡：投标保函

TENDER GUARANTEE

GUARANTEE NO.____________

DATE OF ISSUE：____________

PRINCIPAL：____________________（NAME AND ADDRESS）

BENEFICIARY：______________________（NAME AND ADDRESS）

GUARANTOR:CHINA CONSTRUCTION BANK CORPORATION ____BRANCH ____________________GUARANTOR ADDRESS:____________________

WE （GUARANTOR）HAVE BEEN INFORMED THAT ____________________,（HEREINAFTER REFERRED TO AS "THE PRINCIPAL"），RESPONDING TO YOUR INVITATION TO TENDER NO.

______DATED ON____________FOR THE SUPPLY OF________________（请填写货物或服务描述），HAS SUBMITTED TO YOU HIS OFFER NO.____________ DATED__________.

FURTHER MORE，WE UNDERSTAND THAT，ACCORDING TO YOUR CONDITIONS，OFFERS MUST BE SUPPORTED BY A TENDER GUARANTEE.

AT THE REQUEST OF THE PRINCIPAL，WE HEREBY IRREVOCABLY UNDERTAKE TO PAY YOU AN AMOUNT NOT EXCEEDING IN TOTAL OF________________

(SAY:______________) AFTER RECEIPT BY US OF YOUR FIRST DEMAND IN WRITING STATING:

(1) THE NUMBER AND DATE QF OUR GUARANTEE UNDER WHICH YOUR CLAIM IS MADE ;AND

(2) THE AMOUNT YOU CLAIM ;AND

(3) THAT THE PRINCIPAL IS IN BREACH OF HIS OBLIGATION (S) UNDER THE TENDER CONDITIOINS; AND

(4) THE RESPECT IN WHICH THE PRINCIPAL IS IN BREACH;AND

(5) THAT YOU HAVE FULFILLED YOUR OBLIGATION (S) IN ACCORDANCE WITH THE CONTRACT AND THUS THE PRINCIPAL CAN NEITHER ASCRIBE THE BREACH OF HIS OWN OBLIGATIONS TO THE BENEFICIARY NOR EXEMPT HIMSELF FROM THE OBLIGATIONS THEREOF.

FOR THE PURPOSE OF INDENTIFICATION YOUR WRITTEN STATEMENT MUST BE DULY SIGNED AND PRESENTED THROUGH YOUR LOCAL BANK AND YOUR SIGNATURE (S) ON THE DEMAND IN WRITING MUST BE VERIFIED AND AUTHENTICATED BY THE PRESENTING BANK WHICH MUST CONFIRM TO THIS EFFECT THROUGH AUTHENTICATED SWIFT (OR TESTED TELEX) MESSAGE TO US.

THIS GUARANTEE SHALL EXPIRE ON ______________ AT THE LATEST.ANY DEMAND FOR PAYMENT AND DOCUMENTS REQUIRED UNDER THIS GUARNATEE MUST BE RECEIVED BY US ON OR BEFORE THAT DATE AT OUR ADDRESS STATED ABOVE.UPON EXPIRY, PLEASE RETURN THE ORIGINAL GUARANTEE TO US. BUT THIS GUARANTEE WILL BECOME NULL AND VOID UPON EXPIRY WHETHER THE ORIGINAL GUARANTEE IS RETURNED TO US OR NOT.

THIS GUARANTEE IS NOT NEGOTIABLE OR TRANSFERABLE OR ASSIGNABLE NOR CAN IT BE USED AS COLLATERAL WITHOUT THE WRITTEN PERMISSION OF THE GUARANTOR.

MULTIPLE DRAWINGS ARE NOT ALLOWED.

THIS GUARANTEE IS SUBJECT TO ________________.（请填写适用的法律，应适用中国法或国际惯例）

THE PLACE OF JURISDICTION IS ____________________.（本条款为司法管辖条款，可以不写。如果写的话，应填写中国城市）

（资料来源：中国建设银行网站）

4. 关税保函

关税保函（Customs Guarantee）是指银行应申请人要求向海关出具的，保证申请人履行缴纳关税义务的书面文件。

5. 还款保函

还款保函又称预付款保函或定金保函，是指担保人应合同一方当事人的申请，向合同另一方当事人开立的保函。保函规定，如申请人不履行他与受益人订立合同的义务，不将受益人预付或支付的款项退还或还款给受益人，担保人向受益人退还或支付款项。

除上述保函外，还可根据其他功能和用途的不同，分为其他种类的保函，如：补偿贸易保函、来料加工保函、技术引进保函、维修保函、融资租赁保函、借款保函等等。

（四）业务流程

1. 保函申请

（1）申请人填写开立保函申请书或开立保函合同；

（2）申请人提交保证金或其他反担保；

（3）申请人提交合同相关的基础材料；

（4）申请人提交银行要求的其他相关开立保函所必需的材料。

2. 保函审核及开出

（1）银行对客户资格、基础交易、相关材料进行审查；

（2）银行对客户的保证金或授信额度等抵押情况进行落实；

（3）银行审核保函的书面申请及保函格式；

（4）保函开出。

资料卡：保函/备用信用证申请书

Application for bank guarantee/ standby letter of credit

We request to issue ☐ SBLC available with you by sight payment

☐a bank guarantee（guanrantee）

on the following terms and conditions by

☐full teletransmission ☐airmail preliminary teletransmission

☐courier ☐collection at your counter

……

Particulars of security （if applicable）:

☐shares （please insert particulars）

☐confirmation of deposits ☐enclosed

☐linked deposits（please insert particulars）:

Governing rules:

For SBLC ☐ UCP600 or any subsequent modification or replacement;or

☐ ISP98 or any subsequent modification or replacement;

For guarantee:……

Covering

Document required:

Other conditions:

□All documents are to be forwarded to the bank of east asia，limted by registered airmail or courier in one cover under presenting bank’s SWIF advice to issuing bank.

□ Partial drawing is □allowed □not allowed

□Issue the SBLC or Guarantee substantially in the form attached （subject to any amendment as you think appropriate）.

（资料来源：中国建设银行网站）

二、备用信用证

（一）概念

备用信用证（Standby Letter of Guarantee）又称商业票据信用证、担保信用证，是指开证行根据开证申请人的请求对受益人开立的承诺承担某项义务的凭证。即开证行保证在开证申请人未能履行其应旅行的义务时，受益人只要凭备用信用证的规定向开证行开具汇票（或不开汇票），并提交开证申请人未能履行义务的声明或证明文件，即可取得开证行的偿付。

备用信用证是属于银行信用，开证行保证在开证申请人未履行其义务时，即由开证银行付款。因此，备用信用证对受益人来说是备用于开证申请人发生毁约时，取得补偿的一种方式。备用信用证是具有信用证形式和内容的银行保证书。

背景资料：备用信用证起源

备用信用证最早起源19世纪中叶的美国。当时，因美国联邦法律只允许担保公司开立保函，而禁止商业银行为客户开立保函，为了拓展业务和适应对外经济往来的需要，美国商业银行创立了备用信用证，用以代替保函，逃避法规的管制。日本的立法也是禁止银行从事担保业务。因此，备用信用证在美国和日本两国使用较为广泛。后来其用途较广，各国对其管治较为宽松才逐渐盛行于全球经济贸易中。

（二）备用信用证与跟单信用证不同之处

（1）在跟单信用证下，受益人只要履行信用证规定的条件，即可向开证银行要求付款。在备用信用证下，受益人只有在开证申请人未履行义务时，才能行使信用证规定的权利。

（2）跟单信用证一般只适用于货物的买卖，而备用信用证可适用于货物以外的多方面的交易。

（3）跟单信用证一般以符合信用证规定的代表货物的货运单据为付款依据；而备用信用证一般只凭受益人出具的说明开证申请人未能履约的证明文件，开证银行即保证付款。

（4）一般跟单信用证的开证行，由于有押金或货运单据作抵押，承担的风险较小；而备用信用证的开证行开证的主要依据是申请人的信用与履约能力，因而风险较大。

资料卡：备用信用证

COMMERCIAL STANDBY LETTER OF CREDIT

STANDBY L/C NO.______________

DATE OF ISSUE: ______________

APPLICANT: __________________________（NAME AND ADDRESS）

BENEFICIARY: __________________________（NAME AND ADDRESS）

ISSUING BANK:______________________________（BANK NAME AND BRANCH NAME）

ISSUING BANK ADDRESS:_____________________ （BRANCH ADDRESS）

WE （THE ISSUING BANK） HAVE BEEN INFORMED THAT ____________,（HEREINAFTER CALLED "THE APPLICANT"), HAS ENTERED INTO CONTRACT NO.______________ DATED______________ WITH YOU（HEREINAFTER CALLED "THE BENEFICIARY"） FOR THE PURCHASE OF _______________（请填写货物或服务描述）.

WE HEREBY ISSUE OUR IRREVOCABLE STANDBY LETTER OF CREDIT BY ORDER AND FOR ACCOUNT OF THE APPLICANT CONVERING THE APPLICANT'S PAYMENT OBLIGATIONS UNDER THE ABOVE MENTIONED CONTRACT FOR AN AMOUNT NOT EXCEEDING IN AGGREGATE OF _________ONLY（SAY_________________________ONLY）. THIS STANDBY LETTER OF CREDIT EXPIRES AT OUR ADDRESS STATED ABOVE ON _______________ .

THIS CREDIT IS AVAILABLE BY PAYMENT WITH THE ISSUING BANK AGAINST PRESENTATION TO US OF THE FOLLOWING DOCUMENTS WHICH MUST BE PRESENTED THROUGH YOUR LOCAL BANK:

（1）YOUR SIGNED DEMAND IN WRITING QUOTING OUR L/C NUMBER STATING THE AMOUNT YOU CLAIM AND STATING THAT YOU HAVE MADE THE SHIPMENT OF THE REQUIRED GOODS AND HAVE SUPPLIED THE REQUIRED DOCUMENTS TO THE APPLICANT ACCORDING TO THE CONTRACT AND REMAIN UNPAID FROM INVOICE DUE DATE.

（2）COPY OF THE UNPAID INVOICE（S）

FOR THE PURPOSE OF INDENTIFICATION YOUR SIGNATURE（S） ON THE DEMAND IN WRITING MUST BE VERIFIED AND AUTHENTICATED BY THE PRESENTING BANK WHICH MUST CONFIRM TO THIS EFFECT THROUGH AUTHENTICATED SWIFT（OR TESTED TELEX） MESSAGE TO US.

ALL CHARGES UNDER THIS L/C OUTSIDE ISSUING BANK ARE FOR ACCOUNT OF THE BENEFIARY.

UPON EXPIRY，PLEASE RETURN THE ORIGINAL L/C TO US. BUT THIS L/C WILL BECOME NULL AND VOID UPON EXPIRY WHETHER THE ORIGINAL L/C IS RETURNED TO US OR NOT.

THIS L/C IS NOT NEGOTIABLE OR TRANSFERABLE OR ASSIGNABLE NOR CAN IT BE USED AS COLLATERAL WITHOUT THE WRITTEN PERMISSION OF THE ISSUING BANK.

MULTIPLE DRAWINGS ARE NOT ALLOWED.

THIS L/C IS SUBJECT TO ______________.（请填写适用的法律，应适用中国法或国际惯例）

THE PLACE OF JURISDICTION IS __________________.（本条款为司法管辖条款，可以删除。如果写的话，应填写中国城市）

（资料来源：中国建设银行网站）

实务篇

一、案例

（一）电汇诈骗案

【案情】2001 年 5 月 18 日，国内某外贸公司（出口方）与加拿大一家公司（进口方）经中间人介绍签订了一份金额为 39 万美元的贸易合同，合同规定：由进口方开出即期不可撤销的信用证向出口方付款。但过了合同规定的开证日期仍未见进口方开来信用证，经出口方的催问，对方称：“证已开出，请速备货”。然而，临近约定的装运期前一周，出口方还未收到信用证。出口方再次查询，对方才告知“因开证行与出口方银行并无业务代理关系，故此证已开往有代理关系的某地银行转交”。此时，船期已到，因合同规定货物需运抵加拿大，而此航线每月只有一班船，若错过这一次船期，则要推迟至下一个月才能装船，这样，将造成利息和费用的损失。这时，进口方提出改用电汇方式把货款汇来，以促成该笔生意。

鉴于以上情况，出口方只好同意并要求对方提供汇款凭证传真件，确认后马上发货。次日，进口方便传来了银行的汇款凭证，出口方财务人员持该传真件到银行核对签字无误后，以为款项已汇出，便安排货物装船。但货物出运后十多天，出口方财会人员查询时才发现货款根本未到账。原来，该进口方瞄准出口方急于销货的心理，先购买一张小额汇票，涂改后，再传真过来，冒充电汇凭证，蒙骗出口方，使其遭受重大损失。

【分析】本案例预先使用信用证结算方式，这种方式对出口商较为有利，可是卖方在对方迟迟未开立信用证，并且对买方资信没有仔细调查的情况下没有坚持使用信用证方式，而是接受了对方的电汇结算方式；财会人员只是到银行核对签字无误后以为款项已汇出，便马上安排装船，没有等款项到账在发货，从而将预付货款改成了货到付款。而实际上买方伪造、涂改信汇或电汇凭证，谎称已支付或汇出货款。根据美国银行的资料，全世界平均每年伪造的票据就有 5 亿张之多。20 世纪 90 年代的每一年中，伪造票据对美国境内银行造成的损失约为 13 亿美元。1989 年以来，我国各地也发生多起利用票据进行诈骗的案件，给外贸企业及银行造成巨大损失。

【启示】汇款方式，存在设法伪造、涂改汇款凭证，刻意制造货款已汇出的假象，其目的就是要骗取出口企业的出口货物。本案例中国内出口商不明真相，只凭中间人介绍或仅听对方信口开河，就草率签约，又急于求成，在对方的诱惑下，盲目发货，并误以为货款已收妥。这种诈骗案中的“汇款凭证”其实只是一些加盖银行假印章的进账单，或者是经过涂改、变造的汇票复印件和汇款委托书传真件。

汇款属于国际结算方式之一，它对促进国际贸易的发展具有十分重要的作用。防范类似上述汇款诈骗案，首先，从事对外贸易的人员应努力提高防诈风险意识，掌握真假汇款鉴别方法；其次，注意调查客户的资信情况，在签合同前，委托专职、权威的咨询机构对客户进行调查；最后，出口商应加强与银行、海关和运输部门的密切配合，发现案情，迅速通报有关方面，对诈骗者严惩。

（二）进口商以信托收据借取货运单据案

【案情】某贸易公司向国外客商出口货物一批，以远期 D/P 方式付款。合同订立后，出口方及时装运出口，开出以买方为付款人的 60 天远期汇票连同所有单据一起交到银行，委托银行托收货款。单据寄抵代收行后，进口商办理承兑手续时，货物已到达了目的港，且行情看好但付款期限未到，为及时提货销售进口商向代收行出具信托收据借取货运单据提前提货。不巧在销售过程中，因保管不善导致货物被火烧毁，进口商又遇其他债务关系倒闭，无力付款。请问由此造成的风险损失应该有谁负责承担？为什么？

【分析】首先要正确理解信托收据的概念，其次作为代收行要做好对信托收据融资的信用风险的管理：一是要了解所融资的贸易的具体情况；二是对进口商的总体经营情况也要及时把握，当进口商的财务现金流发生困难，也会影响货款的偿还；三是银行在提供信托收据融资时，应要求进口商对货物全额投保，保险范围应包括火灾等。一旦货物发生保险范围内的损失，所得赔偿用于偿还银行货款。

【结论】该风险损失应该由代收行负责承担。因为由于进口商以信托收据借取货运单据是代收行向进口商提供的贸易融资，其信用风险应由代收行承担。代收行在付款到期日仍需向出口商付款，并承担由此而来的信贷损失。

（三）信用证与合同矛盾纠纷案

【案情】A 公司与美国拜耳中国有限公司（HK）签订一进口合同，进口 BPA500MT。合同要求拜耳方在 2008 年 7 月装船。A 公司 7 月 5 日开出信用证，信用证规定最迟的装船期是 7 月 28 日。A 公司于 7 月 5 日将 L/C 副本传真给拜耳方面。但拜耳公司在没有征得我司同意，又没有要求修改信用证的情况下，擅自在 7 月 31 日装船，违反了信用证的条款，造成迟装。A 公司提出拒付并退单给拜耳，妥否？为什么？美国拜耳中国有限公司做的不妥之处是什么？

【分析】《UCP600》第四条关于信用证与合同的相关规定：a. 就其性质而言，信用证与可能作为其开立基础的销售合同或其他合同是相互独立的交易，即使信用证中含有对此类合同的任何援引，银行也与该合同无关，且不受其约束。因此，银行关于承付、议付或履行信用证项下其他义务的承诺，不受申请人基于其与开证行或与受益人之间的关系而产生的任何请求或抗辩的影响。受益人在任何情况下不得利用银行之间或申请人与开证行之间的合同关系。b. 开证行应劝阻申请人试图将基础合同、形式发票等文件作为信用证组成部分的做法。由此可见，虽然信用证是以买卖合同为基础开立的，买卖双方要受合同的约束，担信用证一经开立，在法律上就与买卖合同相互分离而各自独立，各方当事人的权利义务是以信用证为准的，只要受益人在信用证规定的有效期内提交了与信用证相符的单据，开证行就会履行其付款的责任。

【结论】A 公司的做法是可以的，由于对方装运期迟于信用证的规定，按照《UCP600》的规定，A 公司完全可以提出此不符点，随之拒付单据和退单。美国拜耳中国有限公司犯了两个大错：一是在收到买方开来的信用证与合同不一致时，没有及时发现问题。二是混淆信用证和合同的关系，在信用证条款与销售合同不一致时，擅自按销售合同办理，最终导致单证不符而遭拒付。

（四）软条款信用证案例

【案情】某市中国银行分行收到新加坡某银行电开信用证一份，金额为 100 万美元，购花岗岩石块，目的港为巴基斯坦卡拉奇，证中有下述条款：

（1）检验证书于货物装运前开立并由开证申请人授权的签字人签字，该签字必须由开证行检验；

（2）货物只能待开证申请人指定船只并由开证行给通知行加押电通知后装运，而该加押电必须随同正本单据提交议付。问：该信用证可不可以接受？

【分析】所谓“软条款”是指可能导致开证行解除不可撤销信用证项下付款责任的条款，最典型和最多的形式是该信用证所规定的某些单据被开证申请人所控制。在贸易过程中应该尽量避免软条款信用证，减少出口商收汇的风险。

【结论】此信用证不可以接受。从上述信用证条款中可以看出，由开证申请人验货并出具检验证书及开证申请人指定装船条款，实际上是开证申请人控制了整笔交易，受益人处于受制于人的地位，信用证项下开证行的付款承诺是毫不确定和很不可靠的。

二、三种结算方式的申请书

（一）境外汇款申请书

境外汇款申请书的联数各个银行不统一，但一般至少有两联：一联为申请书正本，作为支款凭证；另一联为汇款回执或汇款收据，银行受理汇款后，退还汇款人做收条或会计凭证。例如中国农业银行的《汇款申请书》是一式四联，第一联上加盖银行转讫章及经办、复核人员名章后交汇款部门办理汇款手续，第二、三联凭以处理有关汇出汇款会计科目，第四联加盖转讫章及经办、复核人员名章后退申请人。三种汇款方式中，汇款人填写申请书除汇款种类选择不同外，其他内容的填写都一样。境外汇款申请书的具体项目是（具体内容格式如表 4-14 所示）：

表 4-14 境外汇款申请书

境外汇款申请书

APPLICATION FOR FUNDS TRANSFERS （OVERSEAS）

T0: Date

□电汇 T/T □票汇 D/D□信汇 M/T		发报等级 Priority		□电汇 Normal □电汇 Urgent
申报号码 BOP Reporting No.		□□□□□□ □□□□ □□ □□□□□□ □□□□		
20	银行业务编号 Bank Transaction Ref. No.		收电行/付款行 Receiver/Drawn on	
32A	汇款币种及金额 Currency&Inter-bank Settlement Amount		金 额 大 写 Amount in Words	
其中	现汇金额 Amount FX		账号 Account No.	
	购汇金额 Amount of Purchase		账号 Account No.	
	其他金额 Amount of Others		账号 Account No.	
50a	汇款人名称及地址 Remitter's Name & Address			
□对公组织机构代码 Unit Code□□□□□□□□□		□对私	□个人身份证号码 Indivudual ID No. □中国居民个人 Resident Individual □中国非居民个人 Non-Resident Individual	
54/56a	收款银行之代理行 名称及地址 Correspondent of Beneficiary's Banker Name & Address			
57a	收款人开户银行名称及地址 Beneficiary's Bank Name & Address	收款人开户银行在其代理行账号 Beneficiary's Bank Account No.		
59a	收款人名称及地址 Beneficiary's Name & Address	收款人账号 Beneficiary's Account No.		
70	汇款附言 Remittance Information	只限 140 个字位 Not Exceeding 140 Characters	71A	国内外费用承担 All Bank's Charges If Any Are to Be Bone By □汇款人 OUR □收款人 BEN□共同 SHA
收款人常驻国家（地区）名称及代码 Beneficiary Resident Country/Region Name & Code □□□				
请选择:□预付货款 Advance Payment□货到付款 Payment against Delivery□退款 Refund□其他 Others				
交易编码 BOP Transaction Code	□□□□□□ □□□□□□	相应币种及金额 Currency & Amount		交易附言 Transaction Remark
是否为进口核销项下付款	□是□否	合同号		发票号
外汇局批件/备案表号		报关单经营单位代码		□□□□□□□□□□
报关单号		报关单币种及总金额		本次核注金额

续表 4-14

<table>
<tr><th colspan="2">银行专用栏 For Bank Use Only</th><th colspan="2">申请人签章 Applicant's Signature</th><th colspan="2">银行签章 Bank's Signature</th></tr>
<tr><td>购汇汇率
Rate @</td><td></td><td colspan="2" rowspan="6">请按照贵行背页所列条款代办以上汇款并进行申报 Please effect the upwards remittance subject to the conditions overleaf

申请人姓名
Name of Applicant
电话
Phone No.</td><td colspan="2" rowspan="6">核准人签字
Authorized Person
日期
Date</td></tr>
<tr><td>等值人民币
RMB Equivalent</td><td></td></tr>
<tr><td>手续费
Commission</td><td></td></tr>
<tr><td>电报费
Cable Charges</td><td></td></tr>
<tr><td>合计
Total Charges</td><td></td></tr>
<tr><td>支付费用方式</td><td>□现金 by Cash
□支票 by Check
□账户 from Account</td></tr>
<tr><td>核印 Sig.Ver</td><td></td><td>经办 Maker</td><td></td><td>复核 Checker</td><td></td></tr>
</table>

（1）凡采用电汇、信汇或票汇方式对境外付款的机构或个人（统称为“汇款人”），须逐笔填写申请书。

（2）日期：指汇款人填写此申请书的日期。

（3）申报号码：由银行填写。

（4）银行业务编号：此栏由银行填写。

（5）收电行/付款行：此栏由银行填写。

（6）汇款币种及金额：指汇款人申请汇出的实际付款币种及金额。

（7）现汇金额：汇款人申请汇出的实际付款金额中，直接从外汇账户（包括外汇保证金账户）中支付的金额，汇款人将从银行购买的外汇存入外汇账户（包括外汇保证金账户）后对境外支付的金额应作为现汇金额。汇款人以外币现钞方式对境外支付的金额作为现汇金额。

（8）购汇金额：指汇款人申请汇出的实际付款金额中，向银行购买外汇直接对境外支付的金额。

（9）其他金额：指汇款人除购汇和现汇以外对境外支付的金额。包括跨境人民币交易以及记账贸易项下交易等的金额。

（10）账号：指银行对境外付款时扣款的账号，包括人民币账号、现汇账号、现钞账号、保证金账号、银行卡号。如从多个同类账户扣款，填写金额大的扣款账号。

（11）汇款人名称及地址：对公项下指汇款人预留银行印鉴或国家质量监督检验检疫总局颁发的组织机构代码证或国家外汇管理局及其分支局（以下简称“外汇局”）签发的特殊机构代码赋码通知书上的名称及地址；对私项下指个人身份证件上的名称及住址。

（12）组织机构代码：按国家质量监督检验检疫总局颁发的组织机构代码证或外汇局签发的特殊机构代码赋码通知书上的单位组织机构代码或特殊机构代码填写。

（13）个人身份证件号码：包括境内居民个人的身份证号、军官证号等以及境外居民个人的护照号等。

（14）中国居民个人/中国非居民个人：根据《国际收支统计申报办法》中对中国居民/中国非居民的定义进行选择。

（15）收款银行之代理行名称及地址：为中转银行的名称，所在国家、城市及其在清算系统中的识别代码。

（16）收款人开户银行名称及地址：为收款人开户银行名称，所在国家、城市及其在清算系统中的识别代码。

（17）收款人开户银行在其代理行的账号：为收款银行在其中转行的账号。

（18）收款人名称及地址：指收款人全称及其所在国家、城市。

（19）汇款附言：由汇款人填写所汇款项的必要说明，可用英文填写且不超过 140 字符（受 SWIFT 系统限制）。

（20）国内外费用承担：指由汇款人确定办理对境外汇款时发生的国内外费用由何方承担，并在所选项前的□中打√。

（21）收款人常驻国家（地区）名称及代码：指该笔境外汇款的实际收款人常驻的国家或地区。名称用中文填写，代码根据“国家（地区）名称代码表”填写。

（22）交易编码：应根据本笔对境外付款交易性质对应的“国际收支交易编码表（支出）”填写。如果本笔付款为多种交易性质，则在第一行填写最大金额交易的国际收支交易编码，第二行填写次大金额交易的国际收支交易编码；如果本笔付款涉及进口付汇核销项下交易，则核销项下交易视同最大金额交易处理；如果本笔付款为退款，则应填写本笔付款对应原涉外收入的国际收支交易编码。

（23）相应币种及金额：应根据填报的交易编码填写，如果本笔对境外付款为多种交易性质，则在第一行填写最大金额交易相应的币种和金额，第二行填写其余币种及金额。两栏合计数应等于汇款币种及金额；如果本笔付款涉及进口付汇核销项下交易，则核销项下交易视同最大金额交易处理。

（24）交易附言：应对本笔对境外付款交易性质进行详细描述。如果本笔付款为多种交易性质，则应对相应的对境外付款交易性质分别进行详细描述；如果本笔付款为退款，则应填写本笔付款对应原涉外收入的申报号码。

（25）外汇局批件/备案表号：指外汇局签发的，银行凭以对外付款的各种批件或进口付汇备案表号。

（26）报关单经营单位代码：指由海关颁发给企业的“自理报关单位注册登记证明书”上的代码。

（27）报关单号：指海关报关单上的编码，应与海关报关数据库中提示的编码一致。若有多张关单，表格不够填写，可附附页。

（28）最迟装运日期：指货物的实际装运日期。境外工程物资和转口贸易项下的支付中最迟转运日期应为收汇日期。

（29）购汇汇率（银行专用栏）：指对境外汇款金额中，以人民币购汇部分的汇率。

（二）托收申请书（Order of Collection，OC）

托收申请书又称为托收委托书，一般是一式两联，第一联留托收行据以编制托收指示；第二联交委托人作回单。有关内容全部用英文填写，它是委托人与托收行之间的契约，托收行在接受委托人的托收委托后，应根据托收申请书的指示，向代收行发出托收指示，连同汇票及商业单据一并寄交代收行，要求代收行按照指示的规定向付款人代收款项。托收申请书的项目是（具体内容格式如表 4-15 和 4-16 所示）：

表 4-15　　　　托收申请书

APPLICATION FOR DOCUMENTARY BILLS FOR COLLECTION

To:　　　　　　　　　　　　　　　　　　Date:

We hand the undermentioned item for disposal in accordance with the following instructions set out and subject to terms and conditions set out overleaf for

□collection

□negotiation under documetary credit

Please advance against the documents

please do not any advance

Please mark Number of DOCUMENT ATTACHED　　　　Our ref. No.

Draft	Bill of lading	Airway bill	Cargo receipt	invoice	Momo	Cert.of Qual/Quan.	Cert. of orgin	Ins.pol/cert.	Bene.cert.

Others documents:

drawee

Tenor　　　　　　　　　　Draft amount

Plesase follow instructions marked “ x ”

□ Dliver documents against payment/acceptance

□ acceptance/payment may be deferred pending arrival of carrying vessel

□ Collection outside qingdao for account of Drawee

□ Please collect interest at　　% p.a. from Drawee

□ Please waived interest/charges

□ do not waived interest/charges if refuse in the event of dishonor

□ Please warehouse and insure goods for our account

□ Please do not protest　□Please protest

□ Advice dishonor by　□Airmail　□Cable

□ in case of need refer to　　　　who will assist you to abtain acceptance/payment but who has no authority to amend the terms of the bill

□ designated collecting bank （if any）

PAYMENT INSTRUCTION

□ Please credit proceeds to our A/C No.

□ Others

OTHER INSTRUCTION

In case of any questions,please contact our Mr./Miss　　　　Tel No.

For

Authorized signature（s）

表 4-16　　　　　　　　　　　中行托收委托书

中国银行 BANK OF CHINA

托收委托书
COLLECTION ORDER

致：中国银行青岛市分行________　　　　　　　　　日期：________________

托收行（Remitting Bank）：	代收行（Collecting Bank）：
BANK OF CHINA SHANGHAI BRANCH	名称： 地址：jssyxh

委托人（Principal）：	付款人（Drawee）：
	名称： 地址： 电话：

付款交单 D/P （　　）承兑交单 D/A （　　）　无偿交单 FREE OF PAYMENT（　　）	期限/到期日：
发票号码/票据编号：	国外费用承担人：☐ 付款人　☐ 委托人
金额：	国内费用承担人：☐ 付款人　☐ 委托人

单据种类	汇票	发票	提单	空运单	保险单	装箱单	重量单	产地证	FORM A	检验证	公司证明	船证明		
份数														

特别指示：

1. 邮寄方式：　☐ 快邮　　☐ 普邮
2. 托收如遇拒付，是否须代收行作成拒绝证书（PROTEST）：　☐ 是　　☐ 否
3. 货物抵港时是否代办存仓保险：　☐ 是　　☐ 否
4. 如付款人拒付费用及/或利息，　是否可以放弃：　☐ 是　　☐ 否
5. ____
6. ____

付款指示：　　　　　　　　　　　　　　　核销单编号：______________

请将收汇款原币（　　）人民币（　　）划入我司下列账上：

开户行：____________________　账号：________________________

联系人姓名：__________

电话：__________　传真：__________　　　　　　公 司 签 章

（1）代收行（Collecting bank）：出口商在该栏填写国外代收银行（一般为进口商的开户银行）的名称和地址，这样有利于国外银行直接向付款方递交单据。如果没有填写或不知道进口方的开户银行，则托收行将为出口商选择进口商所在国家或地区的一家银行进行通知，这样出口商收到款项的时间会较长。

（2）委托人（Principal or Drawer）：填写出口商的名称、地址和联系方式。

（3）付款人（Drawee）：为进口商，填写其名称、地址和联系方式。如果资料不详细，容易增加代收行的难度，使出口商收到款项的时间较长。

（4）汇票的时间和期限（Issue Date and Tenor of Draft）：应该与汇票上的日期和期限一致。

（5）委托人的参考号码（Drawer's Ref. No.）：通常填写合同号码。

（6）金额（Amount）:与汇票金额保持一致。

（7）单据（Documents）：提交给银行的正本和副本的单据名称和数量。

（8）托收条款（Instructions）：需要的时候用“×”标记，主要包括：① 要求付款交单还是要求承兑交单；② 银行费用由付款人承担；③ 货到后是否委托国外代收行代为仓储或保险；④ 付款人如果拒绝付款或拒绝承兑，是否要作成拒绝证书；⑤ 仅以航邮或电报发出拒付；⑥ 对方一切费用及银行手续费是否向付款人收取，可否放弃等等。

（三）开证申请书

开证申请书是银行开具信用证的依据，是开证申请人与开证行之间的有关开立信用证的权利与义务的契约。开证申请书通常一式三份（一份银行结算部门留存，一份银行信贷部门留存，一份开证申请人留存），由银行专门印发，在填写时必须按合同条款的具体规定，写明对信用证的各项要求。开证申请书有正面和背面两个部分内容。正面主要包括受益人名称和地址、信用证及合同号码、信用证的有效期及到期地点、装运期、信用证性质、货物描述、对单局要求、信用证金额、种类、信用证中的特别条款及其他条款等。背面内容是开证行与开证申请人之间的约定，即开证申请人承诺书，一般由银行根据相关的国际惯例和习惯做法事先确定并印制，申请人只需签字盖章即可。开证申请书的填制要求如下（具体格式内容见表 4-17）：

（1）To（致）：银行印制的申请书上事先都会印就开证银行的名称、地址，银行的 SWIFT CODE、TELEX NO 等也可同时显示。

（2）Date（申请开证日期）：在申请书右上角填写实际申请日期。

（3）Advising Bank（通知行）：由开证行填写。

（4）L/C Number（信用证号码）：此栏由银行填写。

（5）Applicant（申请人）：填写申请人的全称及详细地址，有的要求注明联系电话、传真号码等。

（6）Beneficiary（受益人）：填写受益人的全称及详细地址。

（7）Amount（信用证金额）：分别用数字和文字两种形式表示，并且表明币制。如果允许有一定比率的上下浮动，要在信用证中明确表示出来。

（8）Expiry Date and Place（到期日期和地点）：填写信用证的有效期及到期地点。有效期通常掌握在最迟装运日期后 15 天， 到期地点一般在议付地。

（9）Partial shipments （分批装运）、Transhipment（转运）：根据合同的实际规定打“×”进行选择。

（10）Loading on board /dispatch/taking in charge at/ from、FOR TRANSPORT TO、LATEST DATE OF SHIPMENT（装运地/港、目的地/港的名称，最迟装运日期）：按实际填写，如允许有转运地/港，也应清楚标明。

（11）Credit available with/by（付款方式）：在所提供的即期、承兑、议付和延期付款四种信用证有效兑付方式中选择与合同要求一致的类型。

（12）Draft（汇票要求）：金额应根据合同规定填写为发票金额的一定百分比。付款期限可根据实际填写即期或远期，如属后者必须填写具体的天数。信用证条件下的付款人通常是开证行，也可能是开证行指定的另外一家银行。

（13）Documents required（单据条款）：各银行提供的申请书中已印就的单据条款通常有发票、运输单据、保险单、装箱单、质量证书、装运通知和受益人证明等，最后一条是Other documents, if any，如要求提交超过上述所列范围的单据就可以在此栏填写，比如有的合同要求CERTIFICATE OF NO SOLID WOOD PACKING MATERIAL（无实木包装材料证明）等。申请人填制这部分内容时应依据合同规定，不能随意增加或减少。选中某单据后对该单据的具体要求（如一式几份、要否签字、正副本的份数、单据中应标明的内容等）也应如实填写，如申请书印制好的要求不完整应在其后予以补足。

（14）Description of goods or services（商品描述）：所有内容（品名、规格、包装、单价、唛头）都必须与合同内容相一致，价格条款里附带“AS PER INCOTERMS 2000”、数量条款中规定“MORE OR LESS”或“ABOUT”、使用某种特定包装物等特殊要求必须清楚列明。

（15）Additional instructions（附加指示）：如需要已印就的上述条款，可在条款前打“×”，对合同涉及但未印就的条款还可以□Other terms and conditions，if any 其他条款做补充填写。

表 4-17　　　　　　　　　　　　开证申请书

IRREBOCABLE DOCUMENTARY CREDIT APPLICATION

This Credit is subject to ICC No.600 Uniform Customs and Practice for Documentary Credits (2007 Revisio)

To:　　　　　　　　　　　　　　　　Date ________

Please issue by SWIFT an Irrevocable Letter of Credit as follows:

Advising Bank （if blank, at your option）	Credit No. Expiry Date and Place
Applicant （full name & detailed address）	Beneficiary （with full name and address）
Amount （in figures & words）	Credit available with （ ）any bank （ ）issuing bank By （ ）sight payment □ acceptance 承兑 （ ）negotiation （ ）deferred payment （ ）acceptance
Partial shipments　　Transhipment （ ）allowed　　（ ）allowed （ ）not allowed　　（ ）not allowed	Draft at ________ for ______ % of invoice value Drawn on ________ （ ）FOB （ ）CFR （ ）CIF （ ）or other terms

Loading on board /dispatch/taking in charge at/ from For transportation to Latest shipment date
Description of goods or services

Documents required: （marked with “×”）:

（ ）Signed Commercial Invoice in ______ copies indicating L/C No. and Contract No. ________

（ ）Full set of clean on board Ocean Bill of Lading （ ）made out to order and blank endorsed, marked “freight

（ ）prepaid / （ ） to collect ” （ ）showing freight amount and notifying ________。

（ ）Air Waybills consigned to applicant marked “freight （ ） prepaid / （ ）to collect” notifying

________________。

（ ）Full set of Insurance Policy / Certificate for _____ % of the invoice value, blank endorsed, showing claims payable in China in the currency of the draft, covering （ ）ocean marine transportation （ ）air transportation

（ ）overland transportation All risks and War risks and ________________。

（ ）Packing List / Weight Memo in ________ copies indicating quantity, gross and net weight of each package.

（ ）Certificate of Quantity/Weight in ________ copies issued by

（ ）Certificate of Quality in ______ copies issued by ________________

（ ）Certificate of Origin in ______ copies issued by ________________

（ ）Beneficiary's Certified copy of fax / telex dispatched to the applicant within ______ day（s） after shipment advising （ ）L/C No., （ ）name of vessel, （ ）flight No. （ ）shipping date, （ ）name of goods, quantity, （ ）weight and value of goods.

（ ）Other documents, if any

Additional instructions:

（ ）All banking charges outside the Issuing Bank are for account of Beneficiary.

（ ）Documents must be presented within ______ days after date of issuance of the transport document but within the validity of the credit.

（ ）Third party as shipper is not acceptable.

（ ）Both quantity and Credit amount ______ % more or less are allowed.

（ ）Other terms and conditions, if any

Application's signature

开证申请人承诺书

致：

我公司已依法办妥一切必要的进口手续，兹谨请贵行为我公司依照本申请书所列条款开立不可撤销跟单信用证，并承诺如下：

一、同意贵行依照国际商会第600号出版物《跟单信用证统一惯例》办理该信用证项下的一切事宜，并同意承担由此产生的一切责任。

二、及时提供贵行要求我公司提供的真实、有效的文件及资料，接受贵行的审查监督。

三、在贵行规定期限内支付该信用证项下的各种款项，包括货款及贵行和有关银行的各项手续费、杂费、利息以及国外受益人拒绝承担的有关银行费用等。

四、在贵行到单通知书规定的期限内，书面通知贵行办理对外付款/承兑/确认迟期付款/拒付手续。否则，贵行有权自行确定对外付款/承兑/确认迟期付款/拒付，并由我公司承担全部责任。

五、我公司如因单证有不符之处而拟拒绝付款/承兑/确认迟期付款时，将在贵行到单通知书规定期限内向贵行提出拒付请求，并附拒付理由书一式两份，一次列明所有不符点。对单据存在的不符点，贵行有独立的终结认定权和处理权。经贵行根据国际惯例审核认为不属可据以拒付的不符点的，贵行有权主动对外付款/承兑/确认迟期付款，我公司对此放弃抗辩权。

六、该信用证如需修改，由我公司向贵行提出书面申请，贵行可根据具体情况确定能否办理修改。我公司确认所有修改当受益人接受时才能生效。

七、经贵行承兑的远期汇票或确认的迟期付款，我公司无权以任何理由要求贵行止付。

八、按上述承诺，贵行在对付款时，有权主动借记我公司在贵行的账户款项。若发生任何形式的垫付，我公司将无条件承担由此而产生的债务、利息和费用等，并按贵行要求及时清偿。

九、在收到贵行开出信用证、修改书的副本之后，及时核对，如有不符之处，将在收到副本后的两个工作日内书面通知贵行。否则，视为正确无误。

十、该信用证如因邮寄、电讯传递发生遗失、延误、错漏、贵行概不负责。

十一、本申请书一律用英文填写。如用中文填写而引发的歧义，贵行概不负责。

十二、因信用证申请字迹不清或词意含混而引起的一切后果均由我公司负责。

十三、如发生争议需要诉讼，同意由贵行所在地法院管辖。

十四、我公司已对开证申请书及承诺书各印就条款进行审慎研阅，对各条款含义与贵行理解一致。

同意受理

银行盖章	申请人（盖章）
负责人	法定代表人
或授权代理人	或授权代理人

年　月　日

阅读材料

一、西联汇款

西联汇款是西联国际汇款公司（Western Union）的简称，成立于 1851 年，那时名为纽约和密西西比流域印刷电报公司。1856 年，正式更名为西联电报公司。1871 年，引入 Western Union Money Transfer® 服务，并从此成为公司的主要业务。2006 年，终止了在历史上非常重要的电报服务，并成功地完成了转型。西联公司现在完全是一家金融服务公司。现在，在全世界通过 200 多个国家和地区的 3 640 001 个合作网点提供汇款服务，成为汇款服务的全球领跑者。西联在中国与中国邮政储蓄银行、中国农业银行、中国光大银行、浙江稠州商业银行和吉林银行合作，合作网点超过 250 001 个，服务覆盖全国 31 个省、自治区和直辖市，并且合作网点仍在增多，帮助个人及公司客户方便，快捷，可靠地进行汇款、取款。

（一）汇款的特点

1. 可靠

全球平均每秒钟就有人使用西联汇款向家乡亲人表达心意，援助有急需的旅游者，或者进行贸易往来。西联全球安全电子系统确保每笔汇款的安全，并有操作密码和自选密码供您核实，使您的汇款在瞬间全部如数、安全地交付到指定的收款人手中。

2. 快捷

西联汇款手续简单。它利用全球最先进的电子技术和独特的全球电子金融网络，即时在全球近 200 个国家和地区处理汇款。在几分钟内收款人即可如数收到汇款。

3. 方便

西联国际汇款公司在国外的代理网点遍布全球各地。代理点包括银行、邮局、外币兑换点、火车站和机场共 135 000 个代理网点。在国内，西联代理网点已遍布全国各省，而且网点每天都在不断增加。

4. 收款人免付手续费

汇款手续费只须由发汇人支付，收款人无须缴付任何额外费用。

（二）汇款方法

（1）汇款人前往就近的西联汇款代理网点（中国邮政、光大银行、农业银行、中国邮政储蓄银行），填写发汇单（见图 4-23）；

（2）将填妥的表格及款项递交柜台办理；

（3）汇款办理完毕，收妥发汇单，并将汇款信息及汇款监控号码（MTCN#）告之收款人。若汇款人预留收款人的验证身份问题（验证身份问题视同取款密码），应一并告之收款人。双方在通知过程中应注意汇款信息的保密。

这样，只需几分钟，您指定的收款人就可在全球任何一家西联汇款代理网点领取该笔汇款。

（三）取款的方法

（1）收款人接到汇款人通知后，认明西联汇款标识，前往就近的西联汇款代理网点办理领汇手续。取款时，填写收汇单（见图 4-24），出示本人有效身份证件，交邮局办理。

（2）收款人领取西联汇款，必须本人亲收，不得委托他人代领。

（四）西联汇款的查询方法

对于中国收款用户来说，有两种方式可以查询汇款状态。

1. 电话查询

西联公司在中国区的 800 免费查询电话（必须通过座机拨打）；付费查询电话（上海区号）；

西联客服通常要求您提供汇款监控号码 MTCN，汇款人国家，汇款人全名，汇款币种，金额，收款人全名；以上所有信息核对无误，你就可以去西联合作伙伴银行取款了。

2. 登陆西联官方网站查询

点击“checkatransfer”按钮，在打开的页面中，输入汇款监控号码 MTCN，汇款人名字，汇款人姓（必须使用英文），如果汇款已经到达，系统的提示是“available for pick up!”。

中国邮政 CHINA POST

中国邮政国际汇款 发汇单(国汇0001)
China Post International Money Transfer Send Form

请用蓝、黑钢笔或签字笔详细、准确地逐项填写以下内容Please appropriately complete following form with pens in blue or black block letters.

汇往国家 Destination Country ____

发汇币种 Transfer Currency ____ 金额（小写）Amount (In digit) ____

金额（大写）Amount (In words) ____

汇款本金支付方式 Principal From □现金 Cash □账户 Account 手续费支付方式 Commission From □现金 Cash □账户 Account

如为账户支付，请填写 Account Payment please complete following items

付款账户资金形态 Type of Fund □钞 Cash □汇 FX. 账号 Acct No. ____

固定汇率 Fixed Exchange Rate：□是 Yes □否 No（西联汇款请填写）(For WESTERN UNION MONEY TRANSFER® SERVICE)

业务种类 Business Type	□西联汇款WESTERN UNION MONEY TRANSFER® SERVICE □西联快捷汇款Western Union Quick Pay	□银邮汇款 Bank-Post Money Transfer	□邮政实物汇票汇款Postal Paper Money Order □邮政电子汇款Postal Electronic Money Transfer

收汇人信息 Receiver's details

使用西联汇款，请提供以下信息 Following information is for WESTERN UNION MONEY TRANSFER® SERVICE only

名 Forename ____ 姓 Surname ____ 电话号码 Tel No. ____

地址 Address ____

收汇人是否具备有效证件（1000美元及以上必须具备有效证件）□是 Yes □否 No

Whether receiver holding valid cert. (Valid cert. is required when the amount is above 1000 USD)

如否，请提供测试问题（限4个字）If No, Please provide a testing question (Within 4 words)

问题 Question ____ 答案 Answer ____

使用西联快捷汇款，请提供以下信息 Following information is for Western Union Quick Pay only

公司名称 Company Name ____ 公司代码 Company Code ____

账号 Acct. Number ____ 参考号 Ref. Number ____

如果您想直接汇给个人或某个部门，请填写姓名/部门 If you would like payment directed to an individual Name/Department or department, please specify here: ____ 电话号码 Tel No. ____

使用银邮汇款，请提供以下信息 Following information is for Bank-Post Money Transfer only

收汇账户户名 Account Name ____

收汇人账号 Receiver's Acct. No. ____

收汇银行名称 Receiving Bank ____

收汇银行所在城市及国家 City &Country of Receiving Bank ____

收汇银行机构鉴定代码（如方便提供）Swift BIC,CHIPS or ABA code of beneficiary bank ____

使用邮政实物或邮政电子汇款，请提供以下信息 Following information is for Bank-Post Money electronic Transfer or money order only

收款人姓名 Receiver's name ____

地址 Address ____

发汇人信息 Sender's details

汇款人姓名 Sender's name ____ 电话号码 Tel No. ____

地址 Address ____

邮政外汇业务客户积分卡卡号 Bonus Card No. ____

证件类型 Type of Cert. ____ 证件号码 Cert No. ____ 证件有效期 Valid Until ____

汇款通知方式 Advising Methods

□ 自行通知 Self- advising □ 由对方付款机构通知 Advising by paying institution

要求提供有偿附加服务项目 Optional services available at additional cost. Check services desired:

□ 附言 Sender to receiver's Message ____

□ 电话通知收汇人（限西联汇款）Informing receiver by telephone. (WESTERN UNION MONEY TRANSFER® SERVICE) 电话号码 Tel No. ____

□ 按址投送（限西联汇款）Delivering to address (Only for WESTERN UNION MONEY TRANSFER® SERVICE)

发汇人确认事项 Items Need to be Verified by Sender

请核实以上发汇信息，无误请签字确认Please check above information and sign your name if no mistake is found ____

邮局记录 To be filled out by the Post Office Only

日戳：

除汇费之外，西联公司及其代理商还收取外币兑换的利差。IN ADDITON TO THE TRANSFER FEE, WESTERN UNION AND ITS AGENTS ALSO MAKE MONEY FROM THE EXCHANGE OF CURRENCIES.

图 4-23 发汇单

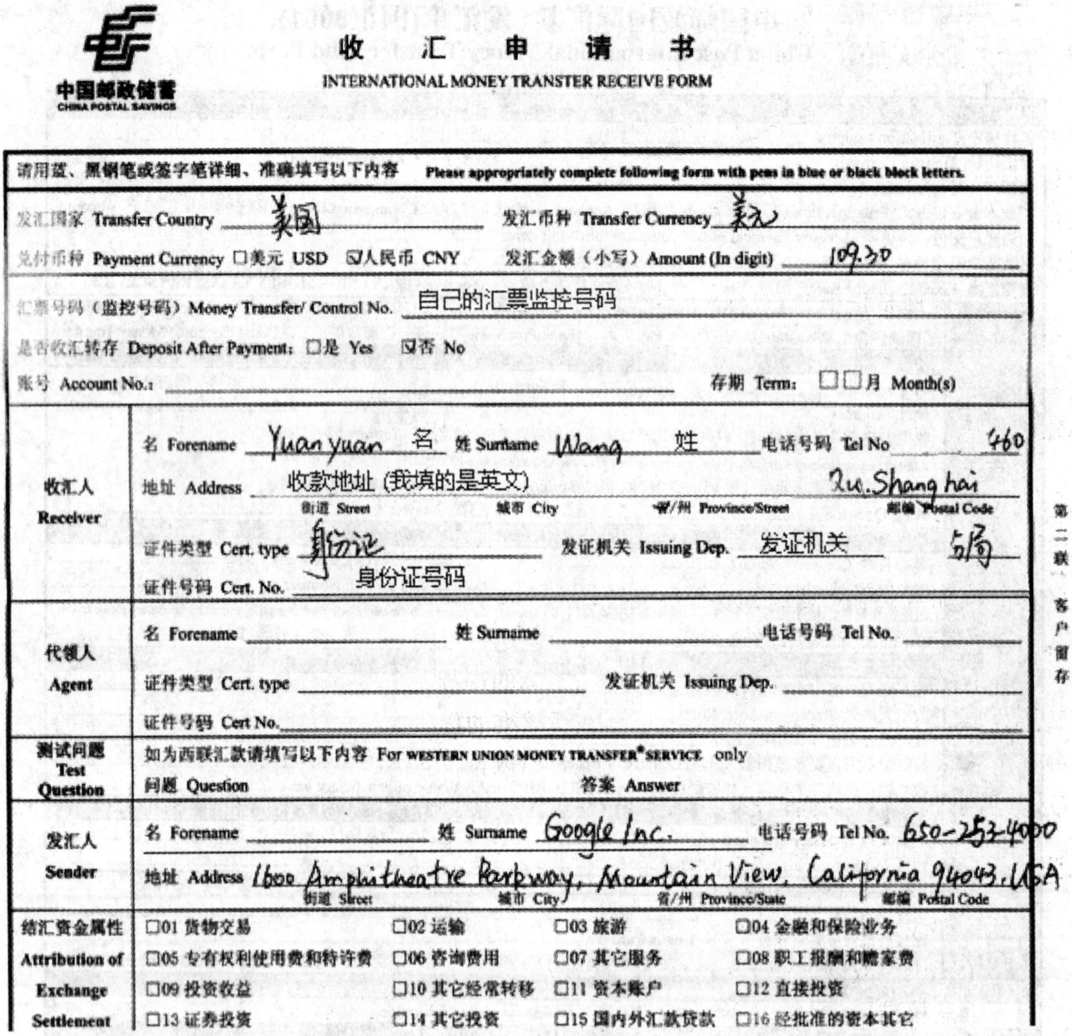

中国邮政储蓄 CHINA POSTAL SAVINGS

收汇申请书

INTERNATIONAL MONEY TRANSTER RECEIVE FORM

请用蓝、黑钢笔或签字笔详细、准确填写以下内容 Please appropriately complete following form with pens in blue or black block letters.

发汇国家 Transfer Country 美国　　发汇币种 Transfer Currency 美元

兑付币种 Payment Currency □美元 USD ☑人民币 CNY　　发汇金额（小写）Amount (In digit) 109.30

汇票号码（监控号码）Money Transfer/ Control No. 自己的汇票监控号码

是否收汇转存 Deposit After Payment：□是 Yes ☑否 No

账号 Account No.：　　存期 Term：□□月 Month(s)

收汇人 Receiver

名 Forename Yuanyuan 名　姓 Surname Wang 姓　电话号码 Tel No 460

地址 Address 收款地址（我填的是英文）2u. Shanghai

街道 Street　城市 City　省/州 Province/Street　邮编 Postal Code

证件类型 Cert. type 身份证　发证机关 Issuing Dep. 发证机关 5局

证件号码 Cert. No. 身份证号码

代领人 Agent

名 Forename　姓 Surname　电话号码 Tel No.

证件类型 Cert. type　发证机关 Issuing Dep.

证件号码 Cert No.

测试问题 Test Question

如为西联汇款请填写以下内容 For WESTERN UNION MONEY TRANSFER® SERVICE only

问题 Question　答案 Answer

发汇人 Sender

名 Forename　姓 Surname Google Inc.　电话号码 Tel No. 650-253-4000

地址 Address 1600 Amphitheatre Parkway, Mountain View, California 94043, USA

街道 Street　城市 City　省/州 Province/State　邮编 Postal Code

结汇资金属性 Attribution of Exchange Settlement

□01 货物交易	□02 运输	□03 旅游	□04 金融和保险业务
□05 专有权利使用费和特许费	□06 咨询费用	□07 其它服务	□08 职工报酬和赡家费
□09 投资收益	□10 其它经常转移	□11 资本账户	□12 直接投资
□13 证券投资	□14 其它投资	□15 国内外汇款贷款	□16 经批准的资本其它

第二联 客户留存

图 4-24　收汇单

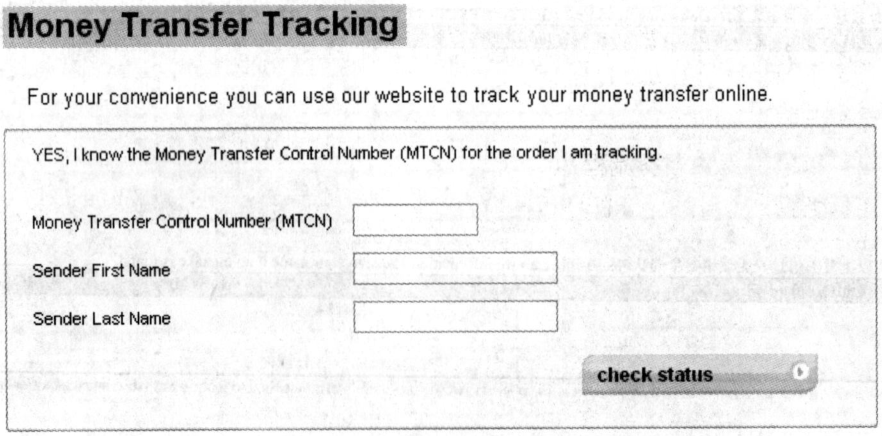

Money Transfer Tracking

For your convenience you can use our website to track your money transfer online.

YES, I know the Money Transfer Control Number (MTCN) for the order I am tracking.

Money Transfer Control Number (MTCN)

Sender First Name

Sender Last Name

check status

资料来源：http://baike.baidu.com 和 http://www.westernunion.cn/sc/

二、中国银行的出口双保理业务和进口双保理业务

（一）出口双保理

中国银行于1992年在国内率先开办出口双保理业务（Two-Factor Export Factoring），于1993年率先加入全球最大的保理商组织——国际保理商联合会（FCI）。截至2009年4月，中行已连续12个月出口保理业务量排名世界第一。中国银行已与40个国家和地区的103家保理商签约，保持有良好合作关系。中国银行专家现任FCI副主席，在国际保理界有较强的话语权。

出口双保理是指出口商将其现在或将来的基于与进口商（债务人）订立的货物销售合同项下产生的应收账款转让给银行，再由银行转让给国外进出口保理商，由银行为出口商提供贸易融资、销售分户账户管理，并由进口保理商为其提供应收账款的催收及信用风险控制与坏账担保等服务。

按有无追索权分为有追索权保理与无追索权保理；按是否将应收账款转让通知债务人分为公开型出口双保理与隐蔽型出口双保理。

产品特点是：

（1）增加营业额。通过叙做保理业务，对于新的或现有的客户提供更有竞争力的O/A、D/A付款条件，轻松拓展海外市场，增加营业额。

（2）有效的风险保障。通过遍布国内与国际的保理业务网络，由保理商对进口商进行信用评估，并承担进口商信用风险。出口商在受核准的额度内可以得到100%的收汇保障。

（3）提供融资便利，美化财务报表。保理商以预支方式提供融资便利，缓解出口商流动资金被应收账款占压的问题，改善企业的现金流；同时出口双保理业务下由银行买断应收账款，企业可以提前享受出口退税及核销的实惠，规避汇率风险，并达到美化财务报表的目的。

（4）节约成本。资信调查、账务管理和账款催收都由保理商负责，减轻出口商的业务负担，节约管理成本。

申请中行出口双保理业务的条件是：

（1）依法核准登记，具有经年检的法人营业执照或其他足以证明其经营合法性和经营范围的有效证明文件；

（2）拥有贷款卡；

（3）拥有开户许可证，并在中行开立结算账户；

（4）具有进出口经营资格；

（5）在中行有授信额度。

中行出口双保理业务办理流程是：

（1）出口商向中行提交《出口保理业务申请书》，中行据此联系进口保理商对进口商进行信用评估；

（2）进口保理商核准进口商额度，中行与出口商签订《出口保理协议》，出口商同意将其应收账款转让给中行，并由中行进 一步转让给进口保理商；

（3）出口商发货或提供服务后，将附有转让条款的发票交进口商，并将发票副本转交中行；

（4）中行通知进口保理商有关发票详情；

（5）如出口商有融资需求，中行对已核准的应收账款为出口商办理融资（原则上不超过

发票金额的 80%)；

(6) 进口保理商于发票到期日前若干天或发票到期日开始向进口商催收；

(7) 如进口商于发票到期日向进口保理商付款，进口保理商将款项付出口保理商；如进口商在发票到期日 90 天后仍未付款，亦未发生争议，进口保理商做担保付款；

(8) 出口保理商扣除融资本息（如有）及费用，将余额付出口商。

(二) 进口双保理

进口双保理（Two-Factor Import Factoring）是指银行应国外出口保理商（不包括非 FCI 成员的银行海外机构）的申请，为某一特定的进口商核定信用额度，从而向出口商提供应收账款催收、资信调查、坏账担保等服务。

按是否将应收账款转让通知债权人分为公开型进口双保理与隐蔽型进口双保理。

产品特点是：

(1) 充分利用优惠付款条件，扩大营业额。由银行承担进口商的信用风险，促成进出口双方以信用销售方式签订合同，从而使进口商能充分享受信用销售的实惠，以有限的资本购进更多的货物，加快资金流动，扩大营业额。

(2) 节约成本，简化手续。保理费用一般由出口商承担，进口商省却了开立信用证和处理繁琐文件的费用，购买手续简化，进货快捷；同时，保理商提供账户管理和应收账款催收服务，减轻进口商的业务负担，节约管理成本。

(3) 规避卖方履约风险。进口商在货到之后验收付款，有效避免信用证项下卖方欺诈、履约风险。

(4) 进口双保理业务一般不需要银行提供融资。

申请中行进口双保理业务的条件是：

(1) 依法核准登记，具有经年检的法人营业执照或其他足以证明其经营合法性和经营范围的有效证明文件；

(2) 拥有贷款卡；

(3) 拥有开户许可证，并在中行开立结算账户；

(4) 具有进出口经营资格；

(5) 在中行有授信额度。

中行进口双保理业务办理流程是：

(1) 应出口保理商/出口商申请，中行对进口商进行初步信用评估，核定信用额度并报价；

(2) 中行与进口商签订《进口保理协议》，并向出口保理商正式批复信用额度；

(3) 出口商按中行规定向进口商签发《Introductory Letter》，并在发货出单后将应收账款通过出口保理商转让给中行；

(4) 中行向进口商就应收账款进行定期催收；

(5) 进口商到期付款，中行将相应款项付给出口保商；

(6) 如在发票到期日后 90 天进口商仍未付款，也没有提出争议，中行对出口保理商做担保付款。

表 4-18 招商银行出口保理申请书

出口保理申请书

致：招商银行　　　　　行	保理商业务编号 Reference
To: China Merchants Bank	No. EF

我司兹申请以下出口保理服务（We hereby apply for export factoring service as below, with the choice marked with X）。

双保理服务要求（Two-factor Service Required）							
[ ]	无追索权 non-recourse	[ ]	仅需保理商催收 Collection only	[ ]	有追索权 Recourse	[ ]	需要融资 Financing
单保理 Single-Factor service			[ ] 有追索权单保理（发票贴现）Invoice Discounting				

现提供以下真实资料，以便贵行通过进口保理商评定买方的信用额度。

The true information is provided for assessing the buyer's Credit through your import factor.

（一）出口商资料（Seller's Information）

保理商给卖方编号 Seller Number:

1. 公司名称（中文）：________________ 负责人（chairman）：________

英文（Business Name）：

2. 地址（中文）

英文地址（Address）：

________ 邮政编码（Zip）：

3. 开户银行（bank）： 账号（a/c）：

4. 行业分类（Industry）：

出口产品或服务的中英文名（products or services）：

5. 付款期限（Net payment terms）：O/A days from [ ]shipment date,[ ]invoice date; others: ________

[如已约定宽限期，请填写（Grace Period, if any）：

若提前若干天支付，允许买方折扣率 Discount days _______ and discount pct _____%]

6. 发票币种 （Invoice Currency）：

7. 预计出口年销售额（Expected Total Seller Turnover）：

8. 预计进口国购货买家数（Expected no. of buyers in the import country）：

9. 预计对进口国发票总张数（Estimated number of Invoices）：

10. 预计对进口国的年赊销额 （Expected Open Account Turnover）：

11. 预计其他方式出口年销售额 （Expected Other Turnover）：

12. 与申请额度的买方的年交易额（Expected annual Sales ）：________

13. 招商银行以外的其他出口保理商（Other Factors）：

14. 通常价格条款 （General Terms of Delivery）：[ ]FOB [ ] CFR [ ] CIF

（二）买方信用额度评估申请（Credit assessment Request）

保理商给买方编号 Buyer No.

1. Buyer Company Registration No.: ________or VAT Number: ________

2. 名称（Name）：________________

地址（Street and number PO Box ）：________________

城市（City）：________ 省/州（Province/State）：________ 邮编（Postcode）：________

国家（Country）：

3. [X]允许进口保理商与进口商直接联系（Buyer contact allowed）

联络人（Contact Name）：________ 电话（Tel. No.）：________

传真（Fax No.）：________ Email：________

4. 往来银行账号（a/c No.）：________

银行名称（Name of Bank）________

分行（Name of Branch）：________

往来保理商（Factors）：

5. 申请额度（ Amount of Credit Assessment request）：________

6. 额度启用时间 （Valid from date）：

7. 合同/订单号码（Sales Contract/Order Number）：

8. 最迟发货日期（Latest shipment date）：

9. [ ] 本公司在进口国没有代理商（We have not any agent in buyer's country）

[ ] 本公司在进口国有以下代理商（We have the agent in buyer's country as below）：

名称（Name）：________

地址（Address）：________

联络人（Contact name）：________电话（Tel. No.）：________

公司联系人 Contact： 电话 Tel： 传真 Fax： e-mail:

银行要求 填妥后请交正本，并将电子版发送至：

公司签章 （Signature & Stamp）

日 期 （Date）：

《出口保理申请书》填写要求

（仅供参考，此页不必交给银行）

保理类型：

（1）无追索权保理：根据贵公司的选择，中行提供全面的保理服务，即：坏账担保、发票催收、账户管理或保理融资（仅限于贵公司另外提出申请并经中行同意后叙做）等。

（2）仅需保理商催收：中行仅提供货款托收、货款催收服务。

（3）有追索权单保理（发票贴现）：根据贵公司的申请，中行在没有对应的进口保理商及未核定买方信用额度的情况下直接为贵公司提供除坏账担保外的各项保理服务。

（4）有追索权保理：根据贵公司的选择，中行提供坏账担保以外的各项保理服务。

各项业务的具体释义以中行有关保理业务的规章制度规定为准。

（一）出口商资料

（1）公司名称：公司英文名称必须与贸易合同、形式发票/订单上名称完全相同。

（2）公司地址：要求同上。

（3）开户银行：若在本行开户，填写分支行名称及账号；他行开户，则填写主账户。

（4）行业分类：参考"中国出口商品交易会"商品行业分类（见附表）出口产品或服务的中英文名称：填写商品统称多种商品。

（5）付款期限：提单日期或发票日期之后 O/A 若干天；或者如实改为 D/A。有如 30 天、60 天、90 天的，则填写最长的，但一般不要超过 90 天宽限期：系指在付款到期日后，贵公司额外还给予买家的付款宽限天数。若未商定过，一般不填写。

（6）发票币种：若出现多种货币，如实填写货币代码。

（7）预计出口年销售额：以下预计数尽可能准确，不应与今后实际数相差过大。

（8）～（11）（略）

（12）与申请额度的买方发生的年交易额：不可浮夸，以免实际转让发票额相差过大，让保理商有理由减责或追加费用。

（13）银行以外的出口保理商：贵公司是否还通过其他金融机构叙办理保理业务。

（14）通常的价格条款：贵公司与境外买家之间的贸易合同所规定的价格条件。

（二）买方信用额度评估申请

（1）买方的注册登记号码或增值税号码：为便于进口保理商的信息搜集工作，请您尽量提供买方的上述号码。

（2）买方名称地址：请如实填写，必须与贸易合同、订单或形式发票等合约一致。

（3）允许进口保理商直接联系：中行现在提供的主要是公开型的保理业务，因此一般允许进口保理商与进口商联系并请提供买方的联系人和联系方式。

（4）往来银行和账号：填写的目的是便于进口保理商掌握买家的信用评估信息。往来的保理商：若有，请提供。

（5）申请额度：指无追索权保理下，进口保理商为买方承担坏账担保的信用额度

信用额度＝贵公司对该买家的年销售额/360×OA 天数×1.5

若申请有追索权保理或仅作催收，该额度填写为 0

（6）额度启用时间：请填写您期望启用该额度的时间。

（7）合同订单号码：如果现在已与境外签约，请提供。

（8）最迟发货日期：若贸易合同规定了最迟发货日期，则填写。

（9）如果贵公司在买方所在国有代理商或经销商，请提供其名称和地址。

资料来源：中国银行和招商银行网站 www.boc.com and http://www.cmbchina.com/

三、信用证的审核与修改

（一）信用证的审核

信用证开来后，应立即根据买卖双方已签订的合同及有关国际惯例，特别是《跟单信用证统一惯例》规定对信用证内容逐项认真检查。信用证是依据合同开立的，信用证的内容理应与合同的条款相一致。但在实际业务中，由于种种原因，如国外客户或开证银行工作的疏忽和差错；或者某些国家对开立信用证有特别规定；或者国外客户对我国政策不了解；或者开证申请人或开证行的故意行为等，往往会出现开立的信用证条款与合同条款不符或与我国外贸政策不符。因此，出口商一定要做好审证工作，以便安全收汇。

审核信用证，是银行和外贸企业的共同责任，但审核内容各有侧重，下面主要介绍一下出口商审证的要点。

1. 对信用证金额的审核

（1）信用证的金额，不能冠有“大约”字样，不能超额支用，其币别与金额必须与合同相符。如果合同中订有商品数量的“溢短装”条款时，信用证金额也应规定相应的机动幅度。

（2）如信用证列有商品数量或单价的，应复核总值是否正确，如信用证金额不足，应要求开证人增加金额，以确保收汇数字。

（3）有无佣金，如何规定，是否符合合同规定。如所开的金额已扣除佣金，就不能在信用证上再出现议付行内扣佣金词句。

2. 对货物描述的审核

审核信用证中货物的名称、货号、规格、包装、合同号码、定单号码等内容是否与买卖合同完全一致。

3. 对开证申请人、受益人名称和地址的审核

这两个名称是出口单证中必不可少的，如来证开错，应及时修改，以免制单和寄单发生困难，影响收汇。

4. 对信用证截止日、交单期和装运期的审核

（1）截止日。按《UCP600》的规定，信用证必须规定一个交单的截止日，规定的承付或议付的截止日将被视为交单的截止日。除非银行适逢正常歇业，否则受益人或者代表受益人的交单应在截止日当天或之前完成。据此，未注明截止日的信用证是无效的，晚于截止日的交单也是无效的。

信用证的截止日还涉及交单地点的问题。按《UCP600》规定：可在其处兑用信用证的银行所在地即为交单地点；可在任一银行兑用的信用证其交单地点为任一银行所在地；除规定的交单地点外，开证行所在地也是交单地点。据此规定，交单地点与兑用方式直接相关。实际业务中一般有三种情况：在出口地到期；在进口地到期；在第三国到期。这三种情况中，第一种规定方法对出口人最有利，而二、三两种情况，到期地点均在国外，对出口商来说，由于寄单费时，且有延误可能，因而风险较大。为此，出口商应争取在出口地到期，若争取不到，则必须提前交单，以防逾期。

（2）交单期。信用证还应规定一个运输单据出单日期后必须提交符合信用证条款的单据的特定期限，即“交单期”。若信用证无此期限的规定，按《UCP600》规定，受益人或其代表必须在不迟于发运日之后的二十一个日历日内交单，但在任何情况下都不得迟于信用证的截止日。

（3）装运期。装运期是指卖方将货物装上运往目的地（港）的运输工具或交付给承运人的日期。事实上不同的运输方式所使用的运输单据的出单日期所表示的交货期是不同的。若信用证未规定装运期，卖方最迟应在信用证到期日前几天装运。信用证中可以没有装运期，只有有效期，在实际业务中叫做“双到期”。如办不到，要修改有效期。有效期和装运期应有一定的合理间隔（一般在 10 天左右），以便在装运后有足够的时间做好制单、审单、交单等工作。

5. 对运输条款的审核

（1）装运港（地）和目的港（地）。信用证运输条款中的装运港（地）和目的港地)，应与合同相符，交货地点也必须与价格条款相一致。如不符则应修改。

（2）若来证指定运输方式、运输工具或运输路线以及要求承运人出具船龄或船籍证明，应及时与承运人联系。

（3）分批装运和转运问题。多数来证是允许转运及/或分批的（其中包括信用证中未注明可否转运及或分批）。这对我方较为有利。但也有信用证列明不许转运及/或不准分批，在

这种情况下我们应及时了解在装运期内是否有直达船到目的地，能否提供直运提单及了解货源情况，是否可以在装运期内一次出运。如上述有办不到的，应修改信用证。对信用证列有必须分批，且规定每批出运的日期和出运数量，或类似特殊的分运条款，应根据货源情况决定是否可以接受。对于分期装运，惯例规定，除非信用证另有规定，若一期未能按期完成，本期及以后各期均告失效。若要续运，必须修改信用证。

（4）信用证中指定唛头。如货已备妥，唛头已刷好而信用证后到，且信用证指定的唛头与原唛头不一致，应要求修改唛头。否则，需按信用证重新刷制。

6. 对保险条款的审核

若来证要求的投保险别或投保金额超出了合同的规定。我方应及时和保险公司联系，若保险公司同意且信用证上也表明由此而产生的超保费用由买方承担并允许在信用证项下支取，则我方可接受。

如成交价为 CFR，而来证要求由我方办理保险。在这种情况下，只要来证金额中已包括保险费，或允许加收保险费，则可不必修改。凡成交价为 FOB 或 CFR 者，来证往往要求我方在装运前以航邮或电传通知开证人投保并凭邮局收据或电传副本办理结汇，应及时办理。

7. 对于所列单据与出票条款的审核

信用证中要求提供的单据的种类、份数及内容，我方能否办理或能否接受。如转口贸易时信用证要求原产地证，卖方不可能办到，对此，出口方应要求改证。

8. 其他条款的审核

（1）银行费用条款。此项条款《UCP600》也作出了明确的规定：指示另一银行提供服务的银行有责任负担被指示方因执行指示而发生的任何佣金、手续费、成本或开支（“费用”），即银行费用（一般包括议付费、通知费、保兑费、承兑费、修改费、邮费等）由发出指示的一方负担。如信用证项下是由开证申请人开立的信用证，通知又由开证行委托通知行通知议付，因此来证由受益人承担全部费用（all banking charges are for account of beneficiary），显然是不合理的。关于银行费用，可由出口商在与外商谈判时加以明确。

（2）特殊条款。如出现指定船公司、指定船籍、船龄等，或不准在某个港口转船等，实施过程中不易办到的，一般不应轻易接受。

（二）信用证的修改

信用证的修改（amendment to credit）是指通过对已开立的信用证进行审核后，发现有影响合同执行或影响安全收汇或不符合我国对外贸易政策等某些条款时，要求开证申请人进行修改的行为。有时修改信用证的提出者也可以是开证申请人。

1. 改证的程序

（1）出口商向进口商（开证申请人）发出信用证修改函；

（2）开证申请人以书面形式向开证行提出改证申请；

（3）开证行经审核，接受申请人的修改意见后，以加密押电传或 SWIFT 向原通知行发出修改通知。修改通知一经发出就不得撤回；

（4）通知行验明修改通知的表面真实后，通知受益人；

（5）改证生效：《UCP600》规定，未经开证行、保兑行（如有保兑）、及受益人同意，不可撤销的信用证不得修改，修改是否生效取决于受益人的接受或拒绝。受益人对一份修改通知书中的内容只能全部接受或全部拒绝，部分接受被认为是拒绝改证内容。

2. 改证时应该注意以下问题：

（1）需要修改的内容一次提出。

（2）已接受的信用证修改通知书，应立即将其贴附于原证，即“锁证”，并注明修改次数，以利于办理议付。

（3）必须在收到信用证修改通知书后才能办理备货、发货事宜，决不能仅凭买方的“证以改妥”或其他类似通知就盲目发货。

《UCP600》第十条对信用证修改的也作了相关的规定，具体内容如下：

a. 除本惯例第 38 条[①]另有规定外，凡未经开证行、保兑行（如有）以及受益人同意，信用证既不能修改也不能撤销。

b. 自发出信用证修改书之时起，开证行就不可撤销地受其发出修改的约束。保兑行可将其保兑承诺扩展至修改内容，且自其通知该修改之时起，即不可撤销地受到该修改的约束。然而，保兑行可选择仅将修改通知受益人而不对其加具保兑，但必须不延误地将此情况通知开证行和受益人。

c. 在受益人向通知修改的银行表示接受该修改内容之前，原信用证（或包含先前已被接受修改的信用证）的条款和条件对受益人仍然有效。受益人应发出接受或拒绝接受修改的通知。如受益人未提供上述通知，当其提交至被指定银行或开证行的单据与信用证以及尚未表示接受的修改的要求一致时，则该事实即视为受益人已作出接受修改的通知，并从此时起，该信用证已被修改。

d. 通知修改的银行应当通知向其发出修改书的银行任何有关接受或拒绝接受修改的通知。

e. 不允许部分接受修改，部分接受修改将被视为拒绝接受修改的通知。

f. 修改书中作出的除非受益人在某一时间内拒绝接受修改，否则修改将开始生效的条款将被不予置理。

本章习题

一、名词解释

1. 汇款 2. 电汇 3. 头寸拨付 4. 票汇 5. 出口押汇 6. 托收 7. 保付加签 8. 跟单托收 9. 付款交单 10. 承兑交单 11. 信托收据 12. D/P • T/R 13. L/C 14. 不可撤销信用证 15. 保兑信用证 16. 可转让信用证 17. 假远期信用证 18. 对开信用证 19. 进口押汇 20. 打包贷款 21. 银行保函 22. 备用信用证

二、判断

1. 信汇、票汇、电汇三种汇款方式中解付行查验汇款真实性的方法相同，都是查验汇出行的签字。（ ）

2. 售定属于货到付款的一种方式，它是进出口方达成协议，所进行的一种“先出后

① 第三十八条的具体内容见本章第三节信用证种类的（七）可转让信用证。

结”的结算方式。(　　)

3. 票汇中使用的是银行汇票，因此，其结算基础是银行信用。(　　)

4. 汇款一经解付，汇款人就不能要求银行办理退汇。(　　)

5. 由于汇票是无条件付款命令，是由收款人向付款人提示要求付款的，因此，凡使用汇票的结算方式，必然是逆汇方式(　　)

6. 在托收业务中，只要委托银行可靠，收回货款就不成问题。(　　)

7. 在电汇和信汇业务中，银行审查了汇款人提交的汇款申请书，并收妥汇费及所汇款向后，以向汇款人交付回执的方式，表示接受汇款人的委托，办理该笔汇款手续。(　　)

8. 在票汇业务中，银行审查了汇款人提交的汇款申请书，并收妥汇费及所汇款向后，和电汇、信汇方式一样，以向汇款人交付回执的方式，表示接受汇款人的委托，办理该笔汇款手续。(　　)

9. 使用票汇方式时，若汇款人没有要求汇出行在所签发的银行汇票上加注“不可转让”字样，则实际到银行取宽的，可能不是汇票上记载的收款人。(　　)

10. 票汇业务和托收业务的结算基础是商业信用，所以都使用商业汇票。(　　)

11. 托收行的职责之一是审查托收申请书和核对单据，因此托收行有义务审核单据的内容，以确保托收款项顺利收回。(　　)

12. 在远期付款交单情况下，买方若想抓住行情，不失时机转售货物，只能在汇票到期前提前付款赎单.别无他法。(　　)

13. 托收因借助银行实现货款的收付，所以，托收是属于银行信用。(　　)

14. 出口押汇的实质是银行有追索权地向进口商购买跟单汇票。(　　)

15. 按照《URC522》的规定，委托人为防止货到目的地后因买方拒付贷款而致货物无人领取、保管，可以直接将货物发给进口地的代收行。(　　)

16. 如果进口商凭 D/P・T/R 向银行借单提货后，在远期汇票到期时拒付，则由此造成的风险损失由出口商承担。(　　)

17. 可转让信用证只能转让一次，因此，可转让信用证的第二受益人只能有一个。(　　)

18. 开证银行在得知开证申请人将要破产的消息后，仍需对符合其所开的不可撤销信用证的单据承担付款的责任。(　　)

19. 受益人对同一信用证的修改书上涉及两个或两个以上条款的修改，可以部分同意，部分拒绝。(　　)

20. 信用证业务中，偿付行应审核单证一致后，才能向议付行偿付。(　　)

21. 延期付款信用证下，指定银行审单无误后收进单据，在受益人开具的远期汇票上作出承兑，待汇票到期再行付款。(　　)

22. 对背信用证与可转让信用证一样，其权利转让要以原证申请人及开证行准许为前提。(　　)

23. 可转让信用证只能按原证规定条款转让，因此，有关信用证金额、商品单价、到期交单日及最迟装运日期等项均不可改变。(　　)

24. 在保兑信用证中，保兑行与开证行一样，承担第一性的付款责任。(　　)

25. 通知行要想了解信用证条款是否完整，就应将信用证于凭以开立的贸易合同进行全

面的核对。（　　）

26. 受益人审核信用证与贸易合同一致后才能发货。（　　）

27. 凡没有注明“不可转让”还是“可转让”字样的信用证，即为不可转让信用证。（　　）

28. 信用证一旦开立，就独立于合同之外。（　　）

29. 即期付款信用证可以不要求汇票。（　　）

30. 信用证的有效到期地点应是受益人所在地。（　　）

三、单项选择

1. 伦敦一家银行委托国外代理行向收款人办理汇款解付，头寸调拨如下（　　）。

A. 主动借记对方账户　　B. 主动贷记对方账户

C. 授权借记对方账户　　D. 授权贷记我方账户

2. 客户要求银行使用电汇方式向国外收款人汇款，则电讯费用由（　　）承担。

A. 汇出行　　B. 汇入行　　C. 汇款人　　D. 收款人

3. 采用寄售方式来出售商品时，（　　）承担的风险很大.

A. 进口商　　B. 代销商　　C. 银行　　D. 出口商

4. 代理行向收款人解付电汇款项之前需要（　　）。

A. 核对汇出行授权人签章　　B. 核对汇出行密押

C. 核对汇出行电文格式　　D. 核对汇出行汇票票根

5. 不必限定在汇入行取款的汇款方式是（　　）。

A. 电汇　　B. 信汇　　C. 票汇　　D. 以上都是

6. 对进口商不利的贸易结算汇款方式是（　　）。

A. 售定　　B. 赊销　　C. 延期付款　　D. 预付货款

7.（　　）是我国南方沿海三省对港澳地区出口某些鲜活商品的一种特定的结算方式。

A. 赊销　　B. 延期付款　　C. 售定　　D. 预付货款

8. 在托收业务中，以下关系中不属于委托代理关系的是（　　）。

A. 委托人和委托行　　B. 委托行和代收行

C. 代收行和付款人　　D. 委托人和“需要时的代理”

9. 以下不属于代收行义务的是（　　）。

A. 收到单据应与托收指示核对，如单据有遗失立即通知委托行

B. 按单据的原样，根据托收指示向付款人提示

C. 对于汇票上承兑的形式，负责表面上完整和正确之责

D. 在汇票遭到拒绝承兑或拒绝付款时，负责作成拒绝证书

10. D/P·T/R 意指（　　）。

A. 付款交单　　B. 远期付款交单凭信托收据借单

C. 承兑交单　　D. 承兑交单凭信托收据借单

11. 承兑交单方式下开立的汇票是（　　）。

A.即期汇票　　B. 远期汇票　　C. 银行汇票　　D. 银行承兑汇票

12. 在托收业务中，如发生拒付，为了照料处理存仓、保险，重行议价，转售或运回等

事宜，委托人可指定一个在货运目的港的代理人办理，这个代理人是（　　）。

A. 委托行　　B. 需要时的代理　　C. 代收行　　D. 承运人

13. 以下不属于信用证特点的是（　　）。

A. 信用证是由开证银行承担第一性付款责任的书面文件

B. 信用证是一种商业信用

C. 开证银行履行付款责任是有限度和条件的

D. 信用证是一种自足的文件

14. 信用证的第一付款人是（　　）。

A. 开证行　　B. 通知行　　C. 议付行　　D. 开证申请人

15. 一般来说，保兑行对所保兑的信用证的责任是（　　）。

A. 在议付行不能付款时，承担付款责任

B. 在开证行不能付款时，承担付款责任

C. 承担第一性的付款责任

D. 在开证申请人不能付款时，承担付款责任

16. 按照国际商会《UCP600》的解释，所有的信用证都应该为（　　）。

A. 可撤销信用证

B. 不可撤销信用证

C. 由开证行和受益人协商确定

D.可能是可撤销信用证，也可能是不可撤销信用证

17.（　　）是一类允许出口商在装货交单前可以支取全部或部分货款的信用证。

A. 即期付款信用证　　B. 预支信用证

C. 对开信用证　　D. 保兑信用证

18. 按照 UCP600 规定，开证行审核单据和决定是否提出异议的合理时间是（　　）。

A. 收到单据后的 5 个工作日　　B. 收到单据后的 7 个工作日

C. 收到单据后的 8 个工作日　　D. 收到单据后的 10 个工作日

19. 以下当事银行中（　　）对信用证受益人付款之后享有追索权。

A. 议付行　　B. 开证行　　C. 保兑行　　D. 付款行

20. 信用证的特点表明各有关银行在信用证业务中处理的是（　　）。

A. 相关货物　　B. 相关合同　　C. 抵押权益　　D. 相关单据

21. 以下当事银行中（　　）向信用证受益人付款之前不必审核单据。

A. 议付行　　B. 开证行　　C. 偿付行　　D. 付款行

22. 保函应包括的基本人有委托人、担保行及（　　）。

A. 受益人　　B. 开证行　　C. 保兑行　　D. 申请人

23. 备用信用证最早流行于（　　）。

A. 日本　　B. 美国　　C. 中国　　D. 德国

24. 以下不属于银行保函和跟单信用证相同点的是（　　）。

A. 都是由银行作出的承诺　　B. 形式相似

C. 都是单据化业务　　D. 银行对单据的审核责任都仅限于表面相符

25. 开立保函申请书是（　　）代表了一定的法律义务和责任划分的书面文件。

A. 申请人与担保行之间　　B. 申请人与通知行之间
C. 申请人与受益人之间　　D. 转递行与担保行之间

26. 属于银行信用的国际贸易支付方式是（　　）。
A. 汇付　　B. 托收　　C. 信用证　　D. 票汇

27. 在国际贸易实践中，用以统一解释调和信用证各有关当事人矛盾的国际惯（　　）。
A.《URC522》　　B.《UCP600》　　C.《ISP98》　　D.《URDG458》

28. 一张有效的信用证，必须规定一个（　　）。
A. 装运期　　B. 有效期　　C. 交单期　　D. 议付期

29. 按照《跟单信用证统一惯例》的规定，受益人最后向银行交单议付的期限是不迟于提单签发日后的（　　）。
A. 11天　　B. 15天　　C. 21天　　D. 25天

30.可转让信用证可以转让（　　）。
A. 一次　　B. 二次　　C. 多次　　D. 无数次

四、思考

1. 如何办理电汇，其具体流程是怎样的？
2. 即期付款交单的流程是怎样的？
3. 简述远期付款交单和承兑交单的流程。
4. 简述信用证结算方式的流程和特点。
5. 备用信用证与信用证有什么不同之处？
6. 在汇付、托收和信用证结算方式下，出口商和进口商各有哪些融资的形式？

五、案例分析

1. 我国某公司向美国 MAY WELL 公司出口工艺品，FOB 青岛成交，该公司以前曾多次与其交往关系不错，但没有成交。第一笔成交客户坚持要以 T/T 付款，称这样节约费用对双方有利。考虑到双方长时间交往，相互还算了解，于是我公司就答应了客户的要求，在装完货收到 B/L 后即传真给客户。客户很快将货款 USD11 000 汇给我方。这样，第一单非常顺利地完成了。一个月后客户返单，并再次要求 T/T 付款，我方同意。事后三个月内连续四次返单，总值 FOB 青岛 USD44 000，目的港为墨西哥。但由于我方疏忽在发货后既没有及时追要货款，更没有采取任何措施，使客户在没有正本 B/L 的情况下从船公司轻松提货。待4 票全部出运后再向客户所款已为时过晚，客户均以各种理由拖延，一会说资金紧张，一会说负责人不在，一会说马上付款。半年后客户人去楼空，4 万多美元石沉大海，白白损失。

问从本案例中我们应该吸取什么教训?

2. 我某公司与一韩商初次谈判出口货物一批，双方同意以 T/T 方式支付，款到空运发货。货物备齐且品质也经韩商确认后，我公司收到该客户通过某银行电汇货款的银行水单的传真，为配合客户我公司立即安排空运将货物发出。但凭传真向我方银行查询始终没有收到该笔货款。正本空运单托运人一联仍在我公司手中，但查询空运公司得知货物早已被收货人提走。

问：为什么会出现上述情况？我公司应吸取什么教训？

3. 我某出口公司向国外 K 公司出口一单工艺品，合同规定航空运输。K 公司开来信用证要求装运不晚于 2004 年 6 月 20 日，所有单据须于装运日后 5 天向银行议付交单。我出口公司在 5 月 4 日向机场办妥装运手续。后因连日暴雨，飞机延至 7 日才起飞。后因 8 日和 9 日是双休日，单证人员于 11 日才向银行交单办理议付。结果开证行以交单期与信用证不符为由拒绝付款，而 K 公司又借航空公司可以不凭运单提货的有利条件向承运人提走了货物。

问：开证行拒付有无道理？出口公司有无责任？应该如何了结此案？

4. 某出口公司（甲）与中东地区进口商（乙）签订了一份合同，向其出售一批机电产品，付款条件为 D/P 60 天。甲委托国内的丙银行通过国外的代理行丁代收货款。托收申请书和委托书中列明："D/P at 60 days after sight"（见票后 60 天付款交单）和"Subject to Uniform Rules for Collection ICC Publication No.522"〔根据《托收统一规则》（国际商会 522 号出版物）〕等文句。结果丁银行以承兑交单的方式交给了进口商。而票据到期，进口商迟迟不付款，使甲公司蒙受损失。

问造成损失的责任由谁来承担？

5. 天津甲公司出售一批货物给香港乙公式，价格条件为 CIF 香港，付款条件为 D/P 见票 30 天付款，甲公司同意乙公司指定香港汇丰银行为代收行，甲公司在合同规定的装船期限内将货装船，取得清洁提单，随即出具汇票，连同提单和商业发票等委托中行通过香港汇丰银行向乙公司收取货款。五天后，所装货物安全抵达香港，因当时该商品的行情看好，乙公司凭信托收据向汇丰银行借取单据，提走货物并将部分货物出售。不料，因到货过于集中，货物价格迅即下跌，乙公司以缺少保险单为由，在汇票到期拒绝付款。

问你认为甲公司应如何处理此事？

6. 内地某出口公司收到香港某银行所开立的不可撤销的跟单信用证，申请人为香港某进口公司。信用证中关于货物的包装条款为："均以三夹层盛放，每箱净重 10 公斤，2 箱一捆"。销售合同则要求："均以三夹层盛放，每箱净重 10 公斤，2 箱一捆，外套麻袋"。信用证与销售合同规定不符。受益人按信用证要求进行包装，并使得货物在规定的时间内抵达香港。但却遭到开证行拒付，理由是进口商发现货物包装与销售合同不符。

试问开证行的做法错在哪里？

7. 国内某公司同美国一家公司以 FOB 价签订了 5 万立方米花岗岩砌石供货合同，总金额为 1 950 万美元。一个月后，美国公司委托香港的两家公司通过香港一家银行开出 195 万美元购买首批 5 000 立方米砌石的信用证，信用证中规定："货物装运必须在收到开证申请人通过开证行发出的指定船名指示后才能进行"。国内公司收到信用证后，立即向买方指定人交付了合同履约质保金人民币 260 万元，但由于一直得不到开证行装运通知，无法执行信用证，结果国内公司不但被骗走了 260 万元，还使大量砌石滞留港口，损失巨大。

请分析为什么会发生这种情况？

8. 我某公司自国外某客户进口一批钢材，货物分两批装运，支付方式为不可撤销即期信用证，每批分别由中国银行开立一份信用证。第一批货物装运后，卖方在有效期内提交了合格的单据，中行对外做了支付。我公司收到货物后发现品质与合同规定不符，随即要求银行拒付第二份信用证项下的单据，但遭到银行拒绝。

问：银行这样做是否合理？

六、实训操作练习

1. 根据下列相关信息填写境外汇款申请书（没有提供相关信息的项目不用填写）。

我国青岛工艺品进出口公司（地址：中国青岛市江西路 62 号）与美国史密斯公司（地址：美国纽约华盛顿路 103 号，开户行：美国纽约花旗银行 账号：070916622–8）签订贸易一笔贸易进口合同，合同金额为 10 万美元，同时规定采用电汇预付全部货款。青岛工艺品进出口公司的授权签名人为张丽，电话 053285627780，组织机构代码为 999999999，用人民币购汇，人民币账号为 123456789，银行费用由汇款人承担。

2. 我国青岛 A 公司于 2010 年 3 月出口一批货物，货款金额为 10 万美元，委托中国银行青岛分行托收，中行又委托香港渣打银行（Standard Chartered Bank）向当地进口商 B 公司代收，合同规定的交单条件为 D/P30 天付款，A 公司按约定及时发出货物，取得货运单据，试问：

（1）在正常托收业务中，A 公司如何签发汇票，如何背书？

（2）如果中行向 A 公司提供融资时，汇票又该如何签发？如何背书？

在（1）问中，所签发的托收汇票和托收汇票背书票样分别如图 4-25 和图 4-26 所示。

Exchange for

At sight pay to the order of

The sum of

To:

图 4-25 托收汇票票样

汇票背面:

图 4-26 托收汇票背书票样

在（2）问中的汇票票样和汇票背书票样如图 4-27 和图 4-28 所示。

Exchange for ____________

At ____________ sight pay to the order of ____________

The sum of ____________

To ____________

图 4-27 汇票票样

汇票背面：

图 4-28　汇票背书票样

3. 根据下列托收委托书的内容，审核、填写以下各栏：

委托人公司名称、账号

付款人公司名称

指定代收行

托收金额、付款期限

托收单据种类、份数

银行费用由哪方承担

交单条件

利息支付情况

拒付时是否需要出具拒绝证书

需要时的代理及作用

托收行邮寄单据遗失时，是否需承担责任

托收委托书

致：中国银行广州分行
TO：BANK OF CHINA GUANGZHOU
We hand the undermentioned item for disposal in accordance with the following instructions and subject to the terms and conditions set out overleaf for

Original Collection Application
Date：18th，May，2003
兹送上下列文件，请按照下述指示办理，本司并同意遵照背面之条款。

☒ Please advance against the bill/documents
请予垫款
☐Please do not made any advance
无须垫款

☒ COLLECTION　代收
☐NEGOTIATION under Documentary Credit
议付信用证下单据

Please mark 请填上下列文件的份数
Number of DOCUMENTS ATTACHED

我司账号 Our A/C No. 87364－752－9251

Draft 汇票	Bill of lading 提单	Airway bill 空运单	Cargo Receipt 货物收据	Invoice 发票 Comm.	Invoice 发票 Cust.	Memo. 中旅社承运收据	Cert. Of Qual/Quan. 品质/数量证明书	Cert. Of Origin 产地证明书	Ins. Pol/Cert. 保险单/证书	Packing List 装箱单	Weight List 重量单	Bene. Cert. 受益人证明书	Cable Copy 电报副本
2/2	4/4			2/2			1/1	1/1		1/1			

OTHER DOCUMENTS 其他文件

DRAWEE 付款人 Good Luck Company，Hongkong

ISSUING BANK 开证银行	DOCUMENTARY CREDIT NO. 信用证编号

TENOR 期限 AT SIGHT DRAFT NO. /DATE 票号/日期 18th, May	DRAFT AMOUNT 金额 HK$ 652, 450.00
FOR "BILLS NOT UNDER L/C " PLEASE FOLLOW INSTRUCTIONS MARKED "X" 如属非信用证下单据请按下列有 X 之条款办理	
Deliver documents against PAYMENT/~~ACCEPTANCE~~	付款/~~承兑~~交单
☐Acceptance/ payment may be defered pending arrival of carrying vessel	货到后方承兑/交款
Collection charges outside Guangzhou for account of Drawee	外埠代收手续费付款人负担
Please collect interest at 5% p. a. from Drawee	请向付款人按年息 5% 计收利息
☒ Please waived interest/charges ☐Do not waive interest/charges	如拒付利息/手续费可免收/~~不可免收~~
if refuse in the event of dishonour	如付款人拒绝承兑或付款
Please warehouse and insure goods for our account	请将各货物入仓投足保险，各项费用由我司负责
☒ Please do not protest ☐Protest	请不须/~~请做~~拒绝承兑/付款证书
☒ Advise dishonour by ☐Airmail ☒ Cable	若未兑付请以~~航邮~~/电报通知
☒ In case of need refer to A Trading Co. , Hong Kong	Who will assist you to abtain acceptance/payment but who has no authority to amend the terms of the bill 该司会协助贵行取得承兑/付款但无权更改任何条款
☒ Designated Collecting Bank (if any)：指定托收银行 Standard Chartered Bank Ltd. , Hong Kong	
PAYMENT INSTRUCTIONS 请将款项收我司账号 ☒ Please credit proceeds to our A/C No. 9005 - 2727985473 其他☐ Others	
OTHER INSTRUCTIONS 其他指示 如有查询，请洽我司。 In case of any questions, please contact our Mr. /Miss 王江 Tel No. 35678765	
	For：Guangdong Arts & Craft Imp. & Exp. Company Authorized Signature(s) 负责人签字

4. 根据下列合同的内容填写开证申请书

SHANDONG GOLDEN BRIDGE I&E CORP.

NO.1 JIANGXI ROAD，QINGDAO，SHANDONG，CHINA

PURCHASE CONTRACT

THE SELLER:ABC CORPORATION CONTRACT NO.:SD070928JP

ADDRESS:1–7–1 TSUKONOWA-OTSU，TOKYO JAPAN DATE:NOV.28TH，2009

TEL:（81）77–545–8666 SIGNED PLACE:QINGDAO，CHINA

THE SELLER AGREES TO SELL AND THE BUYER AGREES TO BUY THE UNDERMENTIONED COMMODITY ACCORDING TO THE TERMS AND CONDITIONS AS STIPULATED BELOW:

1. NAME OF COMMODITY AND SPECIFICATION:

KYORI'S PRECISON HIGH SPEED AUTOMATIC PRESS MATE–3 WITH GRIPPER GX–80B（DETAIL AS PER ATTACHED SHEET-JIS）.

2. QUANTITY: 2 SETS.

3. UINT PRICE:AT USD125 000.OO/SET CIFQINGDAO，CHINA.
4. TOTAL VALUE:SAY U.S. DOLLARS TWO HUNDRED AND FIFTY THOUSAND ONLY.
5. PACKING:EXPORT STANDARD PACKING SUITABLE FOR SEA TRANSPORTATION AND WELL PROTECTED AGAINST DAMPNESS，MOISTURE，SHOCK，RUST AND ROUGH HANDLING.
6. COUNTRY OF ORIGIN AND/OR MANUFACTIRED:ABC CORPORATION，JAPAN.
7. TIME OF SHIPMENT:BEFORE DEC.31，2009，TRANSSHIPMENT AND PARTIAL SHIPMENT ARE NOT ALLOWED.
8. PORT OF SHIPMENT:TOKYO，JAPAN.
9. PORT OF DESTINATION:QINGDAO，CHINA .
10. SHIPPING MARK: SD070928JP/QINGDAO，CHINA/MADE IN JAPAN.
11. TERMS OF PAYMENT:BY IRREVOCABLE SIGHT L/C TO BE AVAILABLE AND REMAIN VALID FOR NEGOTIATION IN JAPAN UNTILL THE 15TH DAY AFTER THE AFORESAID TIME OF SHIPMENT .
12. INSURANCE:TO BE COVERED BY THE BUYER.
13. SHIPPING ADVICE:THE SELLER SHALL,WITHIN 1 DAY AFTER SHIPMENT,ADVESE BY BUYER OF THE CONTRACT NUMBER,COMMODITY,QUANTITY,INVOICED VALUE,GROSS WEIGHT,NAME OF VESSEL AND THE DATE OF SAILING ECT.
14. DOCUMENTS REQUIRED:
    （1）FULL SET OF CLEAN ON BOARD OCEAN/COMBINED TRANSPORTATION/ LAND BILLS OF LADING AND BLANK ENDORSED MARKED FREIGHT PREPAID/ TO COLLECT;
    （2）SIGNED COMMERCIAL INVOICE IN 3COPIES INDICATING CONTRACT NO., L/C NO. AND SHIPPING MARKS;
    （3）PACKING LIST/WEIGHT MEMO IN 3 COPIES;
    （4）INSURANCE POLICY/CERTIFICATE FOR AT LEAST 110 PCT OF CIF-VALUE COVERING ALL RISKS AND WAR RISKS OF PICC.
    （5）CERTIFICATE OF QUALITY IN 3 COPIES;
    （6）SHIPPING ADVICES MUST BE SENT TO APPLICANT WITH 2 DAYS AFTER SHIPMENT ADVISING NUMBERE OF PACKAGES, GROSS & NET WEIGHT, VESSEL NAME,BILL OF LADING NO. AND DATE, CONTRACT NO., VALUE.
    （7）CERTIFICATE OF ORIGIN IN 3 COPIES
15. OTHER TERMS AND CONDITIONS:
    （1）L/C TO BE ISSUED BY TELETRANSMISSION.
    （2）THE BUYER SHALL BEAR ALL BANKING CHARGES INCURRED INSIDE THE ISSUING BANK.
    （3）ALL DOCUMENTS MUST BE MAILED IN ONE LOT TO THE ISSUING BANK BY COURIER SERVICE.
    （4）PRESENTATION PERIOD:WITHIN 10 DAYS AFTER THE DATE OF SHIPMENT.

5. 根据合同审核信用证

销售确认书

SALES CONFIRMATION

卖方 Seller:	ZHEJIANG JINYUAN IMPORT AND EXPORT CO., LTD. 118 XUEYUAN STREET, HANGZHOU, P.R.CHINA	NO.:	JY09125
		DATE:	NOV.6, 2009
		SIGNED IN:	HANGZHOU,CHINA
买方 Buyer:	SUN CORPORATION 5 KING ROAD, DUBAI, UAE		

经买卖双方同意成交下列商品，订立条款如下：
This contract is made by and agreed between the Buyer and Seller, in accordance with the terms and conditions stipulated below.

唛头 Marks and Numbers	名称及规格 Description of goods/Specifications	数量 Quantity	单价 Unit Price	金额 Amount
SUN S/C NO.:JY09125 STYLE NO.:BJ123 DUBAI C/NO.:1–250	BOYS JACKET SHELL:WOVEN TWILL 100% COTTON LINING: WOVEN 100% POLYESTER AS PER THE CONFIRMED SAMPLE OF OCT.22, 2009 AND ORDER NO.989898 SYLE NO.:BJ123	5000PCS	CIFC5%DUBAI USD10.70/PC	USD53500.00
总值 TOTAL:	SAY U.S. DOLLARS FIFTY THREE THOUSAND FIVE HUNDRED ONLY.			

SIZE/COLOR ASSORTMENT: UNIT: PIECE

SIZE / COLOR	92	98	104	110	116	TOTAL
WHITE	440	700	700	360	300	2500
RED	440	700	700	360	300	2500
TOTAL	880	1400	1400	720	600	5000

MORE OR LESS 5% OF THE QUANTITY AND AMOUNT ARE ALLOWED
PACKING: 20 PIECES OF BOYS JACKET ARE PACKED IN ONE EXPORT STANDARD CARTON, SOLID COLOR AND SOLID SIZE IN THE SAME CARTON.
MARKS:
SHIPPING MARKS INCLUDE SUN, S/C NO., STYLE NO., PORT OF DESTINATION AND CARTON NO.
SIDE MARK MUST SHOW THE COLOR, THE SIZE OF CARTON AND PIECES PER CARTON.

TIME OF SHIPMENT（装运期）:
BEFORE THE END OF JAN. 2010
PORT OF LOADING & DESTINATION（装运港及目的港）:
FROM SHANGHAI, CHINA TO DUBAI, UAE.
TRANSHIPMENT IS ALLOWED AND PARTIAL SHIPMENT IS PROHIBITED

INSURANCE （保险）:
TO BE COVERED BY THE SELLER FOR 110% OF THE INVOICE VALUE COVERING ALL RISKS AND WAR RISKS AS PER CIC OF PICC DATED 01/01/1981

TERMS OF PAYMENT （付款条件）:
THE BUYERS SHALL ISSUE AN IRREVOCABLE L/C AT 60 DAYS AFTER SIGHT REACHING THE SELLERS NOT LATER THAN NOV 30, 2009.AND REMAINING VALID IN CHINA FOR FURTHER 15 DAYS AFTER THE EFFECTED SHIPMENT. IN CASE OF LATE ARRIVAL OF THE L/C, THE SELLER SHALL NOT BE LIABLE FOR ANY DELAY IN SHIPMENT AND SHALL HAVE THE RIGHT TO RESCIND THE CONTRACT AND/OR CLAIM FOR DAMAGES.

DOCUMENTS REQUIRED （单据）:

+SIGNED COMMERCIAL INVOICE IN TRIPLICATE, ONE ORIGINAL OF WHICH SHOULD BE CERTIFIED BY CHAMBER OF COMMERCE OR CCPIT AND LEGALIZED BY UAE EMBASSY/CONSULATE IN SELLER'S COUNTRY.

+FULL SET OF CLEAN ON BOARD OCEAN BILLS OF LADING MARKED "FREIGHT PREPAID" MADE OUT TO ORDER BLANK ENDORSED NOTIFYING THE APPLICANT.

+INSURANCE POLICY IN DUPLICATE ENDORSED IN BLANK.

+PACKING LIST IN TRIPLICATE.

+CERTIFICATE OF ORIGIN CERTIFIED BY CHAMBER OF COMMERCE OR CCPIT AND LEGALIZED BY UAE EMBASSY/CONSULATE IN SELLER'S COUNTRY.

INSPECTION AND CLAIMS （检验与索赔）:

INSPECTION OF QUALITY ISSUED BY THE CHINA ENTRY-EXIT INSPECTION AND QUARANTINE BUREAU SHLL BE TAKEN AS THE BASIS OF DELIVERY.

IN CASE DISCREPANCY ON THE QUALITY OR QUANTITY （WEIGHT） OF THE GOODS IS FOUND BY THE BUYER, ATER ARRIVAL OF THE GOODS AT THE PORT OF DESTINATION, THE BUYER MAY, WITHIN 30 DAYS AND 15 DAYS RESPECTIVELY AFTER THE ARRIVAL OF THE GOODS AT THE PORT OF DESTINA-

TION, LODGE WITH THE SELLER A CLAIM WHICH SHOULD BE SUPPORTED BY AN INSPECTION CERTIFICATE ISSUED BY A PUBLIC SURVEYOR APPROVED BY THE SELLER. THE SELLER SHALL, ON THE MERITS OF THE CLAIM, EITHER MAKE GOOD THE LOSS SUSTAINED BY THE BUYER OR REJECT THEIR CLAIM, IT BEING AGREED THAT THE SELLER SHALL NOT BE HELD RESPONSIBLE FOR ANY LOSS OR LOSSES DUE TO NATURAL CAUSE FALLING WITHIN THE RESPONSIBILITY OF SHIPOWNERS OR THE UNDERWRITERS. THE SELLER SHALL REPLY TO THE BUYER WIHTIN 30 DAYS AFTER RECEIPT OF THE CLAIM.

LATE DELIVERY AND PENALTY（迟交货物及罚款）:

IN CASE OF LATE DELIVERY, THE BUYER SHALL HAVE THE RIGHT TO CANCEL THIS CONTRACT, REJECT THE GOODS AND LODGE A CLAIM AGAINST THE SELLER. EXCEPT FOR FORCE MAJEURE, IF LATE DELIVERY OCCURS, THE SELLER MUST PAY A PENALTY, AND THE BUYER SHALL HAVE THE RIGHT TO LODGE A CLAIM AGAINST THE SELLER. THE RATE OF PENALTY IS CHARGED AT 0.5% FOR EVERY 7 DAYS, ODD DAYS LESS THAN 7 DAYS SHOULD BE COUNTED AS 7 DAYS. THE TOTAL PENALTY AMONT WILL NOT EXCEED 5% OF THE SHIPMENT VALUE. THE PENALTY SHALL BE DEDUCTED BY THE PAYING BANK OR THE BUYER FROM THE PAYMENT.

FORCE MAJEURE （不可抗力）:

THE SELLERS SHALL NOT HOLD ANY RESPONSIBILITY FOR PARTIAL OR TOTAL NON-PERFORMANCE OF THIS CONTRACT DUE TO FORCE MAJEURE. BUT THE SELLERS ADVISE THE BUYERS ON TIME OF SUCH OCCURRENCE.

ARBITRATION（仲裁）:

ALL DISPUTES IN CONNECTION WITH THIS CONTRACT OR THE EXECUTION THEREOF SHALL BE AMICABLY SETTLED THROUGH NEGOTIATION. IN CASE NO AMICABLE SETTLEMENT CAN BE REACHED BETWEEN THE TWO PARTIES, THE CASE UNDER DISPUTE SHALL BE SUBMITTED TO THE CHINA INTERNATIONAL ECONOMIC TRADE ARBITRATION COMMISSION FOR SETTLEMENT BY ARBITRATION IN ACCORDANCE WITH THE COMMISSION'S ARBITRATION RULES. THE AWARD RENDERED BY THE COMMISSION SHALL BE FINAL AND BINDING UPON BOTH PARTIES. THE ARBITRATION FEES SHALL BE BORNE BY THE LOSING PARTY UNLESS OTHERWISE AWARDED.

THIS CONTRACT IS MADE IN FOUR ORIGINAL COPIES,AND BECOMES VALID AFTER SIGNATURE, TWO COPIES TO BE HELD BY EACH PARTY.

The Buyer	The Seller
SUN COPORATION	ZHEJINAG JINYUAN IMPORT AND EXPORT CO., LTD.
PETER WHITE	陈奇

2009 年 11 月 17 日，浙江金苑进出口有限公司外贸业务员陈奇收到了杭州市商业银行（HANGZHOU CITY COMMERCIAL BANK）国际业务部的信用证通知函，告知太阳公司已经通过汇丰银行迪拜分行（（HSBC BANK PLC. DUBAI）开来信用证。信用证通知书及信用证内容如下：

1. 信用证通知书

杭州市商业银行

HANGZHOU CITY COMMERCIAL BANK

信用证通知书

Notification of Documentary Credit

OFFICE：INT'L BUSINESS DEPT.

ADDRESS：432 FENGQI ROAD, HANGZHOU, 310006, CHINA DATE: 2009–11–18

To: 致 ZHEJIANG JINYUAN IMPORT AND EXPORT CO., LTD.	WHEN CORRESPONDING PLEASE QUOTE OUR REF NO	AD2009869105555
Issuing Bank: 开证行 HSBC BANK PLC, DUBAI, UAE	Transmitted to us through 转递行/转让行	
L/C No. 信用证号码 Dated 开证日期 KKK091888 2009–11–16	Amount 金额 HKD53500.00	

Dear Sirs,

谨启者：

We advise you that we have received from the above bank a letter of credit, contents of which are as per attached sheet（s）.

兹通知贵司，中行收自上述银行信用证一份，现随附通知。

This advice and the attached sheet（s） must accompany the relative documents when presented for negotiation.

贵司交单时，请将本通知书及信用证一并提示。

This advice does not convey any engagement or obligation on our part unless we have added our confirmation.

本通知书不构成中行对此信用证的任何责任和义务，但本行对本证加具保兑的除外。

If you find any terms and conditions in the L/C which you are unable to comply with and/or any error（s）, it is suggested that you contact applicant directly for necessary amendment（s） so as to avoid any difficulties which may arise when documents are presented.

如信用证中有无法办到的条款及/或错误，请径与开证申请人联系，进行必要的修改，以排除交单时可能发生的问题。

THIS L/C ADVICE IS SUBJECT TO ICC UCP PUBLICATION NO.600.

本信用证之通知系遵循国际商会跟单信用证统一惯例第600号出版物办理。

This L/C consists of 1 sheet（s）, including the covering letter and attachment（s）.

本信用证连同面函及附件共1纸。

Remarks:

备注：

本通知费 CNY200

Yours faithfully,

HANGZHOU CITY COMMERCIAL BANK

杭州市商业银行

AUTHORIZED SIGNATURE（S）

2. 信用证

MT700 ISSUE OF A DOCUMENTARY CREDIT

SENDER HSBC BANK PLC, DUBAI, UAE

RECEIVER HANGZHOU CITY COMMERCIAL BANK, HANGZHOU, CHINA

SEQUENCE OF TOTAL *27: 1/1
FORM OF DOC. CREDIT *40A: IRREVOCABLE
DOC. CREDIT NUMBER *20: KKK091888
DATE OF ISSUE 31C: 091116
APPLICABLE RULES 40E: UCP LATEST VERSION
DATE AND PLACE OF EXPIRY *31D: DATE 100131 PLACE IN UAE
APPLICANT *50: SUN CORPORATION
5 KING ROAD, DUBAI, UAE
BENEFICIARY *59: ZHEJIANG JINYUN IMPORT & EXPORT CO., LTD.
118 XUEYUAN STREET, HANGZHOU, P.R.CHINA
AMOUNT *32B: CURRENCY HKD AMOUNT 53500.00
AVAILABLE WITH/BY *41A: ANY BANK IN CHINA BY NEGOTIATION
DRAFTS AT… 42C: 120 DAYS AFTER SIGHT
DRAWEE 42A: SUN CORPORATION
PARTIAL SHIPMENTS: 43P: PROHIBITED
TRANSHIPMENT 43T: ALLOWED
PORT OF LOADING 44A: CHINESE MAIN PORT
PORT OF DISCHARGE 44B: DUBAI, UAE
LATEST DATE OF SHIPMENT 44C: 100101
DESCRIPT OF GOODS AND/OR SERVICES 45A: 5000 PCS BOYS JACKET, SHELL: WOVEN TWILL 100% COTTON, LINING: WOVEN 100% POLYESTER，STYLE NO.BG123, ORDER NO. 989898， AS PER S/C NO. JY09122 AT USD10.90/PC CIFC5% DUBAI，PACKED IN 20 PCS/CTN
DOCUMENTS REQUIRED 46A:

+COMMERCIAL INVOICE SIGNED IN TRIPLICATE ONE ORIGINAL OF WHICH SHOULD BE CERTIFIED BY CHAMBER OF COMMERCE OF CCPIT AND LEGALIZED BY UAE EMBASSY/CONSULATE IN SELLER'S COUNTRY.

+PACKING LIST IN TRIPLICATE.

+CERTIFICATE OF CHINESE ORIGIN CERTIFIED BY CHAMBER OF COMMERCE OF CCPIT AND LEGALIZED BY UAE EMBASSY/CONSULATE IN SELLER'S COUNTRY.

+INSURNCE POLICY/CERTIFICATE IN DUPLICATE ENDORSED IN BLANK FOR120% INVOICE VALUE，COVERING ALL RISKS AND WAR RISK OF CIC OF PICC （1/1/1981） INCL. WAREHOUSE TO WAREHOUSE AND I.O.P. AND SHOWING THE CLAIMING CURRENCY IS THE SAME AS THE CURRENCY OF CREDIT.

+ FULL SET （3/3） OF CLEAN ON BOARD OCEAN BILLS OF LADING MADE OUT TO APPLICANT BLANK ENDORSED MARKED FREIGHT COLLECTED AND NOTIFYING APPLICANT.

+SHIPPING ADVICE SHOWING THE NAME OF THE CARRYING VESSEL, DATE OF

SHIPMENT, MARKS, QUANTITY, NET WEIGHT AND GROSS WEIGHT OF THE SHIPMENT TO APPLICANT WITHIN 3 DAYS AFTER THE DATE OF BILL OF LADING.

ADDITIONAL CONDITION. 47A:

+ DOCUMENTS DATED PRIOR TO THE DATE OF THIS CREDIT ARE NOT ACCEPTABLE.

+ THE NUMBER AND THE DATE OF THIS CREIDT AND THE NAME OF ISSUING BANK MUST BE QUOTED ON ALL DOCUMENTS.

+ TRANSHIPMENT ALLOWED AT HOGKONG ONLY.

+ SHORT FORM/CHARTER PARTY/THIRD PARTY BILL OF LADING ARE NOT ACCEPTABLE.

+ SHIPMENT MUST BE EFFECTED BY 1X20' FULL CONTAINER LOAD. B/L TO SHOW EVIDENCE OF THIS EFFECT IS REQUIRED.

+ THE GOODS SHIPPED ARE NEITHER ISRAELI ORIGIN NOR DO THEY CONTAIN ISRAELI MATERIALS NOR ARE THEY EXPORTED FROM ISRAEL, BENEFICIARY'S CERTIFICATE TO THIS EFFECT IS REQUIRED.

+ALL PRESENTATIONS CONTAINING DISCREPANCIES WILL ATTRACT A DISCREPANCY FEE OF GBP40.00 PLUS TELEX COSTS OR OTHER CURRENCY EQUIVALENT. THIS CHARGE WILL BE DEDUCTED FROM THE BILL AMOUNT WHETHER OR NOT WE ELECT TO CONSULT THE APPLICANT FOR A WAIVER.

CHARGES 71B: ALL CHARGES AND COMMISSIONS ARE FOR ACCOUNT OF BENEFICIARY INCLUDING REIMBURSEMENT FEE.

PERIOD FOR PRESENTATION 48: WITHIN 3 DAYS AFTER THE DATE OF SHIPMENT BUT WITHIN THE VALIDITY OF THE CREDIT.

CONFIRMATION INSTRUCTION * 49: WITHOUT

REIMBURSING BANK 53A: HSBC BANK PLC, NEW YORK

INFORMATION TO BANK 78:ALL DOCUMENTS ARE TO BE REMITTED IN ONE LOT BY PRESENTING BANK TO HSBC BANK PLC, TRADE SERVICES,DUBAI BRANCH, P.O. BOX 66, HSBC BANK BUILDING 312/45 AL SQUARE ROAD, DUBAI, UAE.

第五章　国际结算单据

- 基础篇
- 实务篇

基础篇

在国际结算中，单据（documents）是办理货物交付和货款支付的一系列证明文件，是贸易中物权凭证和附属凭证的总和。常见单据包括发票、装箱单、重量单、数量单、产地证明书、质量证明书、商检证书、受益人证明、各种运输单据和保险单据等。本章主要对结算单据的概念、作用、格式、缮制及审核等进行阐述。

第一节　商 业 发 票

一、商业发票的概念

商业发票（commercial invoice）简称发票（invoice），是在货物装运时，出口商开立的凭以向进口商索取货款的发货价目清单。它全面反映了合同内容，是装运货物情况的总说明。

商业发票是出口商提供的全套出口单据的核心，其余单据均需参照它进行缮制，并在内容上不得与发票的记载相矛盾，因此，商业发票是中心单据。

二、商业发票的作用

（一）是卖方履约情况的证明

在商业发票中表明了所交易商品的品质、数量、价格、包装等条款，买方可从发票上了解卖方所发运货物是否符合合同要求及信用证条款。因此，商业发票是卖方最重要的履约证明文件。

（二）是买卖双方记账及核算的凭证

发票作为卖方销售货物、买方结算的凭证，是卖方核算经营盈亏、掌握经济效益和买卖双方结算记账的基本依据。

（三）是买方报关完税的依据

发票中载明的价值和有关货物的说明是进口国海关审查进口商品以确定相应的进口关税税率的重要文件，也是出口国验关放行、进口国迅速清关提货的凭证之一。

（四）代替汇票作为付款依据

在信用证不要求卖方提供汇票结算的业务中，开证行应根据发票金额付款，此时发票就替代汇票发挥作用。

此外，发票还可作为海关数字统计、保险索赔的价值证明，补充确定交易细节等的主要凭证。

三、商业发票的内容

发票没有统一的格式，主要包括下列内容：

（1）发票的编号（Invoice No.）；

（2）发票的缮制日期（Date of Invoice）；

（3）合同号码/信用证号码及开证行名称（Contract NO/LC NO and Name of Issuing Bank）；

（4）收货人（To...）；

（5）运输工具及航线（from... to... per...）；

（6）唛头及件数（Marks and numbers）；

（7）商品描述（Description of Goods）；

（8）单价、总值及价格术语（Unit price and Total amount）；

（9）包装内容及其他（Packed in...）。

资料卡：商业发票

表 5-1 　　**商业发票**

青岛金桥进出口公司
QINGDAO GOLDEN BRIDGE I&E CORP.
NO.1 JIANGXI ROAD,QINGDAO,SHANDONG,CHINA

商业发票
COMMERCIAL INVOICE

TO:

发票号码
INV. NO.______

发票日期
DATE

转运口岸
FROM ______

目的地
TO ______

信用证号
L/C NO.______

开证行
ISSUED BY ______

合同号
S/C NO.______

唛头 MARKS & NUMBERS	包装种类和件数及货物描述 No. & KIND OF PACKAGE DESCRIPTION OF GOODS	数量 QUANTITY	单价 UNIT PRICE	总值 AMOUNT

四、商业发票的缮制

（一）发票的名称

发票应在明显位置上标明“Invoice”字样或者“Commercial Invoice”字样。但是如果在信用证结算方式下，为了确保“单证一致”，当来证要求“详细发票”或者“证实发票”时，则需在 Invoice 前加“detailed”或者“certified”字样。

（二）发票出票人

一般在印制发票时，在发票正上方已经事先印妥或在发票中表明由其出具。在信用证结算方式下，商业发票的出票人一般是信用证受益人，可转让信用证转让后，以第二受益人作为出票人。在托收结算方式时，一般是合同的卖方。

（三）发票开立地址和日期

发票开立日期，一般而言，是全套单据中开立较早的，其日期只要在合同签订之后，提单签发日期之前即可。但不能晚于信用证的有效期和汇票签发日。

（四）发票号码

是开立人开出发票的顺序号，一般按出口报关单号码编制，便于查对。汇票、装箱单、托运单等出口商开立的单据一般都使用发票号码。

（五）运输工具及航线（from... to... per...）

按实际情况填制，如货物系转运，转运地点也应明确表示。

例：Per S.S “Red Star” from Qingdao to London with transhipment at (W/T)Rotterdam.

注意：

1. 起运地和目的地应明确、具体，不能笼统表示

例如：信用证规定：From China / any Chinese Port to London，而实际装运将从青岛运往伦敦，填写时应打上具体的中国港口/内陆城市的名称，即 From Qingdao，China to London。目的港也如此，需要具体港口名称。

2. 发票上的起迄地应与提单上的一致

起运地是信用证规定的货物的装货港、收货地或接受监管地；目的地是信用证规定的货物的卸货港、交货地或最终目的地。可参照提单填写。有些发票省略了该栏目，也是可以的。

（六）发票抬头人

信用证结算方式下商业发票的抬头人必须是信用证开证申请人。托收和汇付结算方式下通常填写买方的名称和地址。

（七）合同号码和信用证号码

参照合同和信用证缮制。

（八）唛头

唛头在发票中没有固定位置，通常置于发票中心内容的左上方。如果信用证有关于唛头的规定，就应严格按照信用证规定的内容缮制。

如信用证规定唛头是：“ABC CO./TR5432/HAMBURG/NO.1-UP”，则应在发票上打出

ABC CO.
TR5432
HAMBURG
NO.1-UP

而且，唛头最后的“UP”通常用货物的总包装件数来代替。如果信用证未规定唛头，则受益人制单时可以参照合同中的唛头或自己设计合适的运输标志。若没有唛头，那么此栏可打“N/M”字样。

（九）货物名称及内容描述

本栏包括货物的名称、品质、规格、数量、包装等内容，必须与信用证相符，不能有任何遗漏或改动。信用证未规定的内容尽量少打，以免画蛇添足。值得注意的是，关于货物的名称应与信用证相一致，其他单据中可使用货物的统称，但不能与信用证相抵触。

例如，信用证中货物的描述为“海尔冰箱”，发票上也应有相同的描述。然而，其他单据上只注明“冰箱”即可。

在实际业务中，常出现一个发票中出现多种货号的货物内容，要求在制发票时，格式整齐。每一货号的货物内容和总数排列有序，应做到：横排是每一货号的货物内容，竖排是各货号货物内容的总和。

（十）价格

价格内容是发票的关键内容，包括单价和总值两个栏目。单价包括计价货币、计价单位、单位数额和价格术语四个部分。如 USD 34.50 Per PC. CIF London（每件 34.50 美元 CIF 伦敦）。目前大多数来证对单价的表示分散且不规范，制单时一定要注意防止遗漏，要与信用证或合同保持一致。

如果计价货币与证中规定的总值货币不一致，应先按计价货币算出货款总额，再折合成信用证规定的总值货币。

计价单位一般应与货物的计量单位保持一致，若遇不一致的情况，如石油以吨计数，但按桶计价，则应先将货量折算成与计价单位相同的货量来表示，再乘以单价，得出总值。

价格术语一般在总值栏内单独列出，它是发票最为重要的项目之一，直接关系到交易双方的责任和风险，也是海关核定关税，统计进出口货物的依据，因此不可遗漏。填制时应注意：如果信用证中只规定了笼统的港口名称，如 FOB Chinese Port，则发票内应根据实际情况打出具体港口名称，如 FOB Dalian。对重名港口，还应加注国名。

如果涉及佣金、折扣、缮制发票时应注意：

（1）若 L/C 明确规定 Less　XX% Commission，则发票内应照打，货款按扣佣后的净值收取。

（2）若证中没有扣佣规定，但信用证金额为扣佣后净额，为保证单证一致，发票内应反映扣佣全过程。

例如：

CIFC3	USD100.00
- C3	USD3.00
CIF	USD97.00

（3）以 CIF 价成交，来证有时要求列明运费、保险费，此种要求，可以接受。填制方法如下所示。

CIF	USD1 000.00
F(FRIGHT)	USD100.00
I(PREMIUM)	USD3.00
FOB	USD897.00

（十一）细节条款或特殊条款

有时根据信用证的要求，发票上须加注某些细节条款内容。

常见的细节内容有：① 信用证号或合同号；② 海关税则号、银行注册号、外汇批准号；③ 进口许可证号；④ 加注厂商的名称地址。对信用证中规定应加注的细节内容，受益人应如实加注在发票货物描述下面。对证中有关特殊条款的规定，发票上应照打。

常见的特殊条款有：① 一些限制进口的国家，来证中规定进口货物的商标必须符合该国的有关法律规定。② 有些来证要求注明产地，并附价值声明。例如，某些进口辅料生产服装的来证中，要求发票上须列明辅料及劳务成本，其作用是使进口商在报关时不致被认为价格偏低，引起倾销误会。③ 有些来证要求证明发票所列货物、单价是真实、正确的，且是惟一的发票，对此应将发票下端的“E.& O.E.”（有错当查）划掉。④ 受政治因素、民族因素的影响，有的来证要求出口商声明货物中不含以色列原料，货物或集装箱上不带以色列的六角星标记等等。

（十二）签字盖章

发票必须由出票人正式签章后才能生效。但根据 UCP600 第 18 条规定：商业发票无需签字。

签章内容包括受益人的签字和公司图章。所有图章须与其他单据相同。目前我国大多数出口公司的做法是加盖带有公司名称的手签章或按签样印制。

签章公司与签章人须与出章人保持一致，如信用证规定受益人是总公司，出章人也应是总公司，如受益人是分公司，出章人可以是分公司，也可以是总公司。签章位置，通常在发票的右下角，若证中规定须由贸促会等机构证实，则证实机构的签章应在发票的左下角。一般只需在第一联由证实机构签章。

（十三）发票的份数

发票的份数，应符合信用证的规定要求，不能短省。如对份数没有规定，至少需要提交两份。发票一般无正副本之分，来证要求几份，制单时应按要求多准备一份，供议付结汇时使用。若来证将发票分成正副本，则所有正本发票上应盖有“Original”字样，若为电脑制单，也可直接在发票上打出“Original”字样。

常见的发票份数写法为：

In Duplicate	/2-FOLD	一式两份
In Triplicate	/3-FOLD	一式三份
In Quadruplicate	/4-FOLD	一式四份
In Quintuplicate	/5-FOLD	一式五份
In Sextuplicate	/6-FOLD	一式六份
In Septuplicate	/7-FOLD	一式七份
In Octuplicate	/8-FOLD	一式八份
In Nonuplicate	/9-FOLD	一式九份
In Decuplicate	/10-FOLD	一式十份

资料卡：《UCP600》第十七条对于正本单据和副本单据的相关规定

a. 信用证中规定的各种单据必须至少提供一份正本。

b. 除非单据本身表明其不是正本，银行将视任何单据表面上具有单据出具人正本签字、标志、图章或标签的单据为正本单据。

c. 除非单据另有显示，银行将接受单据作为正本单据如果该单据：

i. 表面看来由单据出具人手工书写、打字、穿孔签字或盖章；或

ii. 表面看来使用单据出具人的正本信笺；或

iii. 声明单据为正本，除非该项声明表面看来与所提示的单据不符。

d. 如果信用证要求提交副本单据，则提交正本单据或副本单据均可。

e. 如果信用证使用诸如"一式两份"、"两张"、"两份"等术语要求提交多份单据，则可以提交至少一份正本，其余份数以副本来满足。但单据本身另有相反指示者除外。

（资料来源：《UCP600》，中国民主法制出版社）

（十四）其他项目

发票下端通常印有"有错当查"（E.& O.E.[①]）字句，这种字句并非发票的必要项目，它是发货人的预先声明，表示万一发生错误或遗漏，可以更正。实务中某些信用证要求在发票下端注明：E.&.O.E（有错当查）字样。

但有些国家的进口商按国家的法令和商业习惯，要求在发票上加注："证明所列内容真实无误"字样或"货款已收讫"字样，一般情况下都可以照办。但该情况被称为"证实发票"的，则不能有"E.&.O.E"字样。

知识补充：其他发票[②]

1. 海关发票

海关发票（customs invoice）是出口商按照进口国海关规定的特定格式填制的发票，供进口商在货物进口报关时使用。由于海关发票被看作是自由贸易的一种障碍，现在使用海关发票的国家已经不多，主要是非洲、美洲和大洋洲国家。

海关发票的主要作用是：① 便于进口国海关核定货物的原产地，从而按照不同国家的差别税率征收关税；② 便于进口国海关核定货物在出口国内的市场价格，确认是否倾销并为此采取相应措施；③ 便于进口国海关及其有关当局统计进口额资料。

海关发票的缮制要求是：① 必须与商业发票的相应项目完全一致。② 须列明国内市场价格或成本价格时，应注意其低于销售的离岸价。③ 经准确核算的运费、保险费及包装费。④ 海关发票应以收货人或提单的被通知人为抬头人。⑤ 海关发票的签

① errors and omissions excepted 的缩写。

② 其他发票的具体格式参看附录。

发人和证明人不能是同一人。

2. 领事发票

领事发票（consular invoice）又称领事签证发票（consular legalized invoice），是由进口国驻出口国领事签证或出具的发票。领事发票的内容比普通发票更详细，通常还填写有关货物的信息资料，如货物的价值、入境的港口、信用证的详细内容等。领事发票和商业发票对于同一内容的记载必须与商业发票保持一致。领事发票的主要作用是核定出口国商品价格是否合理，对进口国同类行业是否造成倾销。出口商在获得领事发票时，还必须支付一定费用。领事发票也被看作自由贸易的障碍，目前已不多见。

3. 形式发票

形式发票（performa invoice）是在货物出运前就开立的发票，在形式上与商业发票的差别在于“形式（Performa）”字样。它是卖方向可能的买方发盘时使用的一种固定形式，希望买方接受并发出确定的订单。同时，形式发票不是正式发票，一旦买方接受了形式发票中所列的贸易条款和价格，就不再只是“形式”，而是肯定的合约，便要另开正式的商业发票，并将已接受的形式发票的详细内容照录于正式的商业发票内。形式发票一般在预付、寄售、投标等贸易中使用。

4. 证实发票

证实发票（certified invoice）是根据信用证的要求，加注了证实该商业发票真实性的声明的发票。实际上证实发票是一张经签署的普通的商业发票，但需要证明以下几项内容：（1）货物符合某项合同或形式发票；（2）货物是或不是某特定国家所产；（3）加注发票内容真实正确的证明，如 We hereby certify that the contents of this invoice are true and correct。证实发票不允许再有通常在发票下面打出的 E.&.O.E.(Errors and Omissions Excepted 错漏当查)字样。

5. 厂商发票

厂商发票(manufacturer's invoice)又称制造商发票，是根据进口方要求，由出口商品制造厂商开给出口商的售货发票，以出口商为发票的抬头人，以出口国当地货币标价，详述出口商品的具体情况。进口商要求提供厂商发票的目的在于了解所进口的货物在生产国国内的销售情况，以核查有无倾销倾向。因此，按通常情况，出口商向制造商的购货价格应低于出口商向外销售的 FOB 价格。厂商发票应注明发票商品的制造商。

此外，还有寄售发票、样品发票等发票形式。

五、商业发票的审核要点

（1）发票的出票人不是信用证的受益人。

（2）发票上买方名称与信用证的付款人不同。

（3）货物描述与信用证规定不同。

（4）货物数量、单价或发票总金额不在允许幅度之内。

（5）发票上未列出价格条件，或价格条件有误。

（6）货物包装或标志上注有“used”、“second hand”或“rebuilt”等字样，而非经信用证许可。

（7）发票的参考号码与信用证上的不符。
（8）发票中列入了信用证没有规定的费用（如佣金、仓租等）。
（9）发票提交份数不足。
（10）分批出运不符合信用证规定。

知识拓展：信用证结算方式下的审单方法

1. 纵横审单法

以信用证与出口单据的发票自上而下，进行逐字逐句核对，再将其他单据与信用证的有关条款核对，这叫“纵向审单”。完成纵向审单后，再以发票为中心与其他单据进行核对，特别注意共有项目是否相一致，这就是“横向审核”。这种方法可归纳成以下几句话：“先修改，再开始；证在左，单在右；逐条来，莫急躁；单证符，顺利过；若不符，写下来；单据间，亦相符；如不符，要记住；审单毕，洽前道，改单据，或担保”。

2. “先数字/后文字”审单法

在单据数量比较集中时，可以先将各种单据的所有数字，如单价、数量、毛净重、尺码、包装件数等，进行全面的复核，然后，再采用纵横审单法对其他内容进行审核。

3. “先简后繁”法

在审单业务中，往往可能一次送来众多单据，在先后顺序的安排上可以先做“简单/容易的单据”，后做“较为烦复的单据”。实务中，先将“容易”、页数少的单据做掉，对于那些数量浩大，内容繁复的单据就可以静下心来，有条不紊地做，这样不容易出岔错。审单，往往要赶时间。虽然《UCP600》规定，银行的审单时间为“五个工作日”，但是多数银行要求职员在“一个工作日”内完成审单任务。如果先做复杂的单据，前面拖的时间过长，后面还有大量未做的单据，心情烦躁，很可能引起失误。

4. 按“装运日期”审单法

出口业务量大，批次又多的企业。为了保证及时收汇，可以按照货物装运日期的先后依次进行审核，争取在提单签发前完成预审工作，及时改正差错，以便在取得正本提单后可以立即向银行交单。

5. 分地区客户审单法

不同国别，不同进口商对出口单证的要求各异，但同一国别地区或同一客户对出口单证的要求则基本相同。审单员对世界各地区或进口商的单证特点往往不能全面掌握，因此，对某一地区客户的特殊要求往往会有所疏漏。为了提高效率和质量，业务量较大的单位，可采用分地区客户审单的工作方法。过去，省级外贸公司在处理出口业务时，常分“欧洲科、日本科、北美科或中东非洲科”等等，这些业务人员对某一地区的交易习惯了如指掌。

6. 先读后审法

即在处理前，先将信用证从头到尾通读一遍，然后再按信用证条款依次审核。即“读全文，阅修改，抓要点，做记号；通读后，再审单，证在左，单在右；单证符，顺利过；若不符，写下来；单据间，须相符；如不符，切记牢；审单毕，洽客户”。

资料卡：《UCP600》第十八条对商业发票的规定

a. 商业发票

i. 必须看似由受益人出具（可转让信用证除外）；

ii. 必须出具成以申请人为抬头（可转让信用证除外）；

iii. 必须与信用证的货币相同；且无须签名。

iv. 无须签字。

b. 按指定行事的被指定银行、保兑行（如有的话）或开证行可以接受金额大于信用证允许金额的商业发票，其决定对有关各方均有约束力，只要银行对超过信用证允许金额的部分未作承付或议付。

c. 商业发票上的货物、服务或履约行为的描述应该与信用证中的描述一致。

（资料来源：《UCP600》，中国民主法制出版社）

第二节 运输单据

在国际贸易结算中，运输单据（transport documents）是基本单据之一，是证明货物装运的单据，由承运人签发给出口商，证明货物已发运，或已装上运输工具，或已由承运人监管。有些运输单据往往还是一种物权凭证。按运输方式不同，运输单据分为海运提单、铁路运单、航空运单、联合运输单据等等。本节主要介绍海运提单和空运单的相关常识。

一、海运提单

（一）海运提单的概念

海运提单（Marine Bill Of Lading），简称提单（Bill Of Lading 或 B/L），是指由承运人或其代理人签发给托运人的用以证明海上运输合同和货物已由承运人接管或装船，以及承运人保证凭以交付货物的单据。

知识补充：提单的当事人

承运人、托运人、收货人、被通知人、持单人等当事人。

1. 承运人

承运人（Carrier）是负责运输货物的当事人，即船方。承运人不一定是拥有运载工具、执行货物运输的实际运输人，他可能是船舶所有人，即船东，也可能是租船人。承运人的主要责任是按合同约定，安全、及时地将指定货物运至指定的目的地交给指定当事人，对货物运输过程中发生的货物损坏与灭失负责。主要权利是要求托运人或收货人按约定支付运费。如果运费被拖欠，则承运人可以对货物行使留置权，直至货物变卖，使自己的运费及有关费用得到清偿。

2. 托运人

托运人（Shipper 或 Consignor）也称为货方，是指提供货物、委托承运人出运的当事人，根据不同的贸易条件，可能是不同的当事人。在 fob 价格条件下，托运人是进口商；在 cfr 或 cif 价格条件下，托运人是出口商。托运人的责任就是如实反映托运货物的实际状况，权利是在支付运费及其他费用之后，可以要求承运人以适航的船舶将货物运至目的地交货。

3. 收货人

收货人（Consignee）是提单的抬头人，有以下三种写法：

（1） 记名抬头。即写明“货交某某某”（Consigned To XXX）。这里的 XXX 为记名（限制）的收货人。此类提单不能转让，只能由记名收货人提货。

（2）指示抬头。即写明“货交某某指定人”（Consigned To The Order Of XXX），或只写明“货交指定人”（To Order）。此类提单的收货人在提单签发时是不确定的，可以通过背书，转让给特定当事人，因而提单可转让。

（3）来人抬头。即写明“货交来人”（Consigned To The Bearer），或收货人一栏空白。此类提单的收货人在提单签发时也是不确定的，可以通过背书或交付，转让给特定当事人。

4. 被通知人

被通知人（Notify Party）是货物到达目的港时船方发送到货通知的对象，可以是进口商的代理人或进口商自己等。如为记名抬头提单，那么被通知人自然是提单上记载的收货人自己；若收货人系指示抬头或来人抬头，则承运人并不清楚提单已转让至谁的手中，因而提单中应载明被通知人，以便承运人联系。被通知人接到承运人的提货通知后，应尽快与进口商或提单持有人联系，便于后者及时提货。

5. 持单人

持单人（Holder）是经过正当手续持有海运提单并可凭单领取货物的当事人。

（二）提单的性质与作用

（1）提单是货物收据（Receipt for the Goods），证明承运人已按提单所载内容收到货物。

（2）提单是货权凭证（Documents of Title）。提单合法持有人有权凭提单在目的港向承运人提取货物，也可以在货物到达目的港之前，通过提单转让而转移货物所有权，或凭以向银行办理抵押贷款。

（3）提单是承运人与托运人之间所订运输合同的证明（Evidence of the Contract of Carriage）。

提单条款明确规定了承、托双方之间的权利与义务、责任与豁免，是处理承运人与货方运输方面争议、纠纷的法律依据。

（4）提单是托运人凭以向银行办理议付、结汇的主要单据之一，并且在运输业务的联系、费用的结算和对外索赔中都具有重要的作用。

知识拓展：特殊的提单放货形式——电放

电放即电报放货（Telex Release）是指正本提单未到收货人手中，或根据托运人要求在装船港收回正本提单，或不签发正本提单，以电传、传真的形式通知卸船港代理将货交给提单收货人或托运人指定的收货人。

电放条件必须具备以下条件：

1. 实行电放的双方代理需要事先达成协议或默契，就电放业务的经办人，通知方式、电放格式订立备忘录。

2. 电放应由托运人提出书面申请，在已签发正本提单情况下，应收回全套正本提单。

3. 如托运人不能交回全套正本提单，则应至少交回一份经正确背书的正本提单，同时应签署提货保函（如下所示）。

4. 电放通知应签署协议（如下所示）。

提货保函

致：×××有限公司

关于：船名（航次）

抵港日期

货物——提单号

件数

品名

唛头

发货人　　　　　　　　　　　（全称）已安排上述货物由上述船舶承运发往我公司，但正本提单尚未到达。

我公司　　　　　　　　　　　（全称）现请求不凭正本提单提取货物。

考虑到贵公司接受我公司上述请求，我公司同意如下：

1. 赔偿并承担贵公司以及贵公司雇员和代理因此承担的一切责任和遭受的一切损失；

2. 若贵公司或贵公司雇员或代理因此被起诉，我公司将随时提供足够的法律费用；

3. 若贵公司船舶或财产因此被扣押或羁留或遭如此威胁，我公司将提供所需的保释金或其他担保以解除或阻止前述扣押或羁留，并赔偿贵公司由此所受一切损失、损害或费用；

4. 一旦收到全套正本提单，我公司将立即将其呈递贵公司，我公司在本保函中的保证随即终止；

5. 我公司以及我公司担保银行在本协议中负连带责任，无论贵公司起诉其中的任何一方；

6. 本保函适用中国法律并接受　　　　　　　　　　海事法院管辖。

（法人代表签字并盖法人章）　　　　　　　　　（担保银行授权人签字并盖公章）

年　月　日　　　　　　　　　　　　　　　　　年　月　日

协　议

×××有限公司（下称甲方）与　　　　　　　公司（下称乙方）共同达成协议如下：

一、考虑到近洋航线距离短，提单不能及时抵达收货人手中，为方便收货人提货，甲方应乙方要求，同意乙方在受提单收货人委托安排进口代运或乙方作为提单通知方的情况下，乙方可以向甲方及其代理要求凭副本提单，按票出具提货保涵和货主的进口货物临时委托书提取上述正本提单项下货物。乙方同时向甲方保证，乙方委托人或乙方即为该正本提单的真正收货人，与上述正本提单项下货物有关的国际贸易合同履行顺利，与该合同利益方不会产生任何争议和纠纷。

二、乙方在受货主委任向甲方要求无正本提单放货时，应以谨慎的态度审查收货人的资信程度，贸易履行等有关情况，并依照本协议第一项中的保证及上述保涵的承诺，承担甲方及其代理应乙方要求，未凭正本提单放货所导致的一切损失及费用，包括甲方支付的赔款和发生的诉前及诉后的法律费用。

三、乙方保证在提取货物后一个月内将正本提单交给甲方以换回上述保函。

四、本保函仅适用于甲方的　　　　　　　　航线在　　　　　　　　的放货。

五、本协议自双方签字之日起生效，有效期至　　　　　　。

六、如在执行中发生严重违反本协议的事件，甲方及其代理有权在任何时间终止本协议。

七、本协议及因此引起的争议适用中国法律，并由　　　　　　　　　　海事法院管辖。

×××有限公司（盖章）　　　　　　　　　　　　公司（盖章）

年　月　日　　　　　　　　　　　　　　　　　年　月　日

（三）海运提单的内容

海运提单的格式很多，每个船公司都有自己的提单格式，但基本内容大致相同，一般包括提单正面的记载事项和提单背面印就的运输条款。

1. 提单正面的内容

提单正面的记载事项，分别由托运人和承运人或其代理人填写。通常包括下列事项：

（1）提单的名称、承运人的名称和营业所；

（2）托运人（Shipper）；

（3）收货人（Consignee）；

（4）被通知人（Notify Party）；

（5）船名、航次及船籍（Name of Vessel、Voyage and nationality）；

（6）收货地或装货港（Place of Receipt or Port of Loading）；

（7）目的地或目的港（Destination or Port of Discharge）；

（8）唛头及件号（Shipping Marks & Numbers）；

（9）货名及件数（Description of Goods & Number of Packages）；

（10）重量和体积（Weight & Measurement）；

（11）运费和其他费用及付款地点和方式（Freight and charges, Freight Payable at）；

（12）提单号、正本提单份数和签单地点、日期（B/L No., Number of Original B/L, Place and Date of Issue）；

（13）承运人或船长，或由他们授权的代理人签字或盖章（Signed for or on behalf of the Carrier/Master）。

提单正面除必须记载上述内容外，还有属于承运人声明性质的几段事先印妥的契约条文，大致内容是：

（1）装船（或收货）条款：表明外表状况良好的货物已经装上船或已经收妥待运。

（2）内容不知悉条款：表明承运人对提单所列重量、数量、品质、内容、价值等不知悉，承运人对此不尽核对之责。

（3）承认接受条款：表明托运人、收货人、提单持有人接受本提单和背面所记载的一切免责条款。

（4）签署条款：为了证明以上各项内容，承运人或其代理人特签发本提单正本一式几份，其中一份凭以提货，其余各份均告失效。

2. 提单背面内容

在班轮提单背面，通常都有印就的运输条款，这些条款是作为确定承运人与托运人之间以及承运人与收货人及提单持有人之间的权利和义务的主要依据。各国船公司签发的提单背面条款互有差异，但基本上可以归纳为以下内容：

（1）定义条款（Definition Clause）：对货方（Merchant）作解释，托运人（Shipper）、受货人(Receiver)、收货人（Consignee），提单持有人（Holder）及货物所有人（Owner of goods）等均属货方。而承运人一般指与托运人订有运输合同的船舶所有人或租船人。

（2）首要条款（Paramount clause）：说明提单所适用的法律依据，即如果发生纠纷，应按哪一国家的法律和法庭裁决。

（3）承运人责任条款（Carrier's responsibility clause）：承运人从收受货物到交货的全部过程对货物负责。如是已装船提单，则是从货物上船到货物下船的整个过程对货物负责。

（4）免责条款（Exception clause）：承运人对由于战争、罢工、政府机关的行为和命令、货方行为或疏忽、货物本身的特性或缺陷、包装不良、疾病等承运人无法控制的原因造成的货物损坏和灭失不负责任。

（5）包装与唛头（Packing and mark）：货物应有合适的包装、外表要有唛头，并且要用不小于 5 厘米长的字体注明目的港。否则，货物由此而造成的损坏和灭失，承运人不承担责任。

（6）运费条款（Freight clause）：预付运费应在启运港连同其他费用一并支付，到付运费应在目的港连同其他费用一并支付，无论预付运费和到付运费，即使货物遭受损坏和灭失，也必须向承运人付清而且不得退回或扣减。

承运人有权查对货物的数量，重量，体积和内容等，如发现实际情况与提单所列情况不符，而且所付运费低于应付运费，承运人有权按少付运费的两倍收取罚金，由此而引起的一切费用和损失应由托运人负担。

（7）置留权（Lien clause）：如果货方未交付运费、空舱费、滞期费、共同海损分摊的费用及其他一切与货物有关的费用，承运人有权扣押或出售货物以抵付欠款，如仍不足以抵付全部欠款，承运人仍有权向货方收回差额。

（8）损失赔偿条款（Claim clause）：收货人提货时如发现货物损坏或灭失，应提出书面通知。如提货时不能发现，则应在提货后三日内提出书面通知。索赔应在交货后一年内提出，否则承运人解除一切责任。承运人的赔偿按实际净价加运费、保险费计算。同时规定每件或每一计费单位的最高限额。

（9）转运或转船条款（Transshipment clause）：如果需要，承运人有权将货物转船或改用其他运输方式直接或间接运到目的地。由此而引起的费用由承运人负担，但风险由货方负担。承运人的责任只限于其本身经营船舶所完成的运输。

（10）卸货和交货条款（Discharging and delivery clause）：船到卸货港后，收货人应及时提货，否则承运人有权将货物卸在岸上或卸在其他适当场所，一切费用和风险应由货方承担。

（11）动植物及舱面货条款（Animals, plants and on deck cargo clause）：对于动植物，舱面货在收受、保管、装卸和运输过程中造成的风险和损失全部由货方承担。

（12）危险品条款（Dangerous cargo clause）：危险品的装运必须由托运人在装船时声明，如不声明或标明，承运人有权将该货卸下、抛弃或消灭而不予赔偿。

（13）共同海损和碰撞条款（General average and collision clause）：货主应分担由船舶碰撞或共同海损的损失。

（14）战争、罢工、冰冻、检疫、港口拥挤条款（War, Strick, Ice, Quarantine, Congestion clause）：如遇战争、罢工、冰冻、检疫及港口拥挤等承运人无法控制的原因而使船舶不能安全抵达目的港时，承运人有权在合适的地方卸货，并认为承运人已经履行了承运责任，由此而引起的费用由货方负担。

（15）变更航线条款（Deviation clause）：为了施救或其他合理目的而改变航线不能认为违反运输合约，承运人对由此造成的货损不负责任。

资料卡：海运提单

表 5-2　　　　海运提单

BILL OF LADING

Shipper		B/L NO. *C K LINE CO., LTD.*
Consignee		RRCEIVED by the Carrier from the Shipper in apparent good order and condition unless other wise indicated herein, the Goods , or the container(s)or package(s)said to contain the cargo herein mentioned, to be carries subject to all the terms and conditions provided for on the face and back of this Bill ob Lading by the vessel named herein or any substitute at the Carriers option and/or other means of transport, from the place of receipt or the port of loading to the port of discharge or the place of delivery shown herein and there to be delivered unto order or assigns. If required by the Carrier, this Bill of Lading duly endorsed must be surrendered in exchange for the Goods or delivery order. In accepting this Bill of Lading, the Merchant agrees to be bound by all the stipulations, exceptions, terms and conditions on the face and back hereof, whether written, typed, stamped or printed, as fully as if signed by the Merchant, any local custom or privilege to contrary notwithstanding, and agrees that all agreements or freight engagements for and in connection with carriage of the Goods are superseded by this Bill of Lading. In witness whereof, the undersigned, on behalf of C K Line Co., Ltd. the Master and the owner of the Vessel, has signed the number of Bill(s)of Lading stated under,all of this tenor and date, one of which being accomplished, the others to stand void. (Terms continued on back hereof)
Notify Party		
Pre-carriage by	Place of Receipt	
Ocean Vessel	Voyage No.	
Port of Loading	Port of Discharge	

Container No. & Seal No. Marks and Numbers	No. & Kind of Pkgs / Cntrs	Description of Goods	Gross Weight	Measurement

Total number of packages or units(in words)

Freight & Charges	Revenue Tons	Rate	Per	Prepaid	Collect

Freight Prepaid at	Freight Payable at	Place of Issue
Total Prepaid in	No. of Original B/L	Date of Issue

Laden on board the Vessel Date By____________________	*C K LINE CO., LTD* (CHUN KYUNG SHIPPING CO.,LTD.) BY ____________________

（四）港至港海运提单海运提单的缮制

1. 提单号码

提单上必须注明承运人及其代理人规定的提单编号（B/L No.），以便核查，否则提单无效。

2. 托运人

托运人（Shipper）即委托运输的人，在进出口贸易中通常就是出口人。本栏目填写出口人的名称和地址。

按照《UCP600》的规定，任何单据中注明的托运人或发货人无须为信用证的受益人。据此，提单可以第三方作为托运人，此时受益人可能是中间商，而第三方才是实际出口人。

3. 收货人

提单收货人（Consignee）又称抬头人，与托运单收货人栏目的填写完全一致。

提单的抬头决定了海运提单的性质和货权的归属。在进出口贸易中多使用指示式抬头，以便单据可以通过背书转让。

（1）指示抬头。又称空白抬头，即在提单收货人栏内填写“To order”或“Order”，（凭指示）。这种提单须经托运人背书后转让。

例如，来证规定：“...made out to order and endorsed to ABC Bank...”。则提单收货人的填写及背书手续如下：

提单收货人栏内填写：To order

提单背面由托运人作记名背书：Deliver to ABC Bank

For DNO Co.

（托运人签章）

xxx

（2）凭 xxx 指示抬头。也称空白抬头，即在提单收货人栏内填写“To order of xxx”(凭 xxx 指示)，这种提单须由收货人栏中的指定人作背书后方可转让。

例如，来证规定：“...made out to our order and endorsed in blank...”。则提单收货人的填写及背书手续如下（设开证行为 ABC 银行）：

提单收货人栏内填写：To order of ABC Bank

提单背面由 ABC 银行作空白背书，即 ABC 银行签章即可。

在实践中，由于提单是一种可以转让的证券，所以议付行一般都要求发货人在提交提单前先作空白背书。

4. 被通知人

被通知人（Notify Party）通常是进口人或其在目的港的代理人，货到目的港时由承运人通知其办理报关提货等手续。本栏目的填写与托运单相同栏目的内容一致

（1）在信用证方式下，应按信用证规定填制。如来证规定：“Full set of B/L... notify applicant”，应在本栏目中将开证申请人的全称及地址填上。

（2）如信用证未明确被通知人时，则正本提单中本栏目留空不填，但必须在提单空白处详细填写开证申请人的名称和地址。这样，既能符合信用证的要求做到单证相符，又能满足承运人及某些进口国对运输或进口方面的要求。

（3）托收方式下，本栏目可填写合同的买方。

5. 船名和航次

填写实际载货船舶的名称（Vessel）和本次航行的航次（Vog.No.）。例如：FengQing V.102。没有航次的可以不填航次。

6. 装货港

（1）装货港（Port of Lading）应按信用证规定填写。如信用证只笼统规定为“Chinese Port”，制单时应按实际情况填写具体的港口名称，如“QingDao”。如来证同时列明几个装货港的，如“Xingang/Qinhuangdao/Tangshan”，提单只能填写其中一个实际装运的港口名称。

（2）在托收方式下，应按合同规定填写。

7. 卸货港

指海运承运人终止承运责任的港口，即目的港（Port of Discharge）。

（1）除 FOB 价格条件外，卸货港不能填笼统的名称，如“European main port”，必须列出具体的港口名称。如国际上有重名港口的，还应加注国别（地区）名称。来证卸货港有行政区的，亦应注明。

（2）如经转船，应在卸货港名称之后加注转船港名称，如：“Rotterdam W/T at Hongkong”，或在货名栏下方的空白处加注转船的说明；如有印就的转船港栏目，则直接填入转船港名称即可。

（3）如货运卸货港后须经内陆转运或陆运至邻国的，应在填写卸货港名称后，另在货名栏下方的空白处或在唛头中加注“In transit to xxx”，切不能在卸货港名称后加填，以说明卖方只负责将货运至该卸货港，以后的转运由买方负担。

例如，来证规定：“Marselles in transit to Geneva”，

卸货港填写：Marselles

货名栏下方空白处加列：In transit to Geneva。或在唛头中显示。

（4）对美国、加拿大 O.C.P 地区出口，卸货港名称后可加注“O.C.P”字样。如来证要求注明转运的内陆城市名称，可在货名栏下的空白处或唛头中加注“O.C.P xxx（内陆城市名称）”，以便中转公司办理转运至该内陆城市。

知识补充：美国、加拿大 O.C.P 地区

O.C.P 是 Overland Common Points 的简写，意即“内陆公共点地区”，简称“内陆地区”。其含义是：根据美国费率规定，以美国西部九个州为界，也就是以洛矶山脉为界，其以东地区，均为内陆地区范围，这个范围很广，约占美国全国三分之二的地区。按 O.C.P 运输条款规定，凡是经过美国西海岸港口转往上述内陆地区的货物，如按 O.C.P 条款运输，就可享受比一般直达西海岸港口为廉的优惠内陆运输费率，一般约低 3～5% 左右。相反方向，凡从美国内陆地区启运经西海岸港口装船出口的货物同样可按 O.C.P 运输条款办理。同时，按 O.C.P 运输条款，尚可享受比一般正常运输为低的优惠海运运费，每吨约低 3～5 美元。

（5）如来证规定卸货港为“London / Hamburg / Rotterdam”，表示由卖方选港，提单只能填写其中一个港口名称；如来证规定“Option London / Hamburg / Rotterdam”，表示由买方选港，提单应全部照填。

8. 最终目的地

最终目的地（Final Destination）指联合运输终点站。本栏目应是当次运输的运费截止地。如属港至港提单，则本栏目可留空不填或仍填卸货港名称。

9. 唛头

唛头（Marks & Nos.）按发票缮制。

10. 件数和包装种类

（1）对包装货，件数和包装种类（Number and Kind of Packages）应填写包装数量和计量单位，如 100 bales。在栏目下面的空白处或大写栏内加注大写件数，如，“SAY ONE HUNDRED BALES ONLY”。

（2）如是散装货，本栏目可加注“In bulk”，无须加大写。

（3）如是裸装货，应加件数。如一辆汽车，填“1 unit”；100 头牛，填“100 heads”等，并加注大写数量。

（4）如果是 2 种或多种包装，应逐项列明件数和包装种类并加注合计数，在大写栏内或空白处注明大写合计数量。

例如：

100 cartons
 50 bales
 30 cases
180 Packages

SAY ONE HUNDRED AND EIGHTY PACKAGES ONLY.

（如有印就的大写栏目，则可不用“SAY”字样，但“ONLY”不可少）

11. 货名

提单列明的货名（Description of Goods）仅是信用证规定装运的货物，应与信用证和发票及其他单据相一致。如发票货名过多或过细，提单可打出货物的统称，但不得与发票货名相矛盾。

12. 毛重和尺码

提单应列明毛重和尺码（Gross Weight, Measurement）。毛重和尺码应与发票或装箱单相符。

（1）如无特别规定，提单上填毛重不填净重。一般以公斤为单位，公斤以下按四舍五入处理。

（2）如没有毛重只有净重，应先加注“Net Weight”或“N.W.”，再列明具体的净重数量。

（3）尺码以立方米表示，立方米以下保留小数点后三位数。

13. 运费和费用

运费和费用（Freight and Charges）除非有特别规定，本栏只填列运费的支付情况，不填具体金额。

（1）按 CIF 或 CFR 等价格条件成交时，运费在签发提单之前支付，本栏目应注明“freight Paid”（运费已付）或“Freight prepaid”（运费预付）

（2）按 FOB 或 FAS 等价格条件成交时，运费在目的港支付，本栏目应注明“Freight collect”

（运费待付）或“Freight payable at destination”（运费目的港支付）

（3）全程租船运输时，本栏目注明“As arranged”（按约定）或“Freight payable as per charter party”（运费按租船合约支付）

14. 运费支付地

运费支付地（Freight Payable at）填列实际支付运费的地点。

15. 正本提单份数

收货人凭正本提单提货。正本提单的份数（Number of Original Bs/L）应按信用证的要求，在本栏目内用大写（如 TWO,THREE 等）注明。每份正本提单的效力相同，凭其中一份提货后，其余各份失效。

下面是信用证对正副本提单要求的一些规定：

（1）“Full set of B/L”（指全套提单，按惯例提供三份正本交银行议付）

（2）“Full set less one copy on board B/L” (指全套提单，至少一份正本)

（3）“2/3 original clean on board Bs/L” (三份正本，二份交议付行)

（4）“Full set of B/L in triplicate with two non-negotiable Bs/L ”(三份正本,二份副本)

16. 签单地点和日期

提单的签单地点（Place）应为装运地点。提单签发日期（Date of Issue）即为装运日期，应不迟于信用证或合同规定的最迟装运日期。

17. 签署

根据 UCP600 第 20 条规定，提单必须表明承运人的名称，并由下列人员签署（Signature）：

承运人或其具名代理人，或船长或其具名代理人。

承运人、船长或代理人的任何签字，必须表明其承运人、船长或代理人的身份。代理人代表承运人或船长签字时，也必须表明其系代表承运人还是船长签字。

例 1：承运人签字

提单上部：COSCO

提单签字处：COSCO

（签字）

As Carrier 或 The Carrier

例 2：承运人代理人签字

提单上部：COSCO

提单签字处：ABC SHIPPING CO.

（签字）

As agent for and / or on behalf of the Carrier COSCO 或 As agent for and / or on behalf of COSCO as Carrier（或 The Carrier）

例 3：船长签字

提单上部：COSCO

提单签字处：COSCO（或不注或注船名）

（签字）

As Master 或 The Master

例 4：船长代理人签字

提单上部：COSCO

提单签字处：ABC SHIPPING CO.

（签字）

As Agent for and / or on behalf of the master XXX of the Carrier COSCO 或 As agent for and / or on behalf of XXX as master （或 the master）of COSCO as Carrier（或 The carrier）

（五）集装箱提单（联合运输提单）的缮制

以上介绍的是港至港运输中提单缮制的主要项目，如果采用多式联运（集装箱运输）时，则还应注意下列项目的缮制要求：

1. 前段运输

前段运输（Pre-Carriage by）是指联合运输过程中在装货港装船前的运输。例如，从石家庄用火车将货运到新港，再由新港装船运至目的港，此栏可填“Wagon No.XXX”，或“By Train”。

2. 收货地点

收货地点（Place）指前段运输的收货地点。如上例，收货地点应注明 Shijiazhuang。

3. 交货地点

交货地点（Place of Delivery）是联合运输的终点站，应填写最终目的地名称。如果最终目的地就是目的港时，本栏目可留空不填。本栏目应是当次运输的运费截止地。

4. 集装箱号

集装箱号（Container No.）填写装载货物的集装箱号。如果是其他类型的提单，没有设置专门的栏目，应在提单的空白处打上集装箱号。

在集装箱号后还可视情况加注“FCL / FCL”（整箱装 / 整箱交）、“LCL / LCL”（拼箱装/箱交）、“CY / CY”（场到场）、“CFS / CFS”（站到站）等交接方式或装箱情况。

5. 铅封号

铅封号（Seal No.）是海关查验货物后作为封箱的铅制关封号，应如实注明。

6. 装船批注或装船备忘录

联合运输提单（或集装箱提单）属备运提单，只表明货物已收妥待运。因此，在货物装船后，提单内还应对装船批注或装船备忘录（On Board Notation）做相应的说明。

（1）提单印就有装船条款（称为装船备忘录）的，已印有“laden on board the Vessel”（已装船）、“Date”（装船日）、和“Signature”（签字）等项目，可据实注明装船日期并加承运人简签。

（2）提单没有“装船备忘录”的，应在提单的空白处加装船批注，包括注明“Shipped on board”或“On board”字样、实际装船日期和承运人的简签。

（3）凡在提单的“船名”、“装货港”、“卸货港”前注有“Intended”（预期）字样或类似限制性措词者，在装船后，应在装船批注内加注实际装载货物的船名、装货港、卸货港名称，即使它们就是预期的船名、装货港、卸货港。

在实际业务中，使用提单时还应注意，所提供的提单名称应与合同或信用证中规定的运输方式相适应。例如，规定为港至港的直达运输或转船运输，则不能提供联合运输提单（Combine B/L），反之亦然。同时，还应注意提单上应有承运人的名称，即发行提单的船公司的名称，一般已印妥，如未印妥，应如实加注，否则银行可能拒受。

资料卡：联运提单

表 5-3　　　　联运提单

<table>
<tr><td colspan="2">托 运 人
Shipper</td><td colspan="2" rowspan="5">B/L No.

中 国 外 运 山 东 公 司
SINOTRANS SHANDONG COMPANY
联 运 提 单
COMBINED TRANSPORT
BILL OF LADING

RECEIVED the goods in apparent good order and condition as specified below unless otherwise stated herein
The Carrier, in accordance with the provisions contained in this document.
1) undertakes to perform or to procure the performance of the entire transport from the place at which the goods are taken in charge to the place designated for delivery in this document, and
2) umes liability as prescribed in this document for such transport. One of the Bills of lading must be surrendered duly indorsed in exchange for the goods or delivery order.</td></tr>
<tr><td colspan="2">收 货 人 或 指 示
Consignee or order</td></tr>
<tr><td colspan="2">通 知 地 址
Notify address</td></tr>
<tr><td>前 段 运 输
Pre carriage by</td><td>收 货 地 点
Place of receipt</td></tr>
<tr><td>海 运 船 只
Ocean vessel</td><td>装 货 港
port of loading</td></tr>
<tr><td>卸 货 港
Port of discharge</td><td>交 货 地 点
Place of delivery</td><td>运 费 支 付 地
Freight payable at</td><td>正 本 提 单 份 数
Number of original Bs/L</td></tr>
<tr><td colspan="4">标志和号码　件数和包装种类　货　名　毛　重（公斤）　尺码（立方米）
Marks and Nos.　Number and　Description of　Gross weight.　Measurement
kind of packages　goods　(kgs.)　(CBM)

以 上 细 目 由 托 运 人 提 供
ABOVE PARTICULARS FURNISHED BY SHIPPER</td></tr>
<tr><td rowspan="3">运 费 和 费 用
Freight and charges</td><td colspan="3">IN WITNESS whereof the number of original of Bill of lading stated above have been signed, one of which being accomplished, the other(s)to be void.</td></tr>
<tr><td colspan="3">签 单 地 点 和 时 间
Place and date of issue</td></tr>
<tr><td colspan="3">代 表 承 运 人 签 字
Signed for or on behalf of the Carrier

代 理
as Agents</td></tr>
</table>

SUBJECT TO THE TERMS AND CONDITIONS ON BACK　20B　NO.0005537

（六）提单审核常见的不符点

（1）收货人一栏的填写与信用证不符。如信用证要求作成“To order”形式，而提单则作成了记名抬头。

（2）被通知人名称与信用证不符。

（3）起运港或卸货港与信用证不符。如起运港前加注有“预期”字样，但提单中又没有已装船批注，无法判断实际起运港是否与信用证规定的相符。

（4）未按信用证禁止转运的要求而进行转运。

（5）提交不清洁提单和货装舱面提单。

（6）所列货物与信用证及相关单据不符。

（7）未列明已装船日期，或批注日期迟于信用证规定的日期。

（8）未按信用证规定，注明运费是否支付事宜。

（9）未提交全套有效单据。

（10）签章不符。如承运人或船长签字时，未注明身份；其代理人签字时，未表明所代表的委托人的名称和身份。

资料卡：《UCP600》第二十条对提单的有关规定

a. 无论其称谓如何，提单必须表面上看来：

i. 显示承运人名称并由下列人员签署：

* 承运人或承运人的具名代理或代表，或

* 船长或船长的具名代理或代表。

承运人、船长或代理的任何签字必须分别表明其承运人、船长或代理的身份。代理的签字必须显示其是否作为承运人或船长的代理或代表签署提单。

ii. 通过下述方式表明货物已在信用证规定的装运港装载上具名船只：

* 预先印就的措词，或

* 注明货物已装船日期的装船批注。

提单的出具日期将被视为装运日期，除非提单包含注明装运日期的装船批注，在此情况下，装船批注中显示的日期将被视为装运日期。如果提单包含"预期船"字样或类似有关限定船只的词语时，装上具名船只必须由注明装运日期以及实际装运船只名称的装船批注来证实。

iii. 注明装运从信用证中规定的装货港至卸货港。如果提单未注明以信用证中规定的装货港作为装货港，或包含“预期”或类似有关限定装货港的标注者，则需要提供注明信用证中规定的装货港、装运日期以及船名的装船批注。即使提单上已注明印就的“已装船”或“已装具名船只”措词，本规定仍然适用。

iv. 系仅有的一份正本提单，或者，如果出具了多份正本，应是提单中显示的全套正本份数。

Iv. 包含承运条件须参阅包含承运条件条款及条件的某一出处（简式或背面空白的提单）者，银行对此类承运条件的条款及条件内容不予审核。

vi. 未注明运输单据受租船合约约束。

b. 就本条款而言，转运意指在信用证规定的装货港到卸货港之间的海运过程中，将货物由一艘船卸下再装上另一艘船的运输。

c. i. 只要同一提单包括运输全程，则提单可以注明货物将被转运或可被转运。ii. 银行可以接受注明将要发生或可能发生转运的提单。即使信用证禁止转运，只要提单上证实有关货物已由集装箱、拖车或子母船运输，银行仍可接受注明将要发生或可能发生转运的提单。

d. 对于提单中包含的声明承运人保留转运权利的条款，银行将不予置理。

（资料来源：《UCP600》.中国民主法制出版社）

二、不可转让海运单

（一）概念

不可转让海运单（Non-Negotiable Sea Waybill）简称海运单（Sea Waybill），是承运人签发的用以证明海上运输合同以及货物已由承运人接管装载的凭据，是一种不可转让的运输单证。承运人承担将货交付给海运单上所指明的收货人的义务。这种提单便于进口人及时提货、手续简便、节约费用，在一定程度上还可以防止有人以假单据引骗。另外，海运单更能适应EDI技术在国际贸易中广泛使用的趋势。

课堂思考

什么情况下适合用海运单？在使用过程中存在什么问题？

课堂小结：海运单与提单的区别

1. 提单是物权凭证，可以流通转让；海运单不是物权凭证，不可流通转让。

2. 提单抬头有三种写法，不一定要表明收货人；海运单必须表明收货人，但收货人并不凭海运单提货。

3. 提单的合法持有人和承运人凭提单提货和交货，海运单上的收货人并不出示海运单，仅凭提货通知或其身份证明提货，承运人凭收货人出示适当身份证明交付货物。

4. 提单有全式和简式提单之分，而海运单是简式单证，背面不列详细货运条款但载有一条可援用海运提单背面内容的条款。

（二）海运单的格式

不可转让海运单除了单据名称不同外，其格式与提单基本一致。在填制时，除收货人一栏填制方法明显与提单不同外，其他栏目的填制基本一致。

资料卡：《UCP600》第二十一条对不可转让海运单的有关规定

a. 无论其称谓如何，非转让海运单必须表面上看来：

i. 显示承运人名称并由下列人员签署：

承运人或承运人的具名代理或代表，或

船长或船长的具名代理或代表。

承运人、船长或代理的任何签字必须分别表明其承运人、船长或代理的身份。代理的签字必须显示其是否作为承运人或船长的代理或代表签署提单。

ii. 通过下述方式表明货物已在信用证规定的装运港装载上具名船只：

预先印就的措词，或

注明货物已装船日期的装船批注。

非转让海运单的出具日期将被视为装运日期，除非非转让海运单包含注明装运日期的装船批注，在此情况下，装船批注中显示的日期将被视为装运日期。如果非转让海运单包含"预期船"字样或类似有关限定船只的词语时，装上具名船只必须由注明装运日期以及实际装运船只名称的装船批注来证实。

iii. 注明装运从信用证中规定的装货港至卸货港。如果非转让海运单未注明以信用证中规定的装货港作为装货港，或包含"预期"或类似有关限定装货港的标注者，则需要提供注明信用证中规定的装货港、装运日期以及船名的装船批注。即使非转让海运单上已注明印就的"已装船"或"已装具名船只"措词，本规定仍然适用。

iv. 系仅有的一份正本非转让海运单，或者，如果出具了多份正本，应是非转让海运单中显示的全套正本份数。

v. 包含承运条件须参阅包含承运条件条款及条件的某一出处（简式或背面空白的提单）者，银行对此类承运条件的条款及条件内容不予审核。

vi. 未注明运输单据受租船合约约束。

b. 就本条款而言，转运意指在信用证规定的装货港到卸货港之间的海运过程中，将货物由一艘船卸下再装上另一艘船的运输。

c. i. 只要同一非转让海运单包括运输全程，则非转让海运单可以注明货物将被转运或可被转运。

ii. 银行可以接受注明将要发生或可能发生转运的非转让海运单。即使信用证禁止转运，只要非转让海运单上证实有关货物已由集装箱、拖车或子母船运输，银行仍可接受注明将要发生或可能发生转运的非转让海运单。

d. 对于非转让海运单中包含的声明承运人保留转运权利的条款，银行将不予置理。

（资料来源：《UCP600》，中国民主法制出版社）

三、航空运单

（一）航空运单的概念

航空运单（airway bill），是由承运人或其代理人签发的重要的货物运输单据，是承托双方的运输合同，其内容对双方均具有约束力。航空运单不可转让，持有航空运单也并不能说明可以对货物要求所有权。

知识补充：航空运单的正副本

航空运单通常一式八联。其中正本三联，副本五联。

第一联，正本3，蓝色，为托运人联。作为托运人支付货物运费、并将货物交由承运人运输的凭证。

第二联，正本1，绿色，为财务联。作为收取货物运费的凭证交财务部门。

第三联，副本7，白色，为第一承运人联。由第一承运人留交其财务部门作为结算凭证。

第四联，正本2，粉红色，为收货人联。在目的站交收货人。

第五联，副本4，黄色，为货物交付联。收货人提取货物时在此联签字，由承运人留存，作为货物已经交付收货人的凭证。

第六联，副本5，白色，为目的站联。由目的站机场留存，也可作为第三承运人联，由第三承运人留交其财务部门作为结算凭证。

第七联，副本6，白色，为第二承运人联。由第二承运人留交其财务部门作为结算凭证。

第八联，副本8，白色，为代理人联（存根联）。由货运单填置人留存备查。

货运单的三联正本具有同等法律效力。一联交承运人；一联交收货人；一联交托运人，分别由托运人签字或盖章，由承运人接受货物后签字或盖章。货运单的承运人联应当自填开次日起保存两年。

（二）航空运单的性质与作用

1. 航空运单是发货人与航空承运人之间运输合同

与海运提单不同，航空运单不仅证明航空运输合同的存在，而且航空运单本身就是发货人与航空运输承运人之间缔结的货物运输合同，在双方共同签署后产生效力，并在货物到达目的地交付给运单上所记载的收货人后失效。

2. 航空运单是承运人签发的已接收货物的证明

航空运单也是货物收据，在发货人将货物发运后，承运人或其代理人就会将其中一份交给发货人（即发货人联），作为已经接收货物的证明。除非另外注明，它是承运人收到货物并在良好条件下装运的证明。

3. 航空运单是承运人据以核收运费的账单

航空运单分别记载着属于收货人负担的费用，属于应支付给承运人的费用和应支付给代理人的费用，并详细列明费用的种类、金额，因此可作为运费账单和发票。承运人往往也将其中的承运人联作为记账凭证。

4. 航空运单是报关单证之一

出口时航空运单是报关单证之一。在货物到达目的地机场进行进口报关时，航空运单也通常是海关查验放行的基本单证。

5. 航空运单同时可作为保险证书

如果承运人承办保险或发货人要求承运人代办保险，则航空运单也可用来作为保险证书。

6. 航空运单是承运人内部业务的依据

航空运单随货同行，证明了货物的身份。运单上载有有关该票货物发送、转运、交付的事项，承运人会据此对货物的运输作出相应安排。

（三）航空运单的分类

航空运单主要分为主运单和分运单两大类：

1. 航空主运单

航空主运单（Master Air Waybill，MAWB）是指由航空运输公司签发的航空运单。它是航空运输公司据以办理货物运输和交付的依据，是航空公司和托运人订立的运输合同，每一批航空运输的货物都有自己相对应的航空主运单。

2. 航空分运单

航空分运单（House Air Waybill，HAWB）是指由集中托运人在办理集中托运业务时签发的航空运单被称作航空分运单。在集中托运的情况下，除了航空运输公司签发主运单外，集中托运人还要签发航空分运单。

（四）航空运单的内容与缮制

不同的航空公司也会有自己独特的航空运单格式。所不同的是，航运公司的海运提单可能千差万别，但各航空公司所使用的航空运单则大多借鉴IATA①所推荐的标准格式，差别并不大。航空运单与海运提单类似，也有正面、背面条款之分。背面是印就的有关托运人和承运人的权利及责任的条款。正面包括航线、日期、货物名称、数量、包装、价值、托运人、收货人的名称与地址、运杂费等项目。在填写当事人名称时应填写全称，包括国家、城市、街道、门牌号或电传号等。航空运单应作成记名抬头，在信用证业务中以开证行为记名收货人比较好，便于开证行约束进口商付款赎单。运费应按信用证规定，在运单上注明是预付或到付。下面就有关需要填写的栏目说明如下：

1. 始发站机场：需填写 IATA 统一制定的始发站机场或城市的三字代码，这一栏应该和11 栏相一致。

1A：IATA 统一编制的航空公司代码，如我国的国际航空公司的代码就是 999。

1B：运单号，由 8 位数字组成，第八位为检查位，用以识别货运单的真假，该位数值为前七位数字除以 7 的余数。

2. 发货人姓名、住址（Shipper’s Name and Address）：填写发货人姓名、地址、所在国家及联络方法。

3. 发货人账号：只在必要时填写。

4. 收货人姓名、住址（Consignee’s Name and Address）

应填写收货人姓名、地址、所在国家及联络方法。与海运提单不同，因为空运单不可转让，所以“凭指示”之类的字样不得出现。

5. 收货人账号：同 3 栏一样只在必要时填写。

6. 承运人代理的名称和所在城市（Issuing Carrier’s AgentName and City）。

---

① 是国际航空运输协会（International Air Transport Association）的简称，是一个由世界各国航空公司所组成的大型国际组织，具有半官方的性质，总部设在加拿大的蒙特利尔，执行机构设在日内瓦。

7. 代理人的 IATA 代号。

8. 代理人账号。

9. 始发站机场及所要求的航线(Airport of Departure and Requested routing)：这里的始发站应与 1 栏填写的相一致。

10. 支付信息(Accounting Information)：此栏只有在采用特殊付款方式时才填写。

11A(C、E). 去往(To)：分别填入第一（二、三）中转站机场的 IATA 代码。

11B(D、F). 承运人(By)：分别填入第一（二、三）段运输的承运人。

12. 货币(Currency)：填入 ISO 货币代码。

13. 收费代号：表明支付方式。

14. 运费及声明价值费(WT/VAL，weight charge/valuation charge)：

此时可以有两种情况：预付(PPD，Prepaid)或到付(COLL collect)。如预付在 14A 中填入"*"，否则填在 14B 中。需要注意的是，航空货物运输中运费与声明价值费支付的方式必须一致，不能分别支付。

15. 其他费用(Other)：也有预付和到付两种支付方式。

16. 运输声明价值(Declared Value for Carriage)：在此栏填入发货人要求的用于运输的声明价值。如果发货人不要求声明价值，则填入"NVD(No value declared)"。

17. 海关声明价值(Declared Value for Customs)：发货人在此填入对海关的声明价值，或者填入"NCV(No customs valuation)"，表明没有声明价值。

18. 目的地机场(Airport of Destination)：填写最终目的地机场的全称。

19. 航班及日期(Flight/Date)：填入货物所搭乘航班及日期。

20. 保险金额(Amount of Insurance)：只有在航空公司提供代保险业务而客户也有此需要时才填写。

21. 操作信息(Handling Information)：一般填入承运人对货物处理的有关注意事项，如"Shipper's certification for live animals(托运人提供活动物证明)"等。

22A—22L 货物运价、运费细节：

22A.货物件数和运价组成点(No. of Pieces RCP，Rate Combination Point)：填入货物包装件数。如 10 包即填"10"。当需要组成比例运价或分段相加运价时，在此栏填入运价组成点机场的 IATA 代码。

22B. 毛重(Gross Weight)：填入货物总毛重。

22C. 重量单位：可选择公斤(kg)或磅(lb)。

22D. 运价等级(Rate Class)：针对不同的航空运价共有 6 种代码，它们是 M(Minimum，起码运费)、C(Specific Commodity Rates，特种运价)、S(Surcharge，高于普通货物运价的等级货物运价)、R(Reduced，低于普通货物运价的等级货物运价)、N (Normal，45 公斤以下货物适用的普通货物运价)、Q(Quantity，45 公斤以上货物适用的普通货物运价)。

22E. 商品代码(Commodity Item No.)：在使用特种运价时需要在此栏填写商品代码。

22F. 计费重量(Chargeable Weight)：此栏填入航空公司据以计算运费的计费重量，该重量可以与货物毛重相同也可以不同。

22G. 运价(Rate/Charge)：填入该货物适用的费率。

22H. 运费总额(Total)：此栏数值应为起码运费值或者是运价与计费重量两栏数值的乘

积。

22I. 货物的品名、数量，含尺码或体积(Nature and Quantity of Goods incl. Dimensions or Volume)：货物的尺码应以厘米或英寸为单位，尺寸分别以货物最长、最宽、最高边为基础。体积则是上述三边的乘积，单位为立方厘米或立方英寸。

22J. 该运单项下货物总件数。

22K. 该运单项下货物总毛重。

22L. 该运单项下货物总运费。

23. 其他费用(Other Charges)：指除运费和声明价值附加费以外的其他费用。根据 IATA 规则各项费用分别用三个英文字母表示。其中前两个字母是某项费用的代码，如运单费就表示为 AW(Air Waybill Fee)。第三个字母是 C 或 A，分别表示费用应支付给承运人(Carrier)或货运代理人(Agent)。

24-26. 分别记录运费、声明价值费和税款金额，有预付与到付两种方式。

27-28. 分别记录需要付与货运代理人(Due Agent)和承运人(Due Carrier)的其他费用合计金额。

29. 需预付或到付的各种费用。

30. 预付、到付的总金额。

31. 发货人的签字。

32. 签单时间(日期)、地点、承运人或其代理人的签字。

33. 货币换算及目的地机场收费纪录。

课堂思考

航空运单的抬头和海运提单的抬头有什么不同？

资料卡：航空运单

表 5-4　　　　航空运单

1A	1	1B	1A—	1B

Shipper's Name and Address 2	Shipper's Account Number 3	Not Negotiable Air Waybill Issued by 中国国际航空公司 AIR CHINA BEIJING CHINA
		Copies 1, 2 and 3 of this Air Waybill are originals and have the same validity.
Consignee's Name and Address 4	Consignee's Account Number 5	It is agreed that the goods described herein are accepted for carriage in apparent good order And condition (except as noted)and SUBJECT TO THE CONDITIONS OF CONTRACT ON THE REVERSE HEREOF. ALL GOODS MAY BE CARRIED BY AND OTHER MEANS INCLUDING ROAD OR ANY OTHER CARRIER UNLESS SPECIFIC CONTRARY INSTRUCTIONS ARE GIVEN HEREON BY THE SHIPPER. THE SHIPPER'S ATTENTION IS DRAWN TO THE NOTICE CONCERNING CARRIER'S LIMITATION OF LIABILITY. Shipper may increase such limitation of liability by declaring a higher value for carriage and paying a supplemental charge if required.
Issuing Carrier's Agent Name and City 6		Accounting Information
Agent's IATA Code 7	Account No. 8	10
Airport of Departure (Addr. of First Carrier)and Requested Routing 9		

To	By First Carrier Routing and Destination	to	by	to	by	Currency	CHGS Code	WT/VAL PPD	WT/VAL COLL	Other PPD	Other COLL	Declared Value for Carriage	Declared Value for Customs
11A	11B	11C	11D	11E	11F	12	13	14A	14B	15A	15B	16	17

Airport of Destination	Flight/Date	For carrier Use Only Flight/Date	Amount of Insurance	INSURANCE - If Carrier offers insurance, and such insurance is requested in accordance with the conditions thereof, indicate amount to be insured in figures in box marked "Amount of Insurance."
18	19A	19B	20	

Handing Information

21

(For USA only)These commodities licensed by U.S. for ultimate destination ……………………..Diversion contrary to U.S. law is prohibited

No of Pieces RCP	Gross Weight	Kg lb	Rate Class / Commodity Item No.	Chargeable Weight	Rate/ Charge	Total	Nature and Quantity of Goods (incl. Dimensions or Volume)
22A	22B 22C		22E 22D	22F	22G	22H	22I
22J	22K					22L	

Prepaid	Weight Charge	Collect	Other Charges
24A		24B	23
	Valuation Charge		
25A		25B	
	Tax		
26A		26A	
	Total other Charges Due Agent		Shipper certifies that the particulars on the face hereof are correct and that insofar as any part of the condition for carriage by air according to the applicable Dangerous Goods Regulations.
27A		27B	
	Total other Charges Due Carrier		………………………………………………………………………… 31
28A		28B	
29A		29B	Signature of Shipper or his Agent
Total Prepaid 30A		Total Collect 30B	Executed on (date)32A　at(place)32B　Signature of Issuing Carrier or its Agent 32C
Currency Conversion Rates 33A		CC Charges in Dest. Currency 33B	

For Carrier's Use only at Destination	Charges at Destination 33C	Total Collect Charges 33D	1A—	1B

资料卡：《UCP600》第二十三条对空运单据的有关规定

a. 无论其称谓如何，空运单据必须在表面上看来：

i. 注明承运人名称并由下列当事方签署：

承运人，或

承运人的具名代理或代表。

承运人或代理的任何签字必须分别表明其承运人或代理的身份。代理的签字必须显示其是否作为承运人的代理或代表签署空运单据。

ii. 注明货物已收妥待运。

iii. 注明出具日期。这一日期将被视为装运日期，除非空运单据包含注有实际装运日期的专项批注，在此种情况下，批注中显示的日期将被视为装运日期。空运单据显示的其他任何与航班号和起飞日期有关的信息不能被视为装运日期。

Iv 表明信用证规定的起飞机场和目的地机场

v. 为开给发货人或托运人的正本，即使信用证规定提交全套正本。

vi. 载有承运条款和条件，或提示条款和条件参见别处。银行将不审核承运条款和条件的内容

b. 就本条而言，转运是指在信用证规定的起飞机场到目的地机场的运输过程中，将货物从一飞机卸下再装上另一飞机的行为。

c. i. 空运单据可以注明货物将要或可能转运，只要全程运输由同一空运单据涵盖。

ii. 即使信用证禁止转运，注明将要或可能发生转运的空运单据仍可接受。

（资料来源：《UCP600》，中国民主法制出版社）

第三节 保险单据

保险单据是证明保险合同成立的法律文件，它既反映保险人与被保险人之间的权利和义务关系，又是保险人的承保证明。一旦发生保险责任范围内损失，它就是被保险人要求赔偿的法律依据。

一、保险单据的种类

（一）保险单

保险单（Insurance Policy），俗称“大保单”，是正式的保险单据。除正面项目外，背面载有保险双方当事人的权利义务条款，是证实保险人与被保险人建立保险契约的正式文件。

（二）保险凭证

保险凭证（Insurance Certificate），这是一种简化的保险单据，背面没有条款，与保险单具有相同的法律效力。如果信用证要求提供保险单就不能提供保险凭证。如果信用证要求提供保险凭证，可以提供保险单。在我国，这种凭证自上世纪八十年代开始已经基本不使用了。

（三）预约保险单

预约保险单（Open Policy），这是一种长期性的货物运输保险合同。合同中规定了承保范

围、险别、费用、责任、赔款处理等项目。凡属合同约定的运输货物，在合同有效期内自动承保。在实际业务中，一般是在每批货物装运后，由被保险人向保险公司或进口商发出“保险声明”（Insurance Declaration）或“装运通知”（Shipment Advice）,其上列明被保险货物的名称、数量、毛重、金额、运输工具、运输日期以及预保合同编号，作为正式保单生效的标志，其副本或相关的受益人证明书通常作为议付的单据之一。

（四）批单

批单（Endorsement），是指保险单出立后，投保人如需要补充或变更其内容时，可向保险公司提出批改申请。保险公司如同意即出立批单，注明更改或补充的内容，并对批单内容负责。批单原则上须粘贴在保险单上，并加盖骑缝章，作为保险单不可分割的一部分。

二、保险单的内容

世界各地保险人签发的海上货物运输保险单，格式互有差异，但内容基本一致。现以中国人民财产保险股份公司的保险单为例说明如下：保险单的内容包括正面记载事项和背面的保险条款。

保险单正面大致包括三部分内容：

（1）证明双方当事人建立保险关系的文字。说明保险人根据被保险人的要求，由被保险人缴付约定的保险费，按照本保险单条件承保货物运输险。

（2）被保险货物的情况，包括货物项目、标记、包装及数量、保险金额以及载货船名、启运地和目的地、开航日期等。

（3）承保险别、理赔地点以及保险人关于所保货物如遇风险可凭保险单及有关证件给付赔款的声明。

保险单背面所列保险条款，是确立保险人与被保险人之间权利与义务关系的依据，是保险单的重要内容。许多国家的保险公司均按伦敦保险协会条款办理。中国人民保险公司使用中国保险条款，内容包括：平安险、水渍险和一切险三种基本险别的责任范围、除外责任、责任起讫、被保险人的义务、索赔期限等。

保险单一式五份，第一、二份印有“ORIGINAL”（正本）字样，背面印有保险条款，其余三份印有“COPY”（副本）字样，通常作保险公司备案和结算保险费之用。

资料卡：保险单

表 5-5

保险单

PICC　　中国人民财产保险股份有限公司

PICC Property and Casualty Company Limited

总公司设于北京　　一九四九年创立

HEAD Office Beijing　　Established in 1949

货物运输保险单 CARGOTRANSPORTATION INSURANCE POLICY

保险单号（Policy No.）

被保险人（Insured）：____________________

中国人民财产保险股份有限公司（以下简称本公司）根据被保险人要求，以被保险人向本公司缴付约定的保险费为对价，按照本保险单列明条款承保下述货物运输保险，特订立本保险单。

THIS POLICY OF INSURANCE WITNESSES THAT PICC PROPERTY AND CASUALTY COMPANY LIMITED (HEREIN AFTER CALLED."THE COMPANY")AT THE REQUEST OF THE INSURED AND IN CONSIDERATION OF THE AGREED PREMIUM PAID TO THE COMPANY BY THE INSURED, UNDERTAKES TO INSURE THE UNDERMENTIONED GOODS IN TRANSPORTATION SUBJECT TO CONDITIONS OF THIS POLICY AS PER THE CLAUSES PRINTED BELOW.

标记 MARKS & NOS.	包装及数量 QUANTITY	保险货物项目 GOODS	保险金额 AMOUNT INSURED

总保险金额：

Total Amount Insured:____________________

费率（Rate）：____________　　保费（Premium）：____________

开航日期（Slg.On or Abt.）____________　　装载运输工具（Per Conveyance）：____________

自：　　经：　　至：

From____________Via____________To____________

承保险别（Conditions）：

所保货物如发生保险单项下可能引起索赔的损失，应立即通知本公司或下述代理人查勘。如有索赔，应向本公司提交正本保险单（本保险单共有____份正本）及有关文件。如一份正本已用于索赔，其余正本自动失效。

IN THE EVENT OF LOSS OR DAMAGE WHICH MAY RESULT IN A CLAIM UNDER THIS POLICY, IMMEDIATE NOTICE MUST BE GIVEN TO THE COMPANYY OT AGENT AS MENTIONED CLAIMS, IF ANY, ONE OF THE ORIGINAL POLICY WHICH HAS BEEN ISSUED IN ______ORIGINAL(S)TOGETHER WITH THE RELEVENT DOCUMENTS SHALL BE SURRENDERED TO THE COMPANY. IF ONE OF THE ORIGINAL POLICY HAS BEEN ACCOMPLISHED, THE OTHERS TO BE VOID.

保　险　人：中国人民财产保险股份有限公司青岛市分公司

UNDERWRITER:PICC Property and Casualty Company Limited Qingdao Branch

电话（TEL）：85715888　85719335　　传真：85719335

地址（ADD）：中国　青岛香港中路 66 号 19 楼

ADD:19/F NO.66 XIANGGANG ZHONG ROAD QINGDAO, CHINA

____________________邮编（POSTCODE）：266071

赔款偿付地点

Claim Payable at ____________________　　授权人签字

Authorized Signature

签单日期（Issuing Date）____________________

核保人：　　制单人：　　经办人：

三、保险单的缮制

（一）发票号码

发票号码（Invoice No.）按本批货物的发票号如实填列。

（二）保险单号码

保险单号码（Policy No.），由保险公司编列。

（三）被保险人和背书

（1）被保险人（Insured）通常填写出口人名称，并由出口人作空白背书（Endorsement），以表示保险权益的转让。

（2）如信用证规定被保险人为受益人以外的某公司或某银行，保险单应直接打该公司或银行名称。如信用证在被保险人名称前注有“to the order of...”，保险单也应照加，受益人不背书。

（3）如信用证要求保险单做成“To order”，应在被保险人栏照打“To order”并由受益人背书。

（4）如信用证规定被保险人做成“To order of bearer”保险单可照打，或在“To order of”之后注明受益人名称。这两种方式均应由受益人背书。

（5）在 FOB 或 CFR 价格条件下，如国外买方委托卖方代办保险，被保险人栏可做成“XX（卖方）on behalf of XX(买方)”，并且，由卖方按此形式背书。

（6）如信用证保险条款规定“Blank endorsed”或未做具体规定，则一律由被保险人做空白背书。如信用证规定“endorsed to order of XXX”或“endorsed in favour of XXX”，保险单被保险人栏应注明受益人名称，然后由受益人背书并根据不同情况，分别加注“To order of XXX”，“In favour of XXX”或“please pay to order of XXX”，“please pay in favour of XXX”或“please deliver to XXX”或“claims, if any, please pay to...”等等。

（7）如信用证规定“Loss if any, pay to XX”，保险单被保险人栏应注明受益人，并由受益人作空白背书，在索赔地栏后注明“pay to XX”。

（四）标记

原则上应注明原唛头（Marks & Nos），并与发票和提单相符。如无唛头可填“N/M”。本栏目也可填“As per Invoice No. XXX”（如 XXX 号发票）。因为保险索赔时需提供发票，这样做还可以避免单单不符。

（五）包装及数量

有包装的要注明包装件数（Quantity）；裸装货要注明本身件数；散装货要注明净重；有包装但以重量计价的应将包装件数和计价重量都在本栏目内标注。

（六）保险货物项目

保险货物项目（Description of Goods）的填写应与发票和提单相同，允许使用货名统称。

（七）保险金额和总保险金额

（1）保险金额（Amount Insured）填小写金额，如“USD250.00”；总保险金额（Total Amount Insured）为大写累计金额，如“U.S. DOLLARS TWO HUNDRED AND FIFTY ONLY”。大小写金额应保持一致。

（2）保险货币应与信用证一致，托收方式下应与合同货币一致。

（3）保险金额的加成百分比应严格按信用证或合同规定掌握。如没有具体规定，应按 CIF 或 CIP 价格的 110%投保。在无法确定货价时，应选择议付金额与发票金额中较大的投保。

（4）保险金额一般不要辅币，小数点后尾数一律要向上进位为整数。例如发票金额为USD1 507.30，加一成投保，保险金额为 USD1 507.30×110%=USD1 658.03，则进位后保险金额应为：USD1 659.00。

（5）如发票金额有扣除佣金时，保险金额应按扣佣前的毛额加成投保；如发票金额扣除折扣时，则保险金额可按扣除折扣后的净额加成投保。

课堂思考

根据以前所学常识，思考一下应该如何计算保险金额和保险费？

（八）保费和费率

保费和费率（Premium and Rate）这两栏通常不注明具体数字而分别注明“As arranged”(按约定)。保费栏亦可打“Paid”或“Prepaid”。如信用证要求注明保费金额和费率时，则应如实注明。

（九）装载运输工具

装载运输工具填写运输工具的名称和航次（车次）。具体如下：

（1）海运方式下填写船名和航次。如“Longhua V.103”。

（2）铁路运输填写“By Railway”或加上车号，如“Wagon No.12345”。

（3）航空运输填写“By Air”。

（4）邮包运输填写“By Parcel Post”。

（十）开航日期（Slg.on or abt.）

开航日期填写本批货物运输单据的日期。如海运可以只填“As Per B/L”。

（十一）起讫地点

（1）在“From”之后填写装运港（地名称），“To”之后填写目的港（地）名称，并与提单或其他运输单据相符。

（2）如需转船，应在目的港后加注“W/T at XXX（转船港名称）”例如“From Shantou To London W/T At Hongkong”

（3）如海运至某港口，保险承保到内陆某地，应在目的港后注明。例如目的港马赛，保险承保到巴黎，则应填列“From... To Marselles and thence to Paris.”

（4）提单如为买方选港，例如“Option London /Liverpool/Manchester”，保单目的港应照填。

（十二）承保险别

承保险别（Conditions）应该按照合同或者信用证的规定险别填写。除注明险别名称外，还应注明保险险别适用的文本及其生效日期，例如“Covering All Risks and War Risks as per Ocean Marine Cargo Clause and Ocean Marine Cargo War Risks Clauses of the People’s Insurance Company Of China Dated 1/1/ 1981（按照中国人民保险公司 1981 年 1 月 1 日生效的海运货物条款和海运货物战争条款承保一切险和战争险）。

在实际业务中，有些文句可采用缩略写的形式，例如上述第一个条款可写成“...as per OMCC & OMCWRC of the PICC (CIC)dd. 1/1/1981”。

课堂思考

中国保险条款承保险别和伦敦协会货物保险的险别有哪些？

（十三）勘查理赔代理人

这是指货物出险时负责检验、理赔的承保人的代理人（Agent）。通常检验与理赔为同一代理人，但根据需要也可以分开各司其职。

保险勘查、理赔代理人由保险公司指定，但须提供详细地址，以便在损失发生时，收货人可及时通知该代理人进行勘查和理赔事宜。

（十四）赔付地点

赔付地点（Claim Payable at）填写包括保险赔款支付地点和赔付的货币两项内容。

（1）如信用证规定了赔偿地点，保单应照打。例如信用证规定“Claims, if any , to be payable at Japan”.则本栏目可打上“Japan”，如信用证未作规定时，则可在本栏目打上目的港名称。如信用证规定不止一个目的港或赔付地，则应全部照打。

（2）赔付的货币通常为信用证所使用的货币。如信用证另有规定时应按规定注明。例如，信用证规定“Claims, if any, are payable in Japan in USD”。则本栏目应打上“Japan in USD”。如信用证未规定赔付货币时，可以不打币别。

（十五）出单日期和地址

出单日期（dated）在填写时根据《UCP600》的规定：保单的出单日期不应晚于提单日期。保单的地址（at）应为保险公司所在地。

（十六）保险公司签章

保险单由保险公司或其代理人签章（Authorized Signature）。根据英国法律规定，海上保险单可只盖图章。

四、保险单审核中常见的不符点

保险公司将保单交给外贸公司后，外贸公司审单员还应根据 L/C 及发票等单据进行审核，以防在日后交单议付时因单单、单证不符带来麻烦。

保单审核时应首先看保单的种类是否符合 L/C 的有关规定，其次应针对各项内容的填具要求逐项审核。审核中，常易出现的错误有以下几种：

（1）提交的保险单类别低于 L/C 的要求；

（2）所列货物与 L/C 规定不符；

（3）装卸口岸、唛头、运输工具等与 B/L 或 L/C 不符；

（4）投保险别不符合 L/C 的有关规定；

（5）保险的币制与 L/C、汇票或发票所用币制不同；

（6）有关赔付与 L/C 不符；

（7）有关日期不符；

（8）保单上漏盖章；

（9）被保险人的填写错误。

资料卡：《UCP600》第二十八条对于保险单据及保险范围的相关规定

a. 保险单据，例如保险单或预约保险项下的保险证明书或者声明书，必须由保险公司或承保人或其代理人或代表出具并签署。代理人或代表的签字必须标明其系代表保险公司或承保人签字。

b. 如果保险单据表明其以多份正本出具，所有正本均须提交。

c. 暂保单将不被接受。

d. 可以接受保险单代替预约保险项下的保险证明书或声明书。

e. 保险单据日期不得晚于发运日期，除非保险单据表明保险责任不迟于发运日生效。

f. i. 保险单据必须表明投保金额并以与信用证相同的货币表示。

ii. 信用证对于投保金额为货物价值、发票金额或类似金额的某一比例的要求，将被视为对最低保额的要求。如果信用证对投保金额未作规定，投保金额须至少为货物的 CIF 或 CIP 价格的 110%。如果从单据中不能确定 CIF 或者 CIP 价格，投保金额必须基于要求承付或议付的金额，或者基于发票上显示的货物总值来计算，两者之中取金额较高者。

iii. 保险单据须标明承包的风险区间至少涵盖从信用证规定的货物监管地或发运地开始到卸货地或最终目的地为止。

g. 信用证应规定所需投保的险别及附加险（如有的话）。如果信用证使用诸如"通常风险"或"惯常风险"等含义不确切的用语，则无论是否有漏保之风险，保险单据将被照样接受。

h. 当信用证规定投保"一切险"时，如保险单据载有任何"一切险"批注或条款，无论是否有"一切险"标题，均将被接受，即使其声明任何风险除外。

i. 保险单据可以援引任何除外责任条款。

j. 保险单据可以注明受免赔率或免赔额（减除额）约束。

（资料来源：《UCP600》，中国民主法制出版社）

第四节 原产地证书

原产地证是一种证明货物原产地或制造地的证件。其作用是供出口国海关实行差别关税，采取不同的国别政策，或对某些国家采取控制进口配额的依据。我国出口贸易中使用的产地证种类很多。

一、一般原产地证

一般原产地证（Certificate of Origin, C/O），又称普通产地证。通常不使用海关发票或领事发票的国家，要求提供一般原产地证，可确定对货物征税的税率。

（一）一般原产地证的签发

一般原产地证的签发者分为：

（1）出口商自己出具并签发的《原产地证书》。现一般用于对近洋地区的出口。好处是无需支付任何签证费用，便于更改。

（2）由质检局签发的《中华人民共和国原产地证书》。

（3）由贸促会出具的《中华人民共和国原产地证书》。

（4）厂商自己出具的《原产地证书》。

选择使用哪一种，应根据信用证条款确定。如无特别规定，则以第三者公证机构签发并证明产地比较合适。

（二）一般原产地证的缮制（以贸促会签发的一般原产地证为例）：

（1）出口商名称地址（Exporter）：与发票一致。

（2）收货人（Consignee）：与发票一致。

（3）运输工具及线路（means of transport and route）：与提单、发票一致。

（4）目的港（Destination）：与提单一致。

（5）当局盖章（for certifying authority use only）：由贸促会盖章。

（6）唛头及件数（Marks & No. of Packages）：按发票填制。

（7）货物描述（Description of Goods）：填货物的最大包装件数及货物名称。

（8）协调商品名称及编码制度（H.S Code）：应按分类，正确填写。H.S 分类是以商品原料来源为主，结合加工程度和用途等来划分，共分为 21 类，97 章，1 241 条税目录，5 091 个商品组。各种产品的税目通常用四位至六位阿拉伯数字表示。

（9）数量及重量（Quantity or Weight）：填发票的数量或重量。

（10）发票号及日期（No. & Date of invoice）：填发票号码及日期。

（11）出口商申述（Declaration by the exporter）：包括出口商名称、地址及专人签字、日期。

（12）当局盖章（Certification）：由贸促会盖章，并签具日期及出具地点。该栏的签发日期不应早于出口商申述栏日期，也不应晚于提单签发的日期。

（13）证书编号（Certificate No.）：由贸促会编号，经贸促会盖章，签字后售给使用单位，由各单位自行填写各栏目。

（三）注意事项

（1）原产地证是一份独立出具的单据。

（2）必须按信用证要求签字、公证、签证。如文字有更改，需有贸促会加盖更正章。

（3）标明原产地国，其他内容应与发票及其他单据相一致。

（4）如有补充、遗失已签发的证书，应向贸促会书面证明，重新办理申请手续。

（5）申请签发原产地证应在装运之前办理。

资料卡：一般原产地证明书申请书和一般原产地证明书实例

表 5-6 一般原产地证明书/加工装配证明书

申 请 书

申请单位注册号：

申请人郑重声明： 证书号码：

本人被正式授权代表本企业办理和签署本申请书。

本申请书及一般原产地证明书/加工装配证明书所列内容正确无误，如发现弄虚作假，冒充证书所列货物，擅改证书，愿按《中华人民共和国出口货物原产地规则》的有关规定接受处罚，现将有关情况申报如下：

企业名称			发票号		
商品名称			H.S 编码		
商品 FOB 总值（以美元计）			最终目的国（地区）		
拟出运日期		转口国（地区）			
贸 易 方 式					
一般贸易		三来一补		其他贸易方式	
是 否 含 有 进 口 成 份					
含进口成份			不含进口成份		
包装数量或毛重或其他数量					
一般原产地证明书			加工装配证明书		

现提交中国出口货物商业发票副本一份，一般原产地证明书，加工装配证明书一正三伏，以及其他附件　　份，请予审核签证。

申请单位盖章　　　　　　　　　　　　　　　　申领人（签名）

日　期：　　年　　月　　日

表 5-7 一般原产地证明书实例

1. Exporter（fullname and address） QINGDAO YINGHUI TRADE IMPORT AND EXPORT CORP., AOMEN ROAD,QINGDAO SHANDONG, CHIAN	Certificate No. 0752361 CERTIFICATE OF ORIGIN OF THE PEOPLE'S REPUBLIC OF CHINA
2. Consignee（full name , address, country） MHT CO. 26 DUNHIL ROAD ROTTERDAM	
3. Means of transport and route SHIPMENT FROM QINGDAO, CHINA TO ROTTERDAM PER VESSEL	5. For certifying authority use only
4. Destination ROTTERDAM	

续表 5-7

6. Marks and numbers of packages	7. Description of goods, number and kind of package	8. H.S. Code	9. Quantity or weight	10. Number and date of invoices
N/M	160(ONE HUNDRED AND SIXTY)DRUMS OF CALCIUM METAL * * * * * * * * * * * * * * * * *	28.05	24 000KGS	92GS001 5 MAY 2007

11. Declaration by the exporter	12. Certification
The undersigned hereby declares that the above details and statements are correct, that all the goods were produced in China and that they comply with the Rules of Origin of the People's Republic of China.	It is hereby certified that the declaration by the exporter is correct. CCPIT
QINGDAO, CHINA, 7 MAY, 2007-6-13	QINGDAO, CHINA, 7 MAY, 2007-6-13
Place and date, signature and stamp of authorized signatory	Place and date, signature and stamp of authorized signatory

*China Council for the Promotion of International Trade is China Chamber of International Commerce

二、普惠制产地证

普遍优惠制（简称普惠制）是发达国家给予发展中国家出口制成品和半制成品的普遍的、非歧视的、非互惠的优惠关税待遇。凡是对给惠国出口“可受惠商品”的货物，可以申请普惠制产地证书（Generalized System of Preference Certificate of Origin，GSP 证书）并寄交客户使其能享受普惠制低税甚至免税的待遇。普惠制产地证由出入境检验检疫局签发，由出口公司购买并缮制，连同申请书及商业发票副本各一份送出入境检验检疫局，经签章后，即成为有效证书。目前给予我国普惠制待遇的国家共 38 个：欧盟 27 国（比利时、丹麦、英国、德国、法国、爱尔兰、意大利、卢森堡、荷兰、希腊、葡萄牙、西班牙、奥地利、芬兰、瑞典、波兰、捷克、斯洛伐克、拉脱维亚、爱沙尼亚、立陶宛、匈牙利、马耳他、塞浦路斯、斯洛文尼亚、保加利亚、罗马尼亚）、挪威、瑞士、土耳其、俄罗斯、白俄罗斯、乌克兰、哈萨克斯坦、日本、加拿大、澳大利亚和新西兰。

普惠制产地证有多种格式，我国使用的有格式 A、格式 59A、格式 APR。其中，格式 A（FORM A）使用范围较广。FORM A 各项内容的缮制如下：

第一栏：出口商的名称、地址、国家

第二栏：收货人名称、地址、国家

填最终目的地给惠国收货人的名称、地址、国家），不可将中间商的名称填入此栏。

第三栏：运输方式和路线

填本批货物最终装运港、目的港货到货地点名称，说明运输方式，一般还要加注预计离开中国的日期，此日期必须真实。

第四栏：供签证方使用

本栏留空，供签证机构加注说明时使用。如属“后发”证书，签证机关在此栏加盖“ISSUEDRETROSPECTIVELY”红色印章。日本不接受后发证书。

第五栏：商品顺序号（Item number）

单项商品此栏填阿拉伯数字“1”，或省略不填。如有多项商品，可以此类推为“1”、“2”、“3”……。

第六栏：唛头和包装号

与一般产地证填法相同

第七栏：商品名称、包装件数及种类

与一般产地证填法相同

第八栏：原产地标准

此栏是国外海关审核的核心项目，应参照证书背面第三条规定缮制。

一般规定如下：

填报代码	出口国家	原产地标准
P	所有给惠国家	完全原产品
W HS	欧盟、挪威、瑞士、日本	产品列入给惠国“加工清单”并符合其加工条件
		产品未列入“加工清单”但产品使用的进口原料和零部件经过充分加工，产品 HS 号不同于原材料或零部件的 HS 号
F	加拿大	有进口成分，但进口成分价值未超过产品出厂价的 40%
W HS	波兰	有进口成分，但进口成分价值未超过 FOB 价的 50%
Y 进口成分	俄罗斯、乌克兰、哈萨克斯坦、捷克、斯洛伐克	有进口成分，但进口成分未超过 FOB 甲的 50%
（空白）	澳大利亚、新西兰	

第九栏：毛重或其他数量，与一般原产地证填法相同

第十栏：发票号码及日期，与一般原产地证填法相同

第十一栏：签证机构证明（Certification）由检验检疫机构签字并盖章。注意签证日期不得早于出货日期，不晚于发票日期。

第十二栏：出口商申述（Declaration by the exporter）

出口商声明已事先印制，须填写的内容有四项：

1. 生产国：须填报生产国国名（英文）；

2. 进口国：须填报进口国国名（英文）；

3. 申报单位签署，且加盖申报单位公章（正副本均须手签并盖章）；

申报日期、地点：填写申报的具体日期及城市名、国别。“兹由出口商声明以上所列内容

正确无误”已印制产地证是一种证明货物原产地或制造地的证件。其作用：供出口国海关实行差别关税，采取不同的国别政策，或对某些国家采取控制进口配额的依据。我国出口贸易中使用的产地证种类很多。

资料卡：普惠制产地证明书 FORM A

表 5-8　　　　普惠制产地证明书 **FORM A**

<table>
<tr><td colspan="3">1. Goods consigned from (Exporter's business name, address, country)
QINGDAO RUICHENG TRADE IMPORT AND EXPORT CORPORATION, NANJING ROAD,QINGDAO ,
SHANDONG,CHINA</td><td colspan="3" rowspan="2">Reference No.
GENERALIZED SYSTEM OF PREFERENCES
CERTIFICATE OF ORIGIN
(Combined declaration and certificate)
FORM A
issued in THE PEOPLE'S REPUBLIC OF CHINA
(country)
See Notes Overleaf</td></tr>
<tr><td colspan="3">2. Goods consigned to (Consignee's name, address, country)
WLT CO. 124 BROAD ST GERNMNY</td></tr>
<tr><td colspan="3">3. Means of transport and route as far as known)
SHIPMENT FROM QINGDAO, CHINA TO HAMBURG PER VESSEL</td><td colspan="3">4. For official use</td></tr>
<tr><td>5. Item-number
1</td><td>6. marks and numbers of packages
A) H YVE H
B) ST YVE ST
C) JM YVE JM</td><td>7. Number and kind of packages; description of goods
750 (SEVEN HUNDRED AND FIFTY) DRUMS OF BOLETUS EDULIS IN BRINE
* * * * * * * * * * * * *</td><td>8. Origin criterion (see Notes overleaf)
“P”</td><td>9. Gross weight or other quantity
G.W.:
25 820 KGS</td><td>10. Number and date of invoices
527H243
MARCH
15
2007</td></tr>
<tr><td colspan="3">11. Certification
It is hereby, on the basis of control carried out, that the declaration by the exporter is correct.
CIQ
QINGDAO,CHINA,MARCH 17, 2007
Place and date, signature and stamp of certifying authority</td><td colspan="3">12. Declaration by the exporter
the undersigned hereby declares that the above details and statements are correct; hat all the goods were
Produced in CHINA
(country)
and that they comply with origin requirements specified for those goods in the Generalized System of Preferences for goods exported to
GERMANY
(importing country)
QINGDAO,CHINA,MARCH 17, 2007
Place and date, signature and authorized signatory</td></tr>
</table>

知识补充：其他的产地证[1]

1. 输欧盟纺织品产地证（Europe Economic Community/Certificate of Origin）

简称 EEC 纺织品产地证书，专门用于需要配额的纺织类产品，是欧盟进口国海关控制配额的主要依据。EEC 纺织品产地证书与 EEC 纺织品出口许可证的内容完全一致，我国专门由商务部签发。

2. 对美国出口的原产地证明书（Declaration of Country Origin, DCO）

简称 DCO 产地证，又称为美国产地证。凡出口至美国的纺织品，出口商必须向进口商提供该类原产地声明书，作为进口商清关的单据之一。声明书主要有 A、B、C 三种格式：

格式 A：为单一国家产地声明书，一般是用于本国原料并由本国生产的产品。

格式 B：为多国产地声明书，一般用于来料加工、来件装配的产品，由多国生产。

格式 C：非多种纤维纺织品声明书，一般适用于纺织品原料的主要价值或重量是丝、麻类或其中羊毛含量不超过 17%的纺织品。

3. 区域性经济集团互惠原产地证书

区域优惠原产地证书是具有法律效力的在协定成员国之间就特定产品享受互惠减免关税待遇的官方凭证。目前主要有《〈中国-东盟自由贸易区〉优惠原产地证明书》、《亚太贸易协定》原产地证明书、《〈中国与巴基斯坦优惠贸易安排〉优惠原产地证明书》、《〈中国—智利自由贸易区〉原产地证书》等。

第五节　其 他 单 据

一、装箱单

装箱单（Packing List）也称装箱明细单，是商业发票的补充，一般由发货人缮制。表明装箱货物的名称、规格、数量、唛头、箱号、件数和重量以及包装情况。

知识拓展：常见的装箱单据的名称

PACKING LIST (NOTE) 装箱单
WEIGHT LIST (NOTE) 重量单
MEASUREMENT LIST 尺码单
PACKING LIST AND WEIGHT LIST 装箱单/重量单
PACKING NOTE AND WEIGHT NOTE 装箱单/重量单

[1] 具体格式内容见附录

PACKING LIST AND WEIGHT LIST AND MEASUREMENT 装箱单/重量单/尺码单

PACKING NOTE AND WEIGHT NOTE AND MEASUREMENT 装箱单/重量单/尺码单

WEIGHT AND MEASUREMENT LIST 重量单/尺码单

WEIGHT AND MEASUREMENT NOTE 重量单/尺码单

PACKING AND MEASUREMENT LIST 装箱单/尺码单

PACKING AND MEASUREMENT NOTE 装箱单/尺码单

（一）装箱单的内容与缮制

（1）卖方（Seller）：卖方的名称与地址。在信用证支付方式下，此栏应与信用证受益人的名称和地址一致。

（2）受单方（Buyer 或 To）：受单方的名称与地址。多数情况下填写进口商的名称和地址，并与信用证开证申请人的名称和地址保持一致。

（3）编号 (Invoice No.)：与发票号码一致。

（4）日期 (Invoice Date)：与发票签发日期一致。

（5）装运港或装运地（From）：与信用证或合同的装运港或装运地相同，与提单等单据相同。

（6）目的港或目的地（To）：与信用证或合同的目的港或目的地相同，与提单等单据相同。

（7）总件数（Total Packages in Words）：填写大写的总件数。

（8）唛头和件数（Marks and numbers）：与发票一致，有的注实际唛头，有时也可以只注“as per invoice No. xxx”。

（9）箱号（Case No.）：又称包装件号码。在单位包装货量或品种不固定的情况下，需注明每个包装件内的包装情况，因此包装件应编号。

（10）包装种类和件数（Number and kind of packages）：填写货物及包装的详细资料，

（11）货物描述（Description Of Goods 或 Item）：与发票的一致，但可以采用统称。

（12）数量（Quantity）：应注明此箱内每件货物的包装件数。

（13）毛重（Gross Weight）：注明每个包装件的毛重和此包装件内不同规格、品种、花色货物各自的总毛重，最后在合计栏处注总货量。信用证或合同未要求，不注亦可。如为“Detailed Packing List”，则此处应逐项列明。

（14）净重（Net Weight）：注明每个包装件的净重和此包装件内不同规格、品种、花色货物各自的总净重，最后在合计栏处注总货量。信用证或合同未要求，不注亦可。如为“Detailed Packing List”，则此处应逐项列明。

（15）箱外尺寸（Measurement）：注明每个包装件的尺寸。

（16）出单人(Issued by)：通常是卖方。

（17）出单人签章（signature）：与发票一致。

还有一些可能会涉及到合同号或销售确认书号（Contract No./ Sales Confirmation No.）、信用证号码等内容。

（二）装箱单缮制应该注意的问题

（1）有的出口公司将两种单据的名称印在一起，当来证仅要求出具其中一种时，应将另外一种单据的名称删去。单据的名称，必须与来证要求相符。如信用证规定为“Weight Memo”，则单据名称不能用“Weight List”。

（2）两种单据的各项内容，应与发票和其他单据的内容一致。如装箱单上的总件数和重量单上的总重量，应与发票、提单上的总件数或总数量相一致。

（3）包装单所列的情况，应与货物的包装内容完全相符，例如，货物用纸箱装，每箱200盒，每盒4打。

（4）如来证要求这两种单据分别开列时，应按来证办理，提供两套单据。

（5）如来证要求在这两种单据（或其中一种）上要求注明总尺码时，应照办，此单据上的尺码，应与提单上注明的尺码一致。

（6）如来证要求提供“中性包装清单”（Neutral Packing List）时，应由第三方填制，不要注明受益人的名称。这是由于进口商在转让单据时，不愿将原始出口暴露给其买主，故才要求出口商出具中性单据。如来证要求用“空白纸张”（Plain Paper）填制这两种单据时，在单据内一般不要表现出受益人及开证行名称，也不要加盖任何签章。

资料卡：装箱单

表 5-9

<table>
<tr><th colspan="3">PACKING LIST</th></tr>
<tr><td rowspan="3">(1) SELLER</td><td>(3) INVOICE NO.</td><td>(4) INVOICE DATE</td></tr>
<tr><td>(5) FROM</td><td>(6) TO</td></tr>
<tr><td colspan="2">(7) TOTAL PACKAGES (IN WORDS)</td></tr>
<tr><td>(2) BUYER</td><td colspan="2">(8) MARKS & NOS.</td></tr>
<tr><td colspan="3">(9) C/NOS. (10) NOS. & KINDS OF PKGS. (11) ITEM (12) QTY.(pcs.) (13) G.W.(kg)
(14) N.W.(kg) (15) MEAS(m3)</td></tr>
</table>

(16) ISSURD BY

(17) SIGNA TURE

二、检验检疫证

检验检疫证（Inspection Certificate），又叫商检证书，是检验检疫机构签发的证明商品检验检疫结果的书面文件。作为议付货款的单据之一，证明所交货物的质量、数量、重量、卫生等是否符合合同的规定。

某些商品必须由出口国或进口国政府指定的机构检验才能出口或进口，这种检验是法定检验。凡非法定检验的商品，如买卖双方同意，也可采用由出口商的生产单位或进口商品的商业单位出具证明的办法。

课堂思考

哪些商品需要进行法定检验？

（一）检验检疫证的种类

1. 品质检验证（Inspection Certificate of Quality）

证明出口商品的品质。

2. 重量检验证（Inspection Certificate of Weight）

证明出口商品的重量，如毛、净重及皮重。

3. 数量检验证（Inspection Certificate of Quantity）

证明进出口商品的数量。

4. 产地检验证（Inspection Certificate of Origin）

证明进出口商品的产地。

5. 兽医检验证（Veterinary Inspection Certificate）

证明动物产品或食品。如：冻畜、冻兔、肠衣等食品的证明书。

6. 卫生（健康）检验证书（Sanitary Inspection Certificate or Inspection Certificate of Health）

证明有关食品的动物产品、食品卫生检疫及人发检验。如：罐头食品、蛋品、乳制品等等。

7. 消毒检验证书（Disinfection Inspecion Certificate）

证明动物产品及食品经过消毒。

8. 温度检验证书（Inspection Certificate of Temperature）

证明货物在装船时的温度。

9. 熏蒸检验证书（Fumigation Certificate）

证明商品包装经过熏蒸。

10. 植物检验证书（Inspection Certificate of Phytosanitary）

证明植物或植物产品经过检验未发现有害的病虫害。

11. 残损证书

证明进口商品残损情况的证件。适用于进口商品发生残、短、渍、毁等情况；可作为受货人向发货人或承运人或保险人等有关责任方提供的有效证件。

12. 积载鉴定证书

证明船方和集装箱装货部门正确配载积载货物，作为证明契约义务的证件。可供货物交接或发生货损时处理争议之用。

13. 财产价值鉴定证书

作为对外关系人和司法、验资等有关部门、、评估或裁判的重要依据。

14. 船舱证书

证明承运商品的船舱清洁、密固、冷藏效能及其他技术条件是否符合保护承载商品的质量和 数量完整与安全的要求。可作为承运人租船契约适载义务，对外关系方进行货物交接和处理货损事故的依据。

15. 生丝品级及公量证书

生丝产品的专用证书，其作用相当于证书和重量/数量证书。

（二）商检证书的作用

商检证书关系到有关各方的经济责任和权益，其作用表现为：

（1）作为卖方所交付货物的品质、重量、数量、包装及卫生条件等是否符合合同规定的依据。

（2）作为买方对品质、数量、重量、包装等提出异议、拒收货物、要求赔偿的凭证。

（3）作为卖方向银行议付货款的单据之一。

（4）作为出口国和进口国海关验放的有效证件。

（5）作为证明货物在装卸、运输中实际状况、明确责任归属的依据。

商品检验证书起着公正证明的作用，是买卖双方交接货物、结算货款和处理索赔、理赔的主要依据，也是通关纳税、结算运费的有效凭证。

三、装船通知

（一）装船通知（Shipping Advice）的作用

在 CPT、FOB、CFR 和 FCA 条件下，装船通知为成交的合同的买方提供办理货物保险的凭证。买方为了避免卖方因疏忽未及时通知，所以经常在信用证中明确规定，卖方必须及时发出装船通知，并规定通知的内容。，而且在议付时必须提供装船通知的副本。该通知副本（copy of telex/fax）常作为向银行交单议付的单据之一；在进口方派船接货的交易条件下，进口商为了使船、货衔接得当也会向出口方发出有关通知；通知以英文制作，无统一格式，内容一定要符合信用证的规定，一般只提供一份。

（二）装船通知的主要内容

装船通知或称装船声明(shipping statement)，是指按照信用证或合同规定，发货人通常在装船后将装船通知进口商，以便及时办理保险或准备提货租仓。通知方式经常是担保通知。

主要内容有：收件人名称和地址，合同号或信用证号、货名、数量、金额、船名、开航日期、提单号码、发电日期。

（三）装船通知的制作

1. 单据名称

主要体现为：Shipping/Shipment Advice, Advice of shipment 等，也有人将其称为 shipping statement/declaration，如信用证有具体要求，从其规定。

2. 通知对象

应按信用证规定，具体讲可以是开证申请人、申请人的指定人或保险公司等。

3. 通知内容

主要包括所发运货物的合同号或信用证号、品名、数量、金额、运输工具名称、开航日期、启运地和目的地、提运单号码、运输标志等，并且与其他相关单据保持一致，如信用证提出具体项目要求，应严格按规定出单。此外通知中还可能出现包装说明、ETD（船舶预离港时间）、ETA（船舶预抵港时间）、ETC（预计开始装船时间）等内容。

4. 制作和发出日期

日期不能超过信用证约定的时间，常见的有以小时为准（Within 24/48 hours）和以天（within 2 days after shipment date）为准两种情形，信用证没有规定时应在装船后立即发出，如信用证规定“Immediately after shipment”（装船后立即通知），应掌握在提单后三天之内。

5. 签署

一般可以不签署，如信用证要求“certified copy of shipping advice”，通常加盖受益人条形章。

知识补充：信用证中有关装船通知条款

1. ORIGINAL FAX FROM BENEFICIARY TO OUR APPLICANT EVIDENCING B/L NO.，NAME OF SHIP，SHIPMENT DATE，QUANTITY AND VALUE OF GOODS. 其要求应向申请人提交正本通知一份，通知上列明提单号、船名、装运日期、货物的数量和金额。制作单据时只要按所列项目操作即可。

2. INSURANCE EFFECTED IN IRAN BY IRAN INSURANCE CO., THE NAME OF INSURANCE CO. AND THE POLICY NO. XXX DD.—HAVE TO BE MENTIONED ON B/L，SHIPMENT ADVICE TO BE MADE TO SAID INSURANCE CO. VIA TLX NO. XXX INDICATING POLICY NO. AND DETAILS OF SHIPMENT，A COPY OF WHICH IS TO BE ACCOMPANIED BY THE ORIGINAL DOCS. 该条款要求货物的保险由伊朗保险公司办理，提单上应明确保险公司的名称、保单号码和出单日期，所出的装运通知则应标明保险公司名称、电传号码、保单号码和货物的详细情况，电抄副本随正本单据向银行提交。

3. SHIPMENT ADVICE WITH FULL DETAILS INCLUDING SHIPPING MARKS，CTN NUMBERS，VESSEL'S NAME，B/L NUMBER，VALUE AND QUANTITY OF GOODS MUST BE SENT ON THE DATE OF SHIPMENT TO US. 该项规定要求装运通知应列明包括运输标志、箱号、船名、提单号、货物金额和数量在内的详细情况，并在货物发运当天寄开证行。

4. BENEFICIARY MUST FAX ADVISE TO THE APPLICANT FOR THE PARTICULARS BEFORE SHIPMENT EFFECTED AND A COPY OF THE ADVICE SHOULD BE PRESENTED FOR NEGOTIATION. 根据这条规定，受益人发出的装运通知的方式是传真，发出时间是在货物装运前，传真副本做为议付单据提交。

5. INSURANCE COVERED BY OPENERS. ALL SHIPMENTS UNDER THIS CREDIT MUST BE ADVISED BY YOU IMMEDIATELY AFTER SHIPMENT DIRECT TO M/S ABC INSURANCE CO. AND TO THE OPENERS REFERRING TO COVER

NOTE NO CA364 GIVING FULL DETAILS OF SHIPMENT. A COPY OF THIS ADVICE TO ACCOMPANY EACH SET OF DOCUMENTS. 该条款要求保险由申请人负责，货物装运后由受益人直接发通知给 ABC 保险公司和申请人，通知上应注明号码为 CA364 的暂保单，并说明货物的详细情况。每次交单都应随附该通知副本。

6. BENEFICIARY'S CERTIFIED COPY OF FAX SENT TO APPLICANT WITHIN 48 HOURS AFTER SHIPMENT INDICATING CONTRACT NO. L/C NO. GOODS NAME，QUANTITY，INVOICE VALUE，VESSEL'S NAME，PACKAGE/CONTAINER NO.，LOADING PORT，SHIPPING DATE AND ETA. 按这条信用证要求，受益人出具的装运通知必须签署，通知应在发货后 48 小时内发出，具体通知内容为合同号、信用证号、品名、数量、发票金额、船名、箱/集装箱号、装货港、装运日期和船舶预抵港时间。受益人应严格按所要求的内容缮制。

7. SHIPMENT ADVICE QUOTING THE NAME OF THE CARRYING VESSEL，DATE OF SHIPMENT，NUMBER OF PACKAGES，SHIPPING MARKS，AMOUNT，LETTER OF CREDIT NUMBER，POLICY NUMBER MUST BE SENT TO APPLICANT BY FAX，COPIES OF TRANSMITTED SHIPMENT ADVICE ACCOMPANIED BY FAX TRANSMISSION REPORT MUST ACCOMPANY THE DOCUMENTS. 表明船名、装船日期、包装号、唛头、金额、信用证号、保险单号的装船通知必须由受益人传真给开证人，装船通知和传真副本以及发送传真的电讯报告必须随附议付单据提交。

8. BENEFICIARY'S CERTIFICATE CERTIFYING THAT THEY HAVE DESPATCHED THE SHIPMENT ADVICE TO APPLICANT BY FAX(FAX NO 2838-0983)WITHIN 1 DAY AFTER B/L DATE ADVISING SHIPMENT DETAILS INCLUDING CONTRACT NO, INVOICE VALUE, NAME OF THE VESSEL, LOADPORT, QUANTITY GOODS LOADED, B/L DATE, THE VESSEL MOVEMENT INCLUDING TIME OF ARRIVAL, TIME OF BERTHED, TIME OF START LOADING, TIME OF FINISH LOADING AND DEPARTURE TIME FROM DALIAN AND THIS CREDIT NO.这条规定来自香港的某份信用证，其对装船通知的要求是：装运货物后一天内受益人通过传真加以通知，内容包括：合同号、发票金额、船名、装港、货物数量、提单日，包括抵达时间、靠泊时间、开始装货时间、装货完毕时间和驶离大连港的时间等船舶的航行轨迹和本信用证号码。

资料卡：装船通知

表 5-10

QINGDAO GOLDEN BRIDGE I&E CORP.
SHIPPING ADVICE

FAX　　　　INVOICE NO.

TEL　　　　L/C NO.

S/C NO.

MESSRS:

DEAR SIRS:

WE HEREBY INFORM YOU THAT THE GOODS UNDER THE ABOVE MENTIONED CREDIT HAVE BEEN SHIPPED. THE DETAILS OF THE SHIPMENT ARE STATED BELOW.

SHIPPING MARKS:　　　　COMMODITY :

TOTAL G. W.:

OCEAN VESSEL:

DATE OF DEPARTURE:

B/L NO.:

PORT OF LOADING:

DESTINATION:

四、受益人证明

受益人证明（Beneficiary Certificate）是一种由受益人自己出具证明，以便证明自己履行了信用证规定，任何证明自己按照信用证的要求办事。

（一）寄单证明（Beneficiary's certificate for despatch of documents）

是最常见的一种，通常是受益人根据规定，在货物装运前后一定时期内，邮寄/传真/快递给规定的收受人全套或部分副本单据，并将证明随其他单据交银行议付。如 CERTIFICATE FROM THE BENEFICIARY STATING THAT ONE COPY OF THE DOCUMENTS CALLED FOR UNDER THE LC HAS BEEN DISPATCHED BY COURIER SERVICE DIRECT TO THE APPLICANT WITHIN 3 DAYS AFTER SHIPMENT.

（二）寄样证明（Beneficiary's certificate for despatch of shipment sample）

例如：CERTIFICATE TO SHOW THAT THE REQUIRED SHIPMENT SAMPLES HAVE BEEN SENT BY DHL TO THE APPLICANT ON JULY 10，2010（受益人只要按规定出单即可）。

（三）包装和标签证明

例 1：某信用证要求：A CERTIFICATE FROM THE BENEFICIARY TO THE EFFECT THAT ONE SET OF INVOICE AND PACKING LIST HAS BEEN PLACED ON THE INNER

SIDE OF THE DOOR OF EACH CONTAINER IN CASE OF FCL CARGO OR ATTACHED TO THE GOODS OR PACKAGES AT AN OBVIOUS PLACE IN CASE OF LCL CARGO，其意思是受益人应证明已把一套发票和箱单贴在集装箱箱门内侧（整箱货）或拼箱货的显眼的地方；

例 2：BENEFICIARY CERTIFICATE IN TRIPLICATE STATING THE SHIPMENT DOES NOT INCLUDE NON-MANUFACTURED WOOD DUNNAGE，PALLETS，CRATING OR OTHER PACKAGING MATERIALS；THE SHIPMENT IS COMPLETELY FREE OF WOOD BARK，VISIBLE PESTS AND SIGNS OF LIVING PESTS（要求三份单据，证明货物未再加工、非木制包装、无树皮、无肉眼可见虫害、无活虫）

（四）其他规定

如 CERTIFICATE CONFIRMING THAT ALL GOODS ARE LABELLED IN ENGLISH（货物加贴英文标签）；BENEFICIARY'S CERTIFICATE STATING ORIGINAL B/L OF 1 SET CARRIED BY THE CAPTAIN OF THE VESSEL（一套正本提单已交由船长携带）；A STATEMENT FROM THE BENEFICARY EVIDENCING THAT PACKING EFFECTED IN 25KGS CTN（货物 25 公斤箱装）； BENEFICIARY'S CERTIFICATE CONFIRMING THEIR ACCEPTANCE OF THE AMENDMENT DATED June 10，2010 MADE UNDER THIS CREDIT QUOTING THE RELEVANT AMENDMENT NUMBER（确认改证内容）；CERTIFICATE TO SHOW GOODS ARE NOT OF ISRAELI ORIGIN AND DO NOT CONTAIN ANY ISRAELI MATERIAL（货物须保证非以色列产并且不含以色列的材料）。

资料卡：受益人证明

表 5-11

QINGDAO GOLDEN BRIDGE I&E CORP.
NO.1 JIANGXI ROAD,QINGDAO,SHANDONG,CHINA

CERTIFICATE

DATE

INVOICE NO:

TO:

QINGDAO GOLDEN BRIDGE I&E CORP.

五、船公司证明

在我国对外贸易实践中，经常会遇到进口商在信用证中提出要求船公司证明（Shipping

Company's Certificate）（以下称“船证”）的情形，尤以来自中东和非洲地区的客户为多。船证通常由出口商或船方用英文制作，具体内容应以信用证中要求为准，所有船证必须签署。

（一）船舶本身的证明文件

1. 集装箱船只证明（Certificate of Container Vessel）

进口商或银行在合同/信用证中规定货物须装集装箱船并出具相应证明的，可由受益人自行制作并加盖有关签发人的图章，也可在运输单据上加以注明。

2. 船龄证明

有些国家/地区来证规定装载货物的船舶的船龄不得超过 15 年，受益人必须要求船代或船公司出具载货船只的船龄证明书（Certificate to evidence the ship is not over 15 years old 或 is under 15 years of age），这样的要求主要目的在于禁止使用老龄船，保护货物运输安全。

3. 船籍证明（Certificate of Registry）

用于证明船舶所属国籍。

4. 船级证明（Confirmation of Class）

有的信用证规定提供英国劳合社船级证明，如“Class certificate certifying that the shipment is made by a seaworthy vessel which are classified 100 A1 issued by Lloyds or equivalent classification society”，劳合社的船级符号为 LR，标志 100A1，100A 表示该船的船体和机器设备是根据劳氏规范和规定建造的，I 表示船舶的装备如船锚、锚链和绳索等处于良好和有效的状态，对这样的要求我们通常应予以满足。国际上著名的船级社有英国劳合社、德国船级社（GL）、挪威船级社（DNV）、法国船级社（BV）、日本海事协会（NK）、美国船级社（ABS）等。

（二）航行证明

1. 程证明（Certificate of Itinerary）

其主要说明航程中船舶停靠的港口，一些阿拉伯国家开来的信用证中，往往要求在提单上随附声明一份，明确船籍、船名、船东及途中所经港口顺序，出口方须按要求签发此类证明并按证明中所述行驶、操作船舶。

2. 证明书（Certificate of Transshipment）

出口方出具转船证明书，说明出口货物将在中途转船且已联系妥当，并由托运人负责将有关转船事项通知收货人。

3. 具名船舶证明

如信用证要求：“A certificate from the shipping company or its agent stating that goods are shipped by APL”（意思是要求出口方提供由船公司或其代理出具的货装美国总统轮船公司的证明）。

4. 收据（Captain's Receipt）

有的信用证规定，样品或单据副本交载货船只的船长带交进口商，并提供船长收据，如委托船长带去而未取得船长收据将影响出口商收汇，常见于近洋运输。

此外船证还包括进港证明、运费已交收据、港口费用单（port charges documents）、装卸准备就绪通知书（NOR）和装卸时间事实记录等，由于政治原因，巴基斯坦和印度互不允许悬挂对方国旗的船舶靠岸，巴基斯坦港口还不接受来自南非、韩国、以色列和中国台湾的船舶，如要求出具相应证明的，出口方必须提供。

（三）航运组织和公约证明

1. 班轮公会证明（Conference Line Certificate）

信用证规定货物须装班轮公会船只时，向银行所交单据中应包括船公司或船代出具的证明。例 1，信用证要求“A certificate issued by the carrier,shipping Co or their agents certifying that shipment has been effected by conference line and/or regular line vessels only covered by institute classification clause to accompany the documents. 其意思是由承运人、船公司或他们的代理签发证明，证实货物业已装运在符合伦敦协会船级条款的班轮公会船只或定期船上，该船证随单据提交。例 2，某信用证要求“Shipping company's certificate stating that the carrying vessel has entered P&I Club and should be attached with the original documents” 其要求船证应明确载货船舶系船东保赔协会成员并应随附正本证明。

2. 黑名单证明

典型的是阿拉伯国家所要求的抵制以色列证明（Certificate of Boycott Israel）。其通常规定为：The vessel carrying the goods is not Israeli and will not call on any Israeli ports while carrying the goods and that the vessel is not banned entry to the port of the Arab States for any reasons whatever under law and the laws and regulations of such Sates allowed（船上所装货物为非以色列原产，船不经停任何以色列港口，船只可依法自由进入阿拉伯国家法律和规则所容许进出的港口）。

六、出口许可证（Export Licence）

知识补充：出口许可证办理的流程

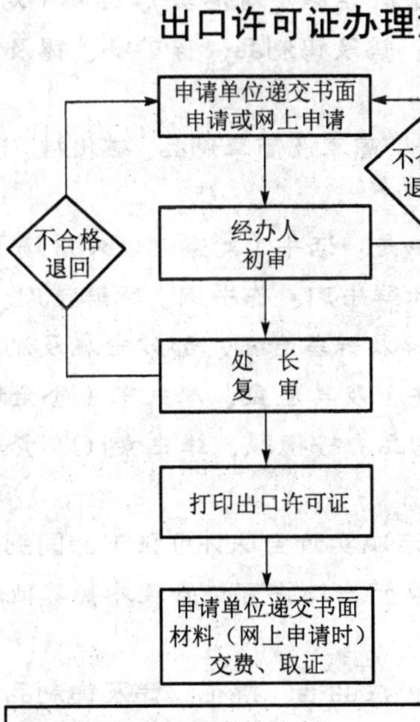

申请单位提交的书面材料包括：

1. 出口证许可证申请表
2. 主管部门批准文件
3. 出口合同（正本复印件）
4. 领证人员身份证或单位介绍信
5. 进出口资格证书、备案登记表或外商投资企业批准证书

图 5-1　出口许可证办理的流程

（一）出口许可证的内容与缮制

1. 领证单位名称以及编码

2. 发货单位名厂以及编码

3. 收款方式：主要有信用证、托收和汇付

4. 贸易方式：由一般贸易，补偿贸易、进料加工贸易、来料加工装配贸易、寄售、代销贸易

5. 商品名称

6. 输往国家和地区

7. 收货人：填合同中买方的名称

8. 运输方式：填写离境时采用的运输方式

9. 总值折美元

相关链接：2010 年出口许可证管理货物目录

1. 2010 年实行出口许可证管理的 49 种货物，分别实行出口配额许可证、出口配额招标和出口许可证管理

（1）实行出口配额许可证管理的货物是：玉米、大米、小麦、玉米粉、大米粉、小麦粉、棉花、锯材、活牛（对港澳）、活猪（对港澳）、活鸡（对港澳）、煤炭、焦炭、原油、成品油、稀土、锑及锑制品、钨及钨制品、锌矿砂、锡及锡制品、白银、铟及铟制品、钼、磷矿石。

（2）实行出口配额招标的货物是：蔺草及蔺草制品、碳化硅、滑石块（粉）、轻（重）烧镁、矾土、甘草及甘草制品。

（3）实行出口许可证管理的货物是：活牛（对港澳以外市场）、活猪（对港澳以外市场）、活鸡（对港澳以外市场）、冰鲜牛肉、冻牛肉、冰鲜猪肉、冻猪肉、冰鲜鸡肉、冻鸡肉、消耗臭氧层物质、石蜡、锌及锌基合金、部分金属及制品、铂金（以加工贸易方式出口）、汽车（包括成套散件）及其底盘、摩托车（含全地形车）及其发动机和车架、天然砂（含标准砂）、钼制品、柠檬酸、维生素 C、青霉素工业盐、硫酸二钠。

2. 对港澳出口的活牛、活猪、活鸡实行全球许可证下的国别（地区）配额许可证管理；除对港、澳、台出口天然砂实行出口许可证管理外，其他地区禁止出口；对标准砂实行全球出口许可证管理。

3. 对玉米、大米、煤炭、原油、成品油、棉花、锑及锑制品、钨及钨制品、白银实行国营贸易管理。

（资料来源：中国稀土网 http://www.cre.net）

资料卡：出口许可证申请表

表 5-12 中华人民共和国出口许可证申请表

<table>
<tr><td colspan="3">1. 出口商：　　代码：
领证人姓名：　　电话：</td><td colspan="3">3. 出口许可证号：</td></tr>
<tr><td colspan="3">2. 发货人：　　代码：</td><td colspan="3">4. 出口许可证有效截止日期：
年　月　日</td></tr>
<tr><td colspan="3">5. 贸易方式：</td><td colspan="3">8. 进口国（地区）：</td></tr>
<tr><td colspan="3">6. 合同号：</td><td colspan="3">9. 付款方式：</td></tr>
<tr><td colspan="3">7. 报关口岸：</td><td colspan="3">10. 运输方式：</td></tr>
<tr><td colspan="3">11. 商品名称：</td><td colspan="3">商品编码：</td></tr>
<tr><td>12. 规格、等级</td><td>13. 单位</td><td>14. 数量</td><td>15. 单价（币别）</td><td>16. 总值（币别）</td><td>17. 总值折美元</td></tr>
<tr><td></td><td></td><td></td><td></td><td></td><td></td></tr>
<tr><td></td><td></td><td></td><td></td><td></td><td></td></tr>
<tr><td></td><td></td><td></td><td></td><td></td><td></td></tr>
<tr><td></td><td></td><td></td><td></td><td></td><td></td></tr>
<tr><td>18. 总　计</td><td></td><td></td><td></td><td></td><td></td></tr>
<tr><td colspan="3" rowspan="2">19. 备　注

申请单位盖章

申领日期：</td><td colspan="3">20. 签证机构审批（初审）：

经办人：</td></tr>
<tr><td colspan="3">终审：</td></tr>
</table>

填表说明：1. 本表应用正楷逐项填写清楚，不得涂改、遗漏，否则无效

2. 本表内容需打印多份许可证的，请在备注栏内注明。

3. 本表填写一式二份

资料卡：出口许可证

表 5-13 **EXPORT LICENCE OF THE PEOPLE'S REPUBLIC OF CHINA No.**

1. 出口商： Exporter			3. 出口许可证号： Export licence No.		
2. 发货人： Consignor			4. 出口许可证有效截止日期： Export licence expiry date		
5. 贸易方式： Terms of trade			8. 进口国（地区）： Country /Region of purchase		
6. 合同号： Contract No.			9. 支付方式： Payment conditions		
7. 报关口岸： Place of clearance			10. 运输方式： Mode of transport		
11. 商品名称： Deascription of goods			商品编码： Code of goods		
12. 规格、等级 Specification	13. 单位 Unit	14. 数量 Quantity	15. 单价（ ） Unit price	16. 总值（ ） Amount	17. 总值折美元 Amount in USD
18. 总计 Total					
19. 备注 Supplementary details			20. 发证机关签章 ssuing authoritys stamp & signature 21. 发证日期 Licence date		

（二）出口许可证应注意的事情

（1）出运数量必须与合同和信用证中的数量一致。实际出运量不能超过许可证准许的数量。

（2）贸易方式，出运口岸等项必须与报关单一致。

（3）签订合同时商品的单价，不能低于出口许可证所准许的单价。

（4）一般商品实行“一证一批”制。有效期不能超过三个月。

（5）出口许可证已经签发后，出口单位需变更许可证内容必须到原发证机关换证。

七、出口收汇核销单

知识补充：出口收汇核销的程序

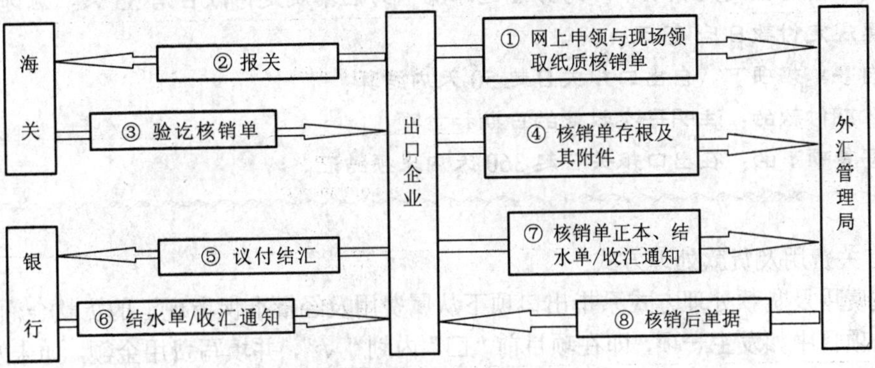

图 5-2 出口收汇核销的程序

出口收汇核销单，是由外汇管理局制发、出口单位凭以向海关出口报关、向外汇指定银行办理出口收汇、向外汇局办理出口收汇核销、向税务机关办理出口退税申报的有统一编号及使用期限的凭证。出口收汇核销单的具体内容和缮制如下：

1. 出口单位名称

该栏领取出口外汇核销单流程填写对外签订合同或执行出口贸易合同的有出口经营权的我国外贸公司或企业名称的全称。委托报关时，应填写委托单位名称；委托出口，以代理出口单位名义签订出口合同并负责收汇时，应填写代理单位名称，两个或两个以上出口单位联合出口时，应填写负责办理报关手续的出口单位的名称。

2. 编号

该栏由发放空白核销单的当地外汇管理部门预先编号。

3. 寄单日期

寄单日期系指信用证或托收项下银行寄单日期。该栏由受托行或解付行根据对外实际寄单日期填写；自寄单据的，由出口企业自填对外寄单索汇的实际日期。

4. BP/OC 号

BP 号（Bill Purchased No.）指法指信用证项下议付通知书编号，OC 号（Out ward Collection

No.）系指托收项下托收委托书编号，该栏由受托行或解付行根据信用证项下议付通知书编号或托收项下托收委托书编号填写。如为自寄单据出口，则在 BP/OC 号栏中填写“自寄单据”。

5. 预计收款日期

该栏由解付行填写从国外银行或进口商处收妥货款的实际日期。

知识拓展：预计收款日期”的填制

根据具体的收汇方式，推算出的预计收款日期填入此栏。具体推算方法如下：

即期信用证或托收项下：对方属近洋的，为寄单日后 25 天；属远洋的，为寄单日后 35 天；

远期信用证或托收项下：对方属近洋的，为汇票规定付款日后 35 天；属远洋的，为汇票规定付款日后 45 天；

自寄单据项下：自出口报关日起 50 天内结算；

分期付款的：注明每次收款的日期和金额；

寄售项下的：在出口报关日起 360 天内必须结汇。

6. 有关费用及货款处理方式

有关费用及货款处理方式系指出口项下从属费用及经批准保留现汇的货款金额，填写时，在所列的项目中如发生一项，即在项目前“□”内划“√”，并填写费用金额，如未发生该项，则不填。

7. 海关核放情况

海关审核报关单与出口收汇核销单核对无误后，在此栏内加盖“验讫”章放行。

8. 受托行/解付行备注

该栏由受托行或解付行根据收款情况在必要时填写。

9. 出口单位备注

该栏由出口单位根据实际情况在必要时填写。

10. 外汇管理部门核销意见

该栏由当地外汇管理部门根据核销实际情况填写。

11. 出口货物数量、总价

该栏根据报关单填报内容，填写出口商品品种、数量、成交条件、总价及应收汇的币种。

12. 收汇方式

该栏必须严格按合同内容填写，每种收汇方式应列明即期或远期及远期天数。若为分期付款方式，则应列明每项付款日期的金额。

13. 预计收款日期

根据合同规定的财务付款日期或根据合同推算的收款日期填写。

资料卡：出口收汇核销单

表 5-14

出口收汇核销单 存根
（鲁）编号：
出口单位：
单位编码：
出口币种总价：
收汇方式：
预计收款日期：
报关日期：
备注：
此单报关有效期截止到

（出口单位盖章）

出口收汇核销单 监制章				
（鲁）编号：				
出口单位：				
单位编码：				
银行签注栏	类别	币种金额	日期	盖章
海关签注栏：				
外汇局签注栏 年 月 日 （盖章）				

（出口单位盖章）

出口收汇核销单 监制章		
（鲁）编号：		
出口单位：		
单位编码：		
货物名称	数量	币种总价
报关单编号：		
外汇局签注栏 年 月 日 （盖章）		

未经核销此联不得撕开

知识补充：单据的日期

各种单据的签发日期应符合逻辑性和国际惯例，通常提单日期是确定各单据日期的关键，汇票日期应晚于提单、发票等其他单据，但不能晚于 L/C 的效期。具体如下：

1. 发票日期应在各单据日期之首；
2. 提单日不能超过 L/C 规定的装运期也不得早于 L/C 的最早装运期；
3. 保单的签发日应早于或等于提单日期（一般早于提单 2 天），不能早于发票；
4. 箱单应等于或迟于发票日期，但必须在提单日之前；
5. 产地证不早于发票日期，不迟于提单日；
6. 商检证日期不晚于提单日期，但也不能过分提单日，尤其是鲜货，容易变质的商品；
7. 受益人证明：等于或晚于提单日；
8. 装船通知：等于或晚于提单日后三天内；
9. 船公司证明：等于或早于提单日。

实务篇

一、根据信用证和相关制单资料制作发票、箱单、提单、保险单、普惠制原产地证、出口收汇核销单。

ISSUE OF A DOCUMENTARY CREDIT	
ISSUING BANK	THE ROYAL BANK.TOKYO
SEQUENCE OF TOTAL	1 / 1
FORM OF DOC. CREDIT	IRREVOCABLE
DOC. CREDIT NUMBER	JST-AB12
DATE OF ISSUE	20100405
EXPIRY	DATE 20040615 PLACE CHINA
APPLICANT	WAV GENEAL TRADING CO., LTD 5-18 ISUKI-CHOHAKI, OSAKA, JAPAN
BENEFICIARY	NANJING DESUN TRADING CO,LTD 224 JINLIN ROAD,NANJING,CHINA
AMOUNT	CURRENCY USD AMOUNT 10300.00
AVAILABLE WITH/BY	BANK OF CHINA BY NEGOTIATION
DRAFTS AT...	DRAFTS AT SIGHT FOR FULL INVOICE VALUE
DRAWEE	THE ROYAL BANK,TOKYO
PARTIAL SHIPMTS	ALLOWED
TRANSSHIPMENT	ALLOWED
LOADING IN CHARGE	NANJING PORT
FOR TRANSPIRT TO...	OSAKA,JAPAN
LATEST SHIPMENT 20100531	
GOODS DESCRIPT.	
LADIES GARMENTS AS PER S/C NO.SHL553 PACKING:10PCS/CTN ART NO. QUANTITY UNIT PRICE STYLE NO. ROCOCO 1 000 PCS USD 5.50 STYLE NO.ROMANTICO 1 000 PCS USD 4.80 CIF OSAKA SHIPPING MARK: ITOCHU/OSAKA/NO,1-200	
DOCS REQUIRED	
*3/3 SET OF ORIGINAL CLEAN ON BOARD OCEAN BILLS OF LADING MADE OUT TO ORDER OF SHIPPER AND BLANK ENDORSED AND MARKED "FREIGHT PREPAID" NOTIFY APPLICANT(WITH FULL NAME AND ADDRESS). *ORIGINAL SIGNED COMMERCIAL INVOICE IN 5 FOLD. *INSURANCE POLICY OR CERTIFICATE IN 2 FOLD ENDORSED IN BLANK,FOR 110PCT OF THE INVOICE VALUE COVERING ALL RISKS AND WAR RISKS AS PER OCEAN MARINE CARGO CLAUSE OF PICC DATED JAN. 1,1981,INSURANCE CLAIMS TO BE PAYABLE IN JAPAN IN THE CURRENCY OF THE DRAFTS *CERTIFICATE OF ORIGIN GSP FORM A IN 1 ORIGINAL AND 1 COPY. *PACKING LIST IN 5 FOLD.	

ADDITIONAL COND	1. T.T. REIMBURSEMENT IS PROHIBITED 2. THE GOODS TO BE PACKED IN EXPIRT STRONG COLORED CARTONS. 3. SHIPPING MARKS: ITOCHU OSAKA NO,1-200
DETAILS OF CHARGES	ALL BANKING CHARGES OUTSIDE JAPAN INCLUDING REIMBURSEMENT COMMISSION, ARE FOR ACCOUNT OF BENEFICIARY.
PRESENTATION PERIOD	DOCUMENTS TO BE PRESENTED WITHIN 10 DAYS AFTER THE DATE OF SHIPMENT, BUT WITHIN THE VALIDITY OF THE CREDIT.
CONFIRMATION	WITHOUT
INSTRUCTIONS	THE NEGOTIATION BANK MUST FORWARD THE DRAFTS AND ALL DOCUMENTS BY REGISTERED AIRMAIL DIRECT TO U.S. IN TWO CONSECUTIVE LOTS,UPON RECEIPT OF THE DRAFTS AND DOCUMENTS IN ORDER,WE WILL REMIT THE PROCEEDS AS INSTRUCTED BY THE NEGOTIATING BANK.

制单相关资料：

商品资料：

包装：10PCS PER CARTON；单位毛重：15.40KGS/CTN；单位净重：13.00KGS/CTN；单位尺码：60x40x50 CM/CTN；

发票号码：SH25586；发票日期：2010-4-28 ；船名：DAFENG V3336；提单号码：SH223545；提单日期：2010-5-15；保险单号码：AQED201011B2563；保险单的日期：2010-5-14；产地证日期地点：NANJING APR. 20, 2010；核销单号：338596612；单位编码：3211330889。

COMMERCIAL INVOICE

To:	WAV GENEAL TRADING CO., LTD 5-18 ISUKI-CHOHAKI, OSAKA, JAPAN	Invoice No.:	SH25586
		Invoice Date:	2010-4-28
		S/C No.:	SHL553
From	NANJING PORT	To	OSAKA, JAPAN
Letter of Credit No.:	JST-AB12		

Marks and Numbers	Number and kind of package Description of goods	Quantity	Unit Price	Amount
	CIF OSAKA			
ITOCHU OSAKA NO,1-200	LADIES GARMENTS STYLE NO. ROCOCO STYLE NO.ROMANTICO	1 000PCS 1 000PCS	USD5.50 USD4.80	USD5 500.00 USD4 800.00
	TOTAL:	2 000 PCS		USD10 300.00

SAY TOTAL: U.S.DOLLARS TEN THOUSAND THREE HUNDRED ONLY.

PACKING LIST

To: WAV GENEAL TRADING CO., LTD
5-18 ISUKI-CHOHAKI, OSAKA, JAPAN

Invoice No.: SH25586
Invoice Date: 2010-4-28
S/C No.: SHL553

From: NANJING PORT To: OSAKA, JAPAN

Letter of Credit No.: JST-AB12 Date of Shipment: 2010-05-15

Marks and Numbers	Number and kind of package Description of goods	Quantity	Package	G.W	N.W	Meas.
ITOCHU OSAKA NO,1-200	LADIES GARMENTS STYLE NO. ROCOCO STYLE NO.ROMANTICO	1 000PCS 1 000PCS	100CTNS 100CTNS	15.40KGS/CTN 15.40KGS/CTN	13.00KGS/CTN 13.00KGS/CTN	0.12CBM/CTN 0.12CBM/CTN
	TOTAL:	2 000PCS	200CTNS	3 080KGS	2 600.00KGS	24.00CBM

SAY TOTAL: TWO HUNDRED CARTONS ONLY.

1. Shipper Insert Name, Address and Phone NANJING DESUN TRADING CO,LTD 224 JINLIN ROAD,NANJING,CHINA	B/L No. SH223545

中远集装箱运输有限公司

COSCO CONTAINER LINES

ORIGINAL

2. Consignee Insert Name, Address and Phone

TO ORDER OF SHIPPER

Port-to-Port or Combined Transport

BILL OF LADING

3. Notify Party Insert Name, Address and Phone

WAV GENEAL TRADING CO., LTD
5-18 ISUKI-CHOHAKI, OSAKA, JAPAN

RECEIVED in external apparent good order and condition except as other-Wise noted. The total number of packages or unites stuffed in the container,The description of the goods and the weights shown in this Bill of Lading areFurnished by the Merchants, and which the carrier has no reasonable means Of checking and is not a part of this Bill of Lading contract. The carrier has Issued the number of Bills of Lading stated below, all of this tenor and date,One of the original Bills of Lading must be surrendered and endorsed or signed against the delivery of the shipment and whereupon any other original Bills of Lading shall be void. The Merchants agree to be bound by the terms and conditions of this Bill of Lading as if each had personally signed this Billof Lading.SEE clause 4 on the back of this Bill of Lading (Terms continued on the back Hereof, please read carefully).*Applicable Only When Document Used as a Combined Transport Bill of Lading.

4. Combined Transport * Pre-carriage by	5. Combined Transport* Place of Receipt
6. Ocean Vessel Voy. No. DAFENG V3336	7. Port of Loading NANJING PORT
8. Port of Discharge OSAKA , JAPAN	9. Combined Transport * Place of Delivery

Marks & Nos. Container / Seal No.	No. of Containers or Packages	Description of Goods (If Dangerous Goods, See Clause 20)	Gross Weight Kgs	Measurement
ITOCHU OSAKA NO.1-200	200CTNS	200 CTNS OF LADIES GARMENTS CLEAN ON BOARD FREIGHT PREPAID	3 080.00KGS	24.00M3
		Description of Contents for Shipper's Use Only (Not part of This B/L Contract)		

10. Total Number of containers and/or packages (in words)

Subject to Clause 7 Limitation TWO HUNDRED CARTONS ONLY.

11. Freight & Charges	Revenue Tons	Rate	Per	Prepaid	Collect
Declared Value Charge					

Ex. Rate:	Prepaid at	Payable at	Place and date of issue NANJING PORT MAY 15,2010
	Total Prepaid	No. of Original B(s)/L 3/3	Signed for the Carrier, COSCO CONTAINER LINES

LADEN ON BOARD THE VESSEL

DATE MAY 15，2010 BY COSCO CONTAINER LINES

PICC　　中国人民财产保险股份有限公司

PICC Property and Casualty Company Limited

总公司设于北京　　一九四九年创立

EAD Office B　eijing　　Established in 1949

货物运输保险单 CARGOTRANSPORTATION INSURANCE POLICY

保险单号（Policy No.）AQED201011B2563

被保险人（Insured）：TO THE ORDER OF NANJING DESUN TRADING CO,LTD

中国人民财产保险股份有限公司（以下简称本公司）根据被保险人要求，以被保险人向本公司缴付约定的保险费为对价，按照本保险单列明条款承保下述货物运输保险，特订立本保险单。

THIS POLICY OF INSURANCE WITNESSES THAT PICC PROPERTY AND CASUALTY COMPANY LIMITED (HEREIN AFTER CALLED."THE COMPANY")AT THE REQUEST OF THE INSURED AND IN CONSIDERATION OF THE AGREED PREMIUM PAID TO THE COMPANY BY THE INSURED, UNDERTAKES TO INSURE THE UNDERMENTIONED GOODS IN TRANSPORTATION SUBJECT TO CONDITIONS OF THIS POLICY AS PER THE CLAUSES PRINTED BELOW.

标记 MARKS & NOS.	包装及数量 QUANTITY	保险货物项目 GOODS	保险金额 AMOUNT INSURED
AS PER INVOICE NO.SH25586	200CTNS	LADIES GARMENTS	USD11330.00

总保险金额：

Total Amount Insured: U.S.DOLLARS ELEVEN THOUSAND THIRTY THREE HUNDRED ONLY.

费率（Rate）：AS ARRANGED　　保费（Premium）：AS ARRANGED

开航日期（Slg.On or Abt.）AS PER B/L DATE　　装载运输工具（Per Conveyance）：DAFENG V3336

自：　　经：　　至：

From NANJING PORT　Via ______　To OSAKA , JAPAN

承保险别（Conditions）：

ALL RISKS AND WAR RISKS AS PER OCEAN MARINE CARGO CLAUSE OF PICC

所保货物如发生保险单项下可能引起索赔的损失，应立即通知本公司或下述代理人查勘。如有索赔，应向本公司提交正本保险单（本保险单共有 3 份正本）及有关文件。如一份正本已用于索赔，其余正本自动失效。

IN THE EVENT OF LOSS OR DAMAGE WHICH MAY RESULT IN A CLAIM UNDER THIS POLICY, IMMEDIATE NOTICE MUST BE GIVEN TO THE COMPANYY OT AGENT AS MENTIONED CLAIMS, IF ANY, ONE OF THE ORIGINAL POLICY WHICH HAS BEEN ISSUED IN ___ORIGINAL(S)TOGETHER WITH THE RELEVENT DOCUMENTS SHALL BE SURRENDERED TO THE COMPANY. IF ONE OF THE ORIGINAL POLICY HAS BEEN ACCOMPLISHED, THE OTHERS TO BE VOID.

保　险　人：中国人民财产保险股份有限公司青岛市分公司

UNDERWRITER:PICC Property and Casualty Company Limited Qingdao Branch

电话（TEL）：85715888　85719335　　传真：85719335

地址（ADD）：中国　青岛香港中路 66 号 19 楼

ADD:19/F NO.66 XIANGGANG ZHONG ROAD QINGDAO, CHINA

邮编（POSTCODE）：266071

赔款偿付地点

Claim Payable at JAPAN　　授权人签字

Authorized Signature

签单日期（Issuing Date） MAY 14,2010

核保人：　　制单人：　　经办人：

1. Goods consigned from (Exporter's business name, address, country) NANJING DESUN TRADING CO,LTD 224 JINLIN ROAD,NANJING,CHINA	**GENERALIZED SYSTEM OF PREFERENCES** **CERTIFICATE OF ORIGIN** **(Combined declaration and certificate)** **FORM A** issued in **THE PEOPLE'S REPUBLIC OF CHINA** (country) See Notes Overleaf
2. Goods consigned to (Consignee's name, address, country) WAV GENEAL TRADING CO., LTD 5-18 ISUKI-CHOHAKI, OSAKA, JAPAN	
3. Means of transport and route as far as known) FROM NANJING PORT TO OSAKA, JAPAN BY VESSEL	4. For official use

5. Item-number	6. marks and numbers of packages	7. Number and kind of packages; description of goods	8. Origin criterion (see Notes overleaf)	9. Gross weight or other quantity	10. Number and date of invoices
1	ITOCHU OSAKA NO,1-200	TWO HUNDRED （200）CTNS OF LADIES GARMENTS ************	"P"	3 080.00KGS	527H243 MARCH 15 2007

11. Certification It is hereby, on the basis of control carried out, that the declaration by the exporter is correct.	12. Declaration by the exporter the undersigned hereby declares that the above details and statements are correct; hat all the goods were Produced in CHINA (country) and that they comply with origin requirements specified for those goods in the Generalized System of Preferences for goods exported to JAPAN (importing country) NANJING，APR.20 2010
Place and date, signature and stamp of certifying authority	Place and date, signature and authorized signatory

<table>
<tr><td>出口收汇核销单存根
（鲁）编号：338596612</td><td rowspan="7">（出口单位盖章）</td><td colspan="5">出口收汇核销单监制章
（鲁）编号：338596612</td><td rowspan="7">（出口单位盖章）</td><td colspan="3">出口收汇核销单监制章
（鲁）编号：338596612</td><td rowspan="9">未经核销此联不得撕开</td></tr>
<tr><td>出口单位：
南京德创贸易有限公司</td><td colspan="5">出口单位：
南京德创贸易有限公司</td><td colspan="3">出口单位：
南京德创贸易有限公司</td></tr>
<tr><td>单位编码：3211330889</td><td colspan="5">单位编码：3211330889</td><td colspan="3">单位编码：3211330889</td></tr>
<tr><td>出口币种总价：
USD10 300.00</td><td rowspan="4">银行签注栏</td><td>类别</td><td>币种金额</td><td>日期</td><td>盖章</td><td>货物名称</td><td>数量</td><td>币种总价</td></tr>
<tr><td>收汇方式：SIGHT L/C</td><td rowspan="3"></td><td rowspan="3"></td><td rowspan="3"></td><td rowspan="3"></td><td rowspan="3">女装</td><td rowspan="3">200箱</td><td rowspan="3">USD10 300.00</td></tr>
<tr><td>预计收款日期：
2010.06.01</td></tr>
<tr><td>报关日期：2010.05.12</td></tr>
<tr><td>备注：</td><td></td><td colspan="5">海关签注栏：</td><td></td><td colspan="3">报关单编号：</td></tr>
<tr><td>此单报关有效期截止到</td><td></td><td colspan="5">外汇局签注栏
年 月 日（盖章）</td><td></td><td colspan="3">外汇局签注栏
年 月 日（盖章）</td></tr>
</table>

二、根据信用证和有关资料审核发票、箱单、提单、保险单和普惠制原产地证

SEQUENCE OF TOTAL	*	27: 1 / 1
FORM OF DOC. CREDIT	*	40A:IRREVOCABLE
DOC. CREDIT NUMBER	*	20: 4006LC129336
DATE OF ISSUE		31C:090801
EXPIRY	*	31D:DATE 091005 PLACE CHINA
APPLICANT	*	50: INTERCOM IMPOTR & EXPORT CO.,LTD 123 FRIEDRICH-EBERT STREET,HAMBURG
BENEFICIARY	*	59: QINGDAO DECHUANGWEIYE IMPORT & EXPORT CO.,LTD NO.62 JIANGXI ROAD,QINGDAO P.R.CHINA
AMOUNT	*	32B:CURRENCY USD AMOUNT 32400.00
AVAILABLE WITH/BY	*	41D:ANY BANK IN CHINA,BY NEGOTIATION
DRAFTS AT		42C:30 DAYS SIGHT
DRAWEE		42A:THE CHARTERED BANK AG HAMBURG
PARTIAL SHIPMTS		43P:NOT ALLOWED
TRANSSHIPMENT		43T:NOT ALLOWED
LOADING IN CHARGE		44A:CHINA PORT
FOR TRANSPIRT TO		44B:HAMBURG
LATEST SHIPMENT		44C:AT THE LATEST SEPT.10,2009
GOODS DESCRIPT.		45A:

4439 CHINA BLACK TEA 8000KGS @ USD4.05/KG CIFC3% HAMBURG (1x20'FCL/200 PAPERSACKS)PACKED IN PAPER SACKS. PALLETIZED AND CONTAINERIZED AS PER THE SALES CONFIRMATION NO.BT7095.

DOCS REQUIRED 46A;

+ SIGNED COMMERCIAL INVOICE IN 4-FOLD.

+ PACKING LIST IN TRIPLICATE

+ FULL SET OF CLEAN ON BOARD MARINE BILL OF LADING MADE OUT TO THE ORDER, MARKED FREIGHT PREPAID AND NOTIFY APPLICANT.

+ CERTIFICATE OF WEIGHT IN 4-FOLD.

+ GSP CERTIFICATE OF ORIGIN FORM A, CERTIFYING GOODS OF ORIGIN IN CHINA,ISSUED BY COMPETENT AUTHORITIES.

+ INSURANCE POLICY OR CERTIFICATE COVERING ALL RISKS AND WAR RISK,INCLUDING WAREHOUSE TO WAREHOUSE CLAUSE,ISSUED FOR AT LEAST 110 % OF CIF-VALUE.

ADDITIONAL CONDITION 47A: IF BILL OF LADING ARE REQUIRED ABOVE, PLEASE FORWARD DOCUMENT IN TWO MAILS, ORIGINALS SEND BY COURIER AND DUPLICATES BY REGISTERED AIRMAIL.

DETAILS OF CHARGES 71B: BANK CHARGES EXCLUDING ISSUING BANKS

ARE FOR ACCOUNT OF BENEFICIARY.

PRESENTATION PERIOD 48：DOCUMENTS TO BE PRESENTED WITHIN 15 DAYS FROM SHIPMENT DATE.

CONFIRMATION *49：WITHOUT

INSTRUCTIONS 78：

+DISCREPANT DOCUMENTS,IF ACCEPTABLE,WILL BE SUBJECT TO A DISCREPANCY HANDLING FEE OF USD 50.00 OR EQUIVALENT WHICH WILL BE FOR ACCOUNT OF BENEFICIARY.

+SPECIAL NOTE:ISSUING BANK WILL DISCOUNT ACCEPTANCES ON REQUEST, FOR A/C OF BENEFICIARY (UNLESS OTHERWISE STATED)AT APPROPRIATE LIBOR RATE PLUS 1.00PER CENT MARGIN.

SEND. TO REC. INFO. 72：THIS CREDIT IS ISSUED SUBJECT TO 1993 RECISION,I.C.C.PUBLICATIONS NO.500

TRAILER ORDER IS <MAC:> <PAC:> <ENC:> <CHK:> <TNG:> <PDE:>

MAC:E55927A4

CHK:7B505952829A

相关资料：

发票号码：WHC-05Y2988；发票日期：2009.08.15；FORM A 号码：GZ7/80067/0158；船名：SUISU/SENTOR V.001；产品原材料情况：完全自产品；集装箱号码：TEXU3730336/20'；装运港：QINGDAO；毛重：40.7KGS/PAPERSACK；净重：40KGS/PAPERSACK；总尺码：24CBM；提单号码：GSG05-723858；提单日期：2009.09.01；唛头：H&L/HAMBUGR/NO.1-200 包装：200 PAPERSACK；保险单号码：AQED201011B2578。

青岛德创伟业进出口有限公司

QINGDAO DECHUANGWEIYE IMPORT & EXPORT CO., LTD

NO.62 JIANGXI ROAD,QINGDAO P.R.CHINA

COMMERCIAL INVOICE

Date 2009.08.15

Invoice No. WHC-05Y2988

S/C No.: BT7095

Messrs: INTERCOM IMPORT & EXPORT CO., LTD
123 FRIEDRICH-EBERT STREET,HAMBURG

Terms of Payment: L/C AT SIGHT

Marks and Numbers	Description & Quantity	Quantity	Unit Price	Amount
H&L HAMBUGR NO.1-200	4439 CHINA BLACK TEA	8 000KGS	USD 4.05	USD32 400.00
			TOTAL:	**USD32 400.00**

TOTAL QUANTITY:8 000 KGS PACKING:200 PAPERSACKS

TOTAL WEIGHT:N.W.:8 000 KGS G.W.:8 100 KGS

TOTAL US DOLLARS THIRTY TWO THOUSAND FOUR HUNDRED ONLY.

PACKING: IN PAPERSACKS, PALLETIZED AND CUNTAINERIZED INTO 1x20' FCL.

青岛德创伟业进出口有限公司

QINGDAO DECHUANGWEIYE IMPORT & EXPORT CO., LTD

NO.62 JIANGXI ROAD,QINGDAO P.R.CHINA

DATE: 2009.08.15

CERTIFICATE OF WEIGHT

INVOICE NO.: WHC-05Y2988

LOADING PORT:

S/C No.: BT7095 **L/C NO.:** 4006LC129336

Shipping Marks	Descriptions of Goods	Quantity	G.W	N.W
H&L HAMBUGR NO.1-200	4439 CHINA BLACK TEA 200 PAPERSACKS	8000KGS	40.5KGS/PAPERSACK	40KGS/PAPERSACK
	TOTAL:	**8 000KGS**	**8 100KGS**	**8 000KGS**

SAY TOTAL: **EIGHT THOUSAND KGS ONLY.**

1. Shipper Insert Name, Address and Phone QINGDAO DECHUANGWEIYE IMPORT & EXPORT CO. NO.62 JIANGXI ROAD,QINGDAO P.R.CHINA	B/L No. GSG05-723858
2. Consignee Insert Name, Address and Phone TO ORDER OF SHIPPER	中远集装箱运输有限公司 **COSCO CONTAINER LINES** **ORIGINAL**

3. Notify Party Insert Name, Address and Phone INTERCOM IMPOTR & EXPORT CO.,LTD 123 FRIEDRICH-EBERT STREET,HAMBURG		Port-to-Port or Combined Transport BILL OF LADING RECEIVED in external apparent good order and condition except as other-Wise noted. The total number of packages or unites stuffed in the container,The description of the goods and the weights shown in this Bill of Lading areFurnished by the Merchants, and which the carrier has no reasonable means Of checking and is not a part of this Bill of Lading contract. The carrier has Issued the number of Bills of Lading stated below, all of this tenor and date,One of the original Bills of Lading must be surrendered and endorsed or signed against the delivery of the shipment and whereupon any other original Bills of Lading shall be void. The Merchants agree to be bound by the terms and conditions of this Bill of Lading as if each had personally signed this Billof Lading.SEE clause 4 on the back of this Bill of Lading (Terms continued on the back Hereof, please read carefully).*Applicable Only When Document Used as a Combined Transport Bill of Lading.
4. Combined Transport * Pre -carriage by	5. Combined Transport* Place of Receipt	
6. Ocean Vessel Voy. No. SUISU/SENTOR V.001	7. Port of Loading QINGDAO PORT	
8. Port of Discharge HAMBURG	9. Combined Transport * Place of Delivery	

Marks & Nos. Container / Seal No.	No. of Containers or Packages	Description of Goods (If Dangerous Goods, See Clause 20)	Gross Weight Kgs	Measurement
H&L HAMBUGR NO.1-200	200CTNS	4439 CHINA BLACK TEA CLEAN ON BOARD FREIGHT COLLECT	8 140.00KGS	24.00M3

Description of Contents for Shipper's Use Only (Not part of This B/L Contract)

10. Total Number of containers and/or packages (in words): TWO HUNDRED CARTONS ONLY.

Subject to Clause 7 Limitation

11. Freight & Charges Declared Value Charge	Revenue Tons	Rate	Per	Prepaid	Collect

Ex. Rate:	Prepaid at	Payable at	Place and date of issue QINGDAO PORT
	Total Prepaid	No. of Original B(s)/L 3/3	Signed for the Carrier, COSCO CONTAINER LINES ×××

LADEN ON BOARD THE VESSEL SUISU/SENTOR V.001

DATE BY COSCO CONTAINER LINES

PICC　　　中国人民财产保险股份有限公司

PICC Property and Casualty Company Limited

总公司设于北京　　　一九四九年创立

HEAD Office Beijing　　Established in 1949

货物运输保险单 CARGOTRANSPORTATION INSURANCE POLICY

保险单号（Policy No.）AQED201011B2578

被保险人（Insured）：TO THE ORDER OF QINGDAO DECHUANGWEIYE IMPORT & EXPORT CO.

中国人民财产保险股份有限公司（以下简称本公司）根据被保险人要求，以被保险人向本公司缴付约定的保险费为对价，按照本保险单列明条款承保下述货物运输保险，特订立本保险单。

THIS POLICY OF INSURANCE WITNESSES THAT PICC PROPERTY AND CASUALTY COMPANY LIMITED (HEREIN AFTER CALLED."THE COMPANY")AT THE REQUEST OF THE INSURED AND IN CONSIDERATION OF THE AGREED PREMIUM PAID TO THE COMPANY BY THE INSURED, UNDERTAKES TO INSURE THE UNDERMENTIONED GOODS IN TRANSPORTATION SUBJECT TO CONDITIONS OF THIS POLICY AS PER THE CLAUSES PRINTED BELOW.

标记 MARKS & NOS.	包装及数量 QUANTITY	保险货物项目 GOODS	保险金额 AMOUNT INSURED
AS PER INVOICE NO. WHC-05Y2988	200CTNS	4439 CHINA BLACK TEA	USD32 400.00

总保险金额：

Total Amount Insured: U.S.DOLLARS THIRTY-TWO THOUSAND　FOUR HUNDRED ONLY.

费率（Rate）：AS ARRANGED　　保费（Premium）：AS ARRANGED

开航日期（Slg.On or Abt.）AS PER B/L DATE　　装载运输工具（Per Conveyance）：SUISU/SENTOR V.001

自：　　经：　　至：

From QINGDAO PORT　Via　To HAMBURG

承保险别（Conditions）：

ALL RISKS AND WAR RISK,INCLUDING WAREHOUSE TO WAREHOUSE CLAUSE

所保货物如发生保险单项下可能引起索赔的损失，应立即通知本公司或下述代理人查勘。如有索赔，应向本公司提交正本保险单（本保险单共有 3 份正本）及有关文件。如一份正本已用于索赔，其余正本自动失效。

IN THE EVENT OF LOSS OR DAMAGE WHICH MAY RESULT IN A CLAIM UNDER THIS POLICY, IMMEDIATE NOTICE MUST BE GIVEN TO THE COMPANYY OT AGENT AS MENTIONED CLAIMS, IF ANY, ONE OF THE ORIGINAL POLICY WHICH HAS BEEN ISSUED IN ____ ORIGINAL(S)TOGETHER WITH THE RELEVENT DOCUMENTS SHALL BE SURRENDERED TO THE COMPANY. IF ONE OF THE ORIGINAL POLICY HAS BEEN ACCOMPLISHED, THE OTHERS TO BE VOID.

保　险　人：中国人民财产保险股份有限公司青岛市分公司

UNDERWRITER: PICC Property and Casualty Company Limited Qingdao Branch

电话（TEL）：85715888　85719335　传真：85719335

地址（ADD）：中国　青岛香港中路 66 号 19 楼

ADD:19/F NO.66 XIANGGANG ZHONG ROAD QINGDAO, CHINA

邮编（POSTCODE）：266071

赔款偿付地点

Claim Payable at　Germany　授权人签字

Authorized Signature　张云

签单日期（Issuing Date）SEP.3,2009

核保人：××　　制单人：×××　　经办人：××××

1. Goods consigned from (Exporter's business name, address, country)

QINGDAO DECHUANGWEIYE IMPORT & EXPORT CO.,LTD

NO.62 JIANGXI ROAD,QINGDAO P.R.CHINA

GENERALIZED SYSTEM OF PREFERENCES

CERTIFICATE OF ORIGIN

(Combineddeclaration and certificate)

FORM A

issued in **THE PEOPLE'S REPUBLIC OF CHINA**

(country)

See Notes Overleaf

2. Goods consigned to (Consignee's name, address, country)

INTERCOM IMPORT & EXPORT CO.,LTD

123 FRIEDRICH-EBERT STREET,HAMBURG

3. Means of transport and route as far as known)

ON/AFTER AUGUST 15,2009

FROM NANJING PORT TO HAMBURG, GERMANY

BY VESSEL

4. For official use

5. Item-number	6. marks and numbers of packages	7. Number and kind of packages; description of goods	8. Origin criterion (see Notes overleaf)	9. Gross weight or other quantity	10. Number and date of invoices
1	H&L HAMBUGR NO.1-200	(8000)EIGHT THOUSAND KGS OF 4439 CHINA BLACK TEA ****************	"P" TOTAL:	8 140.00 KGS 8 140.00 KGS	WHC-05Y2988 AUG 15,2009

11. Certification

It is hereby, on the basis of control carried out, that the declaration by the exporter is correct.

Place and date, signature and stamp of certifying authority

QINGDAO, JIANGSU AUG.20, 2009

12. Declaration by the exporter

the undersigned hereby declares that the above details and statements are correct; hat all the goods were

Produced in **CHINA**

(country)

and that they comply with origin requirements specified for those goods in the Generalized System of Preferences for goods exported to

GERMANY

(importing country)

NANJING，APR.20 2010

Place and date, signature and authorized signatory

QINGDAO, JIANGSU AUG.20, 2009

审核结果：

商业发票的不符点：

（1）缺含佣金的贸易术语，应在发票上标明“CIFC3% HAMBURG”；

（2）毛重应该是 8 140KGS，而不是 8 100KGS。

装箱单的不符点：

（1）每件的毛重应该是 40.7 KGS，而不是 40.5；

（2）总的毛重应该是 8 140KGS，而不是 8 100KGS；

（3）装运港没有填写。

海运提单的不符点：

（1）抬头人应该是 TO ORDER，而不是 TO ORDER OF THE SHIPPER；

（2）应该是 FREIGHT PREPAID，而不是 FREIGHT COLLECT；

（3）未填写提单签发日期，应为 SEPT.1，2009。

保险单的不符点：

（1）唛头处的发票号码是 WHC-05Y2998，而不是 WHC-05Y2988；

（2）保险金额是 USD35 640.00，而不是 USD32 400.00；

(3)总保险金额是 U.S.DOLLARS THIRTY FIVE THOUSAND SIXTY FOUR HUNDRED ONLY，而不是 U.S.DOLLARS THIRTY-TWO THOUSAND FOUR HUNDRED ONLY；

（4）保险单的签发日期应该是 SEPT.1，2009 或者之前的日期，而不是 SEPT.3，2009。

FORM A 的不符点：

（1）单据第 2 项缺进口方的国家名，应增加“GERMANY”；

（2）单据第 3 项应该为“SEPT. 10, 2009”，而不是 AUGUST 15,2009

（3）单据第 7 项是 TWO HUNDRED (200)PACKAGES OF 4439 CHINA BLACK TEA，而不是(8000)EIGHT THOUSAND KGS OF 4439 CHINA BLACK TEA

本章习题

一、名词解释

1. 发票　2. 提单　3. 保险单　4. 原产地证书　5. FORMA　6. EEC 产地证

二、判断

1. 为保证进口商收货，海运提单必须作成记名抬头（　　）。
2. 商业发票中的货物描述要求必须与信用证的描述一致（　　）。
3. 海运提单对货物的描述必须与信用证一致（　　）。
4. 信用证要求提交保险凭证时，受益人可以保险单替代（　　）。
5. 海运提单、航空运单都是物权凭证（　　）。
6. 空白抬头、空白背书提单是指既不填收货人又不需要背书的提单（　　）。
7. 通常，为了保证单单一致，如果汇票是开给付款行或开证行的话，则发票的抬头必须相应地作成付款行或开证行（　　）。
8. 保险单的保险金额按惯例一般是货物的 CIF 或 CIP 发票金额的 100%（　　）。
9. 海运提单的签发日期应被理解为货物开始装船的日期（　　）。
10. 信用证方式下，发票的出票人通常是进口商（　　）。

三、单项选择

1. 以下（　　）为物权凭证。

A. 商业发票　B. 空白指示提单　C. 保险单　D. 记名提单

2. 以下除了（　　）之外必须有签发者授权签字或盖章。

A. 跟单汇票　B. 海运提单　C. 商业发票　D. 保险单

3. 铁路运单、邮包收据和航空运单共有的特点是（　　）。

A. 都作成记名抬头　B. 都是物权凭证

C. 无需承运人签章　D. 都有两份正本

4. 保单显示“投保一切险”，表示其中不包括（　　）承保的范围。

A. 平安险　　B. 水渍险　　C. 一般附加险　　D. 特殊附加险

5. 通常开证行可以接受的货运单据是（　　）。

A. 租船提单　　B. 倒签提单　　C. 清洁提单　　D. 备运提单

6. 一信用证规定应出运 2 500 台工业用缝纫机，总的开证金额为 USD305 000，每台单价为 USD120。则出口商最多可发货的数量和索汇金额应为（　　）

A. 2 500 台，USD300 000　　B. 2 530 台，USD303 600

C. 2 540 台，USD304 800　　D. 2 500 台，USD305 000

7. 一提单对所运货物批注如下：“ONE WOODEN CASE BE STRENGTHENED BY TWO IRON STRIPS”。这份提单是（　　）

A. 直达提单　　B. 清洁提单　　C. 不清洁提单　　D. 倒签提单

8. 除非 L / C 特别规定，一般说来，“清洁已装船”运输单据即指（　　）

A. 单据上有 on board 批注和承运人签章，但没有对货物及/或包装缺陷情况的描述和批注

B. 既没有 on board 批注和签章，也没有对货物及/或包装缺陷情况的描述和批注

C. 单据上注明 on deck 字样，并由承运人签章

D. 表明货物已收妥备运且外表无破损

9. L/C 规定的最迟装运期为 3/25，货物出运后的 15 天内交单，L/C 效期为 4/5。受益人取得的提单上“on board”日期为 3/24，则受益人最迟应于（　　）交单。

A. 4/9　　B. 3/25　　C. 4/20　　D. 4/5

10.（　　）在商业单据中处于核心地位。

A. 商业发票　　B. 空白指示提单

C. 保险单　　D. 原产地证明

四、实训操作练习

1. 根据下列信用证内容和相关制单资料制作发票、箱单、提单、保单、汇票。

MT 700　　ISSUE OF A DOCUMENTARY CREDIT

FUNC SDHQCIP

MSGACK DWS7651 AUTH OK, KEY B1060917AF700301B,BKCHCNBJ HNBN****　RECORD

BASIC HEADER　　F　01　BKCHCNBJA500　1484　424075

APPLICATION HEADER　　0　700 1538 070315　HNBNKRSEA*** 4023 514008 070315 1438 N

*HANA BANK

*SEOUL

USER HEADER　　SERVICE CODE　　103:

BANK. PRIORITY　　113:

MSG USER REF.　　108:

INFO. FROM SI　　115

SEQUENCE OF TOTAL　　*27　:　1/1

FORM OF DOC. CREDIT　　*40A　:　IRREVOCABLE

DOCUMENTRARY CREDIT NUMBER 20：090315010S00173

DATE OF ISSUE 31C : 090715

APPLICABLE RULES 40E : UCP LATEST VERSION

APPLICABLE RULES *40E : UCPURR LATEST VERSION

EXPIRY 31D : DATE 090914 PLACE AT THE COUNTER OF NEGO BANK

APPLICANT *50 : DAEHAN PULP CO. LED.
SEOUL. KOREA

BENEFICIARY *59 : QINGDAO GOLDEN IMP AND EXP CO., LTD.
JINGXI ROAD NO.6, QINGDAO, CHINA

AMOUNT *32B : USD AMOUNT 14009.20

AVAILABLE WITH/BY *41D : ANY BANK
BY NEGOTIATION

DRAFTS AT... 42C : BENEFICIARY DRAFTS
180 DAYS AFTER SIGHT

DRAWEE 42A : HNBNHKHH***
*HANA BANK HONG KONG BRANCH
*HONG KONG

PARTIAL SHIPMENTS 43P : ALLOWED

TRANSHIPMENT 43T : PROHIBITED

PORT OF LOADING/AIRPORT
OF DEPARTURE 44E : QINGDAO，CHINA

PORT OF DESCHARGE/AIRPORT
OF DESTINATION 44F : INCHON PORT，KOREA

LATEST DATE OF SHIP. 44C : 090907

DESCRPT OF GOODS 45A : CHINESE PARASOL PIECED-BORAD 380M^3 AT USD250/M^3
CHINA ORIGIN CIF INCHON

DOCUMENTS REQUIRED 46A :

+FULL SET OF CLEAN ON BOARD OCEAN BILLS OF LADING MADE OUT TO THE ORDER OF HANA BANK MARKED FREIGHT PREPAID AND NOTIFY APPLICANT.

+SIGNED COMMERCIAL INVOICE IN THREE FOLDS

+PACKING LIST IN THREE FOLDS

+ INSURANCE POLICY OR CERTIFICATE IN 1 ORIGINAL AND 1 COPY ISSUED OR ENDORSED TO THE ORDER OF QINGDAO GOOD PROSPER IMP AND EXP CO., LTD.

FOR THE CIF INVOICE PLUS 10 PERCENT COVERING ALL RISKSAND WAR RISKS

ADDITIONAL COND. 47A :

+ACCEPTANCE COMM AND DISCOUNT CHGS ARE FOR ACCP OF APPLICANT

+B/L(S)PRESENTED LATER THAN 21 DAYS AFTER SHIPMENT ACCEPTABLE

BUT WITHIN THE EXPIRY DATE.

+10 PCT MORE OR LESS IN Q'TY AND AMOUNT ALLOWED

+INFORMATION OF DRAWEE AND REIMBURSING BANK:

HANA BANK, HONG KONG BRANCH

SUITES 3314-3316, 33/F. TWO INTERNATIONAL FINANCE CENTRE, NO. 16 FINACE STREET, CENTRAL, HONG KONG

DETAILS OF CHARGES 71B : ALL BANKING CHARGES OUTSIDE KOREA AND REIMBURSEMENT/REMITTANCE CHARGES ARE FOR ACCOUNT OF THE BENEFICIARY.

PERIOD FOR PRESENTATIONS 48 : DOCUMENTS MUST BE PRESENTED TO PAY/NEGO. BANK WITHIN 15 DAYS AFTER DATE OF SHIPMENT BUT WITHIN VALIDITY OF THE L/C.

CONFIRMATION *49 : WITHOUT

REIMBURSEMENT BANK 53A : HNBNHKHH***

*HANA BANK HONG KONG BRANCH

*HONG KONG

INSTRUCTIONS 78 :

+BENEFICIARY(S)TIME DRAFT SHALL BE NEGOTIATED ON AT SIGHT BASIS AND SHOULD BE FORWARDED TO THE DRAWEE BANK.

+IF DOCUMENTS ARE PRESENTED WITH DESCREPANCIES, A DISCREPANCY FEE OF USD60.00 (JPY7000.00 OR RUR60.00)OR EQUIVALENT SHOULD BE DEDUCTED FROM THE REIMBURSEMENT.

+THE NEGOTIATING BANK/PRESENTING BANK MUST SEND AN EXTRA CORY OF EACH DOCUMENT TO US FOR OUR FILES ALONG WITH THE ORIGINAL DOCUMENTS. IF NOT, USD10. – WILL BE DEDUCTED FROM PAYMENT.

Advice Through Bank 57D : XIANGGANG ROAD SUB-BRANCH

SEND. TO REC. INFO. 72 : U.C.P (2007 REVISION)I.C.C

PUBLICATION NO. 600

MAC: 8AFB9657

CHK: DE435BF13691

D0707151439SDHQ-1 : SDHQC10707161324M

制单参考资料：

380 M³ Chinese parasol Piece-Board at USD250/ M³ CFRINCHON ,Shipped per "Lu Hai 20" from Qingdao to Inchon,Shipping Mark: DPC/INCHON/ NO. 1-190,Packed in 190 cartons each containing 2 M³ ,Invoice No. PB233,B/L No. 120,S/C No. HJ77,Measurement: 395.003M³ , Gross Weight: 152 000 kgs。

2. 根据下列信用证内容和相关制单资料审核发票、箱单、保险单、提单、装船通知、受益人证明、汇票和出口收汇核销单。

APPLICATION HEADER O 700 1417 970214FKBKJPJTAXXX 1343 337998 97021 1317

*MITSUI BANK LIMITED

*TOKYO

SEQUENCE OF TOTAL	*	27:	1 / 1
FORM OF DOC. CREDIT	*	40 A:	IRREVOCABLE
DOC. CREDIT NUMBER	*	20:	4028D
DATE OF ISSUE		31 C:	20100114
EXPIRY	*	31 D:	DATE 20100415 PLACE CHINA
APPLICANT	*	50 :	SUMITOMO CORPORATION 201 HOTOTSUBASHI, CHIYADA-KU TOKYO, JAPAN
BENEFICIARY	*	59:	QINGDAO GOLDEN BRIDGE I&E CORP. NO.1 JIANGXI ROAD,QINGDAO,SHANDONG,CHINA
AMOUNT	*	32 B:	CURRENCY USD14009.20
AVAILABLE WITH/BY	*	41 D:	ANY BANK IN CHINA, BY NEGOTIATION
DRAFTS AT...		42 C:	AT 90 DAYS AFTER SIGHT FOR FULL INVOICE COST
DRAWEE		42 A:	MITSUI BANK LIMITED NEW YORK
PARTIAL SHIPMTS		43 P:	NOT ALLOWED
TRANSSHIPMENT		43 T:	NOT ALLOWED
LOADING IN CHARGE		44 A:	ANY CHINESE AIRPORT FOR TRANSPIRT TO...
LATEST SHIPMENT		44 C:	20100331

GOODS DESCRIPT. 45 A: 1700 DOZS SKIRT ASST'D AS PER BENEFICIARY'S S/C NO. 10JSSC1001 AND APPLICAN'S P/O NO.S2245

ART NO.	QUAN	UNIT PRICE	PACKING	CTN	G/NW	MEA
ST1001	332DZN	USD6.5/DOZ CIFTOKYO	4PCS/CTN	83	14/12KGS	65×50×50CM
ST1002	268DZS	USD8.4/DOZ CIFTOKYO	4PCS/CTN	67	16/14.4KGS	65×50×50CM
ST1003	500DZS	USD7.92/DOZ CIFTOKYO	5PCS/CTN	100	23/19.2KGS	65×65×50CM
ST1004	600DZS	USD9.40/DOZ CIFTOKYO	5PCS/CTN	120	21/17.4KGS	65×65×50CM

DOCUMENTS REQUIRED 46 A:

1. COMMERCIAL INVOCIE IN 3 COPIES
2. FULL SET OF CLEAN ON BOARD OCEAN BILLS OF LADING MADE OUT TO ORDER ENDORSED
IN BLANK MARKED FREIGHT PREPAID AND NOTIFY APPLICANT WITH FULL ADDRESS MENTIONING
THIS L/C NO.
3. PACKING LIST IN TRIPLICATE.
4. INSURANCE POLICY OR CERTIFICATE IN DUPLICATE ENDORSED IN BLANK FOR 110 PCT OF

CIF VALUE COVERING OCEAN MARINE CARGO ALL RISKS CLAUSE(01/01/1981)OF PICC AND STATING CLAIM PAYABLE IN JAPAN IN THE CURRENCY OF THE DRAFT.

5. BENIFICIARY TO TELEX APPLICANT WITHIN 2 DAYS AFTER SHIPPING ADVISING FULL SHIPMENT DETAILS AND A COPY TELEX TO THIS EFFECT REQUIRED.

6. BENEFICIARY'S CERTIFICATE CERTIFYING THAT ONE COMPLETE SET OF NON-NOGOTIABLE SHIPPING DOCUMENTS HAS BEEN DIRCTLY TO APPLICANT BY EXPRESS AIRMAIL WITHIN 2 DAYS AFTER SHIPMENT.

ADDITIONAL COND * 47B：

1. BILL OF LADING MUST BE EVIDENCING SHIPMENT EFFECTED BY FULL CONTAINER LOAD 2 ×20'.

2. THE NUMBER,THE DATE OF CREDIT AND THE NAME OF OUR BANK MUST BE QUOTED ON ALL DOCUMENTS.

DETAILS OF CHARGES 71 B：ALL BANKING CHARGES OUTSIDE OF JAPAN ARE FOR A/C OF BENEFICIARY.

PRESENTATION PERIOD 48：DRAFTS/DOCUMENTS MUST BE PRESENTED WITHIN 15 DAYS AFTER DATE OF TRANSPORT DUCUMENTS BUT WITHIN THE VALIDITY OF THE CREDIT.

CONFIRMATION *49：WITHOUT

INSTRUCTIONS 78 ：

1. THE NEGOTIATING BANK MUST FORWARD TO US (INTERNATIONAL OPERATIONS ASMINISTRATION DIVISION 1-1, NIHONBASHI MUROMACHI 2-CHOME CHUO-KU TOKYO)ALL DOCUMENTS IN ONE REGISTERED AIRMAIL AND TO THE DRAWEE BANK THE DRAFTS TOGETHER WITH COMPLIANCE CERTICATE.

2. IF DOCUMENTS ARE PRESENTED WITH DESCREPANCIES, A DISCREPANCY FEE OF USD60.00 OR EQUIVALENT SHOULD BE DEDUCTED FROM THE REIMBURSEMENT.

SEND. REC. INFO. 72：SUBJECT TO U.C.P.2007 REVISON ICC PUBLICATION 600.

TRAILER ORDER IS <MAC:> <PAC:> <ENC:> <CHK:> <TNG:> <PDE:>

相关资料：发票号码：H2455683；发票日期：FEB.18 2010；合同号码：10JSSC1001；船名：HANJING HE；航次：V5233；提单号码：2010COS22321；装船日期：2010 年 2 月 22 日；保单号码：2010PC773322；核销单号：338596654；单位编码：3211332100。

QINGDAO GOLDEN BRIDGE I&E CORP.

NO.1 JIANGXI ROAD,QINGDAO,SHANDONG,CHINA

COMMERCIAL INVOICE

TO: SUMITOMO CORPORATION
201 HOTOTSUBASHI, CHIYADA-KU
TOKYO, JAPAN

INV. NO. H2455683
DATE FEB.18.2010

FROM QINGDAO ,CHINA TO TOKYO, JAPAN
L/C NO. 4028D ISSUED BY MITSUI BANK LIMITED,TOKYO
DATE OF ISSUE S/C NO. 10JSSC1010

MARKS & NUMBERS	No & KIND OF PACKAGE DESCRIPTION OF GOODS	QUANTITY	UNIT PRICE	AMOUNT
SC 10JSSC1001 TOKYO NO.1-370	370 CTNS OF SKIRT			CIFTOKYO
	ST1001	332DZS	USD6.3	USD2 158.00
	ST1002	268DZS	USD8.4	USD2 251.20
	ST1003	480DZS	USD7.9	USD3 960.00
	ST1004	600DZS	USD9.4	USD5 640.00
	AS PER S/C NO. 10JSSC1001			
	TOTAL	1 700DZS		USD14 009.20
SAY TOTAL	U.S.DOLLARS FOURTEEN THOUSAND AND NINE ONLY			

QINGDAO GOLDEN BRIDGE I&E CORP.

×××

QINGDAO GOLDEN BRIDGE I&E CORP.
NO.1 JIANGXI ROAD,QINGDAO,SHANDONG,CHINA

PACKING LIST

TO: SUMITOMO CORPORATION
201 HOTOTSUBASHI, CHIYADA-KU
TOKYO, JAPAN

INV. NO. H2455683
INV. DATE FEB.18,2010

FROM QINGDAO ,CHINA TO TOKYO, JAPAN
L/C NO. 4028D ISSUED BY MITSUI BANK LIMITED,TOKYO
DATE OF ISSUE ____ S/C NO. 10JSSC1010

MARKS & NUMBERS	NO & KIND OF PACKAGE DESCRIPTION OF GOODS	QUAN.	PACKAGE	G.W (KGS)	N.W (KGS)	MEAS. (M^3)
SC	SKIRT				@12/996	
10JSSC100	ST1001	332DZS/@4	1-83CTNS	@14/1162	@14/938	$134.876M^3$
TOKYO	ST1002	268DZS/@4	84-150CTNS	@16/1072	@17/1700	$10.887M^3$
NO.1-370	ST1003	500DZS/@5	151-250CTNS	@21/2100	@19/2280	$21.125M^3$
	ST1004	600DZS/@5	251-370CTNS	@23/2760		$25.35M^3$
	TOTAL	1 800DZS	370CTNS	7 094KGS	5 914KGS	$192.237\ M^3$

SAY TOTAL THREE HUNDRED SEVENTY CORTONS ONLY

QINGDAO GOLDEN BRIDGE I&E CORP.

×××

PICC 中国人民财产保险股份有限公司

PICC Property and Casualty Company Limited

总公司设于北京 一九四九年创立

HEAD Office Beijing Established in 1949

货物运输保险单 CARGOTRANSPORTATION INSURANCE POLICY

保险单号（Policy No.）2010PC773322

被保险人（Insured）：TO THE ORDER OF QINGDAO GOLDEN BRIDGE I & E CO.

中国人民财产保险股份有限公司（以下简称本公司）根据被保险人要求，以被保险人向本公司缴付约定的保险费为对价，按照本保险单列明条款承保下述货物运输保险，特订立本保险单。

THIS POLICY OF INSURANCE WITNESSES THAT PICC PROPERTY AND CASUALTY COMPANY LIMITED (HEREIN AFTER CALLED."THE COMPANY")AT THE REQUEST OF THE INSURED AND IN CONSIDERATION OF THE AGREED PREMIUM PAID TO THE COMPANY BY THE INSURED, UNDERTAKES TO INSURE THE UNDERMENTIONED GOODS IN TRANSPORTATION SUBJECT TO CONDITIONS OF THIS POLICY AS PER THE CLAUSES PRINTED BELOW.

标记 MARKS & NOS.	包装及数量 QUANTITY	保险货物项目 GOODS	保险金额 AMOUNT INSURED
AS PER INVOICE NO. H2455683	370CTNS	SKIRT AS PER S/C NO. 10JSSC1001	USD15 410.00

总保险金额:

Total Amount Insured: U.S.DOLLARS FIFTEEN THOUSAND FOUR HUNDRED AND TEN ONLY.

费率（Rate）：AS ARRANGED 保费（Premium）：AS ARRANGED

开航日期（Slg.On or Abt.）AS PER B/L DATE 装载运输工具（Per Conveyance）：HANJING HE V5223

自： 经： 至：

From QINGDAO CHINA Via ____ To TOKYO,JAPAN

承保险别（Conditions）：

ALL RISKS AND WAR RISK OF CIC OF PICC(01/01/1981)

所保货物如发生保险单项下可能引起索赔的损失，应立即通知本公司或下述代理人查勘。如有索赔，应向本公司提交正本保险单（本保险单共有 3 份正本）及有关文件。如一份正本已用于索赔，其余正本自动失效。

IN THE EVENT OF LOSS OR DAMAGE WHICH MAY RESULT IN A CLAIM UNDER THIS POLICY, IMMEDIATE NOTICE MUST BE GIVEN TO THE COMPANYY OT AGENT AS MENTIONED CLAIMS, IF ANY, ONE OF THE ORIGINAL POLICY WHICH HAS BEEN ISSUED IN 3 ORIGINAL(S)TOGETHER WITH THE RELEVENT DOCUMENTS SHALL BE SURRENDERED TO THE COMPANY. IF ONE OF THE ORIGINAL POLICY HAS BEEN ACCOMPLISHED, THE OTHERS TO BE VOID.

保 险 人：中国人民财产保险股份有限公司青岛市分公司

UNDERWRITER:PICC Property and Casualty Company Limited Qingdao Branch

电话（TEL）：85715888 85719335 传真：85719335

地址（ADD）：中国 青岛香港中路 66 号 19 楼

ADD:19/F NO.66 XIANGGANG ZHONG ROAD QINGDAO, CHINA

邮编（POSTCODE）：266071

赔款偿付地点

Claim Payable at TOKYO,JAPAN 授权人签字 章云

Authorized Signature

签单日期（Issuing Date）FEB.23,2010

核保人：××× 制单人：××× 经办人：××××

1. Shipper Insert Name, Address and Phone QINGDAO GOLDEN BRIDGE I& E CO. NO.62 JIANGXI ROAD,QINGDAO P.R.CHINA	B/L No. 2010COS22321 中远集装箱运输有限公司 **COSCO CONTAINER LINES** **ORIGINAL**
2. Consignee Insert Name, Address and Phone TO ORDER OF BANK OF CHINA	
3. Notify Party Insert Name, Address and Phone SUMITOMO CORPORATION 202 HOTOTSUBASHI, CHIYADA-KU TOKYO, JAPAN	**Port-to-Port or Combined Transport** **BILL OF LADING**

4. Combined Transport * Pre-carriage by	5. Combined Transport* Place of Receipt
6. Ocean Vessel Voy. No. HANJING HE V5233	7. Port of Loading QINGDAO CHINA
8. Port of Discharge TOKYO JAPAN	9. Combined Transport * Place of Delivery

RECEIVED in external apparent good order and condition except as other-Wise noted. The total number of packages or unites stuffed in the container,The description of the goods and the weights shown in this Bill of Lading areFurnished by the Merchants, and which the carrier has no reasonable means Of checking and is not a part of this Bill of Lading contract. The carrier has Issued the number of Bills of Lading stated below, all of this tenor and date,One of the original Bills of Lading must be surrendered and endorsed or signed against the delivery of the shipment and whereupon any other original Bills of Lading shall be void. The Merchants agree to be bound by the terms and conditions of this Bill of Lading as if each had personally signed this Billof Lading.SEE clause 4 on the back of this Bill of Lading (Terms continued on the back Hereof, please read carefully).*Applicable Only When Document Used as a Combined Transport Bill of Lading.

Marks & Nos. Container / Seal No.	No. of Containers or Packages	Description of Goods (If Dangerous Goods, See Clause 20)	Gross Weight Kgs	Measurement
SC 10JSSC1001 TOKYO NO.1-370	370CTNS	SKIRT CLEAN ON BOARD FREIGHT COLLECT	7 080KGS	$70.851M^3$
		Description of Contents for Shipper's Use Only (Not part of This B/L Contract)		

10. Total Number of containers and/or packages (in words): THREE HUNDRED AND SEVEN CARTONS ONLY.

Subject to Clause 7 Limitation

11. Freight & Charges Declared Value Charge	Revenue Tons	Rate	Per	Prepaid	Collect
Ex. Rate:	Prepaid at QINGDAO	Payable at	Place and date of issue QINGDAO CHINA		
	Total Prepaid	No. of Original B(s)/L 3/3	Signed for the Carrier, COSCO CONTAINER LINES ×××		

LADEN ON BOARD THE VESSEL HANJING HE V5233

DATE FEB.22,2010 BY COSCO CONTAINER LINES

QINGDAO GOLDEN BRIDGE I&E CORP.
SHIPPING ADVICE

FAX	086-0532-87691658	**INVOICE NO.**	H2455683
TEL	086-0532-87691658	**L/C NO.**	4 208D
		L/C DATE	20100114
		NAME OF ISSUING BANK	MITSUI BANK LIMITED,TOKYO
		S/C NO.	10JSSC1001

MESSRS:

SUMITOMO CORPORATION
201 HOTOTSUBASHI, CHIYADA-KU
TOKYO, JAPAN

DEAR SIRS:

WE HEREBY INFORM YOU THAT THE GOODS UNDER THE ABOVE MENTIONED CREDIT HAVE BEEN SHIPPED. THE DETAILS OF THE SHIPMENT ARE STATED BELOW.

SHIPPING MARKS:		
	COMMODITY :	SHIRT
SC 10JSSC1001 TOKYO NO.1-370	**TOTAL G. W.:**	7 054kgs
	OCEAN VESSEL:	HANJING HE V5223
	DATE OF DEPARTURE:	FEB.22,2010
	B/L NO.:	2010COS22231
	PORT OF LOADING:	QINGDAO CHINA
	DESTINATION:	TOKYO JAPAN
	QUANTITY	1 800DOZ
	TOLAL VALUE	USD14 009.00

Thank you for your patronage.we lool forward to the pleasure of receiving your valuable repert orders.
Sincerely yours,

QINGDAO GOLDEN BRIDGE I&E CORP.

×××

QINGDAO GOLDEN BRIDGE I&E CORP.
NO.1 JIANGXI ROAD,QINGDAO,SHANDONG,CHINA
BENEFICIARY'S CERTIFICATE

DATE FEB.22,2010

INVOICE NO: H2455683

TO: WHOM IT MAY CONERN

WE HEREBY CETIFY THAT ONE COMPLETE SET OF NON-NOGOTIABLE SHIPPING DOCUMENTS DIRCTLY TO APPLICANT BY EXPRESS AIRMAIL WITHIN 2 DAYS AFTER SHIPMENT.

QINGDAO GOLDEN BRIDGE I&E CORP.

×××

No. H2455683　　　　　　　　Qingdao, FEB.23,2010

EXCHANGE FOR USD14009.20

At *** sight of this FIRST OF EXCHANGE (Second of the same tenor and date unpaid)Pay to the order of BANK OF CHINA QINGDAO BRANCH

the sum of U.S.DOLLARS FOURTEEN THOUSAND AND NINE ONLY

Value received

Drawn under MITSUI BANK LIMITED TOKYO L/C NO.4208D DATED 20100114

To: SUMITOMO CORPORATION

TOKYO

QINGDAO GOLDEN BRIDGE I&E CORP.

×××

出口收汇核销单

存根

（鲁）编号：338596654

出口单位：

青岛金桥进出口公司

单位编码：3211332100

出口币种总价：USD14 309.00

收汇方式：SIGHT L/C

预计收款日期：2010.03.07

报关日期：2010.02.20

备注：

此单报关有效期截止到

（出口单位盖章）

出口收汇核销单

监制章

（鲁）编号：338596654

出口单位：

青岛金桥进出口公司

单位编码：3211332100

银行签注栏	类别	币种金额	日期	盖章

海关签注栏：

外汇局签注栏

年　月　日（盖章）

（出口单位盖章）

出口收汇核销单

监制章

（鲁）编号：338596654

出口单位：

青岛金桥进出口公司

单位编码：3211332100

货物名称	数量	币种总价
衬衣	370 箱	USD14 309.00

报关单编号：

外汇局签注栏

年　月　日（盖章）

附录　结算单据样本

信用证修改申请书

APPLICATION FOR AMENDMENT TO DOCUMENTARY CREDIT

信用证修改申请书

TO 致： **Date 日期：**

This amendment subject to ICC Uniform Customs and Practice for Documentary Credits (UCP) latest revision effective on the date of issuance.

此信用证修改遵循修改之日有效的国际商会《跟单信用证统一惯例》最新修订本。

<table>
<tr><td>CREDIT NO.信用证号码</td><td>NO. OF AMENDMENT 修改次数</td></tr>
<tr><td>APPLICANT 申请人</td><td>ADVISING BANK 通知行</td></tr>
<tr><td>BENEFICIARY (BEFORE THIS AMENDMENT)
受益人（在本次修改前）</td><td>AMOUNT 金额 (BEFORE THIS AMENDMENT)</td></tr>
<tr><td colspan="2">THE ABOVE-MENTIONED CREDIT IS AMENDED AS FOLLOWS:
上述信用证修改如下：
□THE LATEST SHIPMENT DATE EXTENDED TO
最迟装运日期延长至
□EXPIRY DATE EXTENDED TO
有效期延长至
□AMOUNT INCREASED / DECREASED BY　　TO
金额增/减　　　　　至
□OTHER TERMS:
其他</td></tr>
<tr><td colspan="2">BANKING CHARGES: □FOR BENEFICIARY'S ACCOUNT　　□FOR APPLICANT'S ACCOUNT
银行费用　　　　　　受益人承担　　　　　申请人承担
ALL OTHER TERMS AND CONDITIONS REMAIN UNCHANGED.
所有其他条款不变。

Stamp of Applicant（申请人签章）</td></tr>
</table>

到单通知书

ADVICE OF BILL ARRIVAL

进口信用证项下到单通知书

TO: DATE：

致： USERS ID：

CONTRACT NO.： 合同号：	DRAFT AMOUNT： 单据金额：
L/C NO.： 信用证号：	NEGO BK CHG： 议付行费用：
AB NO.： 单据编号：	COMM-BENF： 应收国外费用：
TENOR TYPE： 即期/远期：	C/P-BENF： 应收国外电报费用：
MATURITY DT： 到期日：	DIS FEE： 不符点费：
NEGOTIATING BANK： 议付行：	TAX REFUND/PENALTY： 税款/迟罚金额：
DOC MAIL DT： 寄单日期：	NET PAY AMT： 实际付款金额：
PAYMENT A/C： 付款账户：	OVERDRAWN AMT ： 超支金额

DISCREPANCIES（IF ANY）：

单据不符点：

REMARKS:

备注:

NOTE: WE SHALL EFFECT PAYMENT AS PER CREDIT TERMS IN CASE THAT NO INFORMATION IS RECEIVED FROM YOU BEFORE

/ / 日，中行将对外付款。

FOR BANK OF CHINA

QINGDAO BANK

（章）

对外付款、承兑通知书

对外付款/承兑通知书

银行业务编号： 日期：

结算方式 □信用证 □保函 □托收 □其他 信用证/保函编号

来单币种及金额		开证日期			
索汇币种金额		期限		到期日	
来单行名称					
收款行名称及地址					
付款人名称					
□对公 组织机构代码		□对私	□个人身份证号码 □中国居民个人 □		
扣费币种及金额					
合同号		发票号			
提运单号		合同金额			
银行附言（各银行可根据本行业务要求规定其内容及格式）					
申报号码		实际付款币种及金额			
付款编号		若为购汇支出，购汇汇率			
收款人常驻国家（地区）名称及代码		是否为进口核销项下付款		□是 □否	
是否为预付款	□是 □否	最迟装运期		外汇局批件/备案表号	
付款币种及金额		金额大写			
其中 购汇金额		账号			
其中 现汇金额		账号			
其中 其他金额		账号			
交易编码	□□□□□□	相应币种及金额		交易附言	
□同意即期付款 □同意承兑并到期付款 □申请拒付 联系人及电话 申报日期		付款人印鉴（银行预留印鉴）		银行业务章 经办 复合 负责人	

进口付汇核销单

贸易进口付汇核销单（代申报单）

印单局代码：　　　　　　　　　　　　　　　核销单编号：

<table>
<tr><td colspan="2">单位代码</td><td>单位名称：</td><td colspan="2">所在地外汇局名称</td></tr>
<tr><td colspan="2">付汇银行名称：</td><td>收汇人国别：</td><td colspan="2">交易编码□□□□□□□</td></tr>
<tr><td colspan="2">收款人是否在保税区：
是□　否□</td><td colspan="3">交易附言</td></tr>
<tr><td colspan="5">对外付汇币种　　　　　　　对外付汇总额
其中：购汇金额　　　　　　现汇金额　　　　　　其他方式金额
　　　人民币账号　　　　　外汇账号</td></tr>
<tr><td colspan="5">付汇性质
□正常付汇
□不在名录　　□90 天以上信用证　　□90 天以上托收　　□异地付汇
□90 天以上到货　　□转口贸易　　□境外工程使用物资　　□真实性审查
备案表编号</td></tr>
<tr><td colspan="2">预计到货日期</td><td>进口批件号</td><td colspan="2">合同/发票号</td></tr>
<tr><td colspan="5">结算方式</td></tr>
<tr><td colspan="5">信用证 90 天以内□　　90 天以上□ 承兑日期　/　/　付汇日期　/　/　期限　天</td></tr>
<tr><td colspan="5">托收　90 天以内□　90 天以上□ 承兑日期　/　/　付汇日期　/　/　期限　天</td></tr>
<tr><td rowspan="2">汇

款</td><td colspan="2">预付货款□</td><td colspan="2">货到付汇(凭报关单付汇)□　　付汇日期　/　/</td></tr>
<tr><td colspan="2">报关单号
报关单号
报关单号
报关单号
报关单号
(若报关单填写不完，可另附纸。)</td><td colspan="2">报关日期　/　/　报关单币种　　金额
报关日期　/　/　报关单币种　　金额
报关日期　/　/　报关单币种　　金额
报关日期　/　/　报关单币种　　金额
报关日期　/　/　报关单币种　　金额</td></tr>
<tr><td colspan="5">其他□　　　　　　　　付汇日期　/　/</td></tr>
<tr><td colspan="5">以下由付汇银行填写
申报号码□□□□□□　□□□□　□□　□□□□□□□□□□□
业务编号：　　　　　　审核日期：　/　/　　　　　（付汇银行签章）</td></tr>
</table>

进口单位签章

发票样式：

COMMERCIAL INVOICE

ORIGINAL

The Exporter :	*No.:* *Date:* *L/C No.:*
The Importer :	*Contract No. :* *By S.S.* *Voyages No.* *From* *to*
Terms of delivery :	*Terms of payment :*
Country of origin of the goods :	*Currency :*

Shipping Mark	*Description of goods*	*Quantity*	*Unit price*	*Amount*

形式发票

<table>
<tr><td colspan="2">ISSUER</td><td colspan="3">形式发票</td></tr>
<tr><td colspan="2" rowspan="2">TO</td><td colspan="3">PROFORMA INVOICE</td></tr>
<tr><td>NO.</td><td colspan="2">DATE</td></tr>
<tr><td colspan="2" rowspan="2">TRANSPORT DETAILS</td><td>S/C NO.</td><td colspan="2">L/C NO.</td></tr>
<tr><td colspan="3">TERMS OF PAYMENT</td></tr>
<tr><td>Marks and Numbers</td><td>Number and kind of package Description of goods</td><td>Quantity</td><td>Unit Price</td><td>Amount</td></tr>
<tr><td></td><td></td><td></td><td></td><td></td></tr>
<tr><td colspan="5">Total:
SAY TOTAL:</td></tr>
<tr><td colspan="5">PORT TO LOADING:
PORT OF DESTINATION:
TIME OF DELIVERY:
INSURANCE:
VALIDITY:

BENEFICIARY
ADVISING BANK:
NEGOTIATING BANK:</td></tr>
</table>

海关发票

SPECIAL CUSTOMS INVOICE

1. SELLER	2. DOCUMENT NR.	3. INVOICE NR.AND DATE
	4. REFERENCES	
5. CONSIGNEE	6. BUYER (id other than consignee)	
	7. ORIGIN OF GOODS	
8. NOTIFY PARTY	9. TERMS OF SALE, PAYMENT, AND DISCOUNT	

10. ADDITIONAL TRANSPORTATION INFORMATION	11. CURRENCY USED	12. EXCH RATE (If fixed or agreed)	13.DATE ORDER ACCEPTED

14. MARKS AND NUMBERS ON SHIPPING PACKAGES	15. NUMBER OF PACKAGES	16.FULL DESCRIPTION OF GOODS	17.QUANTITY	UNIT PRICE 18.HOME MARKET	UNIT PRICE 19.INVOICE PRICE	20.INVOICE TOTALS

21. ☐ If the production of these goods involved furnishing goods or services to the seller (e.g., assiste such as dies, molds, tools, engineering work) and the value is not included in the invoice price, check box (21) and explain below.

22.PACKING COSTS

27.DECLARATION OF SELLER/SHIPPER (OR AGENT)

I declare:

(A) If there are any rebates,drawbacks

(B)If the goods were not sold or agreed

☐ Or bounties allowed upon the ☐

tobe sold,I have checked box (B)

exportation of goods, I have checked and have indicated in column 19 the

box (A) and itemized separately below. Price Iwould be willing to receive.

I further declare that there is no other invoice

Differing from this one (unless otherwise de-(C) SIGNATURE OF

Scribed below) and that all statements con- SELLER/SHIPPER (OR AGENT)

tained in this invoice and declaration are

true and correct.

23.OCEAN OR INTERNATIONAL FREIGHT

24.DOMESTIC FREIGHT CHARGES

25.INSURANCE COSTS

26.OTHER COSTS (Specify below)

28.THIS SPACE FOR CONTINUING ANSWERS

THIS FORM OF INVOICE REQUIRED GENERALLY IF RATE OF DUTY BASED UPON OR REGULATED BY VALUE OF GOODS AND PURCHASE PRICE OR VALUE OF SHIPMENT EXCEEDS $55. OTHERWISE USE COMMERCIAL INOICE.

提单

MAERSK LINE

COMBINED TRANSPORT BILL OF LADING

B/L No. MAEU LPK045809

Shipper/Exporter (complete name and address) ROBERT BOSCH (SEA) PTE LTD 38C-38D, JALAN PEMIMPIN SINGAPORE 577180	**Booking No.** **Export references**
Consignee (complete name and address) TO ORDER	**Forwarding agent - references** COMPANY NO: 20489-H
	Point and Country of Origin
Notify Party (complete name and address) NANJING HEROES INTERNATIONAL CO 23, JIE FANG ROAD NANJING 210016, P.R. CHINA	**Domestic routing/export instructions**

Shipper memoranda not part of Bill of Lading

***Precarriage by**	***Place of Receipt** PORT KLANG, MALAYSIA	
Vessel LAUST MAERSK **Voy No.** 9611	**Port of Loading** PORT KLANG, MALAYSIA	**Onward inland routing**
Port of Discharge NANJING, CHINA	***Place of Delivery** NANJING, CHINA	

CARRIER'S RECEIPT | **PARTICULARS FURNISHED BY SHIPPER - CARRIER NOT RESPONSIBLE**

Container No./Seal No. Marks and Numbers	No. of Containers or pkgs.	Kind of packages; description of goods	Gross Weight	Measurement
		CY / CY SHIPPERS LOAD, STOW AND COUNT FREIGHT COLLECT		
MAEU2971445 ML-MY0120804 NJ HEROES	1	X20FT.CNTR SAID TO CONTAIN 1138 PCS (12 PALLETS) BOSCH BRAND AUTOMOTIVE BATTERIES	KGS 15030.600	CBM 12.061

Freight & Charges	Rate	Unit	Prepaid	Collect
USD/RM EXCH				

Declared Value Charges (see clause 6) for Declared Value of US $	**Total Prepaid**
Number of Original Bs/L 3/ THREE	**Total Collect**
Place of issue PORT KLANG	**Date** OCT 30 96

Shipped in apparent good order and condition, unless otherwise stated herein, for transportation on board the ocean vessel mentioned herein or any substituted vessel or on board the feeder vessel or other means of transportation (rail or truck) if place of receipt is named in this Bill of Lading the goods or packages or containers said to contain goods, hereinafter called "the goods", specified herein for carriage from the port of loading named herein or place of receipt if mentioned herein, on a voyage as described and agreed by this Bill of Lading and discharge at the port of discharge named herein or deliver at the place of delivery if mentioned herein, such carriage, discharge or delivery being always subject to the exceptions, limitations, conditions and liberties hereinafter agreed, in like order and condition at the port of discharge or place of delivery if named as the case may be, for delivery unto the Consignee mentioned herein or to his or their assigns where the Carrier's responsibilities shall in all cases and in all circumstances whatsoever finally cease. It is further agreed that Containers may be stowed on deck without notice persuant to Clause 16 on the reverse side of this Bill of Lading. IN WITNESS whereof the number of original Bills of Lading stated on this side have been signed, one of which being accomplished the other(s) to be void.

MAERSK MALAYSIA SDN BHD

For Dampskibsselskabet af 1912, Aktieselskab and Aktieselskabet Dampskibsselskabet Svendborg as carrier

*Applicable only when document used as a Combined Transport Bill of Lading

LADEN ON BOARD OCT 30 1996

COPY NON-NEGOTIABLE

As Agent(s) only

空运单

空运单样式：

Shipper's Name and Address | Shipper's account Number

Not negotiable

Air Waybill

Issued by

BRITISH AIRWAYS

Copies 1, 2 and 3 of this Air Waybill are originals and have the same validity

Consignee's Name and Address | Consignee's account Number

It is agreed that the goods described herein are accepted in apparent good order and condition (except as noted) for carriage SUBJECT TO THE CONDITIONS OF CONTRACT ON THE REVERSE HEREOF. THE SHIPPER'S ATTENTION IS DRAWN TO THE NOTICE CONCERNING CARRIERS' LIMITATION OF LIBILITY. Shipper may increase such limitation of liability by declaring a higher value for carriage and paying a supplemental charge if required.

Issuing Carrier's Agent Name and City

Accounting Information

Agent's IATA Code | Account No.

Airport of Departure (Addr. Of first Carrier) and requested Routing

To	By first Carrier	Routing and Destination	To	By	To	By	Currency	CHGS Code	WT/VAL PPD	WT/VAL COLL	Other PPD	Other COLL	Declared Value for Carriage	Declared Value for Customs
							CNY		×		×		NCD	

Airport of Destination | Flight/Date | For Carrier use only | Flight/Date | Amount of Insurance

INSURANCE – If carrier offers insurance, and such insurance is requested in accordance with conditions on reverse hereof, indicate amount to be insured in figures in box marked "amount of insurance".

Handling Information

No of Pieces RCP	Gross Weight	Kg lb	Rate Class Commodity Item No.	Chargeable Weight	Rate / Charge	Total	Nature and Quantity of Goods (incl. Dimensions or Volume)
			Q		18.00		

Prepaid	Weight Charge	Collect
	Valuation Charge	
	Tax	
	Total other Charges Due Agent	
	Total other Charges Due Carrier	
Total prepaid		Total collect
Currency Conversion Rates		cc charges in Dest. Currency
For Carrier's use only at Destination	Charges at Destination	Total Collect Charges

Other Charges

Shipper certifies that the particulars on the face hereof are correct and that insofar as any part of the consignment contains dangerous goods, such part is properly described by name and is in proper condition for carriage by air according to the applicable Dangerous Goods Regulations.

Signature of Shipper or his Agent

For British Airways as Carrier

Executed on (Date) at (place) Signature of Issuing Carrier or its Agent

ORIGINAL 3 (FOR SHIPPER)

普惠制原产地证明书申请书

普惠制原产地证明书申请书

申请单位(盖章):

注册号:　　　333333333

申请人郑重申明:

本人是被正式授权代表出口单位办理和签署本申请书的。

本申请书及普惠制产地证格式A所列内容正确无误，如发现弄虚作假，冒充格式A所列货物，擅改证书，自愿接受签证机关的处罚及负法律责任。现将有关情况申报如下:

生产单位				生产单位联系人电话			
商品名称（中英文）	AUTO PARTS			H.S.税目号（以六位	333333		
商品FOB总值(以美元计)		17000.00		发票号	yyy		
最终销售国	FRANCE			证书种类划“√”		加急证书	普通证书
货物拟出运日期							
贸易方式和企业性质（请在适用处划“√”）							
正常贸易C	来料加工L	补偿贸易B	中外合资H	中外合作Z	外商独资D	零　售Y	展　卖M
包装数量或毛重或其他数量		30CTNS　　5000PCS					

原产地标准:

本项商品系在中国生产，完全符合该给惠国给惠方案规定，其原产地情况符合以下第　　条。

(1)"P"(完全国产，未使用任何进口材料);

(2)"W"其H.S.税目为　　　　　　　　(含进口材料);

(3)"F"(对加拿大出口，其进口成分不超过产品出口价值的40%)。

本产品系: 1。直接运输　SHANGHAI到　　　　　　HONGKONG

2。转口运输　　　　　　　　　　中转国(地区)

申请人说明:	领证人(签名): 电话: 日期:　　　　年　　月　　日

现提交中国出口商品发票副本一份，普惠制产地证(FORM A)一正二副，以及其他附件　份，请予审核签证。

注: 凡含有进口成分的商品，必须按要求提交《含进口成分受惠商品成本明细单》

签证人:

输欧盟纺织品产地证申请表

<table>
<tr><td rowspan="3">1. Exporter (EID, name, full address, country)</td><td colspan="2">2. 申请表号</td></tr>
<tr><td colspan="2">3. 许可证号</td></tr>
<tr><td colspan="2">4. 产地证号</td></tr>
<tr><td rowspan="3">5. Consignee (name, full address, country)</td><td colspan="2">(Textile products)</td></tr>
<tr><td colspan="2">6. Category number</td></tr>
<tr><td>7. Country of origin
CHINA</td><td>8. Country of destination</td></tr>
<tr><td>9. Place and date of shipment</td><td colspan="2">10. Supplementary details</td></tr>
<tr><td>11. DESCRIPTION OF GOODS</td><td>12. Quantity（单位）</td><td>13. FOB Value（币别）</td></tr>
<tr><td>(1)</td><td></td><td></td></tr>
<tr><td>(2)</td><td></td><td></td></tr>
<tr><td>(3)</td><td></td><td></td></tr>
<tr><td>(4)</td><td></td><td></td></tr>
<tr><td>(5)</td><td></td><td></td></tr>
<tr><td>(6)</td><td></td><td></td></tr>
<tr><td>(7)</td><td></td><td></td></tr>
<tr><td>14. Marks</td><td colspan="2">15. MID CODE</td></tr>
<tr><td>联系人：
联系电话：
申请日期：

申请单位盖章</td><td colspan="2">签证机构审批：

经办人：</td></tr>
</table>

第一联（正本）签证机构存档

商务部配额许可证事务局 监制

输欧盟纺织品产地证

输欧盟纺织品产地证

<table>
<tr><td>1Exporter(EID.Name,full address,country)</td><td>ORIGINAL</td><td>2No.</td></tr>
<tr><td>ZHONGHENG IMP&EXP CO.,LTD
RM.606 YUANXIANG BUILDING, AOMEN ROAD
TEL:021-4711363 FAX:021-4691619</td><td>3 Quota year
Année contingentaire
2009</td><td>4Category number
Numéro de caté</td></tr>
<tr><td rowspan="2">5Consignee(name,full address,country)
Destinataire (nom, adresse complète, pays)
CAFÉ RL PILAR
PIAZZADEI SIGNORI NO.8 35100 PADOVA TEL:3251301/
3251312/4577313 FAX:3251461</td><td colspan="2">CERTIFICATE OF ORIGIN
(Textile products)

CERTIFICAT D'ORIGINE
(Produits textiles)</td></tr>
<tr><td>6 Country of origin
Pays d'origine
CHINA</td><td>7 Country of destination
Pays de destination
ITALY</td></tr>
<tr><td>8 Place and date of shipment–Means of transport
Lieu et date d'embarquement–Moyen de transport
SHIPMENT FROM QINGDAO CHINA TO VENICE ITALY
JUNE 2007 BY SEA</td><td colspan="2">9 Supplementary details
Données supplémentaires</td></tr>
</table>

10Marks and numbers–Number and kind of packages–DESCRIPTION OF GOODS Marques et numéros Nombre et nature des colis–DESIGNATION DES MARCHANDISES	11 Quantity (1) Quantité (1	12FOB Value (2) Valeur FOB (2)
N/M CANNED APPLE JAM 24 TINS X 340 GMS	2200CARTONS	USD14960.00
CANNED STRAWBERRY JAM 24 TINS X 340 GMS	2200CARTONS	USD14960.00
	TOTAL: 4400CARTONS	**USD29920.00**
TOTAL: FOUR THOUSAND FOUR HUNDRED CARTONS ONLY.		

13 CERTIFICATION BY THE COMPETENT AUTHORITY – VISA DE L'AUTORITE COMPETENTE
I, the undersigned, certify that the goods described above have been charged against the quantitative limit established for the year shown in box No 3 in respect of the category shown in box No 4 by the provisions regulating trade in textile products with the European Community.

14 Competent authority (name, full address, country) Autorité compétente (nom, adresse complète, pays)	At-A________ on-le________

输美纺织品原产地证申请表

<table>
<tr><td rowspan="4">1. 出口人（代码、名称和地址）</td><td>2. 申请表号</td><td></td></tr>
<tr><td>3. 原产地证号</td><td></td></tr>
<tr><td>4. 年度</td><td>5. 类别号</td></tr>
<tr><td colspan="2">6. 发票号码</td></tr>
<tr><td rowspan="2">7. 收货人（名称和地址）</td><td colspan="2">8. 装运地、装运期及目的地</td></tr>
<tr><td colspan="2">9. 中国港口离岸价值</td></tr>
</table>

10. 唛头－包装件数－商品名称		11. 数量（单位）	12.单价（币别）	13. 总值（币别）
(1)				
(2)				
(3)				
(4)				
(5)				
(6)				
(7)				
14. **Marks**				
15. 生产厂家代码（MID）				

联系人： 联系电话： 申请日期： 申请单位盖章	签证机构审批： 经办人：

商务部配额许可证事务局 监制

输美纺织品出口许可证/原产地证申请表

<table>
<tr><td rowspan="6" colspan="2">1. 出口人（代码、名称和地址）</td><td colspan="2">2. 申请表号</td><td></td></tr>
<tr><td colspan="2">3. 许可证号</td><td></td></tr>
<tr><td colspan="2">4. 原产地证号</td><td></td></tr>
<tr><td colspan="2">5. 年度</td><td>6. 类别号</td></tr>
<tr><td colspan="3">7. 发票号码</td></tr>
<tr><td colspan="3"></td></tr>
<tr><td rowspan="2" colspan="2">8. 收货人（名称和地址）</td><td colspan="3">9. 装运地、装运期及目的地</td></tr>
<tr><td colspan="3">10. 中国港口离岸价值</td></tr>
<tr><td colspan="2">11. 唛头－包装件数－商品名称</td><td>12. 数量（单位）</td><td>13. 单价（币别）</td><td>14. 总值（币别）</td></tr>
<tr><td colspan="2">(1)</td><td></td><td></td><td></td></tr>
<tr><td colspan="2">(2)</td><td></td><td></td><td></td></tr>
<tr><td colspan="2">(3)</td><td></td><td></td><td></td></tr>
<tr><td colspan="2">(4)</td><td></td><td></td><td></td></tr>
<tr><td colspan="2">(5)</td><td></td><td></td><td></td></tr>
<tr><td colspan="2">(6)</td><td></td><td></td><td></td></tr>
<tr><td colspan="2">(7)</td><td></td><td></td><td></td></tr>
<tr><td colspan="2">15. Marks</td><td></td><td></td><td></td></tr>
<tr><td>16. 生产厂家代码（MID）</td><td></td><td colspan="3">许可数量来源：☐ 招标　☐ 业绩分配</td></tr>
<tr><td colspan="2">联系人：
联系电话：
申请日期：

申请单位盖章</td><td colspan="3">签证机构审批：

经办人：</td></tr>
</table>

第一联（正本）签证机构存档

中国—东盟自由贸易区产地证

ORIGINAL

1. Goods consigned from (Exporter's business name, address, country)	Reference No. **ASEAN-CHINA FREE TRADE AREA** **PREFERENTIAL TARIFF** **CERTIFICATE OF ORIGIN** **(Combined Delaration and Certificate)** **FORM E** Issued THE PROPLE'S REPUBLIC OF CHINA (Country) See Notes Overleaf
2. Goods consigned to (Consignee's name, address, country)	
3. Means of transport and route (as far as known) Departure date Vessel's name/Aircraft etc. Port of discharge	4. For official use ☐ Preferential Treatment Given Under ASEAN-CHINA Free Trade Area Preferential Tariff ☐ Preferential Treatment Not Given (Please state Reason/s) --------------------------------- Signature of Authorised Signatory of the Importing Country

5.Item number	6.Marks and numbers on packages	7.Number and type of packages,description of goods (including quantity where appropriate and H.S. number of the importing Country)	8.Origin criterion (see Notes overleaf)	9.Gross weight or other quantity and value(FOB)	10.Number and date of invoices

11.Declaration by the exporter The undersigned hereby declares that the above details and Statement are correct:;that all the goods were produced in CHINA --------------------------------- And that they comply with the origin requirements specified for these goods in the ASEAN-CHINA Free Trade Area Preferential Tariff for the goods expowted to --------------------------------- (Importing Country) --------------------------------- Place and date,signature of authorized signatory	12. Certification It is hereby certified, on the basis of control carried out, that the Declaration by the exporter is correct. --------------------------------- Place and date,signature of authorized signatory

《亚太贸易协定》原产地证明书（FORM B）

1. Goods consigned from

(Exporter’s business name, address, country)

Reference No.

CERTIRICATE OF ORIGIN

Asia-Pacific Trade Agreement

(Combined Declaration and Certificate)

Issued in The People’s Republic of China

(Country)

2. Goods consigned to

(Consignee's name, address, country)

3. For Official use

4. Means of transport and route

5. Tariff item number	6. Marks and number of Packages	7. Number and kind of packages/ description of goods	8. Origin criterion (see notes overleaf)	9. Gross weight or other quantity	10. Number and date of invoices:

11. Declaration by the exporter

The undersigned hereby declares that the above details and statements are correct, that all the goods were produced in

CHINA

…………………………………………………………………

(Country)

and that they comply with the origin requirements specified for these goods in the Asia–Pacific Trade Agreement for goods exported to

…………………………………………………………………

(Importing Country)

…………………………………………………………………

Place and date, signature of authorized Signatory

12. Certificate

It is hereby certified on the basis of control carried out, that the declaration by the exporter is correct.

…………………………………………………………………

Place and date, signature and Stamp of Certifying Authority

装箱单

PACKING LIST

Invoice No.: **Date:**

Sales No.:

Goods Description:

Carton	PCS per Carton	Gross Weight	Net Weight	Measurement

....

(Authorized Signature)

出境货物报检单

中华人民共和国出入境检验检疫
出境货物报检单

报检单位(加盖公章)：　　　　　　　　　　*编　号________

报检单位登记号：　　　　联系人：　　　　电话：　　　　报检日期：　年　月　日

发货人	(中文)	
	(外文)	
收货人	(中文)	
	(外文)	

货物名称(中/外文)	H.S.编码	产地	数/重量	货物总值	包装种类及数量

运输工具名称号码		贸易方式		货物存放地点	
合同号		信用证号		用途	
发货日期		输往国家(地区)		许可证/审批号	
启运地		到达口岸		生产单位注册号	
集装箱规格、数量及号码					

合同、信用证订立的检验检疫条款或特殊要求	标记及号码	随附单据(划"√"或补填)	
		□合同	□包装性能结果单
		□信用证	□许可/审批文件
		□发票	□委托书
		□换证凭单	□报关单
		□装箱单	□
		□厂检单	□

需要证单名称(划"√"或补填)		*检验检疫费	
□品质证书　__正__副	□植物检疫证书　__正__副	总金额(人民币元)	
□重量证书　__正__副	□熏蒸/消毒证书　__正__副		
□数量证书　__正__副	□出境货物换证凭单	计费人	
□兽医卫生证书　__正__副	□出境货物通关单		
□健康证书　__正__副	□	收费人	
□卫生证书　__正__副	□		
□动物卫生证书　__正__副	□		

报检人郑重声明：	领取证单	
1. 本人被授权报检。	日期	
2. 上列填写内容正确属实，货物无伪造或冒用他人的厂名、标志、认证标志，并承担货物质量责任。		
签名：________	签名	

注：有"*"号栏由出入境检验检疫机关填写

◆国家出入境检验检疫局制

[1-2(2000.1.1)]

装运前检验证书

中国检验认证集团北美有限公司
CCIC NORTH AMERICA INC.

正本
ORIGINAL

Add: 1050 Lakes Drive, Suite 480, West Covina, CA 91790, U.S.A.
Tel: 001 626 9198802
Fax: 001 626 9198903
E-mail: ccicna@ccicna.com

证书编号（No.）：NA0603720NAZ®
签证日期（Date）：FEB.6, 2006

PRE-SHIPMENT INSPECTION CERTIFICATE

注册编号/(Registration No.)：A840041824
发货人 (Shipper)：ALTER TRADING CORPORATION
货物申报名称(Commodity Declared)：废五金 MIXED METAL SCRAP
申报数量（Quantity Declared）：2X40' CONTAINER
船名航次(Vessel's Name & Voyage)：HANJIN MIAMI 0005W
申报发货港(Loading Port Declared)：SEATTLE,WA
申报到货港(Destination Port Declared)：XINGANG,CHINA
检验日期(Date of Inspection)：JAN.4, 2006
检验地点(Inspection Site)：MARSHALL,MN

1.货物储存情况 (Storage Condition of Cargo):

上述货物存放于供货人仓库。检验后被装入带有如下标识符号的集装箱内运输：

The above cargo was stored in the supplier's warehouse/yard and will be loaded into containers after inspection for transportation with the following identified numbers:

箱号(Container No.)	封号(Seal No.)	箱号(Container No.)	封号(Seal No.)
HJCU1167989	12932	HJCU1158204	7816721

2. 检验 (Inspection):

根据中国国家标准GB 16487-1996对上述货物进行外观检验，在现场检验过程中未发现禁止物或有害物质超过标准规定。

The above cargo was visually inspected according to the Chinese Standard GB 16487-1996. No excess prohibitive materials or harmful substances were found during on-the-site inspection.

3. 结论 (Conclusion):

根据上述检验结果，本批货物符合中国国家标准GB 16487-1996《进口废物原料环境控制标准》的控制规格要求。

Based on the said inspection, the above cargo was in conformity with the specification of the Chinese Standard GB 16487-1996, Environmental Protection Control Standard for Imported Scrap Material.

检验员(Inspector): JAMES

本证书仅供证明申报货物在依据GB16487-1996标准进行检验时的环保状况，该检验不包含对申报货物状况的其它鉴定（如申报货物的名称、分类、规格、品质、重量等）。因此，本证书不可作为对申报货物除环保状况外其它任何状况的证明或鉴定，也不应被贸易各方作为可再生利用废物原料交易的合约依据（如付款或结汇的依据等）。

This Certificate issued by CCIC North America Inc. can only be used for the sole purpose of certifying the conformity of the commodity being inspected with the Chinese Environmental Protection Control Standard GB 16487-1996. Other aspects of the commodity, including but not limited to the name, type, specifications, quality, quantity and weight, etc., were not part of the inspection. Therefore, the Certificate cannot be used for any purpose other than said sole purpose, and the parties of the recycling material transactions shall not rely on this Certificate as a proof of satisfaction of any contractual obligations by any parties.

THIS CERTIFICATE IS A REPLACEMENT OF CERTIFICATE NO.: NA0603720NAZ **DATED JAN.20, 2006**, WHICH IS NOW DEEMED VOID.

For and on behalf of
CCIC NORTH AMERICA INC.
中國檢驗認證集團北美有限公司(美國)

·10· Authorized Signature(s)

本证书自签发日起90天内有效。
This Certificate is valid within 90 days from the date of issuing.

本份証書系
上述編號証書的
實本

Member of CCIC Group

兽医（卫生）证书

中华人民共和国出入境检验检疫
ENTRY-EXIT INSPECTION AND QUARANTINE OF THE PEOPLE'S REPUBLIC OF CHINA

正 本
ORIGINAL

兽医（卫生）证书

编号 No.: 470000301020218

VETERINARY (HEALTH) CERTIFICATE

发货人名称及地址
Name and Address of Consignor: XIAMEN CALA IMP.& EXP.TRADING CO.,LTD.
C/O SHINE PROFIT INTERNATIONAL LTD

收货人名称及地址
Name and Address of Consignee: PT CINDERELLA VILA INDONESIA
Jl.TANJUNG SARI 20 TANDES SURABAYA-INDONESIA

品名
Description of Goods: KID LEATHER

报检数量
Weight Declared: 20CTNS

产地
Place of Origin: CHINA

标记及号码
Mark & No.:

包装种类及数量
Number and Type of Packages: 20CTNS

集装箱号
Container No.: CFS BY AIR

铅封号
Seal No.: ***

加工厂名称、地址及编号（如果适用）
Name, Address and approval No. of the approved Establishment (if applicable): ***

启运地
Place of Despatch: SHENZHEN

到达国家及地点
Country and Place of Destination: SURABAYA-INDONESIA

运输工具
Means of Conveyance: BY AIR

发货日期
Date of Desptch: JAN.29,2008

SHENZHEN ENTRY-EXIT INSPECTION AND QUARANTINE BUREAU OF THE PEOPLE'S REPUBLIC OF CHINA
中华人民共和国
深圳出入境检验检疫局

印章
Official Stamp

签证地点 Place of Issue: SHENZHEN
签证日期 Date of Issue: JAN.29,2008

授权签字人 Authorized Officer: LUOMING
签名 Signature: 罗明

我们已尽所知和最大能力实施上述检验，不能因我们签发本证书而免除卖方或其他方面根据合同和法律所承担的产品质量责任和其他责任。All inspections are carried out conscientiously to the best of our knowledge and ability. This certificate does not in any respect absolve the seller and other related parties from his contractual and legal obligations especially when product quality is concerned.

[ce-1(2002.1.1)]

A 2224567

品质证书

中华人民共和国出入境检验检疫
ENTRY-EXIT INSPECTION AND QUARANTINE
OF THE PEOPLE'S REPUBLIC OF CHINA

正本
ORIGINAL

共 1 页第 1 页 Page 1 of 1

编号 No.: 480500503000460

QUALITY CERTIFICATE

发货人
Consignor: NINGBO TREE TRADE ZONE XINFENG INTERNATIONAL TRADING CONT.,LTD
ROOM 507 NO.68 LANE 608 ZHONG NING ROAD NINGBO CHINA

收货人
Consignee: TO ORDEP

品名
Description of Goods: CORNER TWISTER SWEEPER

报检数量/重量
Quantity/Weight Declared: 85.09CBM/1000PCS

包装种类及数量
Number and Type of Packages: 167 CTNS

运输工具
Means of Conveyance: BY VESSEL

标记及号码
Mark & No.:
P.O.NO.LM/MEL/070506
U-WARK CL UFD
RIVADH,SAUDF ARAMTA
ME25130
CARTON FOL
MADE IN CHINA

附加声明 ADDITIONAL DECLARATION
ONE HUNDRED AND SIXTY SEVEN (167) CTNS OF CORNER TWISTER SWEEPER

印章 Official Stamp

签证地点 Place of Issue: SHENZHEN,CHINA
签证日期 Date of Issue: 19 JUN,2006

授权签字人 Authorized Officer: LIWEN
签 名 Signature: 李文

我们已尽所知和最大能力实施上述检验，不能因我们签发本证书而免除卖方或其他方面根据合同和法律所承担的产品质量责任和其他责任。All inspections are carried out conscientiously to the best of our knowledge and ability. This certificate does not in any respect absolve the seller and other related parties from his contractual and legal obligations especially when product quality is concerned.

[c1-1(2000.1.1)]

B 1607667

中华人民共和国出入境检验检疫
ENTRY-EXIT INSPECTION AND QUARANTINE OF THE PEOPLE'S REPUBLIC OF CHINA

正本
ORIGINAL

植 物 检 疫 证 书
PHYTOSANITARY CERTIFICATE

编号 No.: 477000150087012 8

发货人名称及地址
Name and Address of Consignor: SHENZHEN ZHONGTAI IMPORT & EXPORT CO.,LTD

收货人名称及地址
Name and Address of Consignee: TOANNANG COMMERCIAL CO.,LTD

品名
Name of Product: SEE ADDITIONAL DECLARATION

植物学名
Botanical Name of Plants: NICOTIANA TABACUM

报检数量
Quantity Declared: 79200KGS

包装种类及数量
Number and Type of Packages: 396CARTONS

产地
Place of Origin: CHINA

到达口岸
Port of Destination: HAIPHONG VIETNAM

标记及号码
Mark & No.
CONTRACT NO.AOI/29/2007
GRADE:05C1 VF9BJO
CARTON NO.496-891
GROSS:215KG
TARE:15KG
NET:200KG

运输工具
Means of Conveyance: BY CONTAINER

检验日期
Date of inspection: FEB.02,2007

兹证明上述植物、植物产品或其他检疫物已经按照规定程序进行检查和/或检验，被认为不带有输入国或地区规定的检疫性有害生物，并且基本不带有其他的有害生物，因而符合输入国或地区现行的植物检疫要求。

This is to certify that the plants,plant products or other Regulated articles desorbed above have been inspected and/or tested according to appropriate procedures and are considered to be free from quarantine pests specified by the importing country/region,and practically free from other injurious pests,and that they are considered to conform with the current Hytosanitary requirements of the importing country/region.

杀虫和/或灭菌处理 DISINFESTATION AND/OR DISINFECTION TREATMENT

日期
Date: FEB.02,2007

药剂及浓度
Chemical and Concentration: METHYL BROMIDE 56G/M³

处理方法
Treatment: FUMIGATION

持续时间及温度
Duration and Temperature: 24HRS/35℃

附加声明ADDITIONAL DECLARATION
ADDITIONAL DESCRIPTION OF GOODS:
UNMANUFACTURED CHINESE FCV TOBACCO-CROP 2005 GRADE 05C1 VF9BJO
CONTRACT NO.AOI/29/2007 DATRED JANUARY 15 2007
CUSTOMS COMMODITY CODE NO.2401.20.1000
LPA CN701L
"REISSUED"
** ** ** **

中华人民共和国 深圳 出入境检验检疫局

印章
Official Stamp

签证地点 Place of Issue: SHENZHEN,CHINA
签证日期 Date of Issue: APR.05,2007

授权签字人 Authorized Officer: LIYOU
签 名 Signature: 黎友

中华人民共和国出入境检验检疫机关及其官员或代表不负签发本证书的任何财务责任。No financia Liability with respened to this coitificate shall a ttowed to the entry-EXIT inspection and Quarantine authorities of the P.R. of China or to any other uficer or represeatative.

[C5-1(2002.2.1)]

Λ 2007948

受益人证明

BOSCH **ROBERT BOSCH (SOUTH EAST ASIA) PTE LTD**

Visitor Address : 239-241 Alexandra Road, 3rd & 4th level Cycle & Carriage Bldg. S(0315)
Correspondence Address : Thomson Road P.O. BOX No 4 Singapore 9157 01
Telephone : (0065) 2585511 Telefax : (0065) 2584611

30TH OCTOBER 1996

BENEFICIARY CERTIFICATE **BY FAX**

WE HEREBY CERTIFY THAT WE HAVE DISPATCHED TO THE APPLICANT BY FAX THE FOLLOWING DETAILS WITHIN 24 HOURS AFTER SHIPMENT.

A) NAME OF VESSEL : LAUST MAERSK V. 9611

B) ETD PORT KLANG : 29.10.96

C) QUANTITY SHIPPED : BATTERY
12 PALLETS (1138 PCS)
IN 1 X 20' CONTAINER

D) WEIGHT OF GOODS :15,030.60 KGS

F) VALUE OF SHIPMENT : US$ 31,496.71

CONTRACT NO. HRBOSCH002/96

L/C NO. 010LC60216HJ DATED 24.10.96
ISSUED BY HUA XIA BANK, NANJING

for ROBERT BOSCH (SOUTH EAST ASIA) PTE. LTD.

....

出口收汇核销单

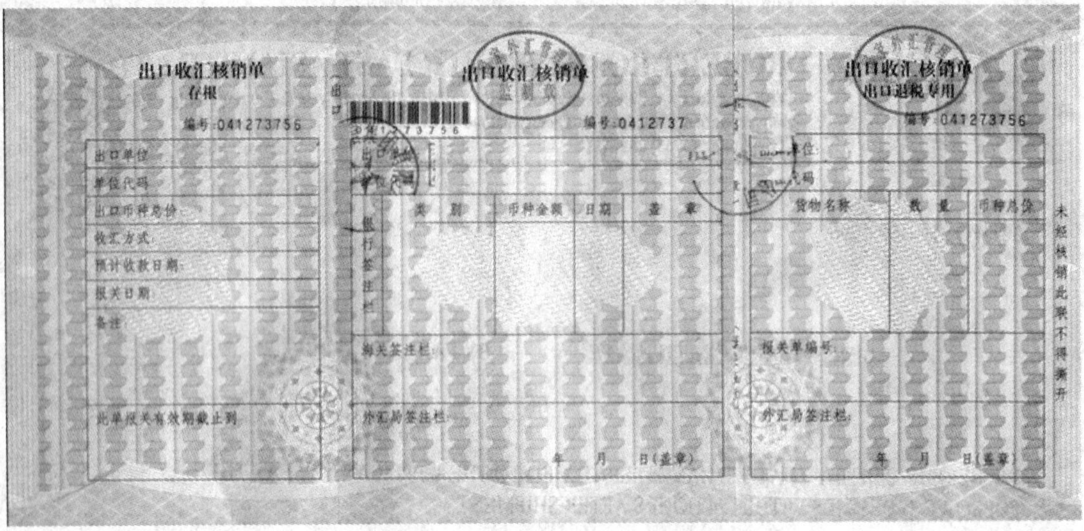

出口收汇核销单
存根
编号:041273756

出口单位
单位代码
出口币种总价
收汇方式
预计收款日期
报关日期
备注
此单报关有效期截止到

出口收汇核销单
监制章
编号:041273756

类别	币种金额	日期	盖章

银行签注栏
海关签注栏
外汇局签注栏
年 月 日(盖章)

出口收汇核销单
出口退税专用
编号:041273756

单位
代码

货物名称	数量	币种总价

报关单编号
外汇局签注栏
年 月 日(盖章)

未经核销此联不得撕开

汇票

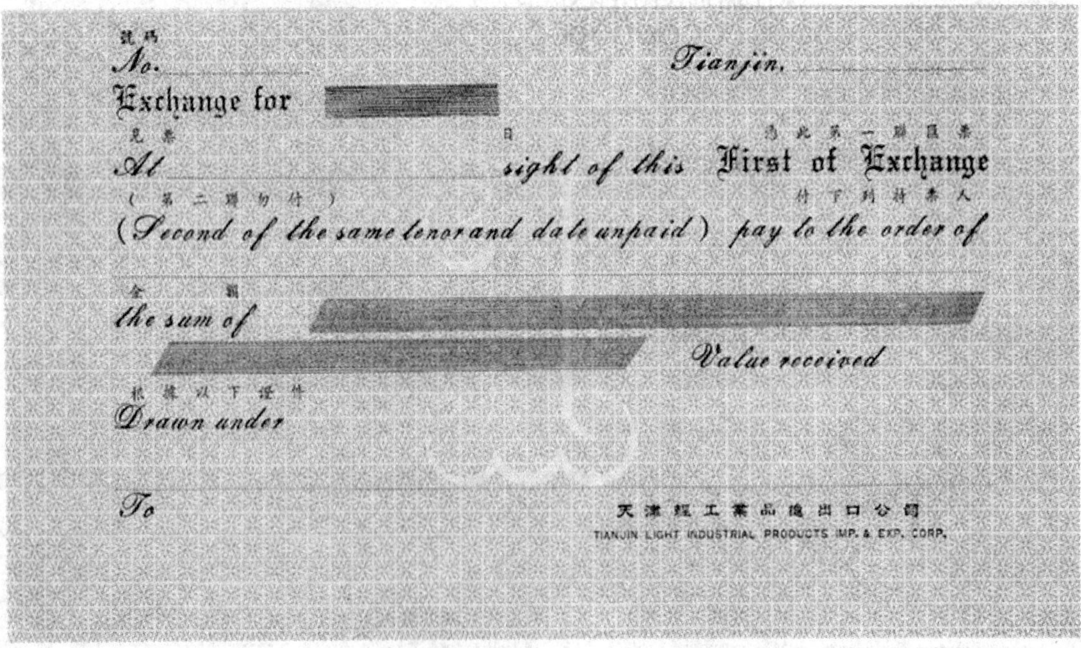

號碼
No.
Tianjin,
Exchange for
見票 日
At sight of this
憑此第一聯匯票
First of Exchange
(第二聯不付)
(Second of the same tenor and date unpaid)
付予列持票人
pay to the order of
金額
the sum of
Value received
根據以下憑件
Drawn under
To
天津輕工業品進出口公司
TIANJIN LIGHT INDUSTRIAL PRODUCTS IMP. & EXP. CORP.

自动进口许可证

中华人民共和国自动进口许可证

AUTOMATIC IMPORT LICENCE OF THE PEOPLE'S REPUBLIC OF CHINA **No.2091589**

1. 进口商： Importer	3. 自动进口许可证号： Automatic import licence No.
2. 进口用户： Consignee	4. 申请自动进口许可证有效截止日期： Automatic import licence expiry date 年 月 日
5. 贸易方式： Terms of Trade	8. 贸易国（地区）： Country/Region of Trading
6. 外汇来源： Terms of Foreign Exchange	9. 原产地国（地区）： Country/Region of Origin
7. 报关口岸： Place of Clearance	10. 商品用途： Use of Goods

11. 商品名称： Description of Goods	商品编码： Code of Goods	设备状态： Status of Equipment

12. 规格型号 Specification	13. 单位 Unit	14. 数量 Quantity	15. 单价（USD） Unit Price	16. 总值（USD） Amount	17. 总值折美元 Amount in USD
18. 总 计					

19. 备注： Supplementary details	20. 签证机构审批意见： Issuing authority's stamp （机电产品自动进口许可证专用章） 21. 经办人签字： Signature 22. 发证日期： Licence date 年 月 日

进出口货物征免税申请表

企业代码		企业名称		征免性质/代 码	
项目统一编号		产业政策审批条目/代码			
审批部门/代码		许可证号			
对外签约单位注册号 注册号		对外签约单位			
合同号		项目性质/ 代码			
备注					

序号	税则号列	商品名称	规格型号	数量	单位	总价	币制	原产国
1								
2								
3								
4								
5								
6								

申请单位签章： （盖章） 年　月　日	主管海关签章 年　　月　　日	联系人： 电话：

进出口货物征免税证明

编号：Q31104420066

申请单位：	项目名称：
发证日期：	有效期：
到货口岸：青岛	合同号：

序号	货 名	规格	数量	单位	金额	币制	主管海关审批征免意见		
							关税	增值税	其他
1									
2									
3									
4									
备注									

注意事项： 1. 本表使用一次有效。如同一合同货物分口岸进口的，应分别填写，一份合同内货物分期到货的，应向审批海关申明，并按到货期分填此表。 2. 此表中“项目名称”栏应按减免税项目填写，如：技术改造、世行贷款等。 3. 货物进口时应向海关交验本表，复印件无效。 4. 自签发之日起半年内有效，愈期应向原审批海关申请展期或退单。 5. 经批准进口的货物，如拟移作他用、转让或出售，原申请免税单位应事先报请原批准海关核准，并应按法语补税；否则，海关将依法处理。	审批海关签章 负责人： 年　月　日	核放海关批注 负责人： 年　月　日

进口货物运输预约保险合同

合同号：　　　　　　　　　　　　　　　　　　　　　　年　月　日

甲方：

乙方：

双方就进口货物的运输预约保险拟定下列各条以资共同遵守：

一、保险范围

甲方从国外进口全部货物，不论运输方式，凡贸易条件规定由进口商办理保险的，都属于本合同范围之内。甲方应根据本合同规定，向乙方办理投保手续并支付保险费。

二、保险金额

保险金额以货物的到岸价格（CIF）即货价加运费加保险费为准（运费可用实际运费，亦可由双方协定一个平均运费率计算）

三、保险险别和费率

各种货物需要投保的险别有加方选定并在投保单中填明。乙方根据不同的险别规定不同的费率。现暂定如下：

货物种类	运输方式	保险险别	保险费率
数控机床	海运	一切险	0.8%

四、保险责任

各种险别的责任范围，按照所属乙方制定的“海洋货物运输保险条款”、“海洋运输货物战争险条款”、“海运进口货物国内转运期间保险责任扩展条款”、“航空运输一切险条款”和其他有关条款的规定为准。

五、投保手续

甲方一经掌握货物发运情况，即应向乙方寄送起运通知书，办理投保。通知书一式五份，由保险公司签认后，退回一份。如不办理投保，货物发生损失，乙方不予理赔。

六、保险费

乙方按照甲方寄送的起运通知书照前列相应的费率逐笔计收保费，甲方应及时付费。

七、索赔手续和期限

本合同所保货物发生保险责任范围内的损失时，乙方应按制定的“关于海运进口保险货物残损检验的赔款给付方法”和“进口货物施救整理费用支付方法”迅速处理。甲方应尽力采取防止货物扩大受损的措施，对已遭受损失的货物必须积极抢救，尽量减少货物的损失。向乙方办理索赔的有效期限，以保险货物卸离海港之日起满一年终止。如有特殊需要可向乙方提出延长索赔期。

八、合同期限

本合同自　　年　月　日生效。

甲方：　　　　　　　　　　　　　　乙方：

***************　　　　　　　　　　　****************

主要参考文献

1. 胡波. 国际汇兑与结算. 北京：机械工业出版社，2009.
2. 冷丽莲，李占云. 国际汇兑与结算. 大连：东北财经大学出版社，2009.
3. 廖葱葱，马莉. 国际结算实务. 广州：华南理工大学出版社，2009.
4. 刘珉，陈虹. 国际贸易实务实训教程. 北京：对外经济贸易大学出版社，2009.
5. 朱箴元. 国际结算. 北京：中国金融出版社，2008.
6. 唐春宇. 外贸单证综合实训. 北京：高等教育出版社，2008.
7. 刘启萍，周树玲. 外贸英文制单教程. 北京：对外经济贸易大学出版社，2007.
8. 刘舒年. 国际金融. 北京：对外经济贸易大学出版社，2006.